A la mémoire de Daniel Delwit

6

La vie politique en Belgique de 1830 à nos jours

Dans la même collection

Traité de l'argumentation. La nouvelle rhétorique, Chaïm Perelman et Lucie Olbrechts-Tyteca, Préface de Michel Meyer, 6e édition revue et augmentée, 2008.

Droit de l'Union européenne, Marianne Dony, 2e édition revue et augmentée, 2008.

Structures de clivages, systèmes de partis et alignement des électeurs : une introduction, Seymour M. Lipset et Stein Rokkan, 2008.

Michel Meyer et la problématologie, Angèle Kremer-Marietti, 2008.

Les partis politiques. Essai sur les tendances oligarchiques des démocraties, Robert Michels, traduction de S. Jankélévitch, avant-propos de Pascal Delwit, 2009.

UB lire

Références

Pascal Delwit

La vie politique en Belgique de 1830 à nos jours

EDITIONS DE L'UNIVERSITE DE BRUXELLES

ISBN 978-2-8004-1447-8
D/2009/0171/9

Avenue Paul Héger 26 – 1000 Bruxelles – Belgique
www.editions-universite-bruxelles.be
editions@admin.ulb.ac.be

Imprimé en France par Normandie Roto Impression s.a.s.
61250 Lonrai - numéro d'impression : 091220

Introduction

Les élections fédérales du 10 juin 2007 et les multiples *crises* politiques qui ont suivi ce scrutin resteront dans les mémoires. La Belgique vit une période de crise et de transition politiques d'une intensité rare, mais pas tout à fait inédite. En effet, la vie politique belge a été jalonnée de polarisations régulières sur les clivages traversant la société. Qu'il s'agisse du conflit philosophique, prégnant jusqu'à la signature du pacte scolaire en 1958, du clivage socio-économique ou de la *querelle* communautaire et linguistique, les moments de crispation entre segments de l'opinion et acteurs politiques et sociaux ont parfois été âpres et brutaux et ont généré, à intervalles réguliers, des blocages politiques complexes à dépasser.

Dans cet ouvrage, nous avons donc voulu analyser les événements contemporains dans une perspective plus large que le temps court. La configuration actuelle du système politique belge et de ses acteurs a fort évolué, tout en dévoilant un certain nombre de continuités. Ce livre présente une histoire à l'aune des mutations qui ont affecté le système politique belge, le cadre institutionnel et les partis politiques.

Il est toujours très difficile de donner une cohérence à une histoire en mettant en évidence les tournants, les moments clés ou les événements majeurs. Dans une analyse des transformations du système politique belge depuis l'indépendance de la Belgique, nous isolons quatre périodes différentes articulées sur les configurations que révèle successivement le système politique belge.

La première phase s'étend des lendemains de l'indépendance à l'année 1893. Durant ce laps de temps, la vie politique belge est, dans une large mesure, fixée sur une confrontation entre deux *formations politiques* ou, plus justement, deux sensibilités politiques. Libéraux et catholiques s'affrontent durement sur le clivage philosophique. Les premiers portent le principe d'une séparation nette entre le nouvel Etat parlementaire et l'Eglise, et affirment la prééminence de la puissance publique dans des tâches que souhaitent assumer et assurer l'Eglise et les organisations du monde catholique, notamment l'éducation et la santé. Au contraire, les seconds s'appuient sur la liberté constitutionnelle pour dénier à la puissance publique son action dans ces mêmes secteurs. La question scolaire et, plus encore, la *guerre scolaire* incarnent le mieux les différences de points de vue et l'ampleur de l'opposition entre les deux *camps*. Avec un suffrage fondé sur le cens et un scrutin de type majoritaire, cette opposition débouche sur une dynamique partisane qui s'exprime pleinement avec la rupture progressive de l'*unionisme*.

Le deuxième temps couvre la période 1894-1945. Il voit s'affirmer de nouvelles lignes de démarcation dans la société belge, singulièrement la conflictualité d'essence socio-économique et l'affermissement progressif du clivage linguistique. L'expression de ces clivages se traduit par la création et le développement de nouveaux partis politiques. Le parti ouvrier belge-Belgische Werkliedenpartij (POB-BWP), ancêtre du parti socialiste et du Socialistische Partij, voit le jour en 1885. Son ancrage dans le champ social passe par l'investissement des institutions. Rapidement, le POB-BWP fait de l'élargissement du droit de suffrage l'objectif premier de son action. Celui-ci est atteint en partie en 1893 avec l'établissement du suffrage universel masculin, tempéré par le vote plural. Cette transformation est cruciale. Elle change la donne politique et électorale, et fait entrer la Belgique dans une dynamique multipartite. L'ouverture du système politique s'approfondit après la première guerre mondiale avec l'établissement du suffrage universel masculin. De nouvelles formations voient le jour, le Frontpartij qui se transforme dans les années trente en Vlaams Nationaal Verbond (VNV), le parti communiste de Belgique (PCB-KPB) et Rex.

La troisième phase dans le modelage du paysage politique est un moment de transition. Elle couvre la période qui va de 1946 à 1965. A la suite de Jean Blondel, on peut la qualifier de bipartisme imparfait[1]. Schématiquement, deux grands partis s'af-

[1] Jean BLONDEL, «Party Systems and Patterns of Government in Western Democracies», *Canadian Journal of Political Science*, 1968, I/2.

frontent – le PSC-CVP et le PSB-BSP – et un troisième, de moindre importance, joue le rôle de pivot, le parti libéral (PL-LP).

Mais ce temps est court. Nous entrons de plain-pied dans les débuts de la configuration actuelle à l'occasion du scrutin organisé au printemps 1965. Le paysage politique tend progressivement vers un multipartisme fort sinon extrême. Les familles politiques nationales se scindent à partir de 1968. De nouveaux partis voient le jour : la Volksunie, le Rassemblement wallon (RW), le Front démocratique des francophones (FDF), l'Union démocratique pour le respect du travail-Respect voor Arbeid en Democratie (UDRT-RAD), le Vlaams Blok qui devient le Vlaams Belang en 2004, le Front national (FN), Ecolo et Agalev auquel succède Groen ! en 2003 alors que les partis dominants s'affaissent.

Ce sont ces quatre *temps* de l'histoire du système politique que nous décortiquons. Bien sûr, comme tout découpage chronologique, les frontières entre les différentes étapes temporelles sont poreuses. Il importe d'approcher les évolutions dans une optique dynamique où les ruptures ne sont pas légion.

CHAPITRE I

Les prémices de l'Etat belge

A la fin du XVIIIe siècle, deux oppositions à l'Etat autrichien se meuvent sur l'actuel territoire belge, les partisans de Hendrik Vandernoot et ceux de Jean-François Vonck. Les premiers, que l'on qualifie de *statistes* – partisans des Etats, requérant le rétablissement des privilèges – sont pour un retour au régime ancien, faits de privilèges et de particularismes. Ils s'opposent au *joséphisme*, comme mise au pas de l'Eglise au service de l'Etat défendue par l'empereur. Le rejet de réformes telles que la suppression des couvents de contemplatifs (17 mars 1783) ou encore la fermeture des séminaires épiscopaux (16 octobre 1786) est un étendard[(1)]. *A contrario*, les vonckistes, influencés par le courant des Lumières, s'inscrivent dans le mouvement progressiste et prônent l'avènement du parlementarisme.

Dans la foulée de la révolution française du 14 juillet 1789, deux révolutions secouent le territoire de la future Belgique. Le 18 août 1789, le prince-évêque est renversé à Liège. Pour sa part, dans les autres provinces, la révolution brabançonne endosse une configuration réactionnaire. Le 11 janvier 1790, un traité d'Union crée un Etat fédératif des Etats-belgiques-unis entre les provinces soulevées. Chaque province voit sa souveraineté garantie.

Suite à la révolution brabançonne, les courants libéraux proches de Vonck s'inquiètent de la confusion des pouvoirs. Au printemps et à l'été 1790 s'organisent des manifestations à l'encontre des partisans de Vonck. Le prince de Franckenberg, cardinal-archevêque de Malines, les avait condamnés par son mandement de carême du 31 janvier 1790. Elles conduisent au départ vers la France de plusieurs responsables du mouvement

(1) Yves MANHÈS, *Histoire des Belges et de la Belgique*, Paris, Vuibert, 2006, p. 90.

vonckiste et amènent nombre d'entre eux à radicaliser leurs positions progressistes. Selon Xavier Mabille, c'est à ce moment «qu'on peut dater l'apparition d'un véritable anticléricalisme politique»[(2)].

L'invasion et l'occupation françaises des anciens territoires des Pays-Bas autrichiens et de la principauté de Liège sont achevées en septembre 1794. Seul, le Luxembourg échappe à la domination française. C'est chose faite le 7 juin 1795. Si l'annexion française est brève dans le temps (entre 1794 et 1814-1815), l'établissement d'une structure administrative, politique et judiciaire sur le territoire de la future Belgique laisse des traces durables. Il en est de même en matière de codes: code de procédure civile (1806), code de commerce (1807), code d'instruction criminelle (1808) et code pénal (1810). La présence française sur les territoires de la future Belgique suscite une opposition farouche de l'Eglise catholique eu égard à la politique républicaine, puis impériale, française: suppression des couvents, vente à titre de biens nationaux des propriétés ecclésiastiques, séparation de l'Eglise et de l'Etat, agencement de l'exercice du culte...[(3)].

Après l'échec napoléonien, les provinces belges sont libérées de la tutelle française par les troupes anglaise, suédoise, prussienne et russe au début de l'année 1814. Elles sont rassemblées dans les Pays-Bas par le traité de Paris du 30 mai 1814, principe confirmé au Congrès de Vienne en 1815. Cette formation du Royaume des Pays-Bas doit surtout se comprendre dans les rapports de forces entre puissances européennes. Pour le Royaume-Uni, promoteur de cette solution, le nouvel Etat constitué au nord de la France est suffisamment imposant pour représenter un contrepoids aux ambitions françaises éventuelles. Au surplus, il se révèle un allié sûr de la diplomatie britannique sur le continent.

L'intégration des provinces belges et du territoire luxembourgeois dans le Royaume des Pays-Bas présente des avantages sur les plans économique, financier et commercial mais sur le sol

(2) Xavier MABILLE, *Histoire politique de la Belgique*, Bruxelles, Editions du CRISP, 1986, p. 45.

(3) Marie-Thérèse BITSCH, *Histoire de la Belgique. De l'antiquité à nos jours*, Bruxelles, Complexe, 2004, p. 66.

belge, elle crispe les élites catholiques. Dès le 2 août 1815, une *instruction pastorale* interdit catégoriquement aux catholiques d'accepter la nouvelle Constitution. Pour leur part, les milieux libéraux y voient des progrès en termes de représentation et du régime des libertés. «Tout bien considéré, la loi fondamentale du Royaume de Nederlandse présente les garanties les plus libérales qu'un peuple puisse désirer, quand il contracte avec un prince qui prend l'engagement solennel de régner comme doit le faire un bon roi pour le bonheur, la stabilité et le plus grand avantage de l'Etat», écrit ainsi le libéral Jean-François Gendebien(4).

Dès 1819, les provinces belges vivent une rupture majeure dans le champ linguistique. Le néerlandais devient la langue officielle en Flandre et, à partir de 1822, à Bruxelles. Pour la maison d'Orange, la langue se décline comme un moyen important de favoriser la mission unificatrice de l'Etat(5). Cette option a des incidences cruciales sur la politique religieuse et éducative. L'Eglise catholique craint la propagation des idées calvinistes via le néerlandais. Plus fondamentalement, les élites politiques dans les provinces méridionales sont très francisées. L'opposition est d'autant plus tenace que Guillaume Ier se révèle d'un volontarisme marqué dans la politique éducative. Ne crée-t-il pas sept athénées et trois universités d'Etat, à Gand, Liège et Louvain, dès 1816-1817? N'exige-t-il pas que tout professeur du secondaire soit titulaire d'un diplôme obtenu dans une université nationale?

Dans la deuxième moitié des années vingt, une opposition libérale se fait jour. Pour les courants libéraux, les problèmes se fixent sur des problématiques plus politiques. Les libéraux prônent l'élection directe des parlementaires et le principe de la responsabilité ministérielle. Surtout, ils chérissent la liberté de la presse. En novembre 1828, une proposition belge de liberté de la presse est d'ailleurs repoussée à la seconde chambre de quelques

(4) John GILISSEN, *Le régime représentatif en Belgique depuis 1790*, Bruxelles, La Renaissance du livre, 1958, p. 77.

(5) Els WITTE, «La construction de la Belgique. 1828-1947», *in* Els WITTE, Eliane GUBIN, Jean-Pierre NANDRIN, Gita DENECKERE, *Nouvelle histoire de Belgique. Volume 1: 1830-1905*, Bruxelles, Complexe, 2005, p. 28.

voix seulement[6]. Plusieurs journaux et certains journalistes subissent une censure voire même des condamnations.

Ces récriminations de milieux libéraux et des courants catholiques se focalisent aussi sur des questions d'ordre économique. Le volontarisme étatiste de Guillaume Ier a son prix: l'accroissement de la dette et l'augmentation afférente des impôts. Or, les provinces du sud estiment être flouées: peu concernées et volontaires pour la dette publique, elles doivent toutefois en supporter la moitié.

De cette configuration naît «l'union» contre l'ennemi commun, la maison d'Orange. S'appuyant sur la Loi fondamentale qu'ils ont pourtant rejetée, des parlementaires catholiques réclament la liberté d'enseignement et les autres libertés. Le 13 décembre 1825, Eugène de Gerlache s'oppose sur cette base aux arrêtés de juin 1825 qui placent les petits séminaires sous le contrôle de l'Etat[7]. Les «jeunes libéraux» acceptent un combat commun. L'union apparaît comme un arrangement de circonstances entre courants aux sensibilités très différentes, catholiques et libéraux. Ces deux ailes sont d'ailleurs elles-mêmes traversées de points de vue fort dissemblables. Désormais, catholiques et libéraux ne s'apostrophent plus par presse écrite interposée et ciblent uniquement les choix politiques de Guillaume Ier. C'est un accord de pure circonstance. Le libéral *Courrier des Pays-Bas* l'énonce sans détour en janvier 1830: «Les deux partis conservent leurs drapeaux. Ils se sont réunis pour combattre l'ennemi commun et voilà tout»[8]. L'*unionisme* est né.

C'est dans ce contexte que des éléments conjoncturels cristallisent les oppositions: les Pays-Bas connaissent une récession économique et, compte tenu des mauvaises conditions climatiques, les récoltes ont été mauvaises. La situation économique est au plus mal à l'été 1830. En août, les manifestations d'hostilité à la couronne des Pays-Bas se multiplient. Le 25 du mois, la représentation de la *Muette de Portici* au théâtre de la Monnaie conduit à des débordements d'une ampleur nouvelle, associant

(6) Yves MANHÈS, *Histoire des Belges...*, *op. cit.*, p. 106.

(7) Jean-Marie MAYEUR, *Des partis catholiques à la Démocratie chrétienne XIXe-XXe siècles*, Paris, Armand Colin, 1980, p. 25.

(8) Els WITTE, «La construction de la Belgique...», *op. cit.*, p. 46.

étudiants, professions intellectuelles et certains secteurs ouvriers. La révolution est en marche.

Les troupes des provinces septentrionales venues en renfort ne peuvent venir à bout d'émeutiers, certes faiblement formés, mais motivés et jouissant de «l'avantage du terrain». Les combats autour du parc de Bruxelles font six cents morts dans l'armée et quatre cents parmi les «Belges». Le 26 septembre 1830, les leaders du mouvement insurrectionnel établissent un gouvernement provisoire, lequel cède de fait la plupart de ses prérogatives, deux jours plus tard, à un Comité central composé de Félix de Mérode, Louis De Potter, Charles Rogier et Sylvain Van de Weyer. Le 10 octobre, Alexandre Gendebien complète l'équipe[9]. Six «comités», embryons de ministères, sont établis: les comités de l'Intérieur, de la Guerre, des Finances, de la Justice, de la Sûreté publique et le Comité diplomatique.

Le 4 octobre 1830, un décret du gouvernement provisoire proclame que «les provinces de Belgique violemment détachées de la Hollande constitueront un Etat indépendant». Désormais, l'attitude des principales puissances est la question clé. La Grande-Bretagne et la France acceptent-elles l'indépendance de la Belgique?

A la fin du mois de novembre 1830, France et Royaume-Uni s'accordent pour accepter l'indépendance du nouvel Etat. Un traité international scelle ce fait nouveau. En janvier 1831, la Belgique est déclarée perpétuellement neutre. Les cinq puissances s'engagent à garantir l'intégrité et l'inviolabilité du territoire belge. Celui-ci comprend les provinces belges dans leurs frontières de 1790, à l'exception toutefois du Luxembourg qui reste en possession de Guillaume Ier[10]. Mais ce dernier en rejette le contenu et tente de reconquérir la Belgique par la force en août 1831. Dépourvu d'organisation militaire, le roi des Belges fait appel aux puissances pour garantir l'indépendance de la Belgique.

La tentative de la maison d'Orange est mise à mal mais la Conférence de Londres de novembre 1831 élabore un traité

[9] John GILISSEN, «Le caractère collégial des premières formes de gouvernement et d'administration de l'Etat belge (1830-1831)», *Revue belge d'histoire contemporaine*, 1981, XII/3, p. 609-637.

[10] Marie Thérèse BITSCH, *Histoire de la Belgique…*, *op cit.*, p. 83.

des XXIV articles, moins favorable à l'Etat belge. Les perspectives d'intégration à la Belgique du Limbourg hollandais et du Luxembourg sont battues en brèche. Toutefois, les Pays-Bas ne le ratifient pas, pensant toujours pouvoir reconquérir leurs anciennes provinces méridionales. En conséquence, le Limbourg et le Luxembourg restent sous la tutelle belge. Cette situation est d'ailleurs consignée dans un nouvel armistice belgo-hollandais, la convention Zonhoven, signée en juillet 1833. Le *statu quo* est la situation en attendant… qu'elle évolue.

CHAPITRE II

1830-1893: une confrontation bipartisane, libéraux *vs* catholiques

La pratique de l'unionisme

Avant même la reconnaissance internationale de la Belgique, les nouvelles élites lancent le nouveau parlementarisme. Le 11 octobre 1830, le gouvernement provisoire prend un arrêté disposant que le congrès national sera composé de 200 députés élus au suffrage direct. 46 099 électeurs sont convoqués, parmi lesquels 38 429 sont des électeurs censitaires et 7 670 des électeurs capacitaires.

Pour être électeur censitaire, il faut être «électeur indigène» ou naturalisé mais ayant six années de résidence en Belgique. L'âge minimum requis est 25 ans. Le cens varie en fonction du lieu de résidence mais doit atteindre 13 florins minimum et 150 maximum. Les électeurs capacitaires recouvrent les conseillers des cours, les juges de tribunaux, les juges de paix, les avocats, les avoués, les notaires, les ministres des cultes, les officiers d'un grade supérieur à celui de lieutenant et les titulaires d'un titre de doctorat[1]. L'élection intervient trois semaines plus tard, le 3 novembre 1830. L'abstention se révèle importante: 35% du corps électoral. Le nouveau Parlement élu est constituant.

Une des premières questions qui se pose au jeune Etat concerne l'essence du régime politique: proclame-t-on une monarchie ou une république? Au grand dam de certains révolutionnaires comme De Potter, la monarchie constitutionnelle représentative sous chef héréditaire est très largement

[1] *Code électoral annoté d'après les travaux parlementaires, la doctrine et la jurisprudence*, Bruxelles, Gustave Mayolez, 1879, p. x.

préférée par le congrès, par 174 voix contre 13[(2)]. Se pose alors le problème de la désignation du chef de l'Etat. Le thème est sensible eu égard au jeu des puissances à l'origine de la Belgique et qui garantissent sa pérennité. Dans un premier temps, le duc de Nemours, deuxième fils de Louis-Philippe, est préféré, par 97 voix contre 75, au duc de Leuchtenberg. Mais il décline. Après avoir envisagé plusieurs possibilités, le choix se fixe en définitive sur Léopold de Saxe Cobourg. Veuf de la fille du futur roi de Grande-Bretagne, la princesse Charlotte, Léopold de Saxe Cobourg a participé à plusieurs des batailles contre Napoléon dans les armées russes où il a acquis une grande réputation dans le domaine militaire. Résidant au Royaume-Uni, il avait refusé en 1830 de devenir roi de Grèce eu égard à la dimension périphérique de la Grèce dans le concert des nations. Après s'être assuré du soutien des puissances britannique et française, Léopold accepte et prête serment le 21 juillet 1831. Un an plus tard, presque jour pour jour, Léopold Ier épouse Louise-Marie d'Orléans, fille du roi de France Louis-Philippe. Ce faisant, il se prémunit de toute attaque de la France.

Au plan parlementaire, le bicaméralisme est installé dans une perspective classique. La *Chambre haute*, le Sénat, Chambre des élites, calmera les «ardeurs» de la *Chambre basse*, la Chambre des représentants et des passions. L'ambition est aussi de donner des gages de modération aux puissances étrangères. Au Sénat, l'accès est très réservé. Le cens d'éligibilité est en effet fixé à 1000 florins et l'âge minimal est de 40 ans. D'aucuns craignaient d'ailleurs que «dans certaines régions, il n'y ait pas suffisamment d'éligibles pour la Haute Assemblée»[(3)]. Aussi le législateur prévoit-il qu'en tout état de cause il y ait un éligible par tranche de 6000 habitants. Il n'en reste pas moins qu'à l'échelle du pays, on dénombre à peine quatre cents éligibles.

Dans les années qui suivent la révolution belge de 1830, la vie politique, notamment dans l'enceinte parlementaire, reste dominée par l'unionisme. Cette coopération survit à la révolution de 1830 en raison de la fragilité de l'Etat belge dans le

(2) Georges-Henri DUMONT, *La Belgique*, Paris, Presses universitaires de France, 1993, p. 62.

(3) Jean-Benoit PILET, *Changer pour gagner. La réforme des lois électorales en Belgique*, Bruxelles, Editions de l'Université de Bruxelles, 2007, p. 19.

concert des nations européennes. Les frontières de la vie politique sont toujours très poreuses. Certes, il existe les sensibilités catholique et libérale, mais chacune recèle une grande diversité interne. En 1835, Alphonse Royer distingue les « catholiques gouvernementaux » du « parti catholique opposant », et le « parti libéral gouvernemental » du « parti libéral d'opposition »(4).

Progressivement, cette union de raison est néanmoins mise en cause. Pour nombre de représentants de l'opinion libérale et de sensibilité catholique, l'Union conclue en 1828 et qui avait rassemblé contre Guillaume Ier tous ceux qui voulaient défendre la ou plutôt les libertés, était un pacte, une ligue née des circonstances et basée sur des concessions et des transactions réciproques mais dans laquelle « personne n'entendait abandonner ses idéaux propres »(5). Plusieurs événements anticipent la montée de la confrontation entre élites libérales et catholiques, et l'érosion de l'unionisme.

Le 5 août 1832, le pape Grégoire XVI publie l'encyclique *Mirari Vos, sur le libéralisme et les maux de la religion*, dans laquelle il condamne durement les libertés modernes. Tout particulièrement visée, la liberté de conscience est catégoriquement rejetée par un pape aux postures réactionnaires affirmées :

> « De cette source empoisonnée de l'indifférentisme, découle cette maxime fausse et absurde ou plutôt ce délire : qu'on doit procurer et garantir à chacun la liberté de conscience ; erreur des plus contagieuses, à laquelle aplanit la voie cette liberté absolue et sans frein des opinions qui, pour la ruine de l'Eglise et de l'Etat, va se répandant de toutes parts, et que certains hommes, par un excès d'impudence, ne craignent pas de représenter comme avantageuse à la religion. Eh ! « quelle mort plus funeste pour les âmes, que la liberté de l'erreur ! », disait saint Augustin. En voyant ôter ainsi aux hommes tout frein capable de les retenir dans les sentiers de la vérité, entraînés qu'ils sont déjà à leur perte par un naturel enclin au mal, c'est en vérité que Nous disons qu'il

(4) Jean Stengers, « L'origine de la droite et de la gauche dans la vie politique belge au XIXe siècle », *in* Jean-Marie Duvosquel, Alain Dierkens, Guy Vanthemsche (éd.), *Belgique, Europe, Afrique : deux siècles d'histoire contemporaine. Méthode et réflexions. Recueil d'articles de Jean Stengers*, Bruxelles, Le Livre Timperman, 2005, p. 274.

(5) Francis Balace, « Les libéraux, les catholiques et l'unionisme », *in* Hervé Hasquin, Adriaan Verhulst (éd.), *Le libéralisme en Belgique. Deux cents ans d'histoire*, Bruxelles, Centre Paul Hymans-Editions Delta, 1989, p. 39.

> est ouvert ce «puits de l'abîme», d'où saint Jean vit monter une fumée qui obscurcissait le soleil, et des sauterelles sortir pour la dévastation de la terre»[(6)].

Cette encyclique met en porte-à-faux nombre de catholiques belges qui s'accommodent fort bien des libertés de la nouvelle Constitution belge. Sterckx, futur cardinal, ne prend pas la peine de communiquer son contenu à ses diocésains et juge que le principe de la liberté, tel que conçu en Belgique, est le plus favorable à l'épanouissement du catholicisme[(7)]. Mais les libéraux dénoncent le double discours des catholiques.

En 1834, suite à l'installation de l'Université catholique de Malines, les libéraux et les loges maçonniques établissent l'Université libre de Belgique qui se transformera en Université libre de Bruxelles. Pour ces personnalités conduites par Théodore Verhaegen, il est crucial que la formation des élites ne soit pas l'apanage du monde catholique: «En parlant des Lumières du siècle, mettons tout en œuvre pour les propager mais avant tout pour les conserver, car nos ennemis veillent pour les éteindre (...); qu'à l'exemple des écoles gardiennes et d'enseignement mutuel qui en grande partie doivent leur splendeur aux loges maçonniques, une université libre vienne servir de contrepoids à l'université dite catholique»[(8)]. En 1837, les évêques invitent les catholiques qui en seraient membres à abandonner les loges maçonniques, contribuant à un positionnement de plus en plus anti-clérical de ces dernières.

A l'échelle politique, l'entente s'érode avec la consolidation du régime. Celle-ci franchit une étape cruciale avec la reconnaissance définitive de la Belgique en 1839. Suite aux menaces des Pays-Bas et sous la pression des puissances, la Belgique signe le 19 avril 1839 le traité définitif des XXIV articles en parallèle avec un traité de paix avec son voisin septentrional. Ce faisant, elle abandonne le Luxembourg et ses ambitions annexionnistes mais elle se protège des menaces pesant sur son existence en tant

(6) *Mirari Vos, Lettre encyclique de s.s. le pape Grégoire XVI du 15 août 1832, Sur le libéralisme et les maux de l'Eglise*.

(7) Anne MORELLI, «Une condamnation romaine des catholiques libéraux belges», *Problèmes d'histoire des religions*, 1992, 3, p. 71.

(8) Jean-Jacques HOEBANX, «La fondation de l'Université libre de Belgique», *in Pierre-Théodore Verhaegen. L'homme, sa vie, sa légende. Bicentenaire d'une naissance*, Bruxelles, Université libre de Bruxelles, 1996, p. 66-67.

qu'Etat[9]. Dans un contexte de dramatisation, l'obtention de cette signature belge suscite une discussion serrée au Parlement. Le 19 mars 1839, ils ne sont que cinquante-huit députés à se rallier au texte pour quarante-deux opposants[10].

La disparition de la menace extérieure et de la figure de l'ennemi favorise la différenciation politique. Les tensions entre tenants des positions proches de l'Eglise et partisans de la séparation de l'Eglise et de l'Etat croissent. Les organisations politiques naissent de cette ligne de démarcation. Symboliquement, un premier gouvernement hors des canons unionistes voit le jour en 1840.

Catholiques *vs* libéraux

Dans l'édification du cadre politico-institutionnel afférent à la Belgique, une donnée doit être soulignée, le rôle du roi. Le contreseing ministériel intégré dans la Constitution limite les prérogatives du souverain belge, mais l'interprétation quant à ses limites d'action a fort évolué dans le temps. Durant le règne du roi Léopold Ier, le roi a une vision extensive de ses prérogatives et de son pouvoir. Il dirige le cabinet et préside le Conseil des ministres pendant longtemps. Ce n'est qu'à la fin de son règne que sa présence se fait moins régulière. Le titre de Premier ministre n'est d'ailleurs établi qu'en 1918.

Léopold Ier ne conçoit guère d'activités ministérielles hors de ses propres choix ou, à tout le moins, sans concertation : « En toute chose quelque peu importante, il est du devoir du ministre avant que de s'engager dans une ligne ou une autre, d'en rendre compte au roi pour connaître son opinion... Le ministre n'a d'autorité qu'autant qu'il est le ministre du roi ; il ne doit donc rien faire sans l'avoir communiqué au roi »[11], assène sèchement Léopold Ier au ministre de l'Intérieur de Theux, en décembre 1836.

Le roi n'hésite d'ailleurs pas à mobiliser l'arme de la révocation quand elle lui semble nécessaire. Le canevas constitutionnel

(9) Yves MANHÈS, *Histoire des Belges...*, *op. cit.*, p. 118.

(10) Els WITTE, « La construction de la Belgique... », *op. cit.*, p. 121.

(11) Jean STENGERS, *L'action du roi en Belgique. Pouvoir et influence*, Bruxelles, Racine, 1996 (2e éd.), p. 22.

qui a voulu brider un roi trop puissant est dépassé dans la lettre. «Ce qui fonctionne à la place, c'est un système semi-parlementaire avec contrepoids monarchique»[12], souligne Els Witte. Ce n'est qu'avec l'établissement progressif d'une vie parlementaire et partisane digne de ce nom que cette donnée s'érode. L'exacerbation du clivage philosophique y concourt.

Plus que toute autre, la question scolaire incarne l'ampleur de cette opposition irréductible. Après plusieurs décennies d'étatisation ou de laïcisation d'origine autrichienne, française ou hollandaise, l'Eglise catholique souhaite mettre à profit la «liberté d'enseignement illimitée» proclamée par le Comité central à la mi-octobre 1830. Cette option est déterminante. Les autorités publiques perdent du même coup leur autorité suprême sur l'enseignement et l'intervention de l'Etat est limitée aux institutions publiques. Les communes sont affranchies du contrôle de l'Etat. Au surplus, les catholiques sont libres de choisir les enseignants. Plus aucun diplôme n'est exigé pour enseigner[13]. Au grand dam des milieux libéraux, l'Eglise se montre d'un volontarisme à toute épreuve pour imposer sa marque à l'éducation des jeunes Belges fréquentant l'école.

La loi du 23 septembre 1842 sur l'enseignement primaire polarise *a posteriori* les courants. La loi autorise l'Etat à imposer à chaque commune l'entretien d'une école publique ou l'adoption d'une école privée. Dans le même temps, elle rend obligatoire l'enseignement de la religion donné par le curé dans les écoles officielles. Surtout, cette loi est appliquée à l'origine conformément à un règlement d'ordre intérieur de 1845 dans les écoles officielles, qui «confiait pratiquement au clergé catholique le contrôle de toute l'instruction primaire dans l'enseignement public»[14]. Rapidement, la moitié de l'enseignement primaire et la quasi-totalité de l'enseignement secondaire sont contrôlées par l'Eglise[15].

En 1857, la loi dite des «couvents» marque un autre affrontement majeur d'essence philosophique. L'opposition qu'elle révèle est aussi très sévère. Le débat porte en vérité sur la problé-

(12) Els Witte, «La construction de la Belgique…», *op. cit.*, p. 97.
(13) *Ibid.*, p. 153.
(14) Xavier Mabille, *Histoire politique*…, p. 124.
(15) Marie-Thérèse Bitsch, *Histoire de la Belgique*…, *op. cit.*, p. 109.

matique des fondations charitables. Pour Gubin et Nandrin, la question se pose en ces termes : « Faut-il conserver à l'Etat seul, le droit de fonder, d'attribuer aux bureaux de bienfaisance et aux conseils des hospices uniquement, la gestion des fondations charitables ou est-il plus équitable de l'octroyer aux curés de paroisses ou aux membres des congrégations ? »[16]. Derrière la question d'ordre philosophique, pointe aussi la problématique de l'encadrement social et politique. Le projet de loi déposé par le gouvernement De Decker permet non seulement l'établissement de fondations alimentées par la charité privée mais dont l'objet peut aller jusqu'à la création d'écoles de réforme, d'écoles gratuites pour l'enseignement primaire et pour l'enseignement professionnel du degré inférieur, d'écoles du soir et du dimanche, d'écoles gardiennes[17].

L'émergence du parti libéral

Dans ce contexte, l'opposition des sensibilités se mue en confrontation partisane. Les libéraux sont les premiers à s'unifier. Certaines « organisations » avaient anticipé le mouvement. En mars 1841, l'*Alliance*, première Association libérale permanente, naît à Bruxelles sous la présidence d'Eugène Defacqz[18].

Pour sa part, le parti libéral voit le jour lors d'un congrès tenu à Bruxelles le 14 juin 1846. Convoqué par l'Alliance libérale de Bruxelles, ce congrès des libéraux belges met en place le parti libéral de Belgique. La cristallisation partisane de la « tendance » libérale à cette date n'est bien sûr pas le fruit du hasard. Elle s'inscrit, nous l'avons relevé, dans l'accélération de l'effritement de l'unionisme dans la vie politique belge et dans la considération que les catholiques ne jouent pas pleinement le *jeu constitutionnel*.

[16] Eliane GUBIN, Jean-Pierre NANDRIN, « La Belgique libérale et bourgeoise. 1846-1878 », *in* Els WITTE, Eliane GUBIN, Jean-Pierre NANDRIN, Gita DENECKERE (éd.), *op. cit.*, p. 58.

[17] *Ibid.*, p. 60.

[18] Luc ROWIES, *Les partis politiques en Belgique*, Bruxelles, Dossiers du CRISP, 1977, p. 2.

Pour la sensibilité libérale, il s'agit de s'imposer dans le jeu politique. L'adresse inaugurale de Defacqz au congrès ne s'en cache pas :

> « De la composition de la représentation nationale dépendent les destinées de la patrie. Qu'une majorité formée d'hommes éclairés, fermes, désintéressés, d'hommes vraiment libéraux, viennent à dominer dans la législature, et tout changera de face : le désordre cessera, le pouvoir civil affranchi de la tutelle de l'Eglise rentrera dans sa dignité et ses attributions, le prêtre comme prêtre, se renfermera dans ses temples et il y sera honoré : en un mot, les institutions reprendront leur cours naturel, sans trouble, sans secousse, et la Belgique pourra entrer enfin et marcher sans entraves dans les voies d'un avenir trop longtemps ajourné. La majorité parlementaire, voilà donc le but immédiat auquel doivent tendre tous les efforts des amis du bien public : à ce prix seulement est le progrès, et jusque-là les plus sages améliorations, les plus beaux programmes, la réforme électorale, ce premier des besoins, ne seront que de vaines utopies, qu'une lettre morte »[19].

Dans sa naissance, le parti libéral doit beaucoup au rôle de la franc-maçonnerie[20], seule « agence idéologique » capable de s'opposer à l'Eglise[21]. Elle façonne de véritables associations électorales[22], tout particulièrement à l'échelle des communes[23]. A la fin des années 1830, les loges maçonniques sont par ailleurs renforcées par l'arrivée en leur sein de personnalités orangistes[24]. Puissant à Gand, à Anvers et à Liège, l'orangisme a été vivace durant les premières années du nouvel Etat belge. Très prégnant dans la grande bourgeoisie industrielle, le sentiment orangiste est aussi présent dans le « monde de l'enseignement et des sciences ». Sa puissance économique a suscité la crainte des

(19) *Congrès libéral de Belgique*, Séance du 14 juin 1846, Bruxelles, 1846, p. 15.

(20) Daniel-Louis SEILER, *De la comparaison des partis politiques*, Paris, Economica, 1986, p. 47.

(21) Pascale DELFOSSE, « La formation des familles politiques en Belgique (1830-1914) », *Res Publica*, 1979, XXI/3, p. 468.

(22) Lode WILS, *Histoire des nations belges. Belgique, Flandre, Wallonie : quinze siècles de passé commun*, Ottignies, Quorum, 1996, p. 160.

(23) Els WITTE, « The political struggle for power in and for the main Belgian towns during the period 1830-1848 », *Res Publica*, 1973, XV/2, 1973, p. 376.

(24) L'expression fait référence aux courants favorables à la maison d'Orange, hostiles donc à la scission de la Belgique des Pays-Bas.

nouvelles élites belges pendant plusieurs années. Et elles ont dû composer avec ce courant[25].

Cette arrivée accroît encore la base anticléricale des loges et « leur liaison avec la grande industrie »[26]. Après la condamnation des évêques en 1837, l'anticléricalisme devient un élément structurant de la franc-maçonnerie en Belgique. En décembre de cette année, les évêques avaient en effet mis en demeure les catholiques d'abandonner les loges sous peine d'excommunication selon les termes de l'article 2335 du droit canon[27].

La structuration partisane des libéraux belges leur permet de remporter nettement les élections de 1848 au détriment des candidats catholiques. A partir de ce moment et jusqu'en 1894, la vie politique belge est dominée par une confrontation bipartisane entre *parti* libéral et *parti* catholique.

Dans le cadre d'un scrutin plurinominal à un tour et de campagnes électorales très rudes[28], cette opposition est jalonnée par une alternance entre gouvernements libéraux et catholiques, même si les libéraux sont dominants jusqu'au début des années quatre-vingt. En effet, ils jouissent d'une meilleure organisation que leurs adversaires. En vérité, ce n'est que dans le dernier quart du siècle que les catholiques sortent d'une position de vaincu fréquent aux élections nationales et d'opposants aux gouvernements libéraux.

Dans l'après-unionisme, le fossé philosophique se creuse. En 1870, le parti libéral organise son troisième congrès national. Réunis sous la présidence de Pierre Van Humbeeck, les libéraux assument clairement leur tournant anticlérical. Le programme qui en est issu appelle à une « séparation absolue de l'Etat et des Eglises, et par mesure immédiate :

[25] Ginette KURGAN-VAN HENTENRYK, *Gouverner la Générale de Belgique. Essai de biographie collective*, Bruxelles, De Boeck, 1996, p. 13.

[26] Pascale DELFOSSE, « Formation de l'Etat, classes sociales et hégémonie politique : le cas belge (1830-1914) », *Recherches sociologiques*, 1994, xxv/1, p. 8.

[27] Roger DESMED, « L'évolution du sentiment religieux chez les franc-maçons belges entre 1830 et 1914. L'exemple des loges bruxelloises », *Problèmes d'histoire du christianisme*, 1976-1977, 7, p. 69.

[28] Voir Jean STENGERS, « L'établissement de la représentation proportionnelle en Belgique en 1899 », *in* Pascal DELWIT, Jean-Michel DE WAELE (éd.), *Le mode de scrutin fait-il l'élection?*, Bruxelles, Editions de l'Université de Bruxelles, 2000.

a) [la] sécularisation complète de l'enseignement public à tous les degrés;
b) [l']application générale et uniforme du principe de sécularisation des cimetières;
c) [la] suppression des exemptions, en matière de milice, à raison des cultes»[29].

Pour Van Humbeek, les choses sont d'ailleurs claires, «il y a un corps qui bloque la route du progrès mondial. Ce corps du passé, qu'il faut appeler par son nom, c'est le catholicisme»[30]. Le clivage *philosophique* (rôle de l'Eglise dans la société, séparation de l'Eglise et de l'Etat, ...) est bien ce qui oppose le *parti* libéral à la mouvance catholique.

A l'examen de l'émergence et du développement du parti libéral belge, on peut sans crainte noter que son édification s'opère dans le cadre de la *révolution nationale*, évoquée par Stein Rokkan et Seymour Martin Lipset sur le clivage Eglise-Etat dégagé par les deux auteurs; celui qui oppose les promoteurs de l'Etat face aux protagonistes favorables aux positions de l'Eglise[31].

Nous l'avons pointé, la question scolaire est emblématique de cette ligne de partage. En 1878 est déclenchée la première *guerre scolaire*. Le ministre libéral Van Humbeeck, en charge d'un nouveau *ministère de l'Instruction*, revoit profondément la loi de 1842 relative à l'enseignement primaire. Celle-ci avait été construite sur la base d'une coopération entre le clergé et l'Etat. Dans la nouvelle loi, l'instruction religieuse est désormais laissée au soin des familles et de ministres du culte, en dehors des heures des classes[32]. Elle n'est donc plus une matière obligatoire dans l'enseignement primaire. Plus important encore,

(29) Eliane Gubin, Jean-Pierre Nandrin, «La Belgique libérale...», *op. cit.*, p. 40.

(30) Jan Erk, ««Alles voor Vlaanderen, Vlaanderen voor Kristus». Le nationalisme flamand et la démocratie chrétienne», *Politique et société*, 2003, 22/1, p. 88.

(31) Seymour-Martin Lipset, Stein Rokkan, *Structures de clivages, systèmes de partis et alignement des électeurs: une introduction*, Bruxelles, Editions de l'Université de Bruxelles, 2008.

(32) Jean-Philippe Schreiber, «Guerre scolaire, guerre de religion? Etude d'un concept historique dans le cadre de la Belgique du XIXe siècle», *Problèmes d'histoire des religions*, 1996, 7, p. 125.

toute commune doit se doter d'une école primaire officielle. Les instituteurs qui y enseignent doivent par ailleurs être détenteur d'un diplôme d'une Ecole normale de l'Etat. Cette loi suscite une mobilisation exceptionnelle du monde catholique. Des instructions sont diffusées à l'usage des confesseurs. Les parents ne peuvent envoyer leurs enfants aux écoles de l'Etat. Les instituteurs ne peuvent y enseigner sous peine de se voir refuser l'absolution[33]. En quelques années, un tiers du personnel enseignant dans l'enseignement public présente sa démission. Cette réaction contre la «loi de malheur» est telle que le gouvernement, invoquant les «menaces que font peser les catholiques sur les libertés constitutionnelles», décide en 1880 de rompre les relations diplomatiques avec le Vatican[34], après que l'évêque de Tournai Mgr Dumont ait publié la correspondance entre le pape et l'épiscopat belge. Celle-ci dévoilait un double jeu du Saint-Siège avec les autorités belges[35].

Le combat pour la sécularisation des cimetières n'est pas moins dur. En principe, les enterrements civils étaient possibles. Dans les faits, il en allait autrement. Les autorités religieuses détiennent tout le matériel utilisé lors des inhumations. Aussi, tous ceux qui meurent en dehors de l'Eglise sont relégués dans le «trou aux chiens», le «coin des réprouvés», quand il existe[36]. Si la commune est théoriquement gestionnaire des cimetières et de leur police, dans les faits «la tradition considérait la paroisse comme propriétaire»[37]. Dès lors, des sociétés se créent en vue de permettre de vraies funérailles civiles, en particulier de leurs membres. Les sociétés de l'Affranchissement (1854), des

(33) Wladimir S. Plavsic, «L'Eglise et la politique en Belgique», *Res Publica*, 1968, x/2, p. 217.

(34) Jean-Louis Ormières, *L'Europe désenchantée. La fin de l'Europe chrétienne ? France, Belgique, Espagne, Italie, Portugal*, Paris, Fayard, 2005, p. 21.

(35) Nadine Lubelski-Bernard, «Frère-Orban, chef de cabinet», *in* Andrée Despy-Meyer (éd.), *Frère-Orban et le libéralisme politique*, Bruxelles, Editions de l'Université de Bruxelles, 1996, p. 19.

(36) Roger Desmed, «La question des cimetières et les francs-maçons bruxellois (1861-1871)», *Problèmes d'histoire du christianisme*, 1980, 9, p. 137.

(37) Anne Morelli, «Propagande antireligieuse et anticléricalisme dans la presse libérale du xixe siècle», *Problèmes d'histoire du christianisme*, 1987, 17, p. 174.

Solidaires (1857) ou encore des Cosmopolitains (1875) sont en première ligne dans ce combat[38].

Pendant plusieurs années, le gouvernement libéral et le monde politico-social catholique s'affrontent âprement. En septembre 1884 encore, plusieurs dizaines de milliers de personnes manifestent à l'appel de l'Eglise contre la loi Van Humbeeck. Cette mobilisation contre la nouvelle législation scolaire et la levée d'impôt qu'elle a nécessitée pour en assurer l'application sont deux composantes importantes de la défaite libérale en 1884[39]. En effet, le tournant quasi anti-catholique du parti libéral est certes porteur dans les principales villes wallonnes, mais il affecte ses positions dans les Ardennes et surtout dans la partie flamande du pays[40]. Il faut y ajouter l'unification politique des catholiques et les divisions dans le parti libéral. De plus à Bruxelles, les libéraux font face à une nouvelle liste, les nationaux indépendants, composés de personnalités catholiques et libérales. Leur victoire précipite la défaite libérale. Pour le parti libéral, ce revers est important car il marque pour un long temps la fin d'un rôle important des libéraux dans la vie politique belge. A l'inverse, les catholiques conquièrent la majorité absolue qu'ils conservent jusqu'à la fin de la première guerre mondiale.

L'anticléricalisme est certes le ciment d'unité des libéraux belges. Mais ceux-ci divergent sur bien d'autres questions. Deux sensibilités, doctrinaire et progressiste, divisent le parti. Whaltère Frère-Orban incarne le courant doctrinaire du parti libéral. Chef de Cabinet de 1857 à 1870, Frère-Orban est l'homme fort des libéraux. Politiquement, il rejette tout à la fois la pensée cléricale et le mouvement radical :

> « Le libéralisme est une doctrine politique toute moderne qui a déjà fait de grandes conquêtes mais qui est loin d'avoir accompli son œuvre. Elle est également opposée à la doctrine théocratique ou cléricale qui a longtemps régné en souveraine, qui règne encore presque partout en partage mais fait de nos jours un dernier effort

(38) Liane RANIERI, « Une ville libérale : Bruxelles », *in* Hervé HASQUIN, Adriaan VERHULST (éd.), *Le libéralisme en Belgique…*, *op. cit.*, p. 298.

(39) *Ibid.*, p. 300.

(40) Christian VANDERMOTTEN, Pablo MÉDINA LOCKHART, « La géographie du libéralisme belge et européen », *in* Pascal DELWIT (éd.), *Libéralismes et partis libéraux en Europe*, Bruxelles, Editions de l'Université de Bruxelles, 2002, p. 57-74.

> pour reconquérir l'empire. Elle est opposée au même titre à l'école radicale qui s'avance, qui prépare d'assez vastes moyens d'actions et qui a pour objectif la révolution sociale. L'une et l'autre ont un médiocre souci du droit des individus. L'école théocratique, avec un idéal plein de grandeur, entend régler souverainement le rôle de l'homme sur terre en préparant sa destinée future, elle réclame le concours de la puissance politique pour assurer l'exécution de ses sentences. L'école radicale, préoccupée avant tout des conditions matérielles de l'existence, entend tracer *a priori* et faire sanctionner par la naissance de l'Etat une organisation de la société qui devrait assurer la félicité commune. L'école théocratique et catholique, juive, protestante, anglicane, grecque, peu importe – elle est la même dans ses aspirations et dans son but »[41].

Pour leur part, les progressistes sont représentés par Paul Janson. Janson et ses amis s'appuient sur une organisation corporative, l'Association générale ouvrière. Fondée en 1858, l'AGO est implantée dans certains milieux ouvriers bruxellois et gantois. Elle se définit comme « non révolutionnaire, anticléricale, favorable à l'instruction obligatoire, à l'éducation en général comme moyen d'émancipation de la classe ouvrière »[42]. Elle est aussi un acteur prônant l'élargissement du droit de suffrage. A l'échelle parlementaire, cette revendication singularise les progressistes. « Rien ne peut plus retarder l'avènement en Belgique du suffrage universel qui règne aujourd'hui des bords de l'Elbe aux rivages de l'Atlantique », s'exclame Janson aux élections communales de 1869[43]. Sous la conduite de Paul Janson, ce courant se structure en *parti progressiste* en 1887, s'affirmant, au plan social, partisan d'une certaine réglementation du travail[44]. Son programme en appelle à une « fixation

[41] Eliane GUBIN, Jean-Pierre NANDRIN, « La Belgique libérale et bourgeoise... », *op. cit.*, p. 91.

[42] Jean PUISSANT, Eliane GUBIN, Jean-Paul MAHOUX, « Question sociale et libéralisme, l'exemple de l'Association générale ouvrière (1858-1920) », *in* Adriaan VERHULST, Luc PAREYN (éd.), *Hudelboek Prof Dr Marcel Bots? Een bundel historiche en wijsgerige opstellen*, Gand, Gent Liberaal Archief, 1995, p. 152.

[43] Yvon LEBLICQ, « Les élections communales du 26 octobre 1869 et du 24 mai 1870 à Bruxelles : crise dans le libéralisme et espoir de renouveau pour l'« association constitutionnelle conservatrice », *Revue belge d'histoire contemporaine*, 1978, 9/1-2, p. 79.

[44] Voir par exemple Doreeen GAUBLOMME, « Doctrinaires et progressistes au XIXe siècle », *in* Hervé HASQUIN, Adriaan VERHULST (éd.), *Le libéralisme en Belgique...*, *op. cit.*

par la loi d'une durée maxima de travail industriel des adultes, suivant la nature des diverses industries et l'introduction d'une clause relative à ce sujet et un minimum de salaires dans les adjudications publiques».

Janson est le seul parlementaire belge qui s'oppose, en 1892, à l'extension de l'article 310 du code pénal (voir *supra*). Au congrès de 1894, le parti progressiste radicalise ses positions dans le champ économique et social. Il se prononce pour la création d'un ministère du Travail, la détermination d'une journée de travail maximum, l'interdiction du travail de nuit pour les femmes, l'établissement d'une assurance obligatoire contre les accidents, la maladie, le chômage, l'invalidité, la vieillesse pour les travailleurs agricoles et industriels.

Face à ces revendications, le programme libéral doctrinaire issu du congrès de 1894 paraît bien timoré:

> «Mesures destinées spécialement à améliorer la condition des classes ouvrières, en tant qu'elles sont compatibles avec le respect de la propriété individuelle et de la liberté du travail des majeurs notamment:
>
> a) révision des lois qui règlent le contrat de travail et de la responsabilité du patron en cas d'accident; b) reconnaissance des syndicats professionnels et agricoles non obligatoires; c) développement des institutions de secours mutuels, des institutions de crédit populaire, d'épargne, de retraite, d'assurance, d'organisation de bourses du travail; d) (...) e) réglementation du travail en vue de la protection des enfants et des adolescents des deux sexes; f) révision des règlements destinés à sauvegarder la santé et la vie des ouvriers; (...)»[(45)].

La réunification du parti libéral n'intervient qu'en 1900.

L'édification du parti catholique

L'unification du monde libéral a été une pression forte sur les courants catholiques dont l'unicité politique est très difficile à atteindre. L'impulsion s'est trouvée renforcée lors de l'établissement du gouvernement libéral, dirigé par Rogier en 1857. Mais des tentatives précédentes avaient avorté.

[(45)] *Compte-rendu du congrès libéral tenu à Bruxelles les 8 et 9 avril 1894*, P. Weissenbruch éditeur, 1894, p. 250.

Fin des années trente, plusieurs parlementaires tentent de coordonner leurs actions au niveau local et de créer une organisation de coordination. A cette fin, ils fondent la société électorale *L'Espoir*. *L'Espoir* vise à sortir de l'approche confessionnelle du processus électoral mais échoue dans cet objectif.

Une deuxième tentative est lancée en 1858. Suite aux émeutes du printemps 1857 contre la loi des couvents et à la défaite électorale sévère que les catholiques essuient dans la foulée, une nouvelle volonté d'organisation électorale se fait jour. A l'initiative de Jules Malou, « maître d'œuvre de l'organisation des forces catholiques à cette époque », est fondée l'Association constitutionnelle conservatrice(46). Se donnant pour objectif de faire respecter les libertés constitutionnelles, les promoteurs de l'organisation veulent s'éviter un caractère confessionnel. La « première poussée qui nous dirigea », souligne Deschamps, « fut ne pas arriver au pouvoir comme parti religieux, de dire nettement au pays que nous voulons être un parti constitutionnel, non un parti catholique »(47).

Le processus qui conduit à la construction d'un véritable parti catholique s'étend néanmoins sur de nombreuses années. Les congrès de Malines réunis en 1863, en 1864 et en 1867 contribuent à la coordination des œuvres catholiques. A la fin des assises de 1867, est constituée une Union catholique de Belgique. Elle n'a pas pour vocation de s'immiscer dans la sphère politique proprement dite mais elle embrasse toute l'activité catholique dans le « but de défendre les intérêts et les libertés catholiques »(48). Dans la foulée des congrès, la Fédération des cercles catholiques, épine dorsale du parti catholique à venir, est fondée le 22 octobre 1868(49). Par la suite, elle se mue en Fédération des associations et des cercles catholiques et des associations ouvrières, et garde, jusqu'au sortir de la première guerre mondiale, un poids déterminant dans le monde catholique, en

(46) Eliane GUBIN, Jean-Pierre NANDRIN, « La Belgique libérale et bourgeoise... », *op. cit.*, p. 73-74.

(47) Marcel LALOIRE, « Les partis belges », *Res Publica*, 1961, III/4, p. 342.

(48) Chanoine A. SIMON, *Le parti catholique belge. 1830-1945*, Bruxelles, La renaissance du livre, 1958, p. 106.

(49) Jean BEAUFAYS, *Les partis catholiques en Belgique et aux Pays-Bas: 1918-1958*, Bruxelles, Bruylant, 1973, p. 60.

particulier sous la houlette de Charles Woeste, sa personnalité emblématique.

Pour autant, cette structuration reste lâche et essentiellement parlementaire. La mouvance catholique demeure très divisée, en particulier sur une problématique fondamentale, le rapport au parlementarisme. S'opposent les partisans de l'intégration au jeu parlementaire et constitutionnel aux promoteurs d'une affirmation plus nette des principes religieux. Les premiers se recrutent surtout dans les rangs de la droite parlementaire, les seconds dans les courants ultramontains en redéploiement dans la deuxième moitié du XIXe siècle. Cette division n'est pas neuve. La volonté de la résorber est d'ailleurs à l'origine du congrès de Malines en 1863. Edouard Ducpétiaux ne s'en cache pas:

> «Il ne faut demander à aucun catholique l'abdication de ses principes ni de ses doctrines, mais les conjurer tous d'en suspendre l'examen tant que le besoin de notre œuvre commune exigera l'union de tous les défenseurs. En un mot, il faut conclure une trêve, mieux encore une alliance, mais sans exiger d'un seul d'entre nous jusqu'à l'apparence d'une abdication»[50].

La lutte contre les libéraux est le seul ferment d'unité pour l'action. Mais les tensions restent fortes. Et la papauté n'y est pas étrangère. L'encyclique *Quanta Cura*, publiée par le pape Pie IX, le 8 décembre 1864, accompagnée d'un syllabus, rejette catégoriquement la révolution et la pensée libérales au grand dam des parlementaires catholiques et décline les «principales erreurs de notre temps».

Deux événements facilitent toutefois l'action commune de tous les catholiques. Le premier est l'électrochoc de la victoire libérale aux élections de 1878 et l'élaboration d'un programme gouvernemental virulemment anti-clérical. Le deuxième est l'avènement d'un nouveau pape, Léon XIII. Ancien nonce à Bruxelles dans les années quarante, Léon XIII se révèle plus ouvert au jeu constitutionnel que ses prédécesseurs et réfrène les ardeurs ultramontaines.

Des congrès de Malines, il n'est pas sorti un parti catholique, mais ces assises ont créé une dynamique. Elles ont réussi

[50] Cité par Eliane Gubin, Jean-Pierre Nandrin, «La Belgique libérale et bourgeoise...», *op. cit.*, p. 80.

à diffuser un « esprit d'association qui a permis de retisser un réseau de liens, de contacts, brisant l'isolement des catholiques »[51]. En 1884, la victoire électorale des catholiques facilite l'établissement d'un véritable parti : les catholiques sont désormais « unis » dans une formation. La cristallisation s'est opérée autour de trois acteurs importants : la presse, la « Droite » et les comités électoraux.

Le cadre de cette confrontation bipartite

De 1840 à 1894, la vie politique belge est de la sorte dominée par une confrontation bipartisane *pure* entre catholiques et libéraux. Cette lutte politique s'articule principalement sur la base du clivage philosophique. En revanche, les points d'accord sur les problématiques économiques et sociales sont plus nombreux.

Figure marquante de la droite catholique, Charles Woeste peut sans peine déclarer à la Chambre en 1878 :

> « Messieurs, dans les sociétés du XIXe siècle, divisées d'opinion et de sentiments, la réglementation est presque toujours un péril entre les mains d'un parti et prête à l'arbitraire. (...) Nous membres de la droite, et vous, membres de la gauche qui, pour la plupart, n'admettez pas plus que nous qu'il y ait une question sociale à résoudre, nous ne pouvons pas admettre la réglementation du travail, parce que nous serions sans défense contre le langage que nous tiendrait l'ouvrier demandant en s'appuyant sur la détresse des siens du travail ou du pain »[52].

Pour autant, la question sociale se pose. A plusieurs reprises, la Belgique traverse de graves crises sociales et alimentaires. Elles conduisent, notamment, de nombreux Flamands d'origine rurale, à rejoindre l'industrie minière et sidérurgique dans les bassins hennuyer et liégeois. Et de nombreux Belges migrent.

Le cadre politico-électoral de l'affrontement est institutionnellement très confiné. Le législateur a été restrictif pour l'octroi du droit de vote. Nulle question de suffrage universel, vecteur de passions et d'asservissement de la liberté. Ministre du gouvernement Lebeau en 1831, le libéral Paul Devaux ramasse, en la

(51) *Ibid.*, p. 85.

(52) Chambre des représentants, *Annales parlementaires*, 20 février 1878, p. 407-408.

matière, un point de vue largement partagé par les nouvelles élites belges :

> « Nous combattons le suffrage universel, bien qu'il soit, quant à la forme, le plus favorable à l'égalité, parce qu'il est fatal à la liberté, quant aux résultats : en temps de passions, il mène à l'anarchie, qui est aujourd'hui le plus redoutable ennemi de la liberté ; en temps ordinaire et à la longue, mieux que tout autre système, il assure l'influence exclusive de l'aristocratie et lui sacrifie la liberté du peuple »(53).

La Constitution de 1831 stipule ainsi que seuls sont électeurs les citoyens payant un cens. Son montant est défini par la loi électorale. La Constitution précise cependant que cet impôt « ne peut excéder 100 florins d'impôt direct, ni être au-dessous de 20 florins »(54). Le mode de scrutin est uninominal ou plurinominal suivant les circonscriptions, à un tour et parfois deux tours. Au premier tour sont d'emblée élus le ou les candidats ayant obtenu la majorité absolue des voix. Dans l'hypothèse où des sièges restent à pourvoir, un second tour est organisé auquel ne peuvent prendre part qu'un nombre de candidats double du nombre de sièges restant à pourvoir. Leur détermination est liée au nombre de suffrages obtenus au premier tour. Ce mode de scrutin à forte dynamique majoritaire a plusieurs effets.

Dans les circonscriptions à prédominance libérale ou catholique marquée, l'autre parti ne présente régulièrement aucun candidat car il n'a aucune chance d'emporter le moindre siège. Dans les autres circonscriptions, où le jeu est plus ouvert, quelques voix peuvent modifier sensiblement la distribution en sièges et donc fortement influer sur le résultat de l'élection. En 1878, dans l'arrondissement de Bruges, le candidat libéral au Sénat Boyaval est par exemple élu à une voix de majorité. Il avait manqué à son rival catholique la voix de l'évêque de Bruges, en tournée de confirmation(55) !

Au surplus, nous l'avons souligné, la Chambre est rarement renouvelée de fond en comble. En effet, pour éviter les humeurs

(53) Cité par John Gilissen, *Le régime représentatif…*, *op. cit.*, p. 90.
(54) Jean Stengers, « Histoire de la législation électorale », *in* Jean-Marie Duvosquel, Alain Dierkens, Guy Vanthemsche (éd.), *Belgique-Europe-Afrique…*, *op. cit.*, p. 248.
(55) *Ibid.*, p. 257.

brusques de l'opinion payant le cens, le législateur a prévu un renouvellement pour moitié de la Chambre tous les deux ans. Des élections générales ne sont convoquées qu'en cas de dissolution. S'il n'y a pas de mouvements brutaux, cela implique toutefois la répétition très régulière de temps électoraux. Par ailleurs, dans les termes du parlementarisme censitaire, cela ignore les notions contemporaines de « législature » ou de « durée de vie normale » d'un gouvernement(56).

Les campagnes électorales sont d'une dureté sans nom(57). Chaque sensibilité essaie de rayer des listes des électeurs censés voter pour l'adversaire. Le 24 novembre 1871, le cabinet catholique parvient ainsi à ôter un très grand nombre des 12 262 cabaretiers jugés plutôt favorables aux libéraux en transformant l'impôt sur les débits de boissons en un droit d'accise, devenant de la sorte un impôt indirect. *A contrario*, le 26 août 1878, le législateur majoritairement libéral dispose que les citoyens occupant gratuitement une maison sont libres de tout impôt foncier. De nombreux curés se voient du même coup privés de droit de vote. Par ailleurs, les contestations sur la confection des listes électorales et le dépouillement sont légion. Jean Stengers révèle qu'entre 1882 et 1892, pas moins de 145 000 contestations ont été soumises aux cours d'appel du pays(58).

Pour tenter de sortir des contestations répétées, le législateur essayera de standardiser l'organisation du scrutin et de rendre anonyme l'expression du vote. En la matière, la loi de 1877 change substantiellement la donne. Suite aux très nombreux litiges autour de l'élection législative de juin 1876, le cabinet catholique agit et fait adopter par les chambres de nouvelles dispositions. La loi contient trois transformations majeures :

a) le bulletin de vote est désormais un bulletin imprimé, portant les noms des candidats, et qui est remis à l'électeur au bureau

(56) Henk DE SMAELE, « Les partis politiques à la Chambre, 1830-1914 », *in* Eliane GUBIN, Jean-Pierre NANDRIN, Emmanuel GERARD, Els WITTE (éd.), *Histoire de la Chambre des représentants de Belgique, 1830-2002*, Bruxelles, Chambre des représentants, 2003, p. 141.

(57) Voir Jean STENGERS, « L'établissement de la représentation proportionnelle en Belgique en 1899 », *in* Pascal DELWIT, Jean-Michel DE WAELE (éd.), *Le mode de scrutin fait-il l'élection ?*, *op. cit.*, p. 129-144.

(58) Jean STENGERS, « Histoire de la législation électorale… », *op. cit.*, p. 250-251.

de vote même. Jusque-là, l'électeur déposait dans l'urne un bulletin qu'il avait apporté avec lui et sur lequel étaient inscrits les noms des candidats qu'il voulait élire. Autant dire que les pressions sociales étaient fortes sur les électeurs ;

b) l'électeur exprime son vote au moyen d'une marque impersonnelle, et par conséquent non reconnaissable. A l'origine, il s'agit d'une croix, puis par la suite d'une case à noircir ;

c) enfin, il appose cette marque à « l'abri de tout regard en se retirant, à l'intérieur du bureau de vote, dans un « isoloir » »[59].

Dans la compétition électorale, les libéraux sortent régulièrement vainqueurs face à des catholiques encore peu organisés à l'échelle politique et parlementaire.

Evolution des résultats électoraux au XIXe siècle (en pourcentage)

	Catholiques	*Libéraux*		*Catholiques*	*Libéraux*
1847	47,3	52,1	1870	44,4	55,6
1848	29,6	69,5	1870	54,5	44,5
1850	41,6	54,8	1872	68,8	31,0
1852	42,6	57,4	1874	47,5	52,5
1854	42,6	57,4	1876	53,4	46,3
1856	54,9	45,1	1878	47,4	52,6
1857	45,3	54,7	1880	48,9	50,3
1859	45,8	54,2	1882	47,2	52,8
1861	42,5	57,5	1884	61,0	38,9
1863	54,5	45,5	1886	48,7	51,3
1864	50,0	49,7	1888	58,4	37,2
1866	41,8	58,2	1890	45,2	54,5
1868	55,1	44,3	1892	53,6	45,4

La question linguistique

Dans une configuration de pur bipartisme, il importe d'épingler l'une ou l'autre entorse. Ainsi, l'année 1862 donne à voir la naissance d'une nouvelle formation, le Meetingpartij.

Le Meetingpartij est un parti qui émerge dans la métropole anversoise. A l'origine, sa fondation est intimement liée à l'opposition aux volontés royales de doter Anvers de nouvelles

(59) *Ibid.*, p. 270.

fortifications. Mais l'objet du Meetingpartij s'élargit et touche aussi à la problématique de la conscription. On trouve dans le Meetingpartij la combinaison d'éléments appelés à jouer un rôle mobilisateur majeur dans le développement du mouvement flamand à la fin du XIXe siècle et au XXe: une conscience antimilitariste prononcée et l'expression d'une «hostilité à l'autoritarisme de l'Etat francophone»[(60)]. Au début des années 1870, il se fondra dans les rangs catholiques.

La question linguistique se pose-t-elle pour autant au XIXe siècle?

1846 est la date de la première évaluation du poids et de la répartition des langues en Belgique. Le premier recensement révèle que 2471248 Belges parlent le néerlandais et 1827141, le français. Les néerlandophones sont donc majoritaires dans le nouvel Etat. Cela dit, sur un strict plan linguistique, la prudence s'impose. Nombre de francophones étiquetés parlent en réalité un dialecte wallon parfois très éloigné du français et il en va de même pour les étiquetés néerlandophones.

Les premières expressions du *mouvement flamand* sont d'essence culturelle. En 1840, un pétitionnement appelle au traitement en néerlandais des affaires communales et provinciales dans les provinces flamandes. Cela concerne bien sûr la vie politique, la justice mais aussi l'éducation. Les promoteurs de la pétition revendiquent ainsi l'enseignement en français et en néerlandais dans les écoles moyennes situées en Flandre de même qu'à l'Université d'Etat de Gand. Sans résultat notable, la pétition qui a recueilli 13 000 signatures est suivie, le 6 novembre 1847, d'un manifeste. A l'initiative d'intellectuels et d'écrivains à l'instar de Jan Frans Willems ou Henri Conscience, il sollicite la reconnaissance effective de la langue néerlandaise:

> «La Belgique se trouve dans une situation artificielle qui, sans aucun doute, constitue une menace constante pour l'existence même de la patrie. La majorité de la nation est dominée par l'autre partie, minoritaire. Bien que cette domination ne doive sans doute pas être considérée comme intentionnelle de la part de l'autorité et de nos compatriotes wallons, elle est néanmoins un fait. (...) Notre souhait le plus cher est que nous puissions vivre

[(60)] Pierre JOYE, Rosine LEWIN, *L'Eglise et le mouvement ouvrier*, Bruxelles, Fondation Joseph Jacquemotte, 1967, p. 49.

> un jour dans la concorde et avec des sentiments d'amitiés et de fraternité affectueuse envers nos compatriotes wallons. Que l'on fasse en sorte qu'en Belgique toutes les parties de la nation soient traitées de la même façon, et les plaintes et l'hostilité se changeront automatiquement en louanges en l'honneur de la patrie commune, dans l'amitié et la fraternité»(61).

Plutôt orangiste en 1830, Willems est l'auteur de nombreux essais, dont le célèbre *Reinaert de Vos*. Il est considéré en général comme le «père du réveil flamand». Pour sa part, Henri Conscience est l'auteur du *Leeuw van Vlaanderen*, qui retrace la lutte des «Flamands» contre les troupes françaises lors de la bataille des Eperons d'or en 1302, un fait d'armes qui sera retenu bien plus tard pour célébrer la fête de la Communauté flamande.

Le gouvernement Dedecker prend peu à peu la mesure des problèmes de l'unilinguisme du pays et met en place, en 1856, une Commission ayant pour objectif de «rechercher et de signaler au gouvernement les mesures les plus propres à assurer le développement de la littérature flamande et pour régler l'usage de la langue flamande dans ses rapports avec les diverses parties de l'administration publique»(62).

A l'origine donc, la problématique est culturelle et linguistique et essentiellement portée par des intellectuels appartenant aux strates intermédiaires en Flandre. «Sachons le voir: pendant longtemps les souffrances du peuple flamand, qui font partie de la vulgate historique du mouvement flamand, n'ont pas été au premier plan. C'est un mythe à détruire si l'on veut comprendre la situation réelle de la Flandre pendant de longues années», épinglent Eliane Gubin et Jean Stengers(63). Ni les élites, pour la plupart francophones, ni la majorité de la population ne sont d'emblée en phase avec ces revendications et ces demandes sociales. En vérité, la *popularisation* de la question linguistique s'opère lors de la rencontre avec le monde catho-

(61) Cité par André MEAN, *La Belgique de papa. 1970: le commencement de la fin*, Bruxelles, Politique et Histoire, 1989, p. 28

(62) Eliane GUBIN, Jean-Pierre NANDRIN, «La Belgique libérale et bourgeoise...», *op. cit.*, p. 153.

(63) Jean STENGERS, Eliane GUBIN, *Histoire du sentiment national en Belgique des origines à 1918. Tome 2. Le grand siècle de la nationalité belge*, Bruxelles, Racine, 2002, p. 67.

lique. Ce processus est progressif et important dans l'évolution de la problématique. Le temps où le néerlandais était la langue de la tutelle hollandaise et protestante et le français, une protection, s'estompe pour le monde catholique flamand. Désormais, au-delà de la revendication culturelle et linguistique, l'affirmation du néerlandais se décline aussi comme une réaction au français, langue des lumières. Autrement dit, des libéraux et, bientôt, des socialistes.

Sous l'angle législatif, l'unilinguisme officiel total de l'Etat belge est battu en brèche à la fin du XIXe siècle. En août 1873, le néerlandais est introduit en matière judiciaire. Cette première loi est cruciale d'un point de vue symbolique mais aussi par rapport au droit public. Il faut désormais définir les territoires d'application de la loi. En d'autres termes, préciser où s'applique l'unilinguisme francophone et le bilinguisme en Flandre. La notion de frontière linguistique est en germe.

Cette loi est aussi déterminante car elle ouvre la voie à d'autres. Sont ainsi adoptées des lois relatives à l'utilisation des langues respectivement dans l'administration (1878) et dans l'enseignement moyen de l'Etat (1883). Au-delà de l'évolution législative, le néerlandais devient visible dans l'expression de l'Etat. L'inscription flamande est insérée sur les pièces de monnaies (1886), sur les billets de banques (1888) et sur les timbres poste (1889). A compter de 1895, *Le Moniteur* est traduit. Enfin, le 18 avril 1898 est adoptée la « loi d'égalité », relative à l'emploi de la langue flamande dans les publications officielles. Désormais, « les lois votées sont sanctionnées, promulguées et publiées en langue française et en langue flamande » (article 1) et les « projets de loi émanant du gouvernement sont présentés aux Chambres en double texte » (article 2)[64]. La Belgique devient peu à peu un véritable Etat bilingue.

[64] *Ibid.*, p. 104-111.

CHAPITRE III

1893-1945 : l'avènement d'un multipartisme modéré

La cristallisation du clivage socio-économique

En Belgique, la révolution industrielle est très précoce, singulièrement autour du secteur textile, de la métallurgie et la sidérurgie. L'expansion de ces trois grands secteurs permet à nombre de travailleurs d'acquérir une « solide expérience industrielle et commerciale ». Au surplus, elle génère une accumulation de capitaux, qui contribue substantiellement au financement de la révolution industrielle[1]. Mais ce développement s'accompagne aussi de changements économiques, sociaux et culturels notables. Le travail change progressivement d'essence. La petite industrie et le monde des petits métiers se transforment. Le machinisme pénètre la petite industrie belge « provoquant la décadence des petits métiers et la concentration industrielle »[2].

Entre 1850 et 1875, la force motrice utilisée par l'industrie et les moyens de communication décuple. La production de houille triple tandis que la longueur du réseau ferroviaire passe de près de 1 000 km en 1850 à 3 500 en 1875[3].

A l'origine, ce développement est inégal dans les deux grandes régions du pays. La Wallonie enregistre une croissance spectaculaire autour des secteurs mentionnés. Entre 1831 et 1840, l'industrie charbonnière occupe un peu moins de 30 000 ouvriers. Trente

(1) Serge JAUMAIN, *Industrialisation et sociétés (1830-1970), La Belgique*, Paris, Ellipses, 1998, p. 9.

(2) Maxime STEINBERG, « La fondation du parti ouvrier belge et le ralliement de la classe ouvrière à l'action politique. 1882-1886 », *Contradictions*, numéro spécial *Cent ans de socialisme en Belgique*, 1985, p. 5.

(3) Voir Ben Serge CHLEPNER, *Cent ans d'histoire sociale en Belgique*, Bruxelles, Institut de sociologie de l'Université libre de Bruxelles, p. 47 et s.

ans plus tard, on en recense près de 86000[4]. Plusieurs innovations technologiques sont intervenues entre-temps: fonçage à niveau plein, cuvelage en fonte, perforation mécanique à air comprimé, perfectionnement dans l'aérage et dans le fonctionnement des cages, etc. *A contrario*, le développement industriel est beaucoup plus lent en Flandre. Concentrée essentiellement sur le lin, l'industrie subit une stagnation relative aggravée par la concurrence grandissante des cotonnades anglaises. L'introduction de la machine à filer affecte le revenu principal de nombreuses familles[5]. L'impact démographique est notable. Une comparaison entre les recensements de 1846, 1856 et 1866 révèle une augmentation importante de la population dans le sillon industriel Sambre et Meuse. En revanche, elle stagne dans les territoires où l'industrie ne connaît pas de processus de modernisation, comme c'est le cas dans les Flandres où «l'industrie linière a été maintenue dans une situation arriérée»[6].

Socialement, la Belgique connaît durant tout le XIXe siècle un régime social implacable. En 1841, un quart de la population reçoit l'aide des bureaux de bienfaisance. La crise de la fin des années quarante fait des ravages et dix ans plus tard, la moitié de la population bénéficie d'un soutien minimal. Dans *Le Capital*, Karl Marx brocarde cette situation:

> «Aucune trace de ce mouvement en Belgique, paradis du libéralisme continental. Même dans les mines de charbon et de métal, des ouvriers des deux sexes et de tous âges y sont consommés avec la plus complète «liberté», n'importe quand et pour n'importe combien de temps»[7].

En la matière, les observateurs du *paysage social* belge au XIXe siècle convergent. La première grande enquête conduite

[4] Chiffres cités par Louise HENNEAUX-DEPOOTER, *Misères et luttes sociales dans le Hainaut, 1860-1869*, Bruxelles, Université libre de Bruxelles, Centre d'histoire économique et sociale, 1959, p. 13.

[5] Eliane GUBIN, «L'introduction de la machine à filer le lin dans les Flandres (1800-1850) et ses répercussions sociales», *in* Ginette KURGAN, Jean STENGERS (éd.), *L'innovation technologique, facteur de changement (XIXe et XXe siècles)*, Bruxelles, Editions de l'Université de Bruxelles, 1986, p. 36.

[6] Jean NEUVILLE, *La condition ouvrière au 19e siècle. L'ouvrier objet*, Bruxelles, Vie ouvrière, 1976, p. 148.

[7] Karl MARX, *Le Capital. Critique de l'économie politique. Livre premier. Le procès de production du capital*, Paris, Presses universitaires de France, 1993, p. 335.

en 1843 à la demande du gouvernement sur l'état des classes laborieuses et la deuxième réalisée en 1869 donnent à voir des tableaux alarmistes. Autant la Belgique est un modèle de dynamisme entrepreneurial, autant elle est à la traîne dans l'appréhension des questions sociales. « La Belgique qui, dans de nombreux domaines (charbon extrait, production industrielle et exploitation surtout si l'on analyse ces domaines par rapport au nombre d'habitants), est longtemps le deuxième pays industriel dans le monde, reste par contre le pays le plus conservateur voire, avant la première guerre mondiale, le plus arriéré au point de vue politique et social »(8), tranche Jean Puissant. D'une manière générale, l'intervention de l'Etat est modeste. Lors de sa fondation, ses dépenses ne s'élèvent d'ailleurs qu'à 7 ou 8 % du PNB(9).

Examiné à l'aune des droits politiques et sociaux, le monde ouvrier est cantonné dans un carcan politico-juridique qui ôte toute possibilité d'expression réelle de mécontentement. Reprenant la philosophie de la loi Le Chapelier, le législateur belge a prohibé toute forme de coalition. L'article 414 du code pénal stipule que « toute coalition entre ceux qui font travailler les ouvriers, tentant à forcer injustement et abusivement l'abaissement des salaires suivie d'une tentative de commencement d'exécution sera puni d'un emprisonnement de 10 jours à 1 mois et d'une amende de 200 à 3000 francs ». L'article 415 précise : « Toute coalition de la part des ouvriers, pour cesser en même temps le travail dans certains ateliers, empêcher de s'y rendre et d'y rester après certaines heures sera punie d'un emprisonnement d'un mois au moins et de trois mois au plus. Les chefs ou moteurs seront punis d'un emprisonnement de deux à cinq ans »(10). Cet article révèle l'emprise patronale complète dans les relations sociales. Même le caractère fictif d'égalité formelle entre employeurs et employés est détricoté. L'article 1781 du code civil assure en effet que « le maître est cru sur son affirmation pour la qualité des gages, pour le paiement du salaire de l'année échue et pour les acomptes donnés pour l'année

(8) Jean PUISSANT, « POB ou syndicats ou inversement », *Cahiers marxistes*, mars-avril 1985, 131-132, p. 22.

(9) Guy VANTHEMSCHE, *Les paradoxes de l'Etat. L'Etat face à l'économie de marché XIXe & XXe siècle*, Bruxelles, Labor, 1997, p. 41.

(10) Articles 414 et 415 du code pénal belge, *in Les codes en vigueur en Belgique*, Bruxelles, 1842, p. 627-628.

courante»[11]. En mai 1866, après plusieurs années de discussions[12], une loi modifie les dispositions des articles 414 et 415 pour les fusionner en un seul article – l'article 310 – dont la philosophie n'est pas fondamentalement différente, mais qui supprime l'inégalité formelle de traitement :

> «Sera punie d'un emprisonnement de huit jours à trois mois et d'une amende de 26 à 1 000 francs ou d'une de ces peines seulement, toute personne qui, dans le but de forcer la hausse ou la baisse des salaires ou de porter atteinte au libre exercice de l'industrie ou du travail, aura commis des violences, proféré des injures ou des menaces, prononcé des amendes, des défenses, des interdictions ou toute proscription quelconque, soit contre ceux qui travaillent soit contre ceux qui font travailler»[13].

D'un point de vue politique, nous l'avons vu, il s'agit d'une non-question. Le courant doctrinaire libéral et la Fédération des cercles catholiques de Woeste convergent sur une posture de libéralisme économique pur, comme tel. Si problèmes sociaux il y a, ils tiennent aux mœurs et aux faibles qualités morales du monde du travail :

> «A quoi attribuez-vous cette détresse ? A l'insuffisance de leurs salaires ? Non. A la cherté des loyers et des denrées alimentaires nécessaires à l'existence ? Certes cela y contribue pour quelque chose ; mais la véritable lèpre de la classe ouvrière, c'est sa démoralisation, l'ivrognerie à laquelle elle se livre généralement et les occasions qu'elle trouve fréquemment de dépenser le fruit de son travail soit dans les débits de boissons distillées, soit dans les cabarets, soit dans les trop nombreuses kermesses qu'elle fréquente toujours avec un extrême empressement»[14].

L'exploitation politique et sociale du monde ouvrier génère néanmoins des réactions de certains segments du *nouveau* monde ouvrier. Les événements du printemps 1886 en portent

(11) Article 1781 du code civil, *in* A. Delebecque, J.B. Hoffman (édition annotée par), *Les codes en vigueur en Belgique*, 1885, p. 295.

(12) Voir Robert Devleeshouwer, «Logique sociale et législation du travail en Belgique au cours de la première moitié du XIXe siècle», *Revue de l'Institut de sociologie de l'ULB*, 1962, 1, p. 493 et s.

(13) Article 310 du code pénal, promulgué le 8 juin 1867, publié le 9 juin 1867, *in* A. Delebecque, J.B. Hoffman (édition annotée par), *Les codes en vigueur en Belgique*, 1885, p. 73.

(14) Cité par Ben Serge Chlepner, *Cent ans d'histoire…*, *op. cit.*, p. 15.

témoignage. A Liège, pour célébrer le quinzième anniversaire de la Commune de Paris, un rassemblement convoqué par un petit groupe anarchiste est organisé. Des incidents sérieux émaillent la manifestation et deux participants sont tués. Des grèves de protestation éclatent dans la région et le bassin liégeois est investi par les forces de l'ordre. Les revendications portent sur les salaires et les conditions de travail, mais le mouvement s'essouffle vite. Pourtant, il est relayé dans la région de Charleroi qui débraie à son tour. De manière inattendue, on y assiste à une explosion de colère sans précédent en Belgique. Les forces de l'ordre ont les plus grandes difficultés à faire face à la situation. Vingt-quatre manifestants sont tués.

Cette jacquerie sociale inédite est-elle surprenante ou a-t-elle surpris? Plusieurs angles d'approche sont possibles pour répondre à ces questions. Le premier, en provenance d'une partie du patronat, ignore un quelconque problème social ou une quelconque crise dans le monde ouvrier et populaire. Emblématique de cette posture est le propos tenu par Eudore Pirmez à la Société belge d'économie politique en 1884. Pour Pirmez, la difficulté n'est pas le fait des milieux populaires. Au contraire, c'est la situation des propriétaires et des capitalistes qui est moins bonne, ce sont eux qui souffrent. « Nulle plainte du côté du travail ». Mais, comme le relève Eliane Gubin, le propos de Pirmez, publié sous forme de brochure, soulève des vagues chez certains libéraux(15). Plusieurs travaux ont d'ailleurs mis en évidence la souffrance sociale et sanitaire d'une partie substantielle de la population belge.

Cette réaction aux événements de 1886 nie les origines des émeutes. Pour le catholique *Journal de Bruxelles*, « la situation matérielle de la classe ouvrière n'est pour ainsi dire pas influencée par la crise générale dans le commerce, l'agriculture et l'industrie. Elle n'a, au contraire, cessé de s'améliorer »(16). Elle inspire la mise en place d'une répression implacable. Certains dirigeants politiques n'y échappent pas. Le Hennuyer Alfred Defuisseaux est condamné à un an de prison et le Gantois Edouard Anseele,

(15) Eliane GUBIN, « Les événements de 1886 et le monde libéral », *in* Marinette BRUWIER, Nicole CAULIER-MATHY, Claude DESAMA, Paul HERIN, *1886. La Wallonie née de la grève?*, Bruxelles, Labor, 1990, p. 83.

(16) Cité par Pierre JOYE, Rosine LEWIN, *L'Eglise…*, *op. cit.*, p. 90.

à six mois, pour avoir traité Léopold II d'*assassin du peuple*. L'arsenal juridique répressif est renforcé. La loi du 30 mai 1892 modifie l'article 310. Les peines sont alourdies. On passe d'une peine pouvant aller de huit jours à trois mois d'emprisonnement à une sanction possible d'un mois à deux ans de prison. Au surplus, son champ d'application est étendu:

> «Il en sera de même de ceux qui auront porté atteinte à la liberté des maîtres et des ouvriers, soit par des rassemblements près des établissements dans lesquels s'exerce le travail ou près de la demeure de ceux qui le dirigent, soit en se livrant à des actes d'intimidation à l'adresse des ouvriers qui se rendent au travail ou qui en reviennent, soit en provoquant des explosions près des établissements dans lesquels s'exerce le travail ou dans les localités habitées par les ouvriers, soit en détruisant les clôtures des établissements dans lesquels s'exerce le travail, ou des habitations ou terres occupées par des ouvriers, soit en détruisant ou en rendant impropres à l'usage auxquels ils sont destinés, les outils, instruments, appareils ou engins de travail ou d'industrie»[17].

La figure du *meneur*, coupable de tous les maux, est stigmatisée. En mars 1886, le Premier ministre catholique Beernaert prend à son compte la thèse du complot et des difficultés économiques et sociales du... Capital: «Exploitant les difficultés d'une situation qui atteint toutes les classes dans la société et qui est commune à toute l'Europe, quelques meneurs ont réussi à soulever un grand nombre d'ouvriers charbonniers et à provoquer les plus regrettables désordres. (...) Ce que les excitateurs ne disent pas aux malheureux ouvriers qu'ils égarent, c'est que s'ils souffrent, le sort du Capital n'est pas meilleur que le leur depuis quelques années, il est en quelque sorte mis gratuitement à la disposition du travail»[18]. Son opposant libéral, Frère-Orban, est dans la même veine: «Il est à désirer que les ouvriers comprennent qu'un capital bien employé l'est habituellement à leur profit et que si certains capitaux sont peu dignes de considérations de la part des populations laborieuses, ce ne sont pas

(17) Article 310 du code pénal modifié par la loi du 30 mai 1892 dans *Codes belges et lois usuelles en Belgique*, Bruxelles, Larcier, 1909, p. 52.

(18) Philippe Raxhon, «Histoire de l'enseignement en Belgique: lignes de forces», *in* Jacques De Caluwé, Philippe Raxhon, Marcel Rainkin, Bernard Godeaux (éd.), *Une introduction à la neutralité active*, Liège, Editions du Céfal, 2006, p. 39.

ceux qui sont consacrés à l'exploitation des mines... On ferait un triste cadeau aux ouvriers en leur abandonnant l'exploitation »[19].

Le deuxième angle d'approche vise à désamorcer tout nouveau mouvement, en répondant en partie au cri de détresse exprimé par les foules du printemps 1886. Dans son discours d'ouverture de la session parlementaire, le roi Léopold II fait allusion à des réponses possibles : « Peut-être a-t-on trop compté sur le seul effet des principes, d'ailleurs si féconds, de la liberté. Il est juste que la loi entoure d'une protection spéciale les faibles et les malheureux »[20]. La relation du contrat de travail peut être encadrée par des lois.

Le Parlement met sur pied une commission d'enquête sur le travail industriel et franchit résolument le pas de légiférer sur des questions économiques et sociales. La loi du 16 août 1887 interdit la pratique du *truck system*, à savoir le paiement en nature du salaire. Celle du 18 août 1887 établit l'incessibilité et l'insaisissabilité des salaires tandis que celle du 5 mai 1888 instaure une police des établissements dangereux, insalubres ou incommodes.

La loi du 31 décembre 1889 prohibe le travail industriel des enfants de moins de dix ans. Les garçons âgés entre 12 et 16 ans et les filles entre 12 et 21 ans ne peuvent être employés que 12 heures par jour au maximum (avec une heure et demi de repos au moins). Le travail de nuit leur est interdit et ils ne pourront être occupés plus de six jours par semaine. Par ailleurs, la loi du 9 août 1889 relative aux habitations ouvrières et à l'institution de comités de patronage qui vise à « favoriser la construction et la location d'habitations ouvrières salubres et leur vente aux ouvriers »[21] se place résolument dans une optique « modératrice » ayant pour objectif d'atténuer les ardeurs ouvrières.

(19) Eliane GUBIN, Jean PUISSANT, « Frère-Orban et la « question sociale ». La création des Conseils d'industrie et du travail (1886-1887) », *in* Andrée DESPY-MEYER (éd.), *Frère-Orban et le libéralisme politique*, Bruxelles, Editions de l'Université de Bruxelles, 1996, p. 32.

(20) René LEBOUTTE, Jean PUISSANT, Denis SCUTO, *Un siècle d'histoire industrielle. Belgique, Luxembourg, Pays-Bas. Industrialisation et sociétés. 1873-1973*, Paris, SEDES, 1998, p. 100.

(21) *Le Moniteur belge*, 10 août 1889.

Dans la mouvance de la Commission d'enquête est institué, en 1892, un Conseil supérieur du travail. Rassemblant des représentants du monde entrepreneurial et du monde ouvrier, il devient au fil du temps un organe chargé de rendre des avis sur les questions qui lui sont soumises par l'exécutif. L'office du travail est créé un an plus tard et, en 1894, voit le jour le premier ministère de l'Industrie et du Travail[22].

A l'aube du XXe siècle, de nouvelles législations protégeant le monde du travail sont adoptées: la loi du 10 mars 1900 sur les contrats de travail qui stipule que l'ouvrier «a l'obligation d'exécuter son travail avec les soins d'un bon père de famille, de garder les secrets de fabrication, de restituer en bon état les outils et les matières premières, etc. Le chef d'entreprise est tenu de veiller avec la diligence d'un bon père de famille à ce que le travail s'accomplisse dans des conditions convenables au point de vue de la sécurité et de la santé de l'ouvrier, d'apporter à la conservation des outils appartenant à l'ouvrier les soins d'un bon père de famille, etc.». Mais il y a aussi la loi du 30 juillet 1901 sur le mesurage du travail des ouvriers ordonnant de mesurer le travail effectué par les ouvriers exclusivement à l'aide d'étalons légaux, la loi du 24 décembre 1903 sur la réparation des accidents du travail ou encore la loi du 17 juillet 1905 sur le repos du dimanche dans les entreprises industrielles et commerciales. S'ils peuvent paraître modestes dans les termes contemporains, ces changements sont essentiels. Ils matérialisent une première forme d'intervention publique dans les questions économiques et sociales. Ils ont été obtenus avec beaucoup de difficulté par des parlementaires plus enclins à faire appel aux forces de l'ordre qu'à apprécier l'expression de la misère ouvrière. Il faut l'opiniâtreté de quelques personnalités catholiques et libérales mais surtout l'effroi qu'a suscité le mouvement de 1886 et les menaces que brandit une nouvelle formation politique, le jeune parti ouvrier belge, pour emporter la décision. On touche là aux conséquences les plus fondamentales de 1886: l'évolution et les stratégies des partis politiques.

[22] Jean-François CROMBOIS, *L'univers de la sociologie en Belgique de 1900 à 1940*, Bruxelles, Editions de l'Université de Bruxelles, 1994, p. 8.

L'essor du monde socialiste : le parti ouvrier belge (POB-BWP)

En Belgique, la transition vers des modalités d'action collective dans le chef du monde ouvrier a été lente. Dans les premières années du nouvel Etat, aucun leadership politique et social n'émerge véritablement comme expression des revendications politiques et sociales du monde des travailleurs. Il faut attendre la création de l'Association internationale du travail (AIT) pour qu'une action politique se développe en la matière. Il n'y a pourtant aucun Belge à la réunion fondatrice de l'AIT, à Londres, en septembre 1864. Mais dès la publication des statuts de l'Association par la *Tribune du Peuple*, en août 1865, se crée une aile belge qui prend contact avec le Conseil général de Londres. En janvier 1866, un *Manifeste des ouvriers* rédigé par Edmond Picard réclame « l'égalité dans le droit de suffrage ».

Le volontarisme de l'Association internationale est présent et, sur le terrain belge, contribue à un extraordinaire développement de la conscience ouvrière qui s'accompagne peu à peu de nouvelles formes d'organisations politiques et sociales. En 1870, la fédération belge de l'AIT réunit 70 000 travailleurs. « C'est grâce au mouvement de l'Internationale et de l'organisation ouvrière, son œuvre, que la durée du travail fut réduite dans un grand nombre de professions... C'est l'Internationale aussi qui, en Belgique, a obtenu la suppression des Caisses de secours particulières établies dans les établissements industriels, dans l'organisation desquelles les ouvriers n'avaient rien à voir et dont ils perdaient les bénéfices en quittant leur patron ou étant renvoyés par eux. C'est l'Internationale... qui força les industriels à modifier leur règlement d'atelier, à réduire le taux des amendes ou à les supprimer entièrement. Par les sociétés coopératives qu'elle aida à fonder, l'Internationale permit aux travailleurs de vivre à meilleur marché et de devenir leur propre fournisseur... L'Internationale disciplina la force ouvrière et lui donna ainsi un effet utile qu'elle n'avait pas autrefois »[23], juge le leader ouvrier Louis Bertrand. Plusieurs militants se révèlent dans le cadre de l'AIT, à l'image de Louis Bertrand, mais aussi

[23] Marcel LIEBMAN, *Les socialistes belges. 1885-1914. La révolte et l'organisation*, Bruxelles, Vie ouvrière, 1979, p. 37.

de Gustave Bazin, et surtout de César De Paepe, présent au deuxième congrès en 1867.

Outre le positionnement sur la question sociale, les origines intellectuelles du socialisme belge puisent aussi à l'anticléricalisme et à la promotion de l'enseignement public. Plusieurs associations de libres penseurs sont un terrain fertile de recrutement et de constitution d'élites futures pour le socialisme belge. La Société des Solidaires, établie en juillet 1857, en est une illustration. Elle se transforme en Peuple, Association de démocratie militante, dont Léon Delsinne estime qu'elle peut «être considérée comme le premier groupement vraiment socialiste»[24].

Malgré l'extinction de la Première Internationale, le mouvement d'organisation des forces progressistes et/ou socialistes se poursuit. Mais l'agrégation de toutes les sensibilités se révèle difficile. En Flandre, à Gand surtout, la social-démocratie allemande est la référence. Dans l'espace wallon, ce sont plutôt les traditions anarcho-syndicalistes françaises qui sont prises pour modèle. On s'y révèle rétif à l'action politique. La tentative d'assembler tous les groupes socialistes lors de la conférence de 1876 échoue sur cet écueil. Deux formations politiques voient le jour dans la foulée, le parti socialiste flamand établi en 1877 et le parti socialiste brabançon mis sur les fonts baptismaux en 1878. Pour une part, son programme s'inscrit dans la continuité de certaines organisations précurseurs et du courant libéral progressiste: adoption du suffrage universel, généralisation de l'instruction primaire «gratuite et laïque», séparation des Eglises et de l'Etat. S'y ajoutent l'abolition de l'armée permanente et surtout des exigences en matière de protection du monde ouvrier dans une perspective qu'on ne qualifiera certainement pas de révolutionnaire: «suppression des livrets d'ouvriers, de l'article 1781, du travail des enfants, réglementation du travail des adolescents, retour des mines et des voies ferrées à l'Etat, cessation des aliénations des biens domaniaux et communaux à des particuliers et retour graduel à la collectivité de ceux qui ont été concédés, impôt progressif sur le revenu substitué aux

[24] Léon Delsinne, *Le parti ouvrier belge. Des origines à 1894*, Bruxelles, La renaissance du livre, 1955, p. 46.

impôts sur la consommation»[25]. En 1879, Gantois et Bruxellois se fondent dans le parti socialiste belge.

C'est à la suite d'une grève en 1884 que commence la phase d'agrégation avec les organisations wallonnes. La solidarité des coopératives de boulangers gantois, proches du parti socialiste, avec les grévistes borains frappe les imaginations. Des assises sont convoquées : le mouvement socialiste sort des limbes en 1885. Le congrès constitutif du parti ouvrier belge (POB) se déroule les 5 et 6 avril 1885. Il rassemble cinquante-neuf associations ouvrières en Belgique. A son issue, la fondation du parti ouvrier belge atteste du ralliement à l'action politique de nombreuses organisations ouvrières, en particulier wallonnes. En effet, sauf quelques rares cas, les organisations du monde ouvrier au sud de la Belgique s'étaient tenues éloignées des organisations socialistes existantes, en Flandre et à Bruxelles surtout[26].

Pour le monde socialiste, les choses ne sont pas simples et se révèlent asymétriques. Dans une Flandre majoritairement rurale et catholique, le socialisme n'est implanté que dans certaines villes, à Gand notamment et, dans une moindre mesure, à Anvers. Mais le socialisme flamand est très influencé par la social-démocratie allemande. En revanche, le mouvement ouvrier wallon est toujours caractérisé par des traditions de lutte marquées par des formes d'anarchisme a-politique sinon anti-politique. Au congrès d'avril, la plupart des congressistes wallons et bruxellois jugent d'ailleurs très problématique l'adoption de «socialiste» pour qualifier le nouveau parti, car cet adjectif fait «peur à beaucoup d'ouvriers»[27]. Toutefois, l'importante crise économique et sociale de la période aide à façonner peu à peu une conscience politique.

En août 1885 à Anvers, lors de son congrès statutaire et programmatique, le POB définit un programme socio-économique. Celui-ci mêle dynamique de l'autonomie, notamment par la revendication de l'appropriation collective des moyens de production, et dynamique de l'intégration en concevant l'Etat comme garant du bien-être social concrétisé par la reconnais-

(25) *Ibid.*, p. 62.
(26) Maxime STEINBERG, «La fondation du parti ouvrier belge...», *op. cit.*, p. 5.
(27) Léon DELSINNE, *Le parti ouvrier belge...*, *op. cit.*, p. 66-67.

sance du droit au travail et par la philosophie de l'assurance remplaçant celle de l'assistance. Dans la foulée des graves événements sociaux de 1886[28], le POB enregistre une progression importante : en août 1886, il compte cent soixante sociétés d'affiliés et réunit 40 000 membres[29]. Les formes et l'essence des mobilisations attestent, dès la fin du XIXe siècle, du rejet de toute hypothèque révolutionnaire – souvent connotée de manière négative[30] – et de l'ambition réformiste du jeune parti.

L'objectif initial du POB est l'obtention des droits politiques, dont le suffrage universel. Cette conquête doit permettre d'obtenir des acquis dans le domaine économique et social : augmentation des salaires et diminution de la durée du temps de travail, par exemple. Figure emblématique du POB, César De Paepe clame haut et fort cet objectif :

> « En nous constituant en parti politique, nous voulons faire usage de tous les droits et de toutes les libertés que la Constitution nous accorde, en tant que citoyens belges, pour conquérir à l'aide de ces droits et de ces libertés constitutionnelles, tous les droits civils, politiques, économiques et sociaux qui manquent au plus grand nombre d'entre nous »[31].

C'est à travers l'articulation de deux buts – la démocratie politique et le réformisme social – que le POB se fait connaître de l'ensemble du socialisme international à la fin du XIXe siècle et au début du XXe. Le 15 août 1886, le parti ouvrier belge rassemble plusieurs milliers de manifestants réclamant l'octroi du suffrage universel. Mais dans ce combat, le POB va plus loin en organisant, parfois sous la pression de sa base, trois grandes grèves générales impressionnantes ; en 1893, en 1902 et en 1913. Sa campagne de mobilisation auprès du monde ouvrier est inscrite dans ce canevas. A cet égard, le *Catéchisme du peuple* est un

(28) Pascal DELWIT, « La question sociale en Belgique après les émeutes de 1886 », *in* Madeleine RÉBÉRIOUX (éd.), *Fourmies et les premiers mai*, Paris, Les éditions de l'Atelier, 1994, p. 231-249.

(29) Maxime STEINBERG, « La fondation du parti ouvrier belge… », *op. cit.*, p. 12.

(30) Voir par exemple Pascal DELWIT, Jean-Michel DE WAELE, Bérengère MARQUES-PEREIRA, « Les valeurs de la révolution française dans la pensée du parti ouvrier belge », *in L'image de la Révolution française, Congrès mondial pour le Bicentenaire*, Londres, Pergamon Press, p. 1565-1581.

(31) Cité par Marcel LIEBMAN, *Les socialistes belges…*, *op. cit.*, p. 43.

modèle du genre. Rédigé en 1886 par Alfred Defuisseaux, il connaît une diffusion exceptionnelle. Il est bâti sur une suite simple de questions/réponses :

> « 1. Qui es-tu ? « Je suis un esclave ».
>
> 2. Tu n'es donc pas un homme ? « Au point de vue de l'humanité, je suis un homme ; mais par rapport à la société, je suis un esclave ».
>
> 3. Qu'est-ce qu'un esclave ? « C'est un être auquel on ne reconnaît qu'un seul devoir, celui de travailler et de souffrir pour les autres ».
>
> 4. L'esclave a-t-il des droits ? « Non ».
>
> 5. Quelle différence y a-t-il au point de vue physique entre l'esclave et l'homme libre ? « Il n'y a aucune différence ; l'esclave aussi bien que l'homme libre doit boire, manger, dormir, se vêtir. Il a les mêmes nécessités animales, les mêmes maladies, la même origine, la même fin ».
>
> 6. Qu'est-ce qu'un homme libre ? « C'est celui qui vit sous un régime de lois qu'il s'est volontairement données ».
>
> 7. A quoi reconnaissez-vous en Belgique l'homme libre de l'esclave ? « En Belgique, l'homme libre est riche ; l'esclave est pauvre ».
>
> 8. L'esclavage existe-t-il dans tous les pays ? « Non. La République Française, la République Suisse, la République des Etats-Unis et d'autres encore ne sont composées que d'hommes libres. Tous les citoyens font les lois et tous s'y soumettent ».
>
> 9. Que faut-il donc pour faire d'un esclave un homme libre ? « Il faut lui donner le droit de vote, c'est-à-dire établir le suffrage universel ».
>
> 10. Qu'est-ce que le suffrage universel ? « C'est le droit pour tout citoyen, mâle et majeur de désigner son député en lui donnant mission de faire des lois pour les travailleurs » »[32].

A contrario, l'attention et la considération pour les questions d'ordre théorique ou idéologique sont faibles. Ce n'est d'ailleurs qu'à la suite de l'obtention du droit de suffrage tempéré par le vote plural en 1893 que le POB songe à se doter – neuf ans après sa fondation – d'une déclaration de principes, qui est demeurée telle quelle jusqu'à nos jours. A l'issue d'un congrès se déroulant à Quaregnon, une charte est adoptée, retenue sous l'appellation de *charte de Quaregnon*. Même si elle est sommaire sur un

[32] Léon DEFUISSEAUX, *Deuxième catéchisme du peuple*, Bruxelles, Administration du peuple, 1886.

plan idéologique, elle n'en demeure pas moins beaucoup plus élaborée théoriquement que les premiers textes constitutifs du POB. L'influence de la social-démocratie allemande en général, et de la charte d'Erfurt en particulier, y est nette. Le parti ouvrier y appelle à l'émancipation politique, économique et morale du monde du travail :

> « La transformation du régime capitaliste en régime collectiviste doit nécessairement être accompagnée de transformations corrélatives :
> – Dans l'ordre moral, par le développement des sentiments altruistes et la pratique de la solidarité ;
> – Dans l'ordre politique, par la transformation de l'Etat en administration des choses.
> Le socialisme doit donc poursuivre simultanément l'émancipation économique, morale et politique du prolétariat »[(33)].

Rare tentative de donner une perspective à la lutte quotidienne, elle prend aussi toute sa valeur par sa longévité et par le symbole qu'elle a représenté et représente encore aujourd'hui pour de nombreux militants socialistes.

Ce manque de perspective théorique dans le parti ouvrier belge est aussi une donnée assimilée dans le mouvement ouvrier international dès le début du XXe siècle. Karl Kautsky, principal dirigeant et théoricien de la social-démocratie allemande, brocardera d'ailleurs ce parti. Interrogé sur la position des Belges dans le débat sur le révisionnisme, sa réponse ne laissait planer aucun doute sur la piètre estime qu'il porte à l'organisation socialiste belge : « Je ne vois pas très bien ce qu'ils auraient à réviser »[(34)].

Une nouvelle donne : le suffrage universel masculin tempéré par le vote plural

Depuis l'indépendance, seul un infime pourcentage des habitants de Belgique participe à la vie politique. En 1830, la Constitution, pourtant considérée comme une des plus libérales de

(33) PARTI OUVRIER BELGE, *Charte de Quaregnon, adoptée à Quaregnon au congrès des 25 et 26 mars 1894*, http://www.ps.be/index.cfm?Content_ID=2462745&R_ID=1010&Fed_ID=0&Critere=quaregnon.

(34) Xavier MABILLE, Val LORWIN, « The Belgian Socialist Party », *in* William E. PATERSON, Alastair THOMAS (éd.), *Social Democratic Parties in Western Europe*, Londres, Croom Held, 1977, p. 390.

l'époque, avait instauré le suffrage censitaire sur la base d'un système de représentation majoritaire. En 1846, on dénombre un peu moins de 47 000 électeurs. A la suite de l'agitation sociale et politique en France et, plus généralement, du *printemps des peuples* en Europe, le gouvernement lâche un peu de lest sur les droits politiques.

Le 12 mars 1848, le cens est abaissé et fixé à 42 francs-or (soit vingt florins) et le nombre d'électeurs s'en trouve sensiblement augmenté. Dans les communes rurales, il passe de 30 360 en 1847 à 45 467. Dans les villes, il double, évoluant de 16 103 en 1847 à 33 609 en 1848. Cette augmentation reste toutefois relative. Le pourcentage d'électeurs passe de 1,072 % à 1,824 % de la population[35]. La mesure profite essentiellement aux électeurs des zones urbaines et se révèle de la sorte profitable au parti libéral[36].

Dans la deuxième moitié du XIXe siècle, la revendication relative à l'élargissement du droit de suffrage prend de l'ampleur. En Europe et en Belgique, plusieurs personnalités et de petites associations militent pour le suffrage universel. Comment se positionnent les partis politiques à ce sujet ?

Dans les rangs catholiques, la perspective du suffrage universel n'est pas repoussée d'emblée. D'aucuns y voient une opportunité pour supplanter structurellement le parti libéral en se fondant sur le vote paysan et, en partie, ouvrier. Charles Woeste ne déclare-t-il pas en septembre 1869 : « Les ouvriers et les cultivateurs n'ont pas en général le temps de lire les journaux ni de se mêler aux clubs, et ils recevraient tout naturellement leur direction des grandes influences sociales, nécessairement conservatrices, celles de la propriété, du clergé, de l'industrie, etc. »[37]. Mais avec l'avènement du parti ouvrier belge, cette voie est abandonnée et la droite catholique rejette cette option.

Nous l'avons vu, les libéraux sont divisés sur la question. Les progressistes, conduits par Janson, défendent le principe du suffrage universel. En revanche, les libéraux doctrinaires s'y opposent farouchement : le suffrage universel risquerait de

(35) *Code électoral annoté d'après les travaux parlementaires, la doctrine et la jurisprudence*, Bruxelles, Gustave Mayolez, 1879, p. XIII.

(36) Eliane GUBIN, Jean-Pierre NANDRIN, « La Belgique libérale et bourgeoise. 1846-1878 », *in* Els WITTE, Eliane GUBIN, Jean-Pierre NANDRIN, Gita DENECKERE (éd.), *op. cit.*, p. 24.

(37) Xavier MABILLE, *Histoire politique…*, *op. cit.*, p. 190.

« noyer les votes éclairés et libres sous un flot d'électeurs ignorants et fanatisés ». Ce serait donc « le plus sûr fondement du despotisme de l'Eglise »[38]. Sans même s'attacher aux principes, Goblet d'Alviella apostrophe ses amis politiques : « Il n'y a pas à se le dissimuler : le suffrage universel pur et simple serait la ruine définitive du parti libéral. (...) Avec le suffrage universel, nos agglomérations enverraient des députés socialistes et nos arrondissements campagnards une formidable majorité cléricale »[39]. Néanmoins c'est Frère-Orban qui apparaît comme l'opposant le plus irréductible. Régulièrement, il balaie d'un revers de la main cette perspective et ne s'embarrasse pas de nuances :

> « A propos de suffrage universel, j'ai demandé si on voulait constituer en arbitre des destinées du pays, en maîtres souverains des administrations communales les manouvriers et les valets de ferme... C'est la majorité dites-vous. Sans doute ! Mais nous, nous n'admettons pas cette majorité. Vous voulez en deux actes arriver au suffrage universel. Quant à nous, ni en un, ni en deux, ni en trois, ni en cinq actes, nous ne voulons y arriver. Est-ce clair ? »[40].

Au-delà des arguments « de raison », l'impact politique est au cœur des positionnements. Pour la figure emblématique du libéralisme belge, l'élargissement du droit de suffrage creuserait la tombe du parti libéral au bénéfice de ses adversaires :

> « Une réforme radicale entraînant l'élargissement du corps électoral serait désastreuse pour le libéralisme au profit du cléricalisme et du socialisme. (...) Le suffrage universel donnerait la prépondérance aux catholiques dans les campagnes et les petites villes, aux éléments de désordre dans les grandes localités »[41].

Enfin, nous l'avons vu, le parti ouvrier belge en a fait son cheval de bataille. Le suffrage universel est la voie de l'intégration de la classe ouvrière dans le système politique belge et celle de l'intégration du POB lui-même. Le parti ouvrier se lance

[38] Jean STENGERS, « Histoire de la législation électorale en Belgique », *in* Serge NOIRET (éd.), *Stratégies politiques et réformes électorales : Aux origines des modes de scrutin en Europe aux XIXe et XXe siècles*, Baden-Baden, Nomos, 1990, p. 253.

[39] Marc D'HOORE, « Goblet D'Alviella, un intellectuel en politique. Commentaires sur son œuvre et sa pensée », *Problèmes d'histoire des religions*, 1995, 6, p. 25.

[40] Cité par Pierre JOYE et Rosine LEWIN, *L'Eglise..., op cit.*, p. 103.

[41] *Ibid.*, p. 58.

dans une campagne ardente pour forcer cet acquis. Le 10 août 1890, il fait une démonstration de force en rassemblant plusieurs dizaines de milliers de personnes à Bruxelles. A son terme, à Saint-Gilles, sous l'impulsion de Jean Volders, les leaders du parti promettent solennellement de lutter sans relâche pour atteindre cet objectif. Le *serment de Saint-Gilles* est prononcé :

> « Les ouvriers et les démocrates de Belgique, réunis le 10 août 1890, au Parc de Saint-Gilles-Bruxelles, en une manifestation solennelle, jurent de combattre sans trêve ni repos jusqu'au jour où, par l'établissement du Suffrage universel, le peuple belge aura réellement conquis une patrie ».

Fruit de cette lutte, du soutien de certains libéraux progressistes et de certaines ouvertures dans les rangs catholiques, le suffrage universel masculin tempéré par le vote plural est adopté en 1893 à l'issue de la première grande grève générale menée dans l'Etat belge.

Tous les hommes bénéficient du droit de vote mais certains citoyens se voient octroyer deux ou trois voix. Un suffrage supplémentaire est accordé aux chefs de famille âgés de 35 ans payant au moins 5 francs de contribution personnelle pour leur habitation ou aux propriétaires de biens immobiliers ou mobiliers d'une certaine valeur, et une voix complémentaire est octroyée aux personnes dotées d'une certaine *capacité*, les diplômés de l'enseignement supérieur ou du degré supérieur de l'enseignement moyen.

L'octroi du suffrage universel masculin tempéré par le vote plural s'accompagne d'une autre mesure, l'obligation de vote. Après avoir déjà été débattue en 1858, en 1865 et en 1887, la Belgique devient le premier pays à introduire cette règle sur l'ensemble de son territoire[42]. Son adoption ne se fit toutefois pas sans discussions. La plupart des parlementaires libéraux progressistes s'y rallient de même que l'essentiel du camp catholique. Néanmoins les libéraux doctrinaires et quelques catholiques conservateurs qui se sont opposés au suffrage universel tentent vainement d'empêcher son instauration. A la Chambre,

(42) Jean STENGERS, « Histoire de la législation électorale... », *op. cit.*

le vote obligatoire est approuvé par 94 voix contre 38 et deux abstentions[43].

Du côté des promoteurs de l'obligation de voter, l'un des principaux arguments est la lutte contre l'abstention. Le taux de participation navigue alors entre 30% et 40% des inscrits. En 1843, il avait même atteint un plancher de 14%[44]. Avec l'extension du droit de suffrage, les dirigeants politiques craignent que nombre de nouveaux électeurs, peu intéressés par la chose publique, ne se déplacent pas pour voter. Le vote obligatoire, assorti de sanctions, résoudrait ce problème. La deuxième motivation du vote obligatoire est la crainte des électeurs radicaux. Les conservateurs redoutent que les plus modérés parmi les électeurs soient plus enclins à rester chez eux le jour de l'élection tandis que les plus radicaux, au sein du mouvement ouvrier surtout, iraient voter:

> «Ce sont les éléments les plus conservateurs, dans le sens large du terme, qui s'abstiennent, ce sont des braves gens, indifférents ou timides. Ils ne songent pas qu'en agissant de la sorte, ils cèdent le haut du pavé aux excessifs et aux violents qui eux n'ont jamais besoin d'être poussés à se rendre au scrutin»[45].

Cette crainte est d'autant plus forte que la conquête du suffrage universel a été teintée de démonstrations de force du mouvement ouvrier[46]. Pour la droite catholique, qui soutient massivement le vote obligatoire, il faut à tout prix éviter de laisser le champ libre au mouvement ouvrier du fait de l'apathie électorale des plus modérés.

Enfin, les intérêts partisans sont évidemment pris en compte. Dans le camp catholique, traditionnellement mieux ancré dans les zones rurales, le vote obligatoire doit permettre de s'assurer le vote des paysans. Ces électeurs, supposés fidèles, doivent se déplacer jusqu'au bureau de vote.

(43) Régis Dandoy, Pascal Delwit, Jean-Benoit Pilet, «Le vote obligatoire», *in* André-Paul Frognier, Lieven De Winter, Pierre Baudewijns (éd.), *Elections: le reflux? Comportements et attitudes lors des élections en Belgique*, Bruxelles, De Boeck, 2007, p. 95-126.

(44) Wilfried Dewachter, *De Wetgevende Verkiezingen als Proces van Machtsverwerving in the Belgisch Politiek Bestel*, Louvain, Standaard Wetenschappelijke Uitgeverij, 1967, p. 79.

(45) Léon Dupriez, *L'organisation du suffrage universel en Belgique. Vote plural, vote obligatoire, représentation proportionnelle*, Paris, Larose, 1901, p. 119.

(46) Xavier Mabille, *Histoire politique…*, *op. cit.*

Pour leur part, les opposants au vote obligatoire brandissent le spectre de l'Etat tentaculaire. En l'espèce, l'obligation de voter est perçue comme une contrainte supplémentaire imposée par un Etat trop puissant, restreignant la liberté individuelle. Charles Woeste, l'un des plus virulents opposants à cette nouvelle règle, illustre bien ce point de vue en parlant de « l'obligation qui nous presse, qui voudrait nous étouffer »(47). On retrouve aussi cette position de défense de la liberté individuelle chez ceux qui considèrent l'abstention comme un droit permettant au citoyen de manifester son mécontentement à l'égard de la politique et des options proposées sur le bulletin de vote.

Les premières élections au suffrage universel masculin tempéré par le vote plural organisées en 1894 marquent une rupture déterminante dans le système politique belge : le parti catholique recueille 927 000 voix et 104 députés pour plus de 500 000 suffrages et 20 députés aux libéraux. Mais l'événement du scrutin est la percée spectaculaire du POB qui enlève plus de 300 000 voix et 28 députés. Il espérait décrocher… un siège.

Dans le Hainaut et à Liège, le parti ouvrier belge devient la première formation politique. Il y obtient respectivement dix-sept sièges sur vingt-six et dix sur dix-neuf. Ce score est accueilli avec stupéfaction dans le monde patronal et dans le spectre conservateur. « Sire, la poussée socialiste est énorme, effrayante… Il n'y a plus une faute à commettre »(48), écrit Charles Woeste à Léopold II au lendemain du scrutin. Le parti catholique conserve pourtant sa majorité absolue.

Résultat des élections législatives de 1894

	Voix	*Pourcentage*	*Sièges*	*Pourcentage*
Parti catholique	926 987	50,05	102	67,11
Parti libéral	515 808	27,85	17	11,18
Parti ouvrier	301 940	16,30	27	17,76
Cartel parti libéral/parti ouvrier	32 914	1,78	4	2,63
Chrétiens démocrates	26 224	1,42	1	0,66
Autres	48 354	2,61	1	0,66
	1 852 227	100,00	152	100,00

(47) Léon DUPRIEZ, *L'organisation du suffrage universel…*, *op. cit.*, p. 121.

(48) Jean STENGERS, Eliane GUBIN, *Histoire du sentiment national en Belgique des origines à 1918. Tome 2. Le grand siècle de la nationalité belge*, Bruxelles, Racine, 2002, p. 84.

Ce scrutin met fin au bipartisme de la vie politique. Pour la première fois, des représentants du monde du travail siègent au Parlement. Le parti libéral a durement pâti de l'élargissement du droit de suffrage mais aussi du scrutin majoritaire : les catholiques sont dominants en Flandre, le POB le devient dans l'axe industriel wallon.

Dans les scrutins qui suivent, cette configuration se précise. En 1896 et en 1898, le parti libéral sort exsangue et divisé des consultations : les libéraux perdent Nivelles, Philippeville, Arlon et Thuin. Ils ne conservent leur leadership que dans les arrondissements d'Ath et de Virton. En effet, dans un contexte d'exacerbation progressive du clivage économico-social et de revendications politiques et sociales, les deux courants du parti libéral se sont scindés. Cette division, désormais quasi formalisée, lui en coûte d'un point de vue électoral. Sans changements, le parti libéral paraît voué à la disparition.

Les débuts de la pilarisation en Belgique

Le parti libéral a de plus en plus de mal à compter et à jouer dans la structuration politico-sociale à l'œuvre. Deux structures fortes, deux *mondes sociologiques*, se développent. Socialistes et catholiques construisent lentement de véritables sociétés ou contre-sociétés, les fameux *piliers* belges. Ceux-ci rassemblent une organisation partisane, un syndicat, une mutualité, des coopératives et une multitude d'organisations socio-culturelles ou économico-sociales. Les politologues la qualifieront de *pilarisation* dans les années 1960[(49)], entendant par là l'édification de véritables piliers politiques et sociaux. La pilarisation se façonne à la fin du XIXe siècle et se développe dans la première moitié du XXe siècle.

Le *monde* socialiste, le premier, bâtit un *pilier* : il agrège un parti, une organisation syndicale, une mutualité, des coopératives et nombre d'associations. Durant les premières années du parti ouvrier belge, le syndicalisme reste faible. Les effectifs syndicaux varient fort au gré des grèves et des mouvements sociaux. Structurellement, la présence syndicale reste faible.

(49) Arend LIJPHART, *The Politics of Accommodation: Pluralism and Democracy in the Netherlands,* Berkeley, University of California Press, 1967.

C'est pour pallier cet état de fait que le POB constitue, en avril 1898, la Commission syndicale. L'ambition est de sortir le syndicalisme de ses limbes et de ses oripeaux spontanéistes. La Commission syndicale est attachée au Conseil général du POB. L'adhésion des syndicats y est largement subordonnée à leur affiliation au parti[50]. Néanmoins, certains syndicats non affiliés sont admis. Pour la plupart des syndicats de professions, ils souhaitent conserver leurs adhérents croyants. A ses origines, les effectifs de la Commission syndicale sont infimes, à peine 14 000 travailleurs[51]. En revanche, le mouvement coopératif suscite l'admiration. L'Union nationale des mutualités socialistes est fondée en 1913.

Dans l'*univers socialiste*, le parti joue un rôle déterminant[52]. Le POB devient donc un parti de masse. En 1910, il compte 180620 adhérents[53]. Pour ce faire, il s'appuie sur la Commission syndicale mais surtout, dans un premier temps, sur ses coopératives. En effet, compte tenu de la faiblesse des syndicats jusqu'à la première guerre mondiale, de la technicité des caisses de secours mutuel, la coopérative de consommation constitue le principal ancrage économique et social du mouvement ouvrier socialiste[54].

L'établissement du fait coopératif a été lent en Belgique. On ne recense que neuf coopératives de consommation, neuf banques populaires et, tout au plus, deux ou trois sociétés de production en 1873. Mais à partir de cette date, on assiste à un véritable emballement du phénomène. Entre 1893 et 1902, on dénombre quatre-vingt-trois créations en moyenne annuelle. De 1902 à 1912, ce chiffre passe à cent et deux. Et de 1913 à 1922,

(50) Eric LECLERCQ, Linda MUSIN, « La Commission syndicale. 1898-1914 », *in* Jean-Jacques MESSIAEN, Luc PEIRE (éd.), *Un siècle de solidarité. 1898-1998. Histoire du syndicat socialiste*, Bruxelles, Labor, 1997, p. 34.

(51) Jean-Paul MAHOUX, « Aux origines de la Commission syndicale 1885-1898 », *in* Jean-Jacques MESSIAEN, Luc PEREIN (éd.), *Un siècle de solidarité 1898-1998…*, *op. cit.*, p. 28.

(52) Jean MEYNAUD, Jean LADRIÈRE, François PERIN (éd.), *La décision en Belgique. Le pouvoir et les groupes*, Cahiers de la Fondation nationale des sciences politiques, Paris, Armand Colin, 1965, p. 42.

(53) Ben Serge CHLEPNER, *Cent ans d'histoire sociale en Belgique*, *op. cit.*, p. 115.

(54) Pascal DELWIT, Jean PUISSANT, « Les origines et les limites. Les débuts du réformisme socialiste en Belgique », *in* Hugues LEPAIGE, Pascal DELWIT (éd.), *Les socialistes et le pouvoir. Gouverner pour réformer*, Bruxelles, Labor, 1998, p. 141.

il s'élève à cent quatre-vingt-trois[55]. Certes, plusieurs d'entre elles font faillite. Il n'en demeure pas moins que le phénomène est impressionnant.

Le *Vooruit* à Gand a fourni le modèle. Alors que les prix des céréales s'effondrent en Europe en raison des importations de blé américain, il s'agit de fabriquer un pain de bonne qualité, à prix relativement bas et de le distribuer aux coopérateurs. Il faut donc pouvoir s'appuyer sur un milieu social fermé ou en voie de formation. L'investissement de départ est faible et la trésorerie est alimentée par les coopérateurs qui paient à l'avance les pains de la semaine. En situation de bonne gestion, les bénéfices sont immédiats et considérables, et permettent de distribuer aux coopérateurs une ristourne qui représente ainsi une forme d'épargne fondée sur la consommation. Plus on consomme, plus on épargne. De nouveaux secteurs sont créés sur le même principe que celui de la boulangerie. Les coopératives sont à l'origine des maisons du peuple, lieux de socialisation et d'éducation de la classe ouvrière dans de nombreux villages. Ce sont de nouveaux espaces de pouvoir qui souvent s'érigent face à l'église et à la maison communale, pour fonder matériellement face aux autres pouvoirs, la puissance qui se lève[56].

Le *monde* catholique vit avec inquiétude l'emprise progressive du POB et de ses organisations sur la classe ouvrière[57]. Il craint aussi son extension sur la paysannerie. Pour conjurer la progression socialiste, il élabore ses propres structures d'encadrement social.

Le mouvement n'est pas vraiment neuf. Les courants ultramontains avaient établi une structure de type caritatif au fil du temps. A partir de 1854, dans le cadre de la mise en place de l'Archiconfrérie de Saint-François-Xavier, se développent des caisses d'épargne, des sociétés mutualistes, des œuvres de patronages pour la jeunesse,... Arthur Verhaegen, l'un des fondateurs de la démocratie chrétienne, n'est pas peu fier d'afficher en 1870 le réseau d'associations cadres mises sur pied :

[55] Jean PUISSANT, « La coopération en Belgique. Tentative d'évaluation globale », *Revue belge d'histoire contemporaine*, 1991, XXII, p. 41.

[56] Pascal DELWIT, Jean PUISSANT, « Les origines et les limites... », *op. cit.*

[57] Voir notamment Lenn VAN MOLLE, « La peur du rouge dans le monde paysan », *in* Pascal DELWIT, José GOTOVICH (éd.), *La peur du rouge*, Bruxelles, Editions de l'Université de Bruxelles, 1996, p. 27-38.

« Quand l'enfant de l'ouvrier vient au monde, l'œuvre de la maternité veille au berceau ; dès qu'il peut faire quelques pas, l'œuvre des écoles gardiennes le prend en main jusqu'à ce qu'elle le confie à l'œuvre des écoles primaires libres qui, à son tour, appelle sur lui la sollicitude de l'œuvre du patronage, de l'œuvre de Saint-Luc, de l'œuvre des cercles ouvriers. S'il veut s'attacher une compagne, l'œuvre de Saint François Régis lui prête assistance, s'il doit revêtir l'uniforme, l'œuvre des militaires lui tend les bras. A-t-il besoin de quelques conseils d'un écrivain, d'un agent d'affaires, l'œuvre du secrétariat des pauvres est à sa disposition. Quand la misère vient le visiter, les confrères de Saint-Vincent de Paul le visitent en même temps. L'œuvre des veuves verse du baume sur les cœurs meurtris par la séparation de la mort. L'œuvre des pauvres malades monte au chevet de l'infirme ; l'indigent dans les hôpitaux voit ses plaies panser par des anges. Quand il meurt, l'œuvre des enterrements catholiques lui fait des funérailles »[58].

Cette approche réticulaire s'inscrit dans l'affirmation, face à la droite parlementaire, d'une tendance plus sociale chez les catholiques. En 1886, l'Union nationale pour le redressement des griefs convoque un premier congrès d'œuvres sociales à Liège. Pour ses promoteurs, la question sociale se dresse aujourd'hui « devant toutes les nations civilisées comme le problème le plus redoutable de ce siècle. Une révolution terrible menace les peuples ». Dès lors, le congrès des œuvres sociales s'attache surtout aux « œuvres d'initiative privée, soit religieuses soit économiques ; il aura à cœur de mettre en lumière les solutions chrétiennes des questions sociales »[59]. Cette tendance se fédère en février 1891 et fonde la Ligue démocratique belge, première grande organisation démocrate chrétienne en Belgique. Elle succède à la Fédération des œuvres ouvrières, qui avait lancé le mouvement des gildes mais n'avait pas réussi à pénétrer les centres urbains. Levie et Verhaegen avaient d'ailleurs acquis la conviction que les gildes ne pouvaient y prospérer : les antago-

(58) Eliane GUBIN, Jean Pierre NANDRIN, « La Belgique... », *op. cit.*, p. 103.
(59) Cité par Monique HENSMANS, *Les origines de la démocratie chrétienne en Belgique*, éditions du MOC, non daté, p. 79.

nismes sociaux y étaient trop importants, les travailleurs trop revendicatifs et « trop marqués par l'esprit ouvriériste »(60).

D'un point de vue idéologique, la Ligue démocratique belge s'appuie sur l'encyclique *Rerum novarum* du pape Léon XIII publiée le 15 mai de la même année. Véritable « « grande charte » du mouvement ouvrier chrétien (...) équivalent chrétien du 1er mai »(61), l'encyclique fait clairement référence au conflit social et aux dangers qu'il porterait en lui :

> « La soif d'innovations qui depuis longtemps s'est emparée des sociétés et les tient dans une agitation fiévreuse devait, tôt ou tard, passer des régions de la politique dans la sphère voisine de l'économie sociale. En effet, l'industrie s'est développée et ses méthodes se sont complètement renouvelées. Les rapports entre patrons et ouvriers se sont modifiés. La richesse a afflué entre les mains d'un petit nombre et la multitude a été laissée dans l'indigence. Les ouvriers ont conçu une opinion plus haute d'eux-mêmes et ont contracté entre eux une union plus intime. Tous ces faits, sans parler de la corruption des mœurs, ont eu pour résultat un redoutable conflit »(62).

Consciente du danger que représente l'émergence du parti ouvrier, cette tendance démocrate chrétienne veut concurrencer les socialistes sur leur propre terrain : mise sur pied de coopératives, de mutualités et de syndicats chrétiens, ... Elle revoit donc, en lui succédant, l'approche corporatiste et paternaliste de la Fédération des cercles ouvriers(63). Pour le père Rutten, père fondateur du syndicalisme chrétien en Belgique, les choses sont claires :

> « Les œuvres charitables et les œuvres patronales ne sont pas parvenues, ne parviennent pas et ne parviendront jamais, dans nos grands centres industriels à éloigner les ouvriers des groupements syndicaux socialistes. Nous en avons en Belgique des preuves innombrables. Il faut donc, avons-nous immédiatement conclu, non pas supprimer ou dédaigner les œuvres anciennes,

(60) Jan DE MAEYER, « La ligue démocratique belge et ses antécédents », *in* Emmanuel GERARD et Paul WYNANTS (éd.), *Histoire du mouvement ouvrier chrétien en Belgique*, Louvain, Universitaire Pers Leuven, 1994, p. 41.

(61) Pierre JOYE et Rosine LEWIN, *L'Eglise...*, *op. cit.*, p. 105.

(62) Lettre encyclique du souverain pontife Léon XIII, *Rerum Novarum*, 1891, http://www.emmanuel-info.com/fr/eglise/textes/encycliq/leonxiii/Rerum_Novarum.htm.

(63) Jan DE MAEYER, « La Ligue démocratique belge... », *op. cit.*, p. 36.

mais les compléter par une forte organisation professionnelle chrétienne et antisocialiste »[(64)].

Son action s'avère efficace puisque dès 1911, elle se targue de rassembler 1 728 groupes, réunissant 200 000 membres[(65)]. La problématique sociale est de la sorte cruciale dans l'avènement de la démocratie chrétienne. Elle cheville une part du monde catholique à « l'antilibéralisme économique » mais aussi à l'antisocialisme[(66)]. Cette encyclique est déterminante. Elle amène à l'action sociale et politique de nombreux catholiques. Elle est d'ailleurs au premier rang des textes appris et débattus dans les formations de l'Action catholique dans l'entre-deux-guerres. Ancien Premier ministre social chrétien, Pierre Harmel l'évoquait avec nostalgie :

> « Cette formation avait à la fois pour base les Evangiles et les grandes encycliques, telles *Rerum Novarum* et *Quadregesimo Anno*, que nous connaissions presque par cœur et qui formaient l'essentiel de la doctrine sociale de l'Eglise. Nous ne cessions de les commenter et de les analyser. Cette préparation à la fois religieuse et sociale a durablement et profondément marqué notre génération. Elle nous a donné une philosophie de vie et créé un lien qui nous a unis pendant toute la période de notre maturité »[(67)].

L'action sociale du monde catholique doit toutefois ses succès à la montée en puissance du syndicalisme chrétien, qui prend son autonomie au lendemain de la première guerre mondiale. Le Secrétariat général des Unions professionnelles et chrétiennes a été créé par le père Rutten en 1904. Un travail plus intégré des unions aboutit à la fondation de la Confédération des syndicats chrétiens et libres de Belgique, créée à l'occasion d'une réunion spéciale du dix-septième congrès de la Ligue démocratique belge, le 23 septembre 1912. Dès lors, la progression est importante. Alors que le Secrétariat général ne compte

(64) Pierre JOYE et Rosine LEWIN, *L'Eglise…*, *op. cit.*, p. 117.

(65) *Ibid.*, p. 51.

(66) Jean-Dominique DURAND, *L'Europe de la démocratie chrétienne*, Bruxelles, Complexe, 1995, p. 28.

(67) Pierre HARMEL, *Temps forts. Entretien avec Jean-Claude Ricquier*, Bruxelles, Racine, 1993, p. 17.

qu'environ 10000 membres en 1904, la Confédération rassemble 120000 adhérents en 1914.

Le pilier catholique a vu le jour: outre l'organisation partisane, il compte sur les organisations syndicales, les mutuelles, et les associations agricoles – en particulier le puissant Boerenbond, fondé en 1890 par l'abbé Mellaert –, ... pour encadrer sa clientèle électorale. Le Boerendbond apporte aux agriculteurs une aide financière, commerciale et politique[68]. En 1895, il compte déjà 200 gildes et plus de 10000 membres. Il dispose alors de 39 caisses de crédit. Face au fait coopératif socialiste, le mouvement catholique, tout en l'imitant en partie, organise l'opposition des indépendants. Ainsi voit-on se constituer le Syndicat général des voyageurs, employés et patrons (1891) et l'Association nationale de la petite bourgeoisie (1900), anticipation de l'Association nationale des classes moyennes[69].

C'est donc un véritable «front de défense catholique» qui se met en place. Il bénéficie du soutien total de l'Eglise; «de la curie romaine aux vicaires de paroisses, tous accordent leurs concours: les sections locales du parti se réunissent dans les salles paroissiales et, à l'approche des élections, nombre de prônes dominicaux se muent en discours de métingue où les prêtres expliquent à leurs ouailles comment «bien voter»»[70].

Si le *monde* catholique est uni socialement et politiquement contre le *monde* socialiste, il est aussi traversé de divergences très profondes. Cette situation est singulière dans le catholicisme politique de l'époque. En 1905, le pape Pie x le pointait positivement: «En Belgique, vous avez de bons démocrates. Vous catholiques belges, conservateurs et démocrates, vous êtes tous d'accord avec vos évêques»[71]. Mais dans l'action politique, les conflits sont rudes. Les dirigeants de la Ligue démocratique exigent une certaine autonomie politique, notamment la possibilité de disposer de leurs propres candidats sur les listes

(68) Serge JAUMAIN, *Industrialisation et sociétés (1830-1970...*, *op. cit.*, p. 52.

(69) Serge JAUMAIN, *Les petits commerçants belges face à la modernité*, Bruxelles, Editions de l'Université de Bruxelles, 1995, p. 171 et s.

(70) Daniel-Louis SEILER, «Bilan des partis démocrates chrétiens et conservateurs à l'aube du XXIe siècle», *in* Pascal DELWIT (éd.), *Démocraties chrétiennes et conservatismes: une nouvelle convergence?*, Bruxelles, Editions de l'Université de Bruxelles, 2003, p. 49.

(71) *Ibid.*, p. 74.

catholiques certes, mais avec un programme spécifique. Sous cet angle, les relations entre la Ligue et la Fédération des cercles se révèlent tendues. La question ne sera tranchée qu'au lendemain de la première guerre mondiale, dans un contexte différent. La Ligue démocratique belge n'a pu s'opposer à l'affirmation flamande et sociale des organisations sociale chrétienne qui fonde la Ligue nationale des travailleurs chrétiens-Algemeene Christelijke Werkverbond, qui s'impose alors comme un *stand* à part entière dans la nouvelle Union catholique. L'aile ouvrière chrétienne revendique ainsi une place politique dans son expression.

Le pilier catholique n'est pas confronté qu'aux socialistes. En Flandre, il est concurrencé en partie par la montée du mouvement flamand à dimension démocrate chrétienne. A travers le Christene Volkspartij, le daensisme incarne cette double concurrence. Le Christene Volkspartij est souvent présenté comme une scission sociale du parti catholique mais, pour certains observateurs, il est aussi, voire surtout, la « base d'un véritable parti nationaliste flamand »[72], moins présent dans le prolétariat manufacturier de la ville d'Alost que dans la petite bourgeoisie rurale[73]. Daens et son parti enregistrent un succès d'estime au scrutin de 1894 au grand désappointement de Charles Woeste et de Léopold II qui en appelle, le 21 mai 1895, au pape pour ramener la brebis égarée dans le troupeau :

> « Quelques jeunes prêtres s'efforcent de s'attacher les ouvriers en leur prêchant des doctrines détestables. L'abbé Daens est à leur tête. L'attitude de ce prêtre (...) provoque de plus en plus de discordes civiles. Si elle était tolérée par ses supérieurs ecclésiastiques, c'en est fait du parti conservateur, de l'union des catholiques et de leur force politique. Très Saint Père, vous daignez aimer ce pays, il est en votre pouvoir de le sauver, mais le temps presse »[74].

(72) Lode WILS, *Histoire des nations belges...*, *op. cit.*, p. 196.

(73) Emmanuel GÉRARD, « Du parti catholique au PSC-CVP », *in* Charles-Ferdinand NOTHOMB, Frank SWAELEN (éd.), *Un parti dans l'histoire. 1945-1995. 50 ans d'action du parti social chrétien*, Bruxelles, Duculot, 1996, p. 17.

(74) Jean STENGERS, *L'action du roi en Belgique. Pouvoir et influence*, Bruxelles, Racine, 1996 (2e éd.), p. 209.

Léon XIII ne fut pas sourd à cet appel et Daens est finalement démis de ses fonctions en 1899 après que l'évêque de Gand, Stillemans, lui a interdit de célébrer la messe le 3 décembre 1898.

Mais le mouvement flamand et la composante flamande du catholicisme politique sont en voie d'affirmation. L'élargissement du droit de suffrage pousse en ce sens de même qu'à partir de 1899, la représentation proportionnelle. La concrétisation politique s'opère au lendemain de la première guerre mondiale.

L'abandon du scrutin majoritaire au profit de la proportionnelle

Dès 1894 et plus encore en 1896 et en 1898, le mode de scrutin majoritaire à l'œuvre en Belgique tend à éliminer le premier parti belge en date : le parti libéral. L'élargissement du droit de suffrage et la naissance du POB ont entraîné un recul de l'influence libérale et son passage progressif au rang de troisième formation politique du pays. Cette mutation est douloureusement vécue en son sein. D'autant plus difficilement d'ailleurs que la polarisation sur le clivage possédants/travailleurs au tournant du siècle a accru les forces centrifuges dans ses rangs. *In fine*, proches de la disparition politico-électorale, les libéraux doivent sans doute leur salut à l'adoption de la représentation proportionnelle.

En 1899, un scrutin proportionnel succède au scrutin majoritaire. Cette modification est intervenue grâce au vote des députés libéraux, de la moitié des parlementaires catholiques et de certains parlementaires socialistes. Aux yeux de Jean Stengers, le choix des catholiques favorables à la modification s'explique par deux raisons : leur peur « presque instinctive » de se trouver dans un tête-à-tête avec les socialistes, et la crainte que leur inspire la perspective de cartels laïques (PL-POB)[75]. Nombre de catholiques sont en effet conscients que leur suprématie parlementaire est trop importante par rapport à la situation sociale et politique réelle du pays. En perpétuant une frustration forte dans les villes – en Wallonie et à Bruxelles, surtout – et dans

[75] Jean STENGERS, « Les conséquences du suffrage universel tempéré (1894-1919) », *in* Hervé HASQUIN, Adriaan VERHULST (éd.), *Le libéralisme en Belgique…*, *op. cit.*, p. 110.

certains milieux industriels, le parti catholique endosse la polarisation et risque un retour de manivelle très difficile à gérer.

Le scrutin proportionnel est certes acquis avec difficulté mais il répond mieux aux lignes de fracture de la société. En effet, avec la montée de la question sociale et de la problématique linguistique, trois clivages fondamentaux traversent désormais la Belgique : clérical-laïque, possédants-travailleurs et francophone-flamand. Le scrutin majoritaire risquait de créer une dynamique cumulative. Pour preuve, la répartition à la Chambre des représentants donne en 1894, 71 députés catholiques en Flandre alors que socialistes et libéraux décrochent leurs 48 sièges parmi les 62 sièges vacants dans l'espace wallon(76).

A l'aube du XXe siècle, l'opposition possédants-travailleurs et laïque-catholique est dominante. Mais les revendications et l'émergence du mouvement flamand traduisent aussi la progression du clivage linguistique.

Lors du scrutin de 1900, le premier à la représentation proportionnelle, le parti libéral retrouve une représentation parlementaire digne de ce nom en passant de onze à trente-quatre sièges. Dans la foulée de cette victoire électorale, sensibilités doctrinaire et progressiste concluent un accord articulé sur un programme commun et une co-présidence du groupe parlementaire, assurée par Paul Janson et Xavier Neujean. Les éléments clés du programme commun sont l'instruction obligatoire, la suppression du remplacement en matière militaire, l'*amélioration morale et matérielle du sort des travailleurs* et la suppression du vote plural dans le champ électoral. Compte tenu de cette résurrection grâce à la proportionnelle, les libéraux en appellent à la « réalisation du principe de la représentation proportionnelle à tous les degrés de l'électorat »(77). Au fil du temps, les personnalités progressistes reviennent au parti libéral ou, en certaines occasions, rejoignent les rangs du POB.

En ces premières années du XXe siècle, eu égard à la suprématie du parti catholique depuis 1884, au renouveau libéral et aux changements intervenus dans le droit électoral, libéraux et

(76) Jean-Benoit PILET, *Changer pour gagner…*, *op. cit.*, p. 25.

(77) Jean STENGERS, « L'origine de la droite et de la gauche dans la vie politique belge au XIXe siècle », *in* Jean-Marie DUVOSQUEL, Alain DIERKENS, Guy VANTHEMSCHE (éd.), *Belgique, Europe, Afrique…*, *op. cit.*, p. 288.

socialistes veulent faire basculer l'échiquier politique. Pour ce faire, ils font alliance pour mettre fin à la domination catholique. L'alliance est nouée à l'origine dans le combat victorieux mené contre le projet de « bon scolaire » du cabinet Schollaert. L'objectif est d'y parvenir au scrutin de 1912. Se présentant en cartel, le POB et le parti libéral mettent en avant trois points forts[78] :

- l'instruction obligatoire et la défense de l'enseignement public,
- les retraites ouvrières, et
- l'adoption du suffrage universel, auquel se rallient l'ensemble des libéraux lors d'une déclaration des groupes de la Chambre et du Sénat le 30 juin 1911 : « Considérant que tous les efforts doivent tendre à renverser dans les plus brefs délais le régime clérical qui opprime le pays depuis vingt-sept ans ; considérant que ce résultat ne peut être atteint que par une étroite union du libéralisme et par l'action convergente des partis d'opposition, les gauches libérales déclarent adhérer au suffrage universel pur et simple uni à la représentation proportionnelle intégrale sans condition de cens, de capacité ou de pluralité quelconque, à vingt-cinq ans »[79].

Cette stratégie d'alliance avec le POB pour briser la majorité absolue catholique se heurte cependant à la résistance d'une partie de l'appareil du parti libéral et, plus encore, d'un segment non négligeable de l'électorat libéral. La preuve en est donnée à l'élection. Le cartel parti libéral-parti ouvrier belge échoue dans sa tentative de mettre fin à la majorité catholique. L'anti-catholicisme libéral en Wallonie s'est brisé sur la sociologie profonde d'une grande partie de l'électorat flamand, y compris libéral. Les libéraux abandonnent alors l'horizon de cartels généraux avec les socialistes. Paul Hymans l'annonce sans détour : « Désormais, il faut proclamer la nécessité pour le parti libéral de marquer en toutes circonstances son autonomie, d'accuser sa

[78] Paul HYMANS, « Le parti libéral de 1909 à 1928 », *Le Flambeau*, octobre 1928, p. 391.

[79] Jean STENGERS, « Les conséquences du suffrage universel tempéré (1894-1919) », *in* Hervé HASQUIN, Adriaan VERHULST (éd.), *Le libéralisme en Belgique…*, *op. cit.*, p. 114-115.

personnalité. Nous devons faire percevoir les traits propres du libéralisme»[80].

La guerre 1914-1918 et ses conséquences

La première moitié du XXe siècle est marquée par l'affirmation des nationalismes et, plus encore, par la montée des périls. Etat neutre, la Belgique espère échapper au déclenchement des hostilités dont l'horizon semble se préciser de jour en jour. Il n'en sera rien. Le 2 août 1914, le gouvernement belge reçoit un ultimatum des autorités allemandes. Celles-ci exigent le libre passage des troupes allemandes sur le territoire belge. La Belgique serait indemnisée et garantie. Si d'aventure l'Etat belge refuse, l'Allemagne n'aurait d'autre alternative que de lui déclarer la guerre. Le choc est brutal et le traumatisme est profond, mais le refus est catégorique.

Symboliquement, le gouvernement catholique homogène dirigé par le catholique de Broqueville endosse immédiatement les habits de l'Union nationale, contre l'avis de nombreux responsables catholiques. Les libéraux Eugène Goblet d'Alviella et Paul Hymans sont nommés ministres d'Etat, le 2 août même. Deux jours, plus tard, plus marquante encore, est la désignation du leader socialiste Emile Vandervelde au rang de ministre d'Etat. L'événement est de taille dans un pays où, comme le rappelle Sophie de Schaepdrijver, «la loi interdisait jusqu'alors à un socialiste de devenir bourgmestre»[81] !

Les troupes allemandes envahissent le territoire belge le 4 août. Malgré la résistance à Liège, la progression de l'armée allemande est rapide. Elle oblige le roi et le gouvernement à se retirer aux confins de l'Yser, où se fixe le Front. Il ne bouge guère durant trois ans. Le gouvernement d'Union nationale prend peu à peu de nouvelles dimensions. Goblet d'Alviella, Hymans et Vandervelde sont nommés ministres sans portefeuille en janvier 1916. Le 4 août 1917, Emile Vandervelde est promu ministre de l'Intendance civile et militaire et le 12 octobre 1917, Paul Hymans est chargé des Affaires économiques.

(80) *Ibid.*, p. 118.

(81) Sophie DE SCHAEPDRIJVER, *La Belgique et la première guerre mondiale*, Bruxelles, Peter Lang, 2004, p. 67.

Dans le pays, l'occupation allemande est contestée. La faim sévit et le nombre de massacres perpétrés au nom de l'activité supposée des francs-tireurs est énorme: on recense plus de 500 civils tués pour les seuls mois d'août et de septembre 1914. Les troupes allemandes incendient par ailleurs de très nombreux hameaux voire même des villes comme Louvain en août 1914 et Dinant en décembre 1914. Plusieurs organisations et institutions contestent le pouvoir occupant. Dès Noël 1914, le primat de Belgique, le cardinal Mercier, défie les autorités occupantes dans sa lettre pastorale: «Dans l'intimité de votre âme, vous ne devez [au pouvoir allemand] ni estime, ni attachement, ni obéissance. L'unique pouvoir légitime en Belgique est celui qui appartient à notre roi, à son gouvernement, aux représentants de la nation»[(82)]. Dans le même temps, commandant en chef des troupes, Albert Ier conquiert ses lettres de noblesse en termes de popularité et de légitimité à l'occasion de ce conflit. A son terme, la situation politique change du tout au tout.

Le retour du roi à Bruxelles est triomphal. Le 22 novembre 1918, se rendant devant les Chambres réunies, le roi entame son discours par une adresse restée célèbre:

> «Messieurs, je vous apporte le salut de l'armée! Nous arrivons de l'Yser, mes soldats et moi, à travers nos villes et nos campagnes libérées. Et me voici devant les représentants du pays. Vous m'avez confié, il y a quatre ans, l'armée de la Nation pour défendre la patrie en danger; je viens vous rendre compte de mes actes...»[(83)].

Plus fondamentaux sont sans doute les ouvertures du roi à des questions essentielles: le principe d'*un homme, une voix* ou celui de l'égalité linguistique: «Dans le domaine des langues, l'égalité la plus stricte et la justice la plus absolue président à l'élaboration des projets que le gouvernement soumettra à la représentation nationale»[(84)]. Dans les semaines qui ont précédé son discours, Albert a séjourné à Lophem où il a dressé en compagnie d'interlocuteurs sélectionnés les changements devant intervenir dans la vie politique, économique, sociale et cultu-

(82) Yves Manhès, *Histoire des Belges...*, *op. cit.*, p. 139.

(83) Mark Van den Wijngaert, Lieve Beullens, Dana Brants, *Pouvoir et monarchie. La Belgique et ses rois*, Bruxelles, Luc Pire, 2002, p. 119.

(84) Yves Manhès, *Histoire des Belges...*, *op. cit*, p. 143.

relle en Belgique à la libération. Ont pris part aux discussions les socialistes Jospeh Wauters, Edouard Anseele, Louis Bertrand, les libéraux Paul-Emile Janson, Louis Franck et des catholiques de la nouvelle génération au premier rang desquels Jaspar(85).

Le suffrage universel en est une des mesures phare. Désormais, tous les hommes de nationalité belge et ayant 21 ans accompli ont accès au vote. Le vote plural est ainsi abandonné. En revanche, le vote féminin ne passe pas la rampe pour les élections législatives. La Chambre le repousse par 90 voix contre 74. Le droit d'éligibilité est néanmoins accordé aux femmes, de même que le droit de vote au plan communal, compensation au parti catholique du suffrage universel masculin à l'échelle nationale(86).

Le refus du droit de vote aux femmes se fonde sur des considérations moins philosophiques qu'électorales. La crainte de l'influence religieuse est patente dans les rangs libéraux et socialistes. « Si vous établissez le suffrage universel des femmes, vous aurez donné à chaque confesseur à peu près autant de voix qu'il n'y a de pénitentes », professe le leader libéral Paul Janson(87). Quelques années plus tard, Albert Devèze n'est pas moins catégorique sur la question du vote des femmes aux élections provinciales :

> « Mais, c'est tout récemment, dans la question si délicate du vote des femmes que la volonté libérale s'est affirmée avec le plus d'autorité – jusqu'à s'imposer à l'adversaire. Une coalition clérico socialiste s'est formée pour satisfaire l'appétit des partis extrêmes au détriment du libéralisme, en appelant immédiatement les femmes au vote provincial. Le résultat certain était de livrer le Sénat à une majorité cléricale homogène – et de le mettre en conflit avec la Chambre – tout en y renonçant l'extrême gauche. Il était aussi de livrer aux catholiques les deux provinces de Liège et de Hainaut. Avant tout, il était évident que le fonctionnement de nos institutions parlementaires serait gravement vicié par le dissentiment des deux assemblées. Conscients de nos responsabilités, nous nous sommes unanimement et victorieuse-

(85) Emmanuel GERARD, « La démocratie rêvée, bridée et bafouée 1918-1939 », *op. cit.*, p. 24.

(86) Eliane GUBIN, Leen VAN MOLLE, *Femmes et politique*, Bruxelles, Racine, 1998, p. 34.

(87) Cité par Jean STENGERS, « Histoire de la législation électorale... », *op. cit.*, p. 254.

ment opposés à cette reprise que nos adversaires se réservent de reprendre si les résultats de l'élection les y autorisent»[88].

Une concession est faite toutefois aux femmes et aux demandes catholiques, l'octroi du droit de vote pour les élections communales. Mais l'accès à la vie politique nationale leur reste très largement fermé. Seules quelques exceptions confirment la règle. Dans l'entre-deux-guerres, trois femmes sont élues, Lucie Dejardin et Isabelle Blume sur les listes du POB et Alice Degeer-Adère sur celles du parti communiste. Par ailleurs, le POB coopte Marie Spaak-Janson en 1921 et l'Union catholique, Maria Baers en 1936. Enfin, Odile Maréchal siège comme sénatrice provinciale pour le Vlaams Nationaal Verbond[89].

La Belgique connaît aussi des avancées au plan social. Plusieurs évolutions en attestent. En 1919, sont établies pour la première fois, des commissions paritaires entre patrons et salariés. Elles contribuent à la signature de conventions collectives limitant les mouvements sociaux de grande ampleur. Le principe de la journée des huit heures est adopté en 1921. En février de la même année, l'article 310 du code pénal est abrogé.

Ces transformations vont de pair avec un changement majeur, l'affirmation du fait syndical dans un cadre légal nouveau. Les deux grandes organisations syndicales connaissent une progression spectaculaire de leurs affiliés. L'évolution est particulièrement importante dans le monde syndical socialiste. En l'espace de quelques années, la Commission syndicale rassemble plusieurs centaines de milliers d'adhérents. Pour le syndicat chrétien, l'établissement dans le paysage social est plus lent. Confinée à quelques dizaine de milliers de membres au lendemain de la première guerre mondiale, la centrale chrétienne ne conquiert que lentement une place digne de ce nom. Se construit peu à peu une grande bureaucratie syndicale pour encadrer cet afflux d'adhérents. André Renard parle à ce propos de période administrative dans le cheminement du syndicalisme des années vingt[90].

(88) Albert DEVÈZE, «L'œuvre des libéraux», *Le Flambeau*, 1925, p. 71.
(89) Eliane GUBIN, Leen VAN MOLLE, *Femmes…, op. cit.*, p. 34.
(90) André RENARD, «L'évolution du syndicalisme», *Socialisme*, septembre 1954, 5, p. 368.

Evolution du nombre d'adhérents aux organisations syndicales[91]

	Commission syndicale	*Syndicat chrétien*
1913	126 745	102 177
1919	576 890	65 000
1920	687 610	156 631
1921	689 236	200 102
1922	580 545	162 036
1923	568 715	186 688

Les syndicats socialiste et, plus encore, chrétien connaissent une deuxième grande vague d'adhésions à la fin des années vingt et au début des années trente. Confrontés à la grave crise économique, un grand nombre de travailleurs rejoignent une organisation syndicale, en charge du paiement des allocations de chômage. De 1929 à 1932, la Confédération des syndicats chrétiens enregistre une hausse de 65 % de ses affiliés[92]. Dans de nombreuses centrales, les chômeurs représentent la moitié des effectifs syndicaux[93]. C'est que, à l'instar des autres Etats européens, la Belgique est sévèrement affectée par la crise de la fin des années vingt suite au krach boursier de Wall Street. A la bourse, les transactions qui s'élevaient à 142 milliards de francs en 1929 chutent de moitié en 1931[94]. Les exportations connaissent un ralentissement net. De 100 en 1929, l'indice de la production tombe à 69 en 1932 et 71 en 1933[95]. Nombre d'entreprises font faillite. Et bien sûr, le chômage connaît une progression spectaculaire. Au début de l'année 1934, plus de 200 000 ouvriers se retrouvent sans travail[96]. Aucun des protagonistes de la société n'est épargné, « pour les syndicats, le patronat et les pouvoirs publics, le chômage était un, sinon le plus grand des soucis »[97]. Un tiers des banques disparaissent. On relève en particulier la

[91] René LEBOUTTE, Jean PUISSANT, Denis SCUTO, *Un siècle d'histoire industrielle. Belgique, Luxembourg, Pays-Bas. Industrialisation et sociétés. 1873-1973*, Paris, Sedes, 1998, p. 150.

[92] Jozef MAMPUYS, « Le syndicalisme chrétien », *in* Emmanuel GERARD, Paul WYNANTS (éd.), *Histoire du mouvement…*, *op. cit.*, p. 171.

[93] Guy VANTHEMSCHE, *Le chômage en Belgique. Son histoire, son actualité de 1929 à 1940*, Bruxelles, Labor, 1989, p. 62.

[94] Serge JAUMAIN, *Industrialisation et sociétés…*, *op. cit.*, p. 65.

[95] *Ibid.*, p. 65.

[96] Marie-Thérèse BITSCH, *Histoire de la Belgique…*, *op. cit.*, p. 160.

[97] Guy VANTHEMSCHE, *Le chômage en Belgique…*, *op. cit.*, p. 93.

faillite de la Banque belge du travail, liée au POB, et de l'Algemeen Bankvereeniging, liée au mouvement catholique[98].

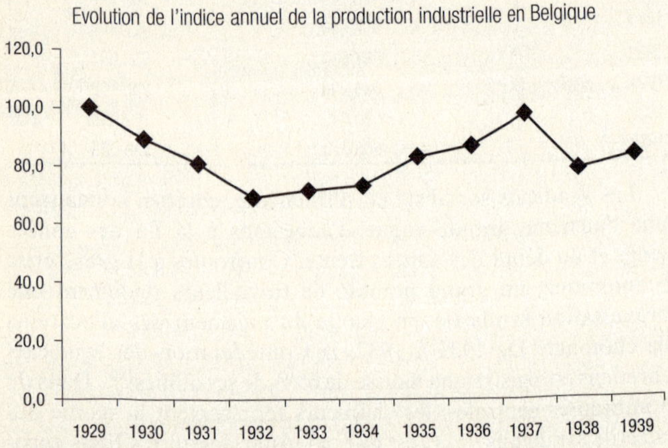

Dans le champ des revendications du mouvement flamand, la problématique de la flamandisation de l'Université de Gand recèle un caractère symbolique et sulfureux en même temps. Durant la période d'occupation, les autorités allemandes ont mis en place la *Flamenpolitik*, dont la mesure la plus marquante fut justement la flamandisation de l'Université de Gand. En réaction, le corps enseignant démissionna, à l'exception de sept professeurs. Les autorités d'occupation avaient aussi établi un Conseil de Flandre. Dans le mouvement flamand, seuls les activistes, minoritaires, avaient souscrit à une démarche de coopération avec l'occupant. Mais cela frappa les imaginations. Dans le contexte *nationaliste* de la libération, la revendication n'est donc pas nécessairement populaire. En rentrant chez eux, « les militants du Mouvement frontiste furent surpris par l'hostilité qui régnait à l'égard du flamingantisme »[99], note Sophie de Schaepdrijver.

[98] Serge JAUMAIN, *Industrialisation et sociétés…*, *op. cit.*, p. 66.
[99] Sophie DE SCHAEPDRIJVER, *La Belgique et la première…*, *op. cit.*, p. 298.

De fait, la promesse est longue à honorer. Il faut attendre 1930 pour que l'Université d'Etat de Gand dispense l'enseignement en néerlandais. Ce long délai n'est pas sans conséquence.

Les changements dans la vie politique

Le monde socialiste

La guerre 1914-1918 consacre largement l'intégration du POB dans le système politique belge. En août 1914, le groupe parlementaire du POB vote sans beaucoup d'états d'âme les crédits de guerre. En 1916, Emile Vandervelde, président de fait du parti, entre comme ministre d'Etat dans le gouvernement Charles de Broqueville. Il justifie sa position et celle de son parti comme la seule tenable pour la défense du socialisme :

> « La défaite, non pas de l'Allemagne, mais du junkeerisme prussien, est une question de vie ou de mort. Si la Belgique pouvait être détruite, la France et l'Angleterre vaincues, et le militarisme allemand triomphant, ce serait, pour le progrès de l'humanité et le développement de la vie libre des nations, un obstacle considérable et prolongé. Les démocrates, les républicains et les socialistes de Belgique, de France et d'Angleterre ont décidé d'employer toutes leurs forces à prévenir un pareil désastre. Les nations à gouvernement démocratique doivent pouvoir compter, dans cet horrible conflit, sur l'aide armée du peuple russe »[(100)].

Pour une formation socialiste, l'entrée dans un *gouvernement bourgeois* n'allait pas nécessairement de soi. La progression socialiste à la fin du XIXe siècle a amené le POB à s'interroger sur son rapport au pouvoir. En vérité, c'est chose faite depuis 1895. Le POB a conquis plusieurs communes industrielles dès cette année. Emile Vandervelde annonce alors : « L'œuvre gouvernementale du POB commence »[(101)]. Toutefois au plan national, la question reste pendante. Suite à une série d'articles très critiques

(100) Cité par Jules DESTRÉE, *Les socialistes et la guerre européenne 1914-1915*, Bruxelles, Libraire nationale d'art et d'histoire, 1916, p. 64-65.

(101) Jean PUISSANT, « « L'œuvre gouvernementale du POB commence » ou le POB à la conquête d'un substitut du pouvoir d'Etat (1884-1921) », *in Les élections communales et leur impact sur la politique belge (1890-1970)*, Bruxelles, Crédit communal, 1993.

à l'égard de la direction du POB[102] publiés par Louis De Brouckère sur la prise du pouvoir ouvrier, le POB se penche sur cette question lors de quatre journées organisées par le Conseil général du parti les 6 et 13 octobre et 2 et 27 novembre 1909, et lors du congrès de 1910. En ces circonstances, le parti ouvrier belge ménage ses sensibilités internes, tout en tenant pour acceptable une présence dans un gouvernement composé d'autres factions que des factions ouvrières.

L'entrée de ministres du POB dans le gouvernement d'union sacrée fraie donc la voie. Le POB est désormais ouvert à de nouvelles participations. Les socialistes restent d'ailleurs aux affaires jusqu'en 1919, en coalition avec les catholiques et les libéraux. Entre 1925 et 1926, ils tentent avec l'aile flamande et démocrate chrétienne de l'Union catholique de *gouverner autrement*. Face à l'hostilité de l'aile droite et francophone de l'Union, et des plus importants secteurs du monde de l'industrie et de la finance, le gouvernement Poullet-Vandervelde jette l'éponge. Mais les socialistes seront à nouveau amenés à exercer des responsabilités gouvernementales. En particulier dans les années trente, face à la crise économique, sociale, politique et morale à laquelle sont confrontés les Etats-Unis et les pays européens.

Au plan théorique, peu d'évolutions notables peuvent être épinglées dans l'immédiat après-guerre. Durant cette période, les travaux d'Henri De Man font exception. Dans le courant des années vingt, en période de redressement économique, son ouvrage *Au-delà du marxisme*, publié en 1926, s'impose comme une œuvre majeure dans le débat doctrinal de la social-démocratie européenne. Le livre vise à une révision et à un dépassement du marxisme à partir d'une mise en cause personnelle. « En réalité, ce livre est un fragment d'autobiographie spirituelle », précise-t-il dans la préface à la première édition allemande[103]. Henri De Man y rejette l'idée d'une lutte du prolétariat fondée sur l'oppression économique et politique de la bourgeoisie dans le cadre du mode de production capitaliste. L'auteur y contredit l'optique d'une division en classes articulée sur des critères

[102] Henri DE MAN, et Louis DE BROUCKÈRE, *Le Mouvement ouvrier en Belgique. Un aspect de la lutte des tendances socialistes (1911)*, Bruxelles, Fondation Joseph Jacquemotte, 1985.

[103] Henri DE MAN, *Au delà du marxisme*, Paris, Seuil, 1974, p. 35.

économiques et d'un positionnement dans les rapports de production. En ce sens, il nie la perspective d'une communauté de caractère prolétarien et, exemple des Etats-Unis à l'appui, invalide le propos marxiste: «Bien que les Etats-Unis d'Amérique soit un pays capitaliste par excellence, il n'y a point de socialisme américain que l'on puisse considérer comme l'expression du mécontentement des masses»(104).

Le problème serait moins la situation réelle que la condition *ressentie* par la classe ouvrière et le monde salarial, en général. Partant de ce constat, l'analyse est échafaudée à partir de la psychologie sociale(105). Les réactions ouvrières ne sont plus conçues sur la base de la séparation entre prolétaires et détenteurs des moyens de production et d'échange, mais bien plutôt sur la base de ce que De Man nomme «l'instinct d'autoestimation», qui entraînerait un «complexe d'infériorité sociale»(106). *In fine*, l'infériorité sociale des classes laborieuses ne reposerait «ni sur une injustice politique, ni sur un préjudice économique, mais sur un état psychologique. La caractéristique essentielle de cette infériorité est leur propre croyance en cette infériorité. La classe ouvrière est infériorisée parce qu'elle se sent infériorisée, le contraire n'est qu'apparence»(107). Pour important que fût cet ouvrage dans la réflexion idéologique de l'intelligentsia social-démocrate des années vingt, force est néanmoins de constater qu'il influence fort peu le débat et l'action du parti ouvrier belge.

Par-delà la progression socialiste au plan national, la période d'entre-deux-guerres est aussi marquée par la *municipalisation* du parti ouvrier belge. L'implantation communale dans les bassins hennuyer et liégeois devient exceptionnelle et nombre de communes sont désormais durablement gérées par des majorités absolues socialistes(108). Cette municipalisation du POB se perpétue et demeure un des traits de l'actuel parti socialiste.

Nous l'avons dit, la crise économique et sociale dans les années trente est d'une ampleur exceptionnelle. Le POB et la Commission syndicale sont interloqués et interpellés par cette

(104) *Ibid.*, p. 58.

(105) Le titre originel en allemand est d'ailleurs *Zur Psychologie des Sozialismus.*

(106) Henri DE MAN, *Au-delà du...*, *op. cit.*, p. 64.

(107) *Ibid.*, p. 103.

(108) Jean PUISSANT, «L'œuvre gouvernementale du POB...», *op. cit.*, p. 95.

configuration. L'inquiétude socialiste est d'autant plus forte que le parti communiste de Belgique, qui a vu le jour en 1919, est de plus en plus présent et actif[109]. C'est dans ce contexte, que de nouvelles réflexions sur le rôle de l'Etat émergent dans les rangs du POB-BWP.

En Belgique, l'appel à l'intervention de l'Etat dans une optique réformiste donne naissance au *Plan du travail*, rédigé par Henri De Man. Celui-ci est adopté par le POB au congrès de Noël 1933 et s'impose comme une alternative à la crise économique et sociale brandie par le monde socialiste. Face au développement du capitalisme financier et aux replis nationaux, De Man y suggère une modification de l'action socialiste visant moins à se concentrer sur des «réformes de répartition» qu'à organiser des «réformes de structure»[110]. Qu'est-ce à dire? Il s'agit de faire jouer un rôle à l'Etat, à l'échelle de la nation, de façon à imprimer une politique économique volontariste. Cette transformation passe avant tout par la nationalisation de certains secteurs – en particulier le secteur bancaire. L'objet du plan est défini comme une «transformation économique et politique du pays, qui consiste à instaurer un régime d'économie mixte comprenant, à côté du secteur privé, un secteur nationalisé qui englobe l'organisation du crédit et les principales industries déjà monopolisées en fait. L'objectif est aussi de soumettre l'économie nationale à des directives d'intérêt général tendant à l'élargissement du marché intérieur, en vue de résorber le chômage et de créer les conditions d'acheminement vers une prospérité économique accrue. Enfin, dans l'ordre politique, il s'agit de passer à une réforme de l'Etat et du régime parlementaire qui crée les bases d'une véritable démocratie économique et sociale»[111]. Selon les termes de De Man, la Belgique passerait de la sorte à un «régime d'économie mixte»[112].

Pour le POB, le plan du travail se révèle important d'un double point de vue. D'abord, pour la première fois de manière aussi nette, le parti ouvrier belge préconise une politique économique

(109) Thomas T. MACKIE & Richard ROSE, *The International Almanac of Electoral History*, Londres, Macmillan, 1991 (3rd ed.), p. 43 et s.

(110) Henri DE MAN, *Le plan du travail*, Bruxelles, Labor, 1934, p. 6.

(111) *Ibid.*, p. 18.

(112) *Ibid.*, p. 12.

alternative en attribuant un rôle nouveau à l'Etat dans le champ économique. Ensuite, le *Plan du travail* se décline comme un formidable moyen de mobilisation du monde ouvrier sur un ou plusieurs objectifs concrets face au monde patronal bien sûr, mais aussi à l'influence grandissante du parti communiste de Belgique.

Pour autant, lorsque les socialistes accèdent à nouveau au pouvoir en 1935 dans un gouvernement tripartite, le plan n'est pas appliqué en tant que tel. Mais dans l'action gouvernementale, un certain nombre d'interventions publiques dans l'économie et dans le champ social sont introduites. En 1936, le gouvernement Van Zeeland conclut un grand accord social dans la foulée d'un mouvement social très profond en écho au mouvement de grèves qui déferle en France. De la Conférence du travail qui est convoquée sortent deux avancées sociales majeures : les congés payés et le passage à la semaine des quarante heures.

Dans la deuxième moitié des années trente, certains secteurs du POB n'échappent pas à la critique de la démocratie représentative ou à la promotion de la *démocratie autoritaire*. En fin de carrière, le leader historique du POB Emile Vandervelde jugera sèchement cette « conception de démocratie », très différente de la sienne[113]. Mais suite à son décès en 1938, Henri De Man accède à la présidence du parti et entraîne la formation socialiste dans cette voie, soutenue par Paul-Henri Spaak. Ces thèses et ces approches sont l'objet de critiques de l'aile gauche du parti, incarnée par René Delbrouck, Isabelle Blume ou encore Fernand Brunfaut. Mais celle-ci est minoritaire. Avec le déclenchement de la deuxième guerre mondiale, De Man franchit le Rubicon.

Appelant à reconnaître la victoire allemande, De Man se rallie à l'antiparlementarisme en juillet 1940 :

> « La guerre a amené la débâcle du régime parlementaire et de la ploutocratie capitaliste dans les soi-disant démocraties. Pour les classes laborieuses et pour le socialisme, cet effondrement d'un monde décrépit, loin d'être un désastre, est une délivrance ».

Peu de temps après, il dissout le parti ouvrier belge et publie un manifeste collaborationniste en octobre 1940. Il invite

[113] Emmanuel GÉRARD, « Léopold III, le gouvernement et la politique intérieure », *in* Michel DUMOULIN, Mark VANDEN WIJNGAERT, Vincent DUJARDIN (éd.), *Léopold III*, Bruxelles, Complexe, 2001, p. 72.

ensuite la Confédération générale du travail de Belgique (CGTB) qui a succédé à la Commission syndicale en 1938 à rallier le nouveau syndicat unique corporatiste, l'Union des travailleurs manuels et intellectuels (UTMI), dont l'assemblée constitutive s'est tenue le 22 novembre 1940. La CSC y est représentée à ses origines et August Cool et Léon Christophe font partie de la direction. Quelques mois plus tard néanmoins, les centrales de la CSC abandonnent les discussions relatives à une fusion éventuelle eu égard à ce qu'elles considèrent comme une « immixtion allemande trop directe »(114).

Le POB a donc vécu. L'appel de De Man n'a cependant qu'un écho limité dans les rangs socialistes. Son Manifeste ne provoque que quelques ralliements, notamment au sein de la « Socialistische Arbeidsjeugd Vlaanderen et de la Syndical Jeugd Vereeniging qui se proclamèrent fidèles au roi et partisans d'une communauté flamande cohérente au sein de l'Etat belge ». Par ailleurs, des responsables du POB et de la CGTB qui sont en Belgique entretiennent certaines relations avec De Man. Mais il n'y eut guère « d'adhésions notables au manifeste de la part de socialistes connus, ni de collaborations sérieuses avec De Man pour une action réelle dans le sens exprimé par le manifeste »(115). Au contraire, face à la dérive demanienne, certaines personnalités du POB jettent les bases d'un nouveau parti et d'une résistance à l'occupant nazi : René Delbrouck et Charles Rahier à Liège, Arthur Haulot à Bruxelles ou encore Hector Roland dans le Hainaut.

Résultats électoraux dans l'entre-deux-guerres (en pourcentage)

	Catholiques	*PL*	*POB*	*FP-VNV*	*PCB*	*REX*
1919	36,66	17,65	36,64	2,60		
1921	37,01	17,80	34,81	3,04	0,05	
1925	36,12	14,64	39,44	3,87	1,64	
1929	35,38	16,55	36,02	6,31	1,89	
1932	38,54	14,28	37,12	5,93	2,81	
1936	27,67	12,10	32,11	7,13	6,06	11,53
1939	32,71	17,19	30,19	8,28	5,36	4,44

(114) Jozef MAMPUYS, « Le syndicalisme chrétien... », *op. cit.*, p. 221.

(115) Jules GÉRARD-LIBOIS, José GOTOVITCH, *L'An 40. La Belgique occupée*, Bruxelles, Edition du CRISP, 6e éd., p. 226.

Un nouveau venu : le parti communiste de Belgique

La période de l'entre-deux-guerres est un moment d'ouverture et de diversification du paysage politique. Des familles politiques naissent et croissent tandis que d'autres sortent de la marginalité.

A gauche, le POB voit émerger un nouvel acteur, le parti communiste. Au lendemain de la conflagration mondiale, une série de groupuscules favorables à la révolution soviétique et à l'Internationale communiste se réunissent pour former, en novembre 1920, un parti communiste sous la direction de War van Overstraeten. Cependant, aucune personnalité belge n'a pris part à la réunion fondatrice de la IIIe Internationale en mars 1919. Ce parti communiste est qualifié de *gauchiste* par Marcel Liebman à la lumière de deux traits saillants : son « caractère anti-parlementaire systématique et sa très grande hésitation à s'engager dans le mouvement syndical »[116].

En juin 1921, l'aile gauche du parti ouvrier belge, regroupée autour du journal *L'exploité* dirigé par Joseph Jacquemotte, décide de le quitter et d'adhérer à l'Internationale communiste sous le nom de parti communiste belge. Avant même la première guerre mondiale, Jacquemotte avait symbolisé le courant anti-militariste et anti-patriote extrême du parti ouvrier belge[117]. Durant le conflit, il avait symbolisé l'opposition pacifiste au choix du POB de voter les crédits de guerre et le courant internationaliste en appelant régulièrement à la réunion de l'Internationale. En janvier 1918 encore, il présente une motion en ce sens, à laquelle est préférée, par vingt-deux voix contre seize, un texte affirmant « l'impossibilité matérielle et morale » de réunir l'Internationale[118]. Désormais isolés dans la fédération bruxelloise du parti ouvrier, Jacquemotte et ses proches choisissent de quitter le POB lors du troisième congrès des *Amis de l'exploité*, le 29 mai 1921.

(116) Marcel LIEBMAN, « Origine et fondation du PCB », *in* COLLECTIF D'HISTOIRE ET D'ÉTUDES MARXISTES, *Le parti communiste de Belgique (1921-1944)*. Actes de la journée d'étude de Bruxelles – 28 avril 1979, Bruxelles, Fondation Joseph Jacquemotte, 1980, p. 19.

(117) Marcel LIEBMAN, *La scission communiste dans le parti ouvrier belge (1921). Origine et signification idéologiques. Etude dans un contexte international*, Bruxelles, Thèse de doctorat défendue à l'Université libre de Bruxelles, 1963, p. 160.

(118) *Ibid.*, p. 72.

Un difficile processus de réunion des deux partis, dont la culture politique n'est vraiment pas similaire, s'entame et aboutit à un congrès de fusion, les 3 et 4 septembre 1921 mettant sur pied un seul parti communiste[119]. La fusion a été imposée dans une motion du 13 juillet 1921 par le Comité exécutif de l'Internationale communiste.

Dans les années vingt, le PCB est d'une faiblesse insigne sur le plan organisationnel et politique. Sa première participation électorale est enregistrée en 1925. Le PCB obtient 1,25% (3,55% à Bruxelles) et deux élus sur cent quatre-vingt-six à la Chambre. Il en conserve un lors de l'élection de 1929. Dans les rangs syndicaux, ses militants mettent parfois à rude épreuve les leaders de la Commission syndicale en organisant des mouvements sociaux impromptus ou des «grèves sauvages». En août 1924, la Commission syndicale déclare d'ailleurs incompatible toute fonction dirigeante dans un syndicat avec l'adhésion au parti communiste.

La construction d'une organisation digne de ce nom est d'autant plus difficile que le jeune parti communiste subit de plein fouet les débats en cours en Union soviétique. En 1927-1928, une importante minorité trotskiste abandonne la jeune formation communiste, parmi laquelle on recense War Van Overstraeten. *A contrario*, il prend des galons au niveau électoral, surtout dans les années trente.

Dans cette décennie, le parti communiste réalise une percée électorale et syndicale. Son action est reconnue lors des grèves très dures de 1932. De nouveaux membres le rejoignent. Alors qu'il ne rassemblait que 1 207 adhérents au 15 juin 1932, il compte 3 123 adhérents après le mouvement de grève[120]. Sa prégnance wallonne est forte. Pour 2 198 adhérents en Wallonie et 410 dans le Brabant, on n'en dénombre que 515 en Flandre. Cette pénétration territoriale asymétrique du parti communiste s'est perpétuée. A la veille de la guerre, la formation commu-

(119) Pascal DELWIT, Jean-Michel DE WAELE, José GOTOVITCH, *L'Europe des communistes*, Bruxelles, Complexe, 1992, p. 46.

(120) José GOTOVITCH, «Le parti communiste et les élections communales 1926-1952», *in Les élections communales et leur impact sur la vie politique belge*, Bruxelles, Crédit communal, 1994, p. 297.

niste dénombre sept mille affiliés en Wallonie, mille trois cents à Bruxelles mais à peine mille sept cents en Flandre [121].

La percée du PCB en 1932 est fortement amplifiée en 1936. En pleine tourmente financière et sociale, le scrutin national de 1936 confirme son emprise croissante sur une partie du monde ouvrier. Le 24 mai 1936, le PC triple sa représentation parlementaire, passant de trois à neuf sièges. Dans les provinces de Liège et du Hainaut, le parti communiste franchit la barre des 10 %. A Liège, il devance même le parti libéral.

Evolution des résultats électoraux du parti communiste
dans les arrondissements liégeois et hennuyer (en pourcentage) [122]

	1925	*1929*	*1932*	*1936*	*1939*
Charleroi	4,62	3,80	9,22	13,73	11,31
Mons	1,59	3,53	4,48	14,70	11,48
Soignies	1,66	2,53	3,02	7,94	7,85
Thuin	1,20	2,32	4,76	10,30	11,08
Tournai-Ath-Mouscron	0,00	0,00	0,00	3,91	4,37
Liège	6,32	4,03	8,01	16,55	16,02
Verviers	2,57	2,94	4,83	10,53	10,20
Huy-Waremme	1,75	1,89	2,22	6,95	6,79

Il faut dire que sa ligne a aussi singulièrement évolué peu de temps auparavant. En avril 1935, le PCB-KPB condamne le cours sectaire qu'il avait suivi les années antérieures. Une nouvelle direction est mise en place. Fondateur du parti issu de l'aile gauche de la social-démocratie, Joseph Jacquemotte dissout les noyaux d'opposition syndicale et adresse au POB-BWP des propositions d'unité d'action. Au sein du parti ouvrier, qui est revenu au pouvoir, s'est développée une gauche très active qui opte pour le Front populaire. Devant la montée en force des partis, groupements et milices fascistes, un comité de Front populaire antifasciste, né à l'initiative d'intellectuels membres du Comité de vigilance des intellectuels antifascistes, tente de gagner socia-

(121) Rudi VAN DOORSLAER, « Le parti communiste dans l'entre-deux-guerres (1921-1940) », *in Actes de la journée d'étude de Bruxelles – 28 avril 1979*, Bruxelles, Fondation Joseph Jacquemotte, 1980, p. 46.

(122) *Résultats officiels des élections en Belgique depuis 1848*, Base de données électorales, Politique scientifique fédérale-VUB (www.ibz.rrn.fgov.be).

listes et libéraux à l'idée. Mais les ministres et leaders socialistes et syndicaux rejettent le principe en janvier 1936.

Dans la foulée de sa victoire électorale, les effectifs du parti gonflent et les militants communistes sont très actifs dans l'imposante grève de juin. A travers le combat pour la cause républicaine en Espagne, le PCB rallie des militants socialistes de gauche déçus et à leur tête, un député populaire de Bruxelles, le docteur Albert Marteaux, ainsi que des intellectuels venus à lui par intransigeance antifasciste et pour l'unité. La fin du cheminement sectaire conduit aussi à la *nationalisation* du parti. En 1936, le congrès du PCB-KPB proclame l'égalité et l'autonomie des peuples wallon et flamand. Un parti communiste flamand (VKP) se constitue au sein du parti belge avec une direction propre. Il voit le jour le 24 janvier 1937 autour du mot d'ordre d'autonomie de la Flandre dans le cadre de l'Etat belge, proclame sa volonté de s'allier aux nationalistes démocrates et aux démocrates chrétiens et se réapproprie symboliquement la bataille des Eperons d'or. Une conférence des communistes wallons se réunit en 1938 dans un but parallèle.

En août 1939, à l'image d'autres partis communistes européens, le PCB subit la signature, sans signes annonciateurs, du pacte germano-soviétique. Du combat pour le front populaire, de la stratégie de lutte large contre le fascisme qui les animaient jusqu'alors, les communistes belges passent, sans transition, au mot d'ordre « Ni Londres, ni Berlin ». Le 13 septembre 1939, le comité central du PCB avalise et officialise le tournant : « Il ne faut pas que la Belgique devienne le champ de bataille de l'Europe, il faut mettre fin à la guerre par la défaite du fascisme et de la réaction ». Dans un *Manifeste à la classe ouvrière*, les communistes belges précisent : « Notre pays n'est pas intéressé à l'extension de la guerre. Il ne doit devenir le jouet ni de l'Allemagne hitlérienne ni de l'Angleterre »[(123)].

La fin de l'hégémonie catholique

La fin de la première guerre mondiale bouleverse très fortement le parti catholique. Il doit gérer deux transitions essentielles à la fois. La première est la fin d'une longue période de

[(123)] José GOTOVITCH, *Du rouge au tricolore. Les communistes belges de 1939 à 1944. Un aspect de la résistance en Belgique*, Bruxelles, Labor, 1992, p. 59.

majorité absolue et de domination politique. De 1884 à 1916, le parti catholique a exercé seul les responsabilités dans le cadre d'une majorité parlementaire absolue. L'adoption du suffrage universel masculin met fin à cette longue période de suprématie. Le parti doit désormais composer dans l'exercice des responsabilités avec ses adversaires-partenaires politiques et avec un système politique différent. Dès 1919, le scrutin national dévoile l'ampleur du changement. C'en est fini de la majoritaire parlementaire absolue mais aussi de la domination politique. Les socialistes font désormais jeu égal avec les catholiques.

Résultat des élections législatives de 1919

Partis	*Suffrages*	*Pourcentage en voix*	*Sièges*	*Pourcentage en sièges*
POB	645 124	36,62	70	37,63
Union catholique	619 911	35,19	70	37,63
Parti libéral	310 876	17,65	34	18,28
Frontpartij	60 814	3,45	5	2,69
Liste catholique	36 063	2,05	3	1,61
Autres	24 446	1,39	0	0,00
Classes moyennes	19 939	1,13	1	0,54
Anciens combattants	19 075	1,08	2	1,08
Rennaissance nationale	18 546	1,05	1	0,54
Démocrates chrétiens	5 825	0,33	0	0,00
Soc 2	1 181	0,07	0	0,00
	1 761 800	100	186	100,00

Mais la transition est aussi interne. Et elle n'est pas moins complexe. L'adoption du suffrage universel masculin renforce l'aile flamande du parti et les courants ouvriers face aux tenants de la Fédération, droitiers et plutôt francophones.

Pour assurer cette transition, le *parti* se transforme. Il s'établit véritablement sur la base d'une cogestion de « familles » internes (les *standen*) représentant différentes sensibilités. Le centre est très faible et, comme le pointe Emmanuel Gerard, le parti devient « un aggloméat de fractions interreliées par une série d'accords, d'alliances et de formules fédératives, et qui présentaient des listes électorales communes »(124). Pour la Fédé-

(124) Emmanuel GERARD, « Du parti catholique au PSC-CVP... », *op. cit.*, p. 22.

ration des associations et cercles catholiques, le changement est rude. Après avoir dû entendre et accepter les réformes annoncées par Albert Ier, elle perd la domination qu'elle exerçait sur l'appareil catholique et doit désormais compter et transiger avec des composantes plus ouvrières et plus flamandes du parti.

L'*Union catholique* qui voit le jour en 1921 reste une organisation coupole. L'autorité centrale du parti est très faible. D'un point de vue organisationnel, les deux organes directeurs de l'Union sont le Conseil général et le bureau. Le Conseil général est composé de représentants de chacun des *standen*. Ils sont au nombre de quatre : la Fédération des associations et cercles catholiques, la Fédération nationale des classes moyennes, le Boerenbond et la Ligue nationale des travailleurs chrétiens, nouveau venu. Née en 1921, cette dernière assure la « coordination et la coopération des associations composantes mais aussi la représentation générale, dans la vie publique, de l'intérêt social des travailleurs ouvriers et employés chrétiens »[125]. Le conseil de l'Union catholique élit le Bureau, qui rassemble neuf personnalités. Le président est élu chaque année tour à tour dans un des quatre *standen* de l'Union. L'autonomie d'action de chacun des segments de l'organisation catholique est importante. Dès lors, la cohérence de pensée et d'action est souvent mise à mal, et les conflits d'intérêts très fréquents. Les concurrences électorales sont régulières. En 1921, dans huit des seize arrondissements flamands, on relève que des listes catholiques conservatrices s'opposent à des « listes flamandes et populaires ». Lors des élections de 1925, on observe la présence de listes labellisées Ligue nationale des travailleurs chrétiens dans quatre arrondissements et dans six districts électoraux lors du scrutin provincial suivant. Lors des élections communales de 1932, deux listes catholiques s'affrontent dans de nombreuses villes. Au scrutin national de 1936, le MOC parraine des listes dans cinq arrondissements hennuyers[126]. D'un point de vue politique, l'exemple

(125) Marie-Thérèse COENEN, « Belgique, de l'état ouvrier chrétien au front de gauche plurielle », *Projet*, numéro hors-serie, septembre 2004.

(126) Jaak BILLIET, Emmanuel GERARD, « Eglise et politique. Les relations difficiles entre les organisations catholiques et leur parti politique avant 1940 », *in* Liliane VOYÉ, Karel DOBBELAERE, Jean REMY, Jaak BILLIET (éd.), *La Belgique et ses dieux. Eglises, mouvements religieux et laïques*, Louvain-La-Neuve, Cabay, 1985, p. 95.

du gouvernement Poullet-Vandervelde l'atteste. L'expérience est tentée avec l'appui de la composante démocrate chrétienne flamande contre la Fédération des associations et cercles catholiques, francophone.

Surtout, nous l'avons souligné, les catholiques perdent leur majorité absolue. La poussée à gauche qui fait suite au conflit mondial et l'introduction du suffrage universel masculin mettent fin à l'ère des gouvernements homogènes. Le 16 novembre 1919, ils sont même devancés par la famille socialiste. A compter de ce moment, à l'exception du gouvernement catholique de 1950-1954, tous les gouvernements belges sont des exécutifs de coalition.

Dans les années trente, le monde catholique belge est confronté à l'attrait grandissant dans les milieux catholiques des solutions corporatistes et de la critique de la démocratie parlementaire. Au plan politique, il doit faire face, à ce sujet, à deux rivaux sérieux : Rex et le Vlaams Nationaal Verbond (VNV). Le VNV est porteur de la problématique flamande et, à l'instar de Rex, d'idéaux anti-démocratiques observables partout en Europe.

A l'élection de 1936, l'Union catholique enregistre un déclin brutal au profit de ces deux formations. On assiste alors « à une véritable panique » dans les rangs catholiques, « non seulement sous l'effet de cette cuisante défaite électorale, mais également face à la constitution de coalitions gouvernementales de gauche en Espagne et en France et à la vague de grèves paralysantes qui déferlaient dans le pays »(127).

Le *monde catholique* réagit à cette situation. Au terme de discussions multiples, le Bloc catholique se substitue à l'Union catholique. Il est composé de deux ailes : le Katholieke Vlaamse Volkspartij (KVV) et le parti catholique social (PCS). Ces deux quasi-partis ont pour ambition de mieux encadrer politiquement l'électorat catholique traditionnel(128). Les évolutions sont spectaculaires en Flandre. Le KVV se lance dans des discussions avec le VNV « en vue de réaliser la concentration la plus large de toutes

(127) Mark VAN DEN WIJNGAERT, « De « catholique » à « chrétien et populaire » (1936-1951) », *in* Charles-Ferdinand NOTHOMB, Frank SWAELEN (éd.), *Un parti dans l'histoire. 1945-1995*, Louvain-La-Neuve, Duculot, 1996, p. 33.

(128) *Ibid.*, p. 29.

les forces populaires saines en Flandre, sur une base clairement nationale-flamande et chrétienne»[129]. Le 8 décembre 1936, un accord de principe est adopté entre les deux formations: De Bruyne, Eyskens et Verbist au nom du Katholieke Vlaamsche Partij et Borginon, Elias et Romsée pour le VNV signent un accord fondé sur les principes du fédéralisme, du corporatisme et de l'amnistie[130]. Cet accord est toutefois sans lendemains. Staf De Clercq craint en effet qu'il ne soit plus profitable au KVV-PCS qu'à sa propre formation. Et pour partie, il trouve son origine dans la crainte qu'inspire au Bloc catholique un accord, annoncé en octobre 1936, entre Rex et le VNV[131]. Cet accord confirme néanmoins l'emprise flamande de plus en plus nette sur la formation catholique.

L'essor du mouvement politique flamand

Dans le champ de la satisfaction des revendications flamandes, nous l'avons relevé, la flamandisation de l'Université de Gand est un élément essentiel du dispositif. Promise par Albert Ier au lendemain de la première guerre mondiale, la concrétisation est néanmoins très tardive. En effet, la mesure n'intervient qu'en 1930. Celle-ci doit d'ailleurs beaucoup au coup de semonce de 1928. A l'occasion d'une élection partielle à Anvers le 9 décembre, August Borms est élu avec plus de quatre-vingt mille voix. Le résultat frappe les imaginations car Borms est une figure emblématique de l'activisme flamand durant la première guerre mondiale. Condamné à mort à la libération, sa peine a été commuée en détention à vie. Si son élection est invalidée car il n'était pas éligible, elle conduit à une prise de conscience de l'absolue nécessité de s'attaquer à la question linguistique. La flamandisation de l'Université de Gand est la première grande étape. Passée l'élection avortée de Borms, ce qui marque, «c'est la rapidité à résoudre la question». Présenté à la Chambre le 10 décembre 1929, le projet est adopté le 5 mars

(129) *Ibid.*, p. 37.

(130) Frans VAN KALKEN, *Entre deux guerres. Esquisse de la vie politique en Belgique de 1918 à 1940*, Bruxelles, Institut de sociologie Solvay de l'Université libre de Bruxelles, 1944, p. 89.

(131) Lieve GEVERS, «VOOR GOD, VADERLAND EN MOEDERTAAL. Kerk en natievorming in België, 1830-1940», *Cahiers d'Histoire du Temps Présent*, 1997, 3, p. 44.

1930 par 127 voix contre 24 et 7 abstentions. Moins d'un mois plus tard, le Sénat fait de même[132].

Elle ouvre la voie à plusieurs modifications substantielles qui interviennent avec l'adoption des lois linguistiques de 1932-1933. Celles-ci prévoient le principe de l'unilinguisme en Wallonie et en Flandre. En revanche, Bruxelles pratiquera le bilinguisme administratif.

Politiquement, les premières expressions politiques de certaines franges du mouvement flamand trouvent à s'exprimer après la première guerre mondiale. Le Frontpartij – littéralement, parti du front –, s'établit sur la base de la défense de revendications d'essence surtout linguistique. Le Frontpartij est issu du Vlaams Frontbeweging lancé en 1917 au moment où un grand nombre de soldats néerlandophones étaient sous les ordres d'officiers francophones, incapables pour beaucoup de s'exprimer en flamand. Le Frontbeweging prend alors appui sur un certain nombre de personnalités catholiques comme Frans Van Cauwelaert et les ministres Joris Helleputte, Aloïs van de Vyvere et Prosper Poullet. Mais plusieurs responsables du Frontbeweging réclament l'établissement d'une organisation autonome.

Constitué à l'appel du quotidien *Ons Vaderland*, le Frontpartij réunit des personnalités d'horizons divers. Le poids originel de démocrates chrétiens en rupture avec l'Union catholique n'y est pas négligeable. Mais cette formation très décentralisée est traversée de sensibilités diverses et le poids du centre y est ténu.

En 1932, le Frontpartij subit un tassement électoral. Dans ce contexte, un de ses députés défaits, Staf De Clercq, en appelle à l'établissement d'un Vlaams National Verbond (VNV) sur la base de la libération du peuple flamand et de la « victoire sur le libéralisme économique »[133]. Dès le début de l'année 1933, Staf De Clercq devient président du comité directeur du parti. Durant toute l'année 1933, il met en place les bases d'une formation politique renouvelée. Avec l'appui de Tony Herbert, Gérard Romsée, Raymond Tollenaere, Hendrik Elias et Hendrik

(132) Chantal KESTELOOT, *Au nom de la Wallonie et de Bruxelles. Les origines du FDF*, Bruxelles, Complexe, 2004, p. 67.

(133) Pierre JOYE et Rosine LEWIN, *L'Eglise…*, *op. cit.*, p. 239.

Borginon, c'est chose faite le 7 octobre 1933. Le Vlaams Nationaal Verbond voit le jour et annonce ses intentions:

> «Camarades nationalistes flamands!
>
> Les différentes tentatives unitaires dans nos rangs nationalistes flamands ont enfin abouti à l'édification définitive d'une organisation unitaire.
>
> Le Vlaams Nationaal Verbond est créé. Le Vlaams Nationaal Verbond se donne pour but et comme tâche inébranlable de travailler à la libération du peuple flamand et à la promotion de la communauté du peuple des Pays-Bas...»(134).

Dès le départ, le VNV est traversé par une confrontation entre radicaux, attirés par le fascisme italien et allemand, et les tenants d'un nationalisme flamand de droite mais démocratique. Sous l'impulsion de De Clercq, les premiers l'emportent dans un contexte de mise en cause croissante en Europe de la démocratie et du régime parlementaire.

Evolution des résultats électoraux du Frontpartij et du VNV en Flandre*

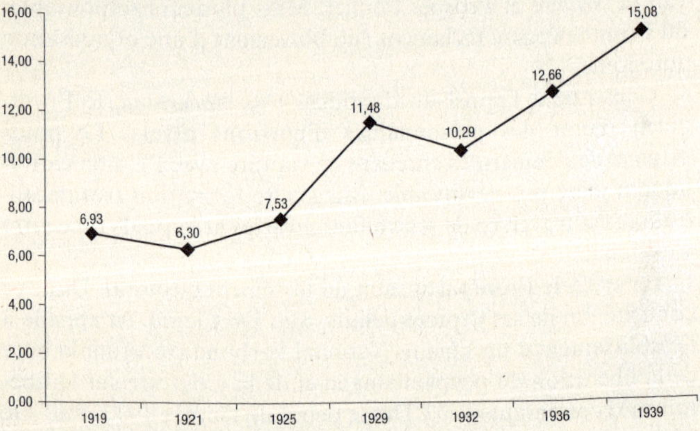

* Non compris, les cantons de Hal-Vilvorde.

En 1936, le Vlaams Nationaal Verbond opère une percée spectaculaire en recueillant 12,7% des suffrages à l'échelle flamande

(134) Bruno De Wever, *Greep naar de macht. Vlaams-Nationalisme en Nieuwe Orde. Het VNV 1933-1945*, Louvain, Lannoo, 1994, p. 143-144.

belge et seize députés. Les progressions du VNV sont les plus notables dans les zones de forces du catholicisme en Flandre, particulièrement en Flandre occidentale et au Limbourg.

Evolution comparée des performances électorales du VNV, de l'Union catholique et de Rex dans les provinces flamandes (en pourcentage)[135]

	VNV			*Union/Bloc catholique*			*Rex*		
	1932	*1936*	*1939*	*1932*	*1936*	*1939*	*1932*	*1936*	*1939*
Anvers	6,83	9,15	13,54	44,13	36,26	36,75	0,00	5,86	1,95
Flandre occidentale	12,31	16,03	16,37	49,81	38,11	44,25	0,00	9,59	2,99
Flandre orientale	11,44	12,95	14,06	44,18	36,22	40,37	0,00	6,49	1,42
Limbourg	16,74	24,29	24,46	56,92	40,22	49,05	0,00	5,89	3,13
Arr. de Louvain	5,98	7,98	10,53	47,49	36,55	36,68	0,00	8,15	2,44

Au-delà de l'étiquette nationaliste flamande, le VNV soutient alors plusieurs revendications droitières de son temps. Lors de la campagne électorale pour les élections communales d'octobre 1938, le VNV prend une posture antisémite. Certains de ses slogans à Anvers sont explicites : « les Juifs dehors », « A bas les Juifs »[136]. Le VNV déclare d'ailleurs vouloir combattre les « parasites fransquillons et juifs »[137]. Il est notamment influencé par le Verdinaso, organisation favorable aux thèses fascistes et à la constitution d'un Etat thiois[138]. Fondé le 6 octobre 1931, le Verdinaso ambitionne d'unir dans cet Etat thiois, la Frise, les Pays-Bas, la Flandre, la Wallonie et la Rhénanie. Le Verdinaso est dirigé par Joris Van Severen. Ancien membre du Frontbeweging, il avait été élu du Frontpartij de 1921 à 1929. Dans la deuxième moitié des années trente, Van Severen se ralliera aux thèses neutralistes de Léopold III et appellera à la mobilisation

(135) *Résultats officiels des élections en Belgique depuis 1848*, Base de données électorales, Politique scientifique fédérale-VUB (www.ibz.rrn.fgov.be).

(136) Els WITTE, Jan CRAEYBECKX, *La Belgique politique de 1830 à nos jours. Les contradictions d'une démocratie bourgeoise*, Bruxelles, Labor, 1987, p. 228.

(137) Bruno DE WEVER, *Vlag, groet en Lieder. Geschiedenis van het Vlaams Nationalistich Verbond 1933-1975*, Thèse de doctorat, Gand, RUG, 1992.

(138) Lieven SAERENS, « De houding van het Vlaams-nationalisme tegenover de joden tijdens de jaren dertig », *in* Hugo DE SCHAMPHELEIRE, Yannis THANASSEKOS (éd.), *L'extrême droite en Europe de l'Ouest*, Bruxelles, VUB Press, 1991, p. 255-280.

contre l'Allemagne nazie: «(...) Soyez, chers camarades, dans les rangs de notre armée, les plus purs et les plus nobles d'entre nous! Croyez-moi: notre rêve d'Empire des Pays-Bas Belgique prend forme»»[139].

Avec 15,1% des voix dans l'espace flamand et dix-sept députés, le Vlaams Nationaal Verbond progresse encore au scrutin de 1939. Lors du déclenchement de la deuxième guerre mondiale, sous la houlette de son leader Staf de Clercq, il rejoint le camp de la collaboration. Plusieurs de ses responsables occupent des fonctions importantes sous l'occupation, en particulier les secrétaires généraux Victor Leemans, aux Affaires économiques, et Gérard Romsée, à l'Intérieur[140]. En 1943, une commune flamande sur deux est administrée par un bourgmestre issu de ses rangs[141]. Le flamingantisme voire les revendications flamandes seront longtemps associés au VNV et à la collaboration avec l'occupant allemand, ce qui le handicapera dans son expression et dans ses demandes sociales au lendemain de la libération.

Rex

Outre le VNV, le parti catholique subit aussi un mouvement de radicalisation conservatrice dans les années trente. Les critiques à l'encontre de la démocratie et du parlementarisme se multiplient. Dans les milieux intellectuels catholiques, l'attrait pour le corporatisme s'approfondit. En 1931, l'encyclique *Quadragesimo Anno*, dans laquelle le pape se prononce en faveur de «la restauration de l'ordre social», est un point d'appui majeur. Pie XI y rejette dos à dos le libéralisme économique et le socialisme au profit d'une troisième voie corporatiste:

> «A ce grave désordre qui mène la société à la ruine, tout le monde le comprend, il est urgent de porter un prompt remède. Mais on ne saurait arriver à une guérison parfaite que si, à ces classes opposées, on substitue des organes bien constitués, des «ordres» ou des «professions» qui groupent les hommes, non pas

(139) Bruno DE WEVER, *Greep naar de macht. Vlaams-nationalisme en Nieuwe Orde: het VNV, 1933-1945*, Louvain Lannoo, 1994, p. 221.

(140) Hervé HASQUIN (éd.), *Dictionnaire d'histoire de Belgique*, Bruxelles, Didier Hatier, 1988, p. 498.

(141) Bruno DE WEVER, «La collaboration en Flandre», *in* José GOTOVITCH, Chantal KESTELOOT (éd.), *Collaboration, répression, un passé qui résiste*, Bruxelles, Labor, 2002, p. 44.

d'après la position qu'ils occupent sur le marché du travail, mais d'après les différentes branches de l'activité sociale auxquelles ils se rattachent. De même, en effet, que ceux que rapprochent des relations de voisinage en viennent à constituer des cités, ainsi la nature incline les membres d'un même métier ou d'une même profession, quelle qu'elle soit, à créer des groupements corporatifs, si bien que beaucoup considèrent de tels groupements comme des organes sinon essentiels, du moins naturels dans la société. L'ordre résultant, comme l'explique si bien saint Thomas, de l'unité d'objets divers harmonieusement disposés, le corps social ne sera vraiment ordonné que si une véritable unité relie solidement entre eux tous les membres qui le constituent. Or, ce principe d'union trouve – et pour chaque profession, dans la production des biens ou la prestation des services que vise l'activité combinée des patrons et des ouvriers qui la constituent – et pour l'ensemble des professions, dans le bien commun auquel elles doivent toutes et chacune pour sa part tendre par la coordination de leurs efforts. Cette union sera d'autant plus forte et plus efficace que les individus et les professions elles-mêmes s'appliqueront plus fidèlement à exercer leur spécialité et à y exceller »(142).

Cette droitisation d'une partie du monde catholique trouve un débouché politique dans l'édification de Rex.

A l'origine, Rex est une maison d'édition de l'Action catholique puis une tendance. Sa direction en est confiée à Léon Degrelle. Fils d'un notable catholique de la province du Luxembourg et ancien élève du collège jésuite de Namur, Léon Degrelle, repéré par l'abbé Picard, a été « bercé dans une ambiance familiale franchement cléricale »(143). Il a le profil et la plume de la fonction. Rapidement, Degrelle et ses proches veulent infléchir à droite la politique du parti. Marquée par l'Action française, cette attitude s'inscrit dans la radicalisation anti-démocratique notable de l'entre-deux-guerres.

Le caractère de plus en plus mordant des propos de Degrelle à l'endroit de l'Union catholique conduit, dès 1934, le secréta-

(142) Lettre encyclique du Souverain Pontife Pie XI, *Quadragesimo Anno* aux patriarches, primats, archevêques, évêques et autres ordinaires de lieu, en paix et en communion avec le siège apostolique ainsi qu'aux fidèles de l'univers catholique tout entier : sur la restauration de l'ordre social, en pleine conformité avec les préceptes de l'Evangile, à l'occasion du quarantième anniversaire de l'Encyclique *Rerum Novarum*, 15 mai 1931.

(143) Cécile VANDERPELEN-DIAGRE, *Ecrire en Belgique sous le regard de Dieu*, Bruxelles, Labor, 2004, p. 91.

riat général de l'Action catholique et de l'Association catholique de la Jeunesse belge à se désolidariser des propos de Degrelle. Pierre Nothomb et Picard, aumônier de l'ACJB, démissionnent d'ailleurs du conseil d'administration des éditions Rex. Ce dernier ne cache plus ses craintes au cardinal Van Roey :

> « Pour certains, Rex est plus que l'Action catholique, Rex remplacera l'Action catholique avant peu de temps. Même de très nombreux prêtres (des centaines) sont dans cette mentalité... Le fond de l'affaire est de savoir si oui ou non, Rex est mandaté par l'autorité religieuse. M. Degrelle veut disposer d'une puissance d'opinion. Son ambition la plus immédiate est de créer un quotidien. Quand il disposera de cette puissance, personne au monde ne peut savoir à quoi il l'emploiera. Lui même n'en sait rien. Une seule chose est certaine, c'est qu'il a une ambition immense et qu'il rêve de gouverner son pays, comme il le dit. Impulsif comme il est, dans un moment de trouble social, il est capable des pires imprudences »[144].

L'accroissement des tensions entre les dirigeants de la Fédération des cercles catholiques et les responsables de Rex débouche sur la création d'une nouvelle formation, que craignent les responsables de l'Union catholique et l'Eglise. L'élément déclencheur est la perturbation spectaculaire, le 2 novembre 1935, du congrès de la Fédération des cercles catholiques réuni à Courtrai. Le président de la Fédération Paul Segers est houspillé et pris à partie. Degrelle s'écrie : « Il faut réaliser le parti catholique. Il faut réaliser son unité, que vous n'êtes pas parvenu à faire, ni dans le domaine social, ni dans le domaine linguistique »[145]. Pour les dirigeants de la Fédération des cercles catholiques, les autres composantes de l'Union catholique et les autorités ecclésiastiques, c'en est trop. Le 20 novembre 1935, les évêques de Belgique publient un décret « anti-Rex » :

> « Considérant que Rex est devenu un groupement purement politique ;
>
> considérant que ce groupement poursuit des buts par des procédés qui ne peuvent se justifier ;

[144] Jean-Michel ETIENNE, *Le Mouvement rexiste jusqu'en 1940*, Paris, Presses de la Fondation nationale des sciences politiques, 1968, p. 27.

[145] Giovanni F. DI MURO, *Léon Degrelle et l'aventure rexiste (1927-1940)*, Bruxelles, Luc Pire, 2005, p. 77.

considérant enfin qu'il déploie son activité en dehors des cadres du parti catholique et en méconnaissant toute discipline, nous ordonnons ce qui suit :

1. Il est interdit aux prêtres et aux religieux d'assister à des meetings ou à toutes autres assemblées rexistes, et de collaborer aux journaux rexistes.
2. Nous demandons que le journal *Rex* ne soit pas vendu aux portes des églises. Nous prions MM. les curés et les recteurs d'église, de veiller, autant que possible, à ce que cette mesure soit observée.
3. Les supérieurs des établissements d'enseignement, de jeunes gens et de jeunes filles, emploieront tous les moyens nécessaires pour que leurs élèves restent étrangers à l'agitation rexiste »[146].

L'efficacité de la démarche est toute relative. Une jeune génération de catholiques critique vertement la modernité libérale et la « décadence » du parlementarisme. Le 24 mai 1936, Rex prend part aux élections législatives. L'emblème du parti est alors le balai, devant servir à balayer les « pourris », en particulier les hommes politiques supposés corrompus. Il recueille 11,5 % des voix, ce qui lui permet d'enlever vingt et un députés (10,4 % des sièges)[147]. Dans l'espace francophone, les meilleurs scores de Rex sont décrochés dans les places fortes du catholicisme, les provinces du Luxembourg et de Namur notamment.

Performances électorales de Rex, de l'Union catholique et des démocrates chrétiens dans les arrondissements électoraux wallons (en pourcentage, 1936)

	Parti catholique	*Rex*	*Démocrates chrétiens*
Arlon	34,08	28,60	0,00
Neufchâteau	34,38	29,65	0,00
Charleroi	10,48	8,60	7,13
Thuin	15,87	12,18	5,67
Soignies	12,79	5,89	7,68
Mons	11,68	7,45	3,25
Tournai	23,44	10,43	4,41
Namur	20,70	19,28	0,00

(146) Cité par Wladimir PLANVIC, « L'Eglise et la politique en Belgique », *Res Publica*, 1968, x/2, p. 227.

(147) Jules GÉRARD-LIBOIS, « Rex 1936-1940. Flux, reflux, tensions et dislocations », *Courrier hebdomadaire du CRISP*, 1989, 1226, p. 6.

	Parti catholique	Rex	Démocrates chrétiens
Dinant	31,01	21,88	0,00
Liège	12,28	19,42	0,00
Huy	15,23	15,85	0,00
Verviers	29,12	22,29	0,00
Nivelles	18,26	14,09	0,00
Wallonie	17,85	15,28	2,45

Pour autant, le succès est éphémère. Le virage à droite du mouvement, la réaction des autres partis et, une fois encore, celle de l'institution catholique provoquent un reflux rapide. Un coup d'arrêt est donné à la progression de Rex lors de l'élection partielle à Bruxelles le 11 avril 1937. Degrelle a fait démissionner le député Olivier et tous ses suppléants. Candidat du parti, il espère frapper les imaginations lors de ce scrutin intermédiaire. Toutefois, les formations démocratiques – catholique, socialiste, libérale et communiste – s'allient et présentent un seul candidat pour affronter Léon Degrelle : le Premier ministre en exercice, Paul Van Zeeland. Face à la crainte d'une abstention massive des électeurs catholiques et compte tenu de propos de Degrelle, laissant entendre un soutien implicite de l'institution ecclésiale, le cardinal Van Roey intervient solennellement à l'encontre du candidat de Rex :

> « Nous avions espéré ne pas devoir intervenir publiquement au sujet de l'élection du 11 avril, puisque le devoir de l'électeur catholique découle nettement de la lettre pastorale de Noël. Mais comme nous sommes mis directement en cause et que notre silence est interprété comme une approbation, il nous est impossible de ne pas parler. Nous déclarons donc :
>
> 1. Que la lettre collective de l'épiscopat belge en plusieurs de ses passages vise formellement Rex et qu'elle condamne ses méthodes et ses principes fondamentaux.
> 2. Que loin d'avoir nos apaisements au sujet de Rex, nous sommes convaincu qu'il constitue un danger pour le pays et l'Eglise.
>
> Par conséquent, le devoir de tout catholique loyal, dans l'élection du 11 avril, est clair, et toute abstention doit être réprouvée »[148].

[148] Cité par Wladimir PLAVSIC, « L'Eglise et la... », *op. cit.*, p. 229-230.

Avec 69 242 suffrages, Degrelle est largement battu par Paul Van Zeeland qui en décroche 275 844.

Plus généralement, Rex subit un contrecoup difficile à gérer après sa victoire spectaculaire de 1936. Ses deux publications, *Le Pays réel* et *Nieuwe Staat* sont en faillite virtuelle suite à l'arrêt des subsides de l'Italie fasciste. Les rodomontades de l'Eglise catholique conduisent plusieurs cadres catholiques à abandonner le parti. « Schématiquement, toute l'histoire du rexisme d'avant guerre, tient en deux élections : les élections législatives du 24 mai 1936, qui marquent le triomphe du mouvement, et l'élection partielle de Bruxelles du 11 avril 1937, qui consacre l'écrasement de Degrelle »[(149)], souligne Jean-Michel Etienne. Bref, moins d'un an.

Le parti rexiste s'engage alors dans une fuite en avant le rapprochant de la rhétorique et de l'action fasciste et nazie. Lors des élections communales de 1938, il mobilise pour la première fois la thématique de l'antisémitisme, notamment dans la métropole anversoise. Le 11 avril 1938, un grand meeting sur la question juive est organisé au Sportpaleis. Mattheessens, leader de Rex à Anvers, réfute le principe de la persécution mais prône une politique restrictive[(150)]. Lors de l'invasion tchécoslovaque, en mars 1939, Degrelle rejette durement toute velléité d'intervention, soutenant *de facto* l'intervention nazie au nom de la lutte contre les « rouges » : « Qu'est-ce que les Tchéco-Slovaques et autres olibrius de l'Europe centrale peuvent bien nous faire ? Viendraient-ils, eux, mourir pour nous si nous étions en danger ? Et nous irions livrer nos villes et nos populations à des carnages épouvantables pour les beaux yeux de ces métèques ? »[(151)].

Au scrutin national de 1939, Rex est en recul sensible. Il n'obtient plus que 4,4 % des suffrages et quatre députés. Après le déclenchement des hostilités, Degrelle entraîne ses fidèles dans la collaboration avec l'occupant. Rex intègre les SS, alors que Degrelle déclare que les Wallons sont des Germains. Le même crée la Légion wallonne et se rend sur le front de l'Est.

[(149)] Jean-Michel ETIENNE, *Le mouvement rexiste…*, *op. cit.*, p. 5.

[(150)] Francis BALACE, « Rex aux élections communales de 1938 », *in Les élections communales et leur impact sur la politique belge (1890-1970)*, Bruxelles, Crédit communal, 1994, p. 235.

[(151)] *Ibid.*, p. 250.

En Belgique, son occupation politico-administrative des postes atteint un sommet fin 1943. On recense alors 206 bourgmestres, 168 échevins, 3 gouverneurs de province et 11 députés permanents en provenance de ses rangs[152]. Cette même année, Degrelle incorpore sa Légion aux Waffen SS allemandes. Condamné à mort par contumace au sortir de la guerre, Degrelle s'exile dans l'Espagne de Franco avant de rejoindre l'Amérique du sud, où il décède en 1994.

Le nouveau statut du libéralisme belge

La situation politique qui émerge et se développe après 1918 conduit le parti libéral à avoir dans le système politique belge une place très différente de celle qu'il avait occupée durant le XIXe siècle. Vu ses performances électorales, nous avons désormais affaire à une formation modeste. Durant l'entre-deux-guerres, le parti libéral reste constamment la troisième force politique du pays. Cela s'explique en grande partie par la faiblesse du *pilier* libéral. Cette famille politique se base bien plus sur ses notables et ses personnalités que sur un maillage social ou un réseau capillaire important comme ses principaux concurrents. Cela a entre autres pour conséquence un positionnement idéologique des plus flous. Le parti libéral se présente comme un rassemblement d'individus unis par quelques grands principes. Aussi, comme le note Jean Stengers, un fait frappe, «les hauts et les bas du parti libéral, ses succès électoraux ou ses revers ont été rarement dus avant tout au fait que le parti, soit bénéficiait d'un atout personnel considérable, soit souffrait d'un handicap personnel marqué. C'est essentiellement (...) le pouvoir d'attraction ou au contraire le manque d'attraction des autres partis qui a rendu les libéraux heureux ou malheureux»[153].

Mais politiquement, le parti est essentiel dans la confection et le déploiement des gouvernements, et donc dans le système politique. Très souvent, le parti joue le rôle de parti pivot et, à l'image de Paul Hymans, s'en revendique:

(152) Alain COLIGNON, «La collaboration francophone: autopsie post-mortem», *in* José GOTOVITCH, Chantal KESTELOOT (éd.), *Collaboration, répression..., op. cit.*, p. 28.

(153) Jean STENGERS, «Le parti libéral confronté au suffrage universel pur et simple» *in Les libéraux de 1846 à 1996*, Bruxelles, Centre Paul Hymans, 1996, p. 86.

« Les libéraux, fidèlement attachés à nos institutions fondamentales n'ont pas de raison de refuser de s'associer à des catholiques imprégnés du même esprit, pour maintenir l'ordre social et constitutionnel, en un temps où les extravagances révolutionnaires, aiguillonnées par les utopies sinistres qui dévastent l'orient de l'Europe, menacent la civilisation occidentale. Ils n'ont pas refusé pareillement de s'unir au parti ouvrier pour réaliser avec lui et avec la droite, dans une pensée de pacification et d'équité, des réformes sociales qui apportèrent aux classes laborieuses des satisfactions matérielles et morales, haussèrent leur niveau d'existence, multiplièrent leurs foyers, donnèrent aux humbles des garanties de sécurité contre l'âge, l'accident, la maladie »[154].

Ainsi de 1918 à 1940, le parti libéral est présent au gouvernement quasi sans discontinuité à la seule exception du court gouvernement *travailliste* Poullet-Vandervelde entre 1925 et 1926, tantôt avec les seuls catholiques, tantôt en tripartite. Durant l'entre-deux-guerres, il n'est absent des responsabilités que 335 jours. Nous le verrons, après la deuxième guerre mondiale, le choix s'ouvre pour les libéraux : avec les sociaux chrétiens du PSC-CVP[155], héritiers du parti catholique, ou avec les socialistes du PSB-BSP[156], héritiers du parti ouvrier belge[157].

Ses accents sont tantôt inscrits dans la promotion du libéralisme économique, tantôt plus teintés de social. Le contexte y est pour beaucoup, de même que les influences intellectuelles qui l'imprègnent.

A la libération, le parti libéral se dote d'un programme progressiste. En juillet 1919, les libéraux en appellent à « la reconnaissance du droit d'existence, avec tout ce qu'il comporte de dignité, de sécurité et de bien-être ». Plusieurs mesures sociales sont promues comme le salaire minimum ou la limitation du temps de travail. Le but est de se « rapprocher d'un Etat social dans lequel l'égalité du point de départ serait réalisée pour tous les individus »[158]. Cette tonalité sociale s'estompe dans les années vingt.

(154) Paul HYMANS, « Le parti libéral de 1909 à 1928 », *Le Flambeau*, octobre 1928, p. 398.

(155) Parti social chrétien-Christelijke Volkspartij.

(156) Parti socialiste belge-Belgische Socialistische Partij.

(157) Notamment lors du gouvernement d'Achille Van Acker entre 1954 et 1958, réunissant socialistes et libéraux.

(158) Cité par Ben Serge CHLEPNER, *Cent ans d'histoire…*, *op. cit.*, p. 352-353.

Dans la deuxième moitié des années trente, le parti libéral se refait plus social. En décembre 1935, il adopte un nouveau programme promouvant la réduction du temps de travail, l'abaissement de l'âge de la retraite, l'adoption de la pension légale, l'octroi de congés payés aux ouvriers ainsi qu'aux salariés, et le principe d'une hausse des salaires ayant pour ambition de relancer la consommation[159]. Fort de son expérience gouvernementale quasi permanente et dans le contexte d'instabilité politique récurrente de la deuxième moitié des années trente, le parti libéral obtient même le poste de Premier ministre pour la première fois depuis 53 ans. Paul-Emile Janson dirige, à partir du 24 novembre 1937, un gouvernement tripartite en proie à des convulsions régulières. Celles-ci entraînent d'ailleurs sa démission le 13 mai 1938.

L'empreinte francophile des libéraux belges est très nette. Surtout dans les élites économiques, les professions libérales et le milieu des ouvriers qualifiés, les libéraux sont francophones pour l'essentiel, où qu'ils soient. Pendant longtemps notamment, le très important libéralisme gantois est francophone. Les réunions s'y tiennent pour l'essentiel en français. Aussi, les libéraux adoptent-ils régulièrement une attitude belgicaine en confrontation dure avec le mouvement flamand. «C'est dans les milieux catholiques que le séparatisme est né. C'est dans les collèges épiscopaux qu'on le cultive. Il empoisonne l'Université de Louvain. Qu'arriverait-il si le parti catholique, constitué comme il l'est actuellement, mélangé de démagogues et d'ultra-flamingants, redevenait majoritaire dans les Chambre et reprenait la direction exclusive du gouvernement?», s'inquiète Paul Hymans à la veille du scrutin de 1925[160].

Cette opposition entraîne à l'occasion des crises gouvernementales. Il en est par exemple ainsi à la fin des années trente sur «l'affaire Maertens» dans laquelle les libéraux sont en pointe. En janvier 1939, Adriaan Maertens est désigné par le gouvernement directeur de la nouvelle Académie de médecine. Mais ledit Maertens avait été condamné à mort comme activiste

(159) Joseph Tordoir, *Roger Motz (1904-1964). Une figure du libéralisme belge et européen*, Bruxelles, Archives libérales francophones du Centre Paul Hymans, 2004, p. 12.

(160) Paul Hymans, «Les élections du 5 avril», *Le Flambeau*, 1925, p. 259.

flamand pour faits de trahison perpétrés durant la première guerre mondiale. Aussi les associations libérales lancent-elles une campagne pour exiger, soit la révocation de Maertens, soit la démission des ministres libéraux. Début février, c'est chose faite, les ministres libéraux présentent leur démission, ce qui entraîne la chute du gouvernement[161].

La trouble avant-guerre

Au plan intérieur, nous l'avons noté, le régime parlementaire est, dans les années trente, mis en cause par différentes formations d'extrême droite, en particulier le VNV et Rex. Cette contestation est en phase avec un temps de *régression* de la démocratie en Europe et de promotion de formes autoritaires de gouvernement.

C'est aussi un moment d'exceptionnelle disqualification du monde politique et certaines formations démocratiques n'échappent pas à des relents autoritaristes. Nulle famille politique ne semble alors « totalement immunisée à l'égard de la contagion du fascisme, même si cette contagion agit à des degrés divers »[162]. Cette période de fragilisation de la démocratie est aussi une phase d'instabilité gouvernementale et ministérielle récurrente. Pas moins de neuf gouvernements se succèdent entre 1934 et 1940.

En politique internationale, la structure d'accords établis au lendemain de la première guerre mondiale est peu à peu détricotée. En mars 1936, passant outre à l'accord de Versailles et au pacte de Locarno, Hitler fait entrer des troupes en Rhénanie. La Société des nations se révèle par ailleurs impuissante face aux menées mussoliniennes en Ethiopie. Le chef de l'Etat et les autorités belges modifient dès lors leurs orientations diplomatiques et militaires. La politique étrangère belge subit un changement exceptionnel au cours de l'année 1936. De l'inscription dans une dynamique de sécurité collective, la Belgique retourne au statut d'Etat neutre. Le 14 octobre 1936, le roi Léopold III expose la nouvelle politique belge de sécurité. Celle-ci est avalisée par l'exécutif et par le Parlement. Le 24 avril 1937, la Belgique est déliée des obligations du pacte de Locarno.

[161] Joseph TORDOIR, *Roger Motz (1904-1964)*, *op. cit.*, p. 22.
[162] Xavier MABILLE, *Histoire politique…*, *op. cit.*, p. 246.

Néanmoins, après l'invasion de la Pologne, des réserves s'expriment quant à l'application d'une politique de stricte neutralité. On les retrouve à l'aile gauche du POB mais surtout dans des milieux libéraux. Elles n'entament pas la nouvelle politique de neutralité belge. Le déclenchement des hostilités le 10 mai 1940 la réduit pourtant à néant. Il faut à peine plus de deux semaines pour que la Belgique capitule. Elle le fait en pleine discorde institutionnelle. Léopold III ne considère pas devoir avoir le contreseing ministériel se fondant sur l'article 68 de la Constitution – « *Le roi commande les forces de terre et de mer, déclare* la guerre, fait les traités de paix, d'alliance et de commerce ». Mais l'article 64 dispose qu'« aucun acte du roi ne peut avoir d'effet s'il n'est contresigné par un ministre, qui, par cela seul, s'en rend responsable ». Le 25 mai, le Premier ministre Hubert Pierlot le rappelle au roi, qui passe outre. Le 28 mai, sans concertation avec les autorités française et britannique, et sans aval ministériel, Léopold III annonce la capitulation de la Belgique. La question royale est en germe. Elle éclatera entre 1945 et 1950.

CHAPITRE IV

1944-1965 : le bipartisme imparfait

Les changements d'après-guerre

A l'issue de la deuxième guerre mondiale, de nombreux changements interviennent dans les champs politique et social.

Au plan politique, les deux grands partis, socialiste et catholique, changent leur dénomination, leur leadership et leur mode d'affiliation. Une avancée cruciale dans la démocratisation de la vie politique est réalisée en 1948 : les femmes décrochent, enfin, le droit de vote aux élections législatives. Elles l'exercent pour la première fois aux élections de 1949. Enfin, pendant vingt ans, le paysage politique belge est essentiellement dominé par la confrontation entre le parti socialiste belge et le parti social chrétien, avec le parti libéral en rôle d'appoint éventuel dans le cadre d'une polarisation exceptionnelle sur le clivage philosophique.

Dans ce contexte, nous reprenons la qualification de bipartisme imparfait ou de système à deux partis et demi pour décrire cette configuration. Deux grandes formations politiques s'affrontent et un petit parti joue le rôle pivotal en s'alliant tantôt avec l'une, tantôt avec l'autre. Avec la question royale et la guerre scolaire, la cristallisation sur le clivage philosophique explique très largement l'échec de l'expérience de l'Union démocratique belge (UDB), nouvelle formation démocrate chrétienne marquée par l'expérience de la résistance.

Performances électorales de 1949 à 1958 (en pourcentage à l'échelle nationale)

	PSB-BSP	*PSC-CVP*	*PL-LP*	*PCB-KPB*
1949	29,75	43,55	15,25	7,49
1950	34,51	47,68	11,25	4,75
1954	37,34	41,15	12,15	3,57
1958	36,94	46,50	11,99	1,89

A l'échelle sociale, on assiste à la création de la sécurité sociale contemporaine. Dès le 2 décembre 1944, un arrêté du régent prévoit un régime de sécurité sociale pour les travailleurs salariés. Quatre mois plus tard, un nouvel arrêté met en place le secteur maladie-invalidité. Selon Guy Vanthemsche, deux grandes nouveautés marquent cette étape. La première réside dans l'instauration de l'obligation en matière d'assurance maladie-invalidité et d'assurance-chômage, la seconde dans l'introduction d'un mode centralisé et rationnel de perception des cotisations. C'est dans cette optique qu'est établi l'Office national de sécurité sociale (ONSS)(1). En 1948, est aussi mise en place la liaison automatique des salaires à l'indice des prix à la consommation.

La structuration et l'institutionnalisation des relations sociales prennent une ampleur nouvelle avec l'adoption de la loi portant organisation de l'économie, le 20 septembre 1948. Celle-ci prévoit des organes consultatifs de composition paritaire entre les mondes patronal et syndical : le Conseil central de l'économie, les conseils professionnels et les conseils d'entreprise. Par la suite, le cadrage des relations entre partenaires sociaux se poursuit. Le 29 mai 1952 est fondé le Conseil national du travail. Composé paritairement de représentants des mondes syndicaux et patronaux, le Conseil est sollicité pour avis sur toutes les problématiques sociales, en particulier pour les questions relatives à la législation sociale et sur le travail.

Dans le champ économique, une nouvelle structure d'orientation est créée le 14 octobre 1959 : le Bureau de programmation économique. La perspective n'est pas d'établir une planification centralisée, mais d'avoir un outil d'accompagnement des pouvoirs publics face aux mutations du capitalisme belge. Ministre des Affaires économiques en 1958, Raymond Scheyven l'anticipe d'ailleurs lors de l'exposition universelle de Bruxelles :

> « Le secteur public et le secteur privé doivent, de toute évidence, se mettre d'accord sur les grandes orientations structurelles. L'Etat doit mettre sur pied un plan à moyen terme du développement du territoire, et cela tant dans son propre intérêt que dans celui du secteur privé. De son côté, le secteur privé

(1) Guy VANTHEMSCHE, *La sécurité sociale. Les origines du système belge. Le présent face à son passé*, Bruxelles, De Boeck Université, 1994, p. 71.

doit s'orienter de plus en plus dans un climat d'autodiscipline et assurer une programmation de ses propres investissements : cela est déjà réalisé pour l'instant dans certains secteurs comme celui de l'électricité. Les investissements qui se font dans le désordre ne peuvent que contribuer à la naissance de crises toujours cruelles pour les investisseurs et plus particulièrement pour la classe ouvrière. C'est au cours de ces crises que sont éliminés les plus faibles au profit des plus forts. Ces programmes ou ces plans du secteur privé, ce n'est pas moi ni mon administration qui sommes en mesure de les mettre sur pied. C'est vous qui êtes le mieux placés pour le faire, mais encore faut-il que vous le fassiez. Mais l'Etat de son côté, doit être capable de remplir son rôle de programmation, de coordination et de contrôle »(2).

Peu après, un arrêté royal du 25 novembre 1960 jette les bases du Comité national de l'expansion économique. Il agrège des membres de l'exécutif, du monde patronal, des classes moyennes de même que des organisations représentatives des travailleurs. L'objectif est d'associer le gouvernement et les interlocuteurs sociaux « aux décisions éventuelles relatives aux programmes économiques à moyen et long terme que le Bureau de programmation économique serait amené d'établir »(3).

L'avènement du PSC-CVP

Nous l'avons évoqué, le monde catholique a été durement secoué dans la deuxième moitié des années trente. Confronté à la montée en puissance de Rex et du VNV et à leur spectaculaire victoire électorale en 1936, l'Union catholique avait donné naissance au Bloc catholique constitué de deux ailes très autonomes. Surtout, les dirigeants du parti avaient pris conscience des problèmes majeurs d'un centre aussi faible et de l'absence d'une véritable organisation partisane. La volonté de bâtir une structure plus solide se fait jour dès avant la guerre, moment où elle est incarnée par une personnalité comme Hubert Pierlot, qui devient Premier ministre en 1939. Stoppée par le conflit mondial, les velléités réformatrices reprennent leur cours en 1944.

(2) Jean MEYNAUD, Jean LADRIÈRE, François PERIN (éd.), *La décision en Belgique…*, *op. cit.*, p. 253-254.

(3) Xavier MABILLE, « La concertation sociale : la crise du système belge », *Pouvoirs*, 1990, 54, p. 88.

Le 5 février 1945, le directoire du parti catholique élargi au conseil de parti abolit le Bloc catholique. Un *nouveau* parti voit le jour, le Christelijke Volkspartij-parti social chrétien (CVP-PSC)[4]. Désormais, on adhère directement au parti et non plus par l'intermédiaire d'une organisation sociale du monde catholique. Le nouveau document doctrinal est adopté à la Noël 1945. Dans *Les chantiers sont ouverts… Quel sera l'architecte?*, le parti social chrétien-Christelijke Volkspartij endosse des habits neufs:

> «Un parti nouveau, une doctrine neuve, des équipes jeunes, voilà ce qu'est le PSC. Pourquoi faut-il du neuf? Parce qu'il ne suffit pas aujourd'hui de proposer une politique pour les quatre années à venir. Nous vivons une heure historique. C'est une société nouvelle que nous devons tenter de reconstruire en plusieurs générations. Certes, le PSC ne renie aucune des conquêtes de l'ancien parti catholique orientées vers la libération de l'homme et est fier d'en avoir reçu l'héritage. Toute civilisation se fonde sur des valeurs humaines permanentes. Mais à chaque époque, il en faut une traduction nouvelle. Notre société a été profondément bouleversée par la guerre et les crises qui l'ont précédée. A problèmes modernes, solutions originales»[5].

Sous l'angle idéologique, le parti élargit son horizon philosophique en faisant non plus référence au catholicisme mais au christianisme. Surtout, il souhaite se débarrasser de son étiquette de parti confessionnel. Le nouveau parti qui voit le jour fin 1945 est donc un parti non confessionnel dont la référence est désormais le personnalisme. Wouter Beke présente cet aboutissement comme une nouveauté marquante: «En Belgique, le personnalisme trouva une incarnation politique au sein du PSC. Ce parti vit le jour en Belgique dans l'immédiate après-guerre. C'était une nouvelle formation politique qui dominerait la vie politique en Belgique et en Flandre pendant cinquante ans. Il était le résultat d'un long questionnement de jeunes provenant de l'Action catholique, de catholiques qui, pendant la guerre, s'organisèrent en groupes de discussions afin de préparer l'après-guerre, ainsi que du rattachement (définitif) du mouvement ouvrier chrétien (flamand) à un seul et unique parti. Ce nouveau parti

(4) Els WITTE, Jan CRAEYBECKX, *La Belgique politique…*, *op. cit.*, p. 340.

(5) PSC, *Les chantiers sont ouverts… Quel sera l'architecte?*, Bruxelles, 1945, p. 9.

adhéra d'emblée au personnalisme comme pensée politique et philosophique »[6].

Cela dit, si les sociaux chrétiens font effectivement référence six fois au personnalisme dans *Les chantiers sont ouverts… Quel sera l'architecte ?*[7], les choses se présentent de manière nuancée sur le fond. La référence n'est jamais expliquée dans son fondement. Au surplus, Pasture note que, dans les faits, le détachement confessionnel paraît relatif. Le poids de l'Eglise dans le parti se prolonge au-delà de l'établissement du PSC : « Jusque dans les années 1950, le poids du clergé dans la communauté catholique wallonne a toujours été plus grand qu'en Flandre, où les organisations de tous genres étaient davantage constituées par des laïcs avec l'appui de la hiérarchie il est vrai »[8]. Si les sociaux chrétiens embrassent la notion de personnalisme et adoptent un programme considéré, à l'époque, comme progressiste, c'est aussi, sinon surtout, en raison de la crainte que leur inspire l'établissement de l'Union démocratique belge (UDB) et, plus largement, la volonté d'un certain nombre de personnalités, de sortir du clivage mettant aux prises croyants et non-croyants. Le PSC-CVP redoute ce nouvel acteur politique et l'attrait qu'il peut avoir auprès de syndiqués chrétiens. Certains groupes et acteurs s'interrogent sur la voie à suivre pour les progressistes chrétiens. La *Revue nouvelle* délivre au lendemain de la guerre des contributions où la tentation du travaillisme est manifeste[9].

Lors de l'élection de février 1946, le cardinal Van Roey met, une fois encore, son poids dans la balance. Invité à un séminaire organisé au pensionnat du Sacré-cœur, il prône en effet fermement l'union des catholiques en dépit de l'abandon supposé du caractère confessionnel du nouveau PSC-CVP :

> « J'insiste dans cette assemblée sur l'impérieux devoir actuel d'union des catholiques belges, auxquels d'autres Belges peuvent

(6) Wouter BEKE, « De l'origine du personnalisme au PSC », *La revue politique*, 1998, 1, p. 23.

(7) Aux pages 19, 36, 47 (deux fois), 49 et 82.

(8) Patrick PASTURE, « Entre Eglise et citoyen : le PSC-CVP et sa base organisée », *in* Charles-Ferdinand NOTHOMB, Frank SWAELEN (éd.), *Un parti dans l'histoire…*, *op. cit.*, p. 290.

(9) Jean-Louis JADOULLE, « Les courants catholiques favorables au travaillisme », *in* Marie-Thérèse COENEN, Serge GOVAERT (éd.), *Le rassemblement des progressistes*, Bruxelles, De Boeck, 1999, p. 57.

> évidemment s'unir. Pour recommander cette union j'allègue d'abord une raison d'opportunité car il y a, en ce moment, une poussée d'anticléricalisme dont on ne voit pas le motif réel. Pendant l'occupation, l'Eglise catholique belge a prêché la fidélité à la patrie et la résistance à l'envahisseur, du début jusqu'à la fin et le clergé a donné l'exemple. Son attitude a été magnifique, souvent héroïque. La grande masse des catholiques a suivi cet exemple. On cherche des prétextes. Il y a des inciviques et, s'il le faut, on en crée: «tous les inciviques sont catholiques! Et puis, on entend crier «vive le roi!»; or ce cri séditieux ne s'apprend que dans les couvents et les collèges catholiques! Du moins, on déclare cela solennellement au Parlement! Ce sont là des indications inquiétantes. Un second motif d'union est plus fondamental. Les catholiques ont une vision de la vie et une conception de l'homme autre que les non-catholiques. Ils ont l'obligation, comme catholiques, de faire régner ces principes, non seulement dans leur vie privée et familiale, mais aussi la vie sociale et publique, et, pour ce faire, il est tout indiqué que, s'ils peuvent utilement s'entendre avec d'autres citoyens, ils doivent commencer par s'entendre d'abord entre catholiques»[10].

Cet appel relayé lors de la messe dominicale a l'effet escompté au grand désappointement des dirigeants de l'Union démocratique belge.

L'expérience avortée de l'Union démocratique belge

A Londres durant la guerre et au sortir du conflit mondial, un certain nombre de responsables s'interrogent sur l'opportunité et la nécessité de mettre sur pied une formation travailliste, à l'image de l'établissement du parti du travail aux Pays-Bas (PVDA). On retrouve dans ces discussions Henri Fuss, Léon Delsinne, Jacques Basijn, Marcel Grégoire et Pierre Clerdent[11]. Fuss et Delsinne avaient même rédigé un avant-projet d'Union travailliste pendant la guerre, fortement inspiré de la vie politique britannique. Ils y plaidaient notamment pour l'établissement d'un mode de scrutin majoritaire uninominal à l'œuvre au Royaume-Uni. Pourtant, l'idée d'associer le nouveau parti socialiste belge et des courants démocrates chrétiens dans une

[10] *La Libre Belgique*, 29 octobre 1945.

[11] Chantal KESTELOOT, «Les socialistes durant l'occupation: doctrine et programme», *Cahiers marxistes*, janvier 1987, 148, p. 29.

formation travailliste fait long feu, notamment compte tenu de l'établissement du parti socialiste.

Dans ce contexte, certaines personnalités comme Antoine Delfosse, Marcel Grégoire ou Jacques Basyn croient pouvoir porter une nouvelle formation dégagée des contingences liées à son positionnement philosophique. L'Union démocratique belge (UDB) est créée le 24 septembre 1944 mais ce n'est qu'en juin 1945 qu'elle devient une formation politique à part entière, ses dirigeants jugeant le nouveau PSC-CVP trop conservateur et encore trop lié à une étiquette confessionnelle.

Avant même de pouvoir prendre part au processus électoral, l'UDB sera sollicitée pour être partie prenante du gouvernement. Suite à la démission des ministres catholiques en juillet 1945, l'UDB accepte d'entrer dans l'exécutif aux côtés du parti socialiste belge, du parti libéral et du parti communiste de Belgique.

La première participation électorale de l'Union démocratique se révèle un échec patent. Aux élections de mars 1946, l'UDB est bien en deçà de ses espérances et, avec 51 095 voix, ne recueille qu'un seul mandat parlementaire. Le parti est mort né. Il s'éteint quelques mois plus tard. Il n'est jamais parvenu à rompre la « solidarité catholique » dans l'expression du vote sur lequel a joué le PSC-CVP durant la campagne électorale. Le sermon du cardinal Van Roey le 26 octobre 1945 semble avoir eu un effet déterminant.

Les mutations socialistes

Au début de l'occupation allemande, le parti ouvrier belge avait été dissous par son président Henri De Man. A l'encontre des choix demaniens, des personnalités et des militants avaient refondé une nouvelle formation dans la clandestinité, le parti socialiste belge-Belgische Socialistische Partij (PSB-BSP), sous la direction d'Achille Van Acker[12]. Cette organisation avait trouvé des relais importants à Londres. Fin 1943, le parti socialiste clandestin avait publié un premier *Programme d'action immédiate* en perspective de la libération.

C'est dans la foulée de la constitution et de l'action de ce parti clandestin qu'est relancé le parti à la libération. Le PSB-BSP

[12] Els WITTE, Jan CRAEYBECKX, *La Belgique politique*..., p. 342-343.

tourne la page De Man au *congrès de la victoire* en juin 1945 et se reprofile idéologiquement et organisationnellement à cette occasion. Au plan de la doctrine, le parti socialiste en appelle à l'avènement du socialisme et de la démocratie socialiste, tout en prenant soin de préciser que cette perspective n'hypothèque pas le principe de participations gouvernementales :

> « Telle que le parti la conçoit, la démocratie socialiste a pour fondement la souveraineté politique des forces organisées du travail, la suppression des classes par l'appropriation collective de toute propriété d'exploitation, la gestion de l'économie par les organes responsables de la collectivité et la participation des travailleurs à cette gestion contrôlée. (…) Le parti en conclut que l'heure est venue de poser le problème du régime. Dans un pays de vieille civilisation, comme la Belgique, le passage de l'économie capitaliste à l'économie socialiste ne peut s'opérer que par un processus graduel, rencontrant à chaque étape l'adhésion d'une majorité des citoyens et réunissant, autour de chacune de ses réalisations tous les concours techniques nécessaires à leur réussite. Le parti se trouve ainsi placé sur le plan politique devant la tâche historique de constituer, dans le pays et au parlement, une majorité qui soit résolue à entrer dans la voie des transformations révolutionnaires et qui les accomplisse dans le cadre et par les méthodes de la légalité, plus exactement d'une légalité qui se perfectionne et se renforce dans la mesure que les développements de l'action rendront nécessaire. (…) Le parti a suffisamment d'expérience politique pour savoir que, par les voies de la démocratie, il ne conquerra pas le pouvoir du jour au lendemain. Il représente d'autre part un courant d'opinion trop important que pour pouvoir, dans l'entretemps, se tenir éloigné de toute participation au gouvernement sans créer en maintes circonstances une situation politique inextricable. Ainsi conduit par sa propre évolution à participer au pouvoir dans des conditions qui ne rencontrent pas exactement ses vues, il entend du moins ne pas dévier de sa ligne politique et ne pas sacrifier aux contingences du moment ses chances de doter un jour le pays d'un gouvernement socialiste »[13].

Qu'en est-il au plan organisationnel ? Jusqu'en 1945, l'adhésion s'effectuait par le biais des organisations syndicales ou des

(13) PSB, *La ligne politique du parti précédée de la déclaration de principes. Texte adopté par le congrès de la victoire des 9, 10 et 11 juin 1945*, Bruxelles, Editions socialistes, juin 1945, p. 26-41.

coopératives. A l'instar de la formation sociale chrétienne, cette situation change au terme de la guerre. Lors de ces assises, le parti vote de nouveaux statuts ; notamment l'abandon de l'adhésion collective au profit de l'adhésion individuelle. L'appellation du parti devient officiellement parti socialiste belge-Belgische Socialistische Partij (PSB-BSP). Dans le même temps, le lien organique entre le syndicat et le parti est défait avec l'édification de la Fédération générale du travail de Belgique (FGTB-ABVV), qui succède à la CGTB.

La FGTB voit le jour lors d'un congrès de fusion entre quatre centrales syndicales qui se sont déployées pendant la deuxième guerre mondiale :

- la Confédération générale du travail de Belgique (CGTB), qui était dans l'immédiat avant-guerre l'organisation syndicale socialiste,
- la Centrale belge des syndicats uniques (CBSU), regroupant les comités de lutte syndicale (CLS) établis par le parti communiste durant la guerre,
- le Mouvement syndical unifié (MSU) animé par André Renard,
- le Syndicat général unifié des services publics (SGUSP).

L'apport des quatre centrales est toutefois inégal. La fusion s'opère sur la base suivante : 248 259 membres pour la CGTB, 165 968 pour la CBSU, 59 535 pour le MSU et 51 789 pour le SGUSP.

Ce changement n'a pas été accepté facilement dans les rangs socialistes. Au congrès du PSB, le rapport de Paul Finet prônant l'autonomie syndicale est fort critiqué. Marcel Sonneville et Arthur Gailly rejettent le principe de l'autonomisation syndicale. A leurs yeux, le syndicat doit rester une branche du PSB-BSP. Aussi, la motion ne recueille que 74 voix contre 61 [14]. Il n'en reste pas moins que la FGTB reste profondément attachée au PSB. L'influence communiste au niveau du leadership est d'ailleurs vite écartée. Sur cette problématique, le point d'achoppement principal est l'attitude à l'endroit du plan Marshall. Le bureau de la FGTB l'approuve alors que le PCB-KPB le vilipende. La formation communiste enjoindra d'ailleurs son secrétaire national à

(14) Steven Philip KRAMER, « Belgian socialism at the liberation. 1944-1950 », *Res Publica*, 1978, 1, p. 121.

la FGTB, Théo Dejace, de démissionner[15]. Dès lors, en 1949, la FGTB se profile comme l'un des acteurs clés de l'établissement de l'Action commune socialiste[16]. L'*Action commune socialiste* est une communauté informelle d'action entre les organisations du *monde* socialiste. Mise en place à l'origine pour lutter contre le retour du roi Léopold III sur le trône, elle rassemble le parti socialiste, la FGTB, les mutualités socialistes et le mouvement associatif socialiste – dont les coopératives.

Le principe de l'adhésion individuelle n'entame pas le caractère de «masse» du parti socialiste belge. Très vite, il recrute un grand nombre d'adhérents: 56 450 en 1946, 73 730 en 1949, 89 501 en 1952 et 100 321 en 1956.

L'heure de gloire du parti communiste

A la libération, le parti communiste opère une percée marquante. Pendant la résistance, le PCB a joué la carte de la solidarité avec l'Union soviétique, la carte sociale, mais aussi la carte patriotique [17]. Surtout, il a payé un très lourd tribut à la résistance contre l'occupant. Nombre de ses militants et de ses cadres ont payé de leur vie leur engagement.

En 1944, les communistes belges s'inscrivent dans une stratégie d'«indépendance nationale», pratiquée par leurs coreligionnaires dans de nombreux pays. L'objectif est d'éviter une mainmise américaine sur les économies d'Europe occidentale[18]. A la libération, le PCB-KPB est partie prenante du gouvernement. Les ministères des Travaux publics et du Ravitaillement, postes à difficultés, leur échoient.

Lors de la première élection qui suit la deuxième guerre mondiale, en février 1946, le parti communiste de Belgique réalise un score historique en obtenant 12,5% des suffrages,

[15] Jules GERARD-LIBOIS, Rosine LEWIN, *La Belgique entre dans la guerre froide et l'Europe 1947-53*, Bruxelles, Politique et Histoire, 1992, p. 120.

[16] Pascal DELWIT, «L'anticommunisme comme instrument de mobilisation du parti socialiste belge de 1945 à 1954», *in* Pascal DELWIT, José GOTOVITCH (éd.), *La peur du rouge*, Bruxelles, Editions de l'Université de Bruxelles, 1996, p. 127-136.

[17] Voir *Le Drapeau rouge clandestin, pages glorieuses de l'histoire du parti communiste de Belgique*, Bruxelles, Fondation Joseph Jacquemotte, 1971, p. 212-213.

[18] Edgard LALMAND, *Le parti communiste de Belgique dans sa lutte pour la libération, rapport présenté au comité central du PCB pour la libération le 21 octobre 1944*, 31 pages.

devançant même le parti libéral. Cette progression concerne au premier chef la Wallonie. Dans cette aire géographique, les communistes franchissent la barre des 20% (21,47%). En revanche, le résultat glané en Flandre corrobore la très faible pénétration du parti communiste dans le nord de la Belgique. A l'exception d'Anvers et de Gand, le PCB-KPB est un acteur politique peu signifiant en territoire flamand. Il y recueille à peine 5% des voix[19].

Marqué par le développement de la guerre froide, le parti communiste enregistre un déclin rapide en termes politiques, syndicaux et électoraux. Alors qu'il avait compté près de 88 000 membres en 1945, ils sont moins de 25 000 en 1950 et moins de 14 000 en 1956[20]. De 80 000 exemplaires en 1946, le tirage du *Drapeau rouge* tombe à 25 000 en octobre 1949 dont à peine 19 000 vendus[21]. Les gains engrangés en 1946 sont vite oubliés. En mars 1947, le parti communiste est écarté du gouvernement. Dès le scrutin de 1949, le reflux est au rendez-vous. Dans les années cinquante, le PCB devient, un temps, un acteur politique marginal.

La fixation du statut du parti libéral

Au sortir de la guerre, le parti libéral est sans doute la formation politique qui change le moins. En phase avec l'air du temps, les libéraux adoptent une *Charte sociale* revendiquant l'incorporation du droit au travail dans la Constitution ou encore l'augmentation du nombre de journées de congés payés[22] mais insiste tant et plus au congrès doctrinal d'avril 1951 sur l'importance de l'initiative privée et sur le rôle majeur de l'entreprise dans le développement économique. Le parti libéral

> «croit à la vertu de l'initiative privée, de l'esprit d'entreprise, de la responsabilité personnelle, qui sont les meilleures sources d'énergie humaine, de production de richesses, de progrès social.

(19) Pascal DELWIT, «Des Golden Sixties électorales pour le parti communiste de Belgique?», *Cahiers marxistes*, 2002, 222, p. 25-40.

(20) José GOTOVITCH, «Histoire du parti communiste de Belgique», *Courrier hebdomadaire du CRISP*, 1997, 1582, p. 36.

(21) *Ibid.*, p. 32.

(22) Christopher RUDD, «The Belgian Liberal Parties: economic radicals and social conservatives», *in* Emil J. KIRCHNER (éd.), *Liberal Parties in Western Europe*, Cambridge, Cambridge University Press, 1998, p. 201.

> Il croit aux vertus de la liberté. Mais il sait que cette liberté a ses limites. (…)
>
> Le libéralisme croit à l'utilité de la concurrence qui, dans l'intérêt général, encourage les efforts, améliore la qualité, diminue les prix, stimule la productivité.
>
> Il croit à l'économie de marché qui, par le libre mécanisme des prix, maintient l'équilibre entre les quantités de marchandises offertes et les quantités demandées, évite la pénurie comme le gaspillage »[23].

Pourtant, les libéraux sont confrontés à trois difficultés à gérer. La première concerne le développement de la polarisation sur la question royale. Ce dur conflit renforce les deux principaux protagonistes du système politique belge, le parti social chrétien-Christelijke Volkspartij, d'un côté et le parti socialiste belge-Belgische Socialistische Partij, de l'autre. Au surplus, la gestion interne du dossier n'est guère facile. Un segment de l'aile flamande du parti n'est pas prêt à suivre la posture laïque et anti-léopoldiste de la direction.

Le deuxième écueil est l'émergence d'un acteur qui met à mal son statut de troisième parti du système, le parti communiste. Nous l'avons vu, auréolé d'un prestige acquis dans la résistance à l'occupant nazi et de l'aura de l'Union soviétique, le parti communiste devance le parti libéral à la première élection d'après-guerre en février 1946.

Enfin, le parti libéral a les plus grandes peines du monde à apporter une touche originale aux grands acquis de la libération, en particulier dans la mise en place de la sécurité sociale moderne. Alors que leurs pères spirituels – Keynes et Beveredige – sont des libéraux britanniques, les termes de la sécurité sociale moderne en Belgique sont négociés surtout par des personnalités socialistes et démocrates chrétiennes.

Néanmoins, le parti libéral jouit de certains atouts. Le premier est de receler des personnalités d'envergure. A la libération, on songe tout particulièrement à Camille Gutt. Ministre des Finances, Camille Gutt met en place en octobre 1944 l'opération qui permet l'installation du nouveau franc belge, en évitant

(23) PARTI LIBÉRAL, *Rapports adoptés par le congrès au congrès doctrinal*, Bruxelles, 28 et 29 avril 1951.

toute poussée inflationniste. Considéré comme un modèle du genre, sa gestion financière dans la transition d'après-guerre lui vaut une grande reconnaissance internationale.

Le deuxième est la place spécifique dans le système politique. Dans une confrontation dure entre sociaux chrétiens et socialistes, le parti libéral est susceptible de gouverner avec l'un ou l'autre. Si l'on excepte l'expérience du gouvernement Poullet-Vandervelde et le court intermède en 1949, il faut attendre le gouvernement Lefèvre-Spaak en 1961 pour que socialistes et catholiques acceptent de gouverner de concert.

Une longue polarisation philosophique. La question royale

De 1945 à 1958, la vie politique belge est suspendue à deux questions explosives : l'éventuel retour sur le trône du roi Léopold III et la question scolaire. Toutes deux confirment la prégnance du clivage laïque catholique, sur lequel s'opère une polarisation forte durant cette période.

La question royale a des origines multiples mais elle émerge avec le déclenchement de la deuxième guerre mondiale. Pendant la campagne des dix-huit jours, le gouvernement est mis hors jeu par le souverain. Le roi se considère comme le chef exclusif des armées et donc seul à même de décider. Mais le prescrit constitutionnel prévoit que tout acte du roi doit être couvert par un ministre. Dans ce moment clé de l'histoire belge, la tension est grande entre plusieurs ministres et le souverain et son entourage, souvent dédaigneux à l'égard du parlementarisme. Le 22 mai, le roi met explicitement en cause la capacité de gouverner du Premier ministre Hubert Pierlot :

> « La hâte ridicule avec laquelle tous les services gouvernementaux et une part importante des services provinciaux et communaux se sont transportés en France vous place actuellement dans une position difficile. Cette défaillance inqualifiable de l'autorité civile conduit à cette constatation : depuis l'ouverture des hostilités le gouvernement ne dispose plus des moyens de gouverner »[24].

[24] Jules Gérard-Libois et José Gotovitch, *Léopold III. De l'an 40 à l'effacement*, Bruxelles, Politique et Histoire, 1991, p. 21.

Pour le roi, il est inadmissible «que les ministres dont la compétence ne s'étend pas à la conduite des opérations, portent un jugement sur les possibilités de l'armée et en arrivent par exemple à déterminer si elle est ou non en état d'opérer une retraite»[25]. Le 25 mai à Wynendaele, la rupture est consommée. Hubert Pierlot, Premier ministre, et Paul-Henri Spaak, ministre des Affaires étrangères, enjoignent le souverain de quitter le pays, ce que refuse Léopold III. Au contraire, ce dernier réclame la démission de son gouvernement. L'exécutif refuse de se soumettre et quitte la Belgique. Léopold III prend alors des initiatives, dont plusieurs lui seront durement reprochées. Le 28 mai, le roi capitule sans négociation. Le Premier ministre catholique Hubert Pierlot annonce la poursuite de la lutte: «Passant outre à l'avis formel du gouvernement, le roi vient d'ouvrir des négociations avec l'ennemi. La Belgique sera frappée de stupeur, mais la faute d'un homme ne peut être imputée à la Nation entière. Le gouvernement, sûr d'être l'interprète de la volonté nationale, est résolu à continuer la lutte pour la délivrance du pays»[26]. Ce jour-là, les propos du Premier ministre français, Paul Raynaud, à l'endroit de Léopold III sont implacables. Pour lui, le souverain belge a laissé tomber ses alliés «à la manière d'un traître»[27].

Le 19 novembre 1940, le roi se rend à Berchtesgaden pour une entrevue avec Hitler. Cet entretien, qui n'est pas couvert par un ministre, suscitera énormément de polémiques.

Très symbolique, il y a aussi eu le mariage du roi avec Lilian Baels. Célébré le 11 septembre 1941, par le cardinal Van Roey, ce mariage a suscité l'incrédulité en raison du moment, mais aussi de la forme et du fond. Le mariage religieux a précédé la cérémonie civile, ce qui est anticonstitutionnel. Au surplus, le souverain n'a pas demandé l'autorisation du Conseil des ministres alors même que la Constitution le stipule[28]. Enfin, Lilian Baels est la fille du très flamingant gouverneur de Flandre

(25) Jean Stengers, *L'action du roi en Belgique. Pouvoir et influence*, Bruxelles, Racine, 1996 (2e éd.), p. 103.

(26) Cité par Jean Duvieusart, *La question royale. Crise et dénouement: juin, juillet, août 1950*, Bruxelles, Editions du CRISP, 1975, p. 14.

(27) Mark Van den Wijngaert, Lieve Beullens, Dana Brants, *Pouvoir et monarchie. La Belgique et ses rois*, Bruxelles, Luc Pire, 2002, p. 142.

(28) *Ibid.*, p. 49.

occidentale, révoqué par... Léopold III, mais dont la révocation est annulée par Gérard Romsée, ministre VNV. Dévoilée le 7 décembre 1941 par la lettre du cardinal Van Roey, la nouvelle du mariage royal provoque, selon les termes même de Struye, la stupeur générale. « Le pays, dans son ensemble, s'est trouvé en opposition avec le roi »(29).

Enfin, le *testament politique* est une autre pierre d'achoppement importante. Achevé le 25 janvier 1944 à un moment où la défaite de l'Allemagne est plausible, Léopold III y maintient ses positions. Il a eu raison de rester en Belgique occupée à un moment où « par une aberration funeste, la plupart des notables avaient fui et trop d'autorités avaient déserté ». A ses yeux, le gouvernement Pierlot ne « pourra reprendre aucune responsabilité tant qu'il n'aura pas répudié ses erreurs et fait réparation solennelle et entière ». Sans cette rétractation publique, « le prestige de la Couronne et l'honneur du pays s'oppose(raie)nt à ce que ces personnes exercent quelque autorité que ce soit en Belgique libérée ». La dynastie ne pourrait « accepter d'associer à son action, des hommes qui lui ont infligé un affront auquel le monde entier a assisté avec stupeur »(30). Pour les responsables politiques, le propos est inacceptable.

Avant la libération du pays, le roi est transféré dans le Reich par les Autorités allemandes en juin 1944. Aussi, les Chambres réunies le 8 septembre 1944 constatent-elles l'*impossibilité de régner* du roi Léopold III et procèdent à la désignation d'un régent. Le 20 septembre 1944, le prince Charles, frère de Léopold III, est élu régent du Royaume. Il faudra donc lever l'impossibilité de régner.

Le 7 mai 1945, Léopold III est libéré par l'armée américaine. La question de son retour est désormais posée. Cette éventualité est vivement combattue par les mouvements politiques et syndicaux de gauche, le PSB-BSP, le PCB-KPB et la FGTB-ABVV. L'opposition s'appuie sur l'attitude de Léopold III avant la guerre et pendant la campagne des dix-huit jours et, surtout, sur son incompréhensible refus de quitter le pays. Les libéraux aussi en appellent au retrait de Léopold III. Le 18 juin 1945, le comité permanent du parti libéral se prononce sur la question

(29) Jules GÉRARD-LIBOIS, José GOTOVITCH, *Léopold III…*, *op. cit.*, p. 145.
(30) *Ibid.*, p. 112.

royale par 88 voix contre 3 et 3 abstentions. Tout en réaffirmant leur attachement à la monarchie et à la dynastie, les libéraux estiment que «l'effacement du roi [est] la seule solution»[31]. Compte tenu de ce front, le PSC-CVP décide de quitter le gouvernement à ce moment.

Pendant quatre ans, la question lancinante du retour sur le trône du roi Léopold III hante la vie politique et sociale. Elle fragilise tous les exécutifs et les détourne parfois de questions substantielles à traiter. En 1949, le PSC-CVP décroche une majorité absolue à la Chambre mais pas au Sénat. En partenariat avec le parti libéral, il tente de mettre au point une procédure pour sortir de l'ornière. La solution passera par une consultation populaire, pourtant considérée comme anticonstitutionnelle par de nombreux juristes. Mais les modalités de calcul pour déterminer les résultats sont difficiles. Aux sociaux chrétiens qui plaident pour une présentation nationale des résultats s'opposent les libéraux qui prônent la nécessité d'une majorité absolue dans les trois espaces territoriaux. Sans solution tranchée entre le PSC-CVP et le parti libéral, le Premier ministre avance un «pourcentage raisonnable» pour tout le pays[32].

Le 12 mars 1950, la consultation sur le retour du roi est organisée dans un contexte quasi insurrectionnel. 2933382 Belges (57,68%) avalisent le retour du roi. Mais 2151881 s'y opposent (42,32%)[33]. Les résultats sont asymétriques. A Bruxelles (51,83%) et, plus encore en Wallonie (57,89%), le *non* est majoritaire. En Flandre, avec 71,99%, le *oui* est très largement dominant.

Suite à ce résultat, le PSC-CVP en appelle à l'application du résultat et à la convocation des Chambres réunies pour voter le retour du roi. La posture des libéraux devient alors impossible. Vainement, ils essaient de convaincre les sociaux chrétiens des risques à ramener Léopold III sur le trône. La tension avec le PSC-CVP conduit en définitive à leur démission le 18 mars 1950. Au sein du parti libéral, ce retrait génère des tensions internes.

(31) Jacques BRASSINNE, «Les libéraux et le problème bruxellois. 1945-1962», *Courrier hebdomadaire du CRISP*, 1988, 1219, p. 12.

(32) Jacques VAN OFFELEN, *La ronde du pouvoir. Mémoire politique*, Bruxelles, Didier Hatier, 1987, p. 67.

(33) Jean DUVIEUSART, *La question royale*..., *op. cit.*, p. 54.

Certains mandataires néerlandophones comme Albert Lilar, Victor Sabbe, Hilaire Lahaye ou Adolphe Van Glabekke regrettent la voie qu'ils considèrent comme jusqu'au-boutiste d'Albert Devèze, trop centrée, selon eux, sur l'opinion francophone. Les Chambres sont dissoutes et des élections anticipées sont organisées le 4 juin 1950. Pour la première fois, et la seule à ce jour depuis 1919, un parti décroche la majorité absolue à la Chambre et au Sénat. Le PSC-CVP obtient en effet 47,68% des suffrages à la Chambre et 108 sièges sur 212, 46,95% au Sénat et 54 sièges sur 106.

Le PSC-CVP forme un cabinet homogène, sous la direction de Jean Duvieusart. Le 20 juillet 1950, les parlementaires sociaux chrétiens et le libéral Hilaire Lahaye votent la fin de l'impossibilité de régner. Dans le pays, la tension est à son comble. Léopold III rentre le 22 juillet. La pression sociale atteint son paroxysme. De nombreuses entreprises sont en grève dès le 24 juillet. Les secteurs anti-léopoldistes annoncent une marche sur Bruxelles. Au Conseil des ministres du 28 juillet, le Premier ministre évoque le «caractère révolutionnaire et totalitaire» des événements «mettant le régime en cause»[34]. La situation est incontrôlable et dérape d'ailleurs. Le 30 juillet, la gendarmerie ouvre le feu sur des manifestants anti-léopoldistes dans la commune de Grâce Berleur. Trois participants à la manifestation sont tués.

La mort dans l'âme, Léopold III délègue ses pouvoirs à son fils aîné, Baudouin. Le roi s'est résigné. François Perin, l'attribue à titre principal à «la peur d'une sécession des provinces wallonnes»[35]. Léopold III abdique le 16 juillet 1951. Au-delà des péripéties liées au devenir politique de Léopold III, la question royale a cliché la vie politique – fait plutôt exceptionnel en Belgique. Cet aboutissement traumatise par ailleurs la majorité catholique en Flandre qui a massivement voté pour le retour sur le trône du souverain.

(34) *Ibid.*, p. 102.

(35) François PERIN, *Histoire d'une nation introuvable*, Bruxelles, Paul Legrain, 1988, p. 164.

Et le clivage s'affermit.
Les guerres scolaires des années cinquante

Pour le monde social chrétien, cette polarisation sur le clivage philosophique a des effets paradoxaux. D'une part, elle a favorisé l'obtention de la majorité absolue à la Chambre et au Sénat en 1950. D'autre part, la résolution de la question royale a très fortement divisé le PSC-CVP et, plus largement, le pilier chrétien. Deux jours après l'abdication, August Cool déclare d'ailleurs au comité élargi de l'ACV-CSC: «Dans la nuit de dimanche à lundi, on a fait plus d'anti-Belges qu'au cours des deux guerres mondiales… Les Flamands sont blessés à un double titre: une première fois du fait de la question royale, mais surtout du fait de la manière dont on est arrivé à cette solution»[36].

Pour sa part, le Comité national du PSC-CVP crée une commission d'enquête relative à l'attitude des ministres sociaux chrétiens sur cette problématique. Les points de vue de Devleeshouwer et de Duvieusart sur la capacité à gérer une marche éventuelle sur Bruxelles et à maintenir l'ordre sont par exemple antinomiques. La commission conclura:

> «La solution adoptée le 1er août dépasse à la fois le programme du parti et le message royal du fait qu'il implique l'abdication à terme… Estime en conséquence qu'il convient d'établir les responsabilités de cette violation du programme»[37].

Au congrès extraordinaire qui suit cet avis, le PSC-CVP recompose son équipe gouvernementale et l'équipe dirigeante du parti. Jean Duvieusart, Premier ministre, est «démissionné» au profit du pâle Joseph Pholien, étiqueté très à droite et réputé léopoldiste convaincu.

Ces tensions internes extrêmes entraînent une chute électorale au scrutin municipal de 1952 et une diminution forte du nombre d'affiliés. En 1951, le PSC-CVP ne compte plus que 80 872 membres pour 158 419 deux ans plus tôt[38]. La majorité absolue n'a donc pas que des effets positifs pour le PSC-CVP. Les changements internes intervenus au lendemain de la ques-

(36) Lode WILS, *Histoire des nations belges…*, *op. cit.*, p. 283.

(37) Jules GÉRARD-LIBOIS, «1950: L'effacement de Léopold III. Tempête au PSC-CVP», *Courrier hebdomadaire du CRISP*, 1987, 1169-1170, p. 37.

(38) *Ibid.*, p. 45.

tion royale ont pour leur part provoqué des ressentiments au Mouvement ouvrier chrétien. En janvier 1952, l'action du MOC-ACW est suffisamment pressante pour imposer un changement de Premier ministre, sous la pression de Théo Lefèvre, président du PSC-CVP. Jean Van Houtte succède au très effacé et conservateur Joseph Pholien[39].

Ce contexte permet de comprendre l'action du gouvernement homogène catholique entre 1950 et 1954. Tout spécialement sur la question scolaire, où le monde catholique souhaite prendre sa revanche. Le 10 octobre 1950 déjà, le gouvernement porte au budget 1951 un premier crédit de 300 millions de francs (7,5 millions d'euros) au profit de l'enseignement moyen libre. Il est doublé un an plus tard[40]. En 1952, le ministre de l'Education Pierre Harmel propose et fait adopter de nouvelles lois scolaires très favorables à l'enseignement libre confessionnel. Elles reflètent les convictions de son parti. Assurant à l'enseignement libre des subsides de l'Etat plus importants, ces lois amoindrissent les droits d'inscription exigés par les écoles libres. Par ailleurs, elles assurent une part égale de représentants de l'enseignement libre et de l'enseignement officiel dans les commissions mixtes, chargées de donner des conseils quant à l'établissement des écoles officielles et à la reconnaissance des écoles libres, de même que sur les questions pédagogiques et de programme. La composition de ces commissions crispe particulièrement le monde laïque : le libre confessionnel est représenté par des responsables de ses diverses fédérations, alors que l'enseignement officiel l'est par des fonctionnaires directement désignés par Harmel lui-même. L'avis nécessaire de ces commissions mixtes à la création de nouvelles écoles officielles est aussi une pierre d'achoppements cruciale. Un Conseil supérieur de l'enseignement technique est pourvu de prérogatives identiques. Ce « précédent de traitement unilatéral d'un conflit »[41] influencera grandement la *réponse laïque*, mais aussi la forme de la coalition qui succède au gouvernement homogène social chrétien.

(39) Patrick PASTURE, « Entre Eglise et citoyen..., *op. cit.*

(40) Vincent DUJARDIN, Michel DUMOULIN, *L'union fait-elle toujours la force?*, Bruxelles, Le Cri, 2008, p. 55.

(41) L'expression de Paul Theunissen est reprise par Jeffrey TYSSENS, *Guerre et paix scolaires. 1950-1958*, Bruxelles, De Boeck-Université, 1997, p. 37.

En avril 1954, la famille sociale chrétienne enregistre un recul électoral au profit des partis socialiste et libéral. Fait exceptionnel dans la vie politique belge contemporaine, les sociaux chrétiens sont envoyés dans l'opposition. Une alliance gouvernementale «laïque» (PSB-BSP-PL-LP) gouverne le pays de 1954 à 1958. Elle met en cause les avantages octroyés à l'enseignement catholique. En 1955, le socialiste Léo Collard, ministre de l'Education, présente le projet dit n° 217 dont plusieurs articles réduisent le montant des subventions étatiques à l'enseignement libre moyen et modifient les conditions de dispense de diplôme et les recrutements dans les divers réseaux d'éducation.

Ce projet suscite une réaction forte du monde catholique rassemblé dans le Comité national pour la défense des libertés démocratiques (CNDLD), établi le 24 septembre 1954. Cette rébellion culmine lors de deux grandes manifestations catholiques. La première se déroule le 26 mars 1955 à Bruxelles(42); la seconde, le 18 mai 1958. Toutes deux rassemblent deux cent mille personnes. Un sentiment de haine est diffusé dans la communauté catholique à l'endroit du ministre de l'Education. On peine aujourd'hui à se remémorer la dureté de la polémique ou, pour être plus correct, du véritable combat. Mais plusieurs témoins en font aveu. Prédécesseur catholique de Collard au ministère de l'Education nationale, Harmel se rappelle:

> «A l'époque, j'ai souvent regretté les excès de langage qui venaient de toutes parts. Le 25 mars 1956 au soir, à Namur, quand je dus annoncer à une immense assemblée que la manifestation prévue pour le 26 mars était interdite, mais qu'elle aurait quand même lieu, j'eus l'imprudence de citer simplement le nom de Léo Collard et les réactions de cette foule m'effrayèrent»(43).

Les socialistes et les libéraux subissent le contrecoup de leur participation gouvernementale commune. Ils sont défaits aux élections législatives de juin 1958. Chaque parti semble prendre acte de l'impasse de la guerre scolaire. Un gouvernement minoritaire social chrétien s'installe, le temps de «régler» la question scolaire avec les votes bienveillants du président de la Volk-

(42) Xavier Mabille, *Histoire politique*..., *op. cit.*, p. 311.
(43) Pierre Harmel, *Temps forts*..., *op. cit.*, p. 59.

sunie, Frans Vander Elst, et de deux députés libéraux néerlandophones, Hilaire Lahaye et Adolphe Van Glabekke.

Une approche «proportionnelle» et de compromis remplace la logique «majoritaire» qui a prévalu entre 1950 et 1958. Aboutissement de la Commission nationale pour l'étude des problèmes de l'enseignement, les principaux partis, à l'exception du parti communiste, adoptent un «pacte scolaire».

Signé le 6 novembre 1958 par les membres de la Commission nationale du pacte scolaire, le pacte est approuvé par les congrès des trois principaux partis. C'est chose faite à l'unanimité dans les rangs du PSC-CVP et à une large majorité au parti libéral. En revanche, le congrès du PSB-BSP dévoile une minorité significative hostile à ce compromis. 659 voix s'expriment pour le pacte, mais 231 délégués le rejettent et on recense 18 abstentions[44]. Le 20 novembre 1958, le pacte scolaire est solennellement adopté dans son principe par les principaux partis.

En avril 1959, la Chambre est saisie du pacte sous la forme d'un projet de loi. Au terme de débats dépolarisés, la loi est adoptée avec la seule opposition des parlementaires communistes le 6 mai. Quinze jours plus tard, le Sénat l'adopte aussi. Le 29 mai 1959, la loi est signée par le roi. La promulgation intervient le 29 mai 1959.

L'échec électoral de la majorité laïque et la fin de la «guerre scolaire» auront des répercussions importantes sur la vie politique belge. Le clivage philosophique perd de sa prégnance, ce qui entraîne une redéfinition identitaire des partis politiques

La prégnance des positionnements socio-économiques et linguistiques

Le début des années soixante est marqué par une nouvelle polarisation sociale qu'exprime en particulier la grande grève de l'hiver 1960-1961. Constatant la situation très délicate des finances publiques, le gouvernement libéral-social chrétien conduit par Gaston Eyskens a établi un plan d'assainissement budgétaire. Le projet de l'exécutif rassemble un ensemble de mesures visant à stopper la spirale de la dette et l'accrois-

(44) Jeffrey TYSSENS, *Guerre et paix scolaires…*, *op. cit.*, p. 170.

sement des déficits budgétaires. On y trouve pêle-mêle des réformes allant des mesures fiscales et de contrôles renforcés des chômeurs et du secteur de l'assurance maladie-invalidité, à une révision du statut du personnel des services publics. Cette démarche visant certaines dépenses publiques dans le secteur social est défendue par les libéraux qui ne veulent pas que l'on crée de nouveaux impôts sans prendre des mesures d'économie drastiques[45]. Rapidement dénommé «loi unique», ce projet de loi se heurte à une forte hostilité des milieux socialistes, communistes et, surtout, syndicaux, dont la mobilisation est exceptionnelle. A la mi-décembre 1960, la Belgique entre dans une grève qui frappe les imaginations.

Pourtant, au sein des organisations syndicales se déroule un débat sur la stratégie à suivre. Un désaccord crucial existe dans la FGTB-ABVV sur l'opportunité de lancer un mot d'ordre de grève générale. Le 16 décembre 1960, le syndicat socialiste rejette pareil mot d'ordre. Mais le vote est très serré et révèle une fracture interne importante entre fédérations flamandes et wallonnes. 496487 voix se sont prononcées «contre», 475823 «pour» et 53112 se sont abstenues[46]. La ligne de partage du vote tient, dans une très large mesure, à une division entre centrales francophones et flamandes. Seules la régionale gantoise et une minorité de la régionale anversoise votent pour la motion de grève générale. *A contrario*, la régionale mouscronnoise et une majorité de la régionale tournaisienne s'y opposent.

Cela conduit le secrétaire général adjoint de la FGTB, André Renard, à opérer un *repli* wallon dans la grève en cours, et à associer, fait nouveau dans le mouvement social, promotion des réformes de structure et du fédéralisme. Le propos de Renard est sans ambiguïté:

> «Nous avions soulevé à l'époque l'idée d'un certain fédéralisme qui, sans porter atteinte à l'unité du pays, aurait quand même consacré le respect des deux communautés linguistiques. Nous l'avions évoqué à l'époque et puis nous l'avons oublié dans une certaine euphorie par après nous disant: «c'est un avertissement solennel que nous avons donné à ce pays, nous n'avons pas besoin de le répéter, on a compris qu'il ne faut pas vouloir

[45] Els WITTE, Jan CRAEYBECKX, *La Belgique politique…*, *op. cit.*, p. 409.
[46] François PERIN, *Histoire d'une nation…*, *op. cit*, p. 185.

opposer à la Wallonie une volonté qui vient d'une autre partie du pays». Eh bien, camarades, nous nous sommes trompés. La loi unique est encore une loi imposée par une partie du pays à l'autre partie du pays»[47].

Au-delà de la division entre centrales wallonnes et flamandes dans la FGTB, la grève donne aussi à voir une division socialiste-catholique dans le mouvement syndical. Dans le monde catholique, le primat de Belgique, le cardinal Van Roey, prend position contre la grève le 22 décembre:

«Je ne suis pas un homme de parti. Je suis un archevêque c'est-à-dire pasteur des âmes et guide des consciences. Dans les circonstances que nous traversons en ce moment, je crois de mon devoir pastoral de m'adresser à tous nos compatriotes et de leur dire:

Dimanche, fête de Noël, nous commémorons la venue sur terre de l'unique rédempteur des hommes, de celui qui est venu apporter aux hommes de bonne volonté la seule paix véritable.

Cet anniversaire nous incite à vous rappeler que tous les actes qui tendent à désorganiser la vie nationale et à paralyser les organes essentiels de la collectivité doivent être dénoncés comme gravement coupables en conscience, étant donné les incalculables dommages qui en résultent pour le pays et le tort qu'ils causent à tous les citoyens.

Par conséquent, les grèves désordonnées et déraisonnables auxquelles nous assistons à présent doivent être réprouvées et condamnées par tous les honnêtes gens et tous ceux qui ont encore le sens de la justice et du bien commun.

Les ouvriers, les employés, les fonctionnaires, en raison de leur dévouement à leur tâche journalière, méritent l'estime de tous. Ils ne sont évidemment pas partisans du désordre ni de l'anarchie, ils ne peuvent se laisser entraîner par des fauteurs de troubles. Qu'ils reprennent conscience de leurs devoirs et se remettent au travail sans plus tarder. Que les organisations professionnelles et les syndicats, au lieu d'inciter ou de collaborer à la grève, ramènent leurs affiliés dans le droit chemin et une meilleure compréhension de l'intérêt de tous»[48].

(47) Cité par André LETON, André MIROIR, «Les conflits communautaires en Belgique», Paris, Presses universitaires de France, 1999, p. 68.

(48) Wladimir S. PLAVSIC, «L'Eglise et la politique en Belgique», *Res Publica*, 1968, X/2, p. 231.

Aux dires de François Martou, cette décision provoque une «crise terrible» entre les organisations ouvrières chrétiennes et le cardinal Van Roey. Gust Cool aurait menacé de démissionner de la présidence de la CSC-ACV[(49)]. On lui prête d'ailleurs cette apostrophe au Premier ministre Gaston Eyskens:

> «Je ne tiens plus mes troupes en main. En dépit de nos consignes, les syndiqués chrétiens fraternisent de plus en plus avec leurs collègues socialistes. Vous devez faire des concessions, renoncer notamment aux deux périodes chômage et vous borner à combattre les abus au moyen de la législation existante»[(50)].

Les motivations des choix de la CSC dans ce mouvement social sont protéiformes. Il y a certes l'intervention du cardinal Van Roey ou la lutte idéologique contre la FGTB. Mais il faut y ajouter les rapports que nombre de leaders syndicaux entretiennent avec des ministres sociaux chrétiens, en particulier dans le spectre flamand. Au surplus, une revendication flamande fortement poussée par le monde catholique en Flandre est en passe d'être atteinte: la suppression du volet linguistique du recensement. Il ne s'agit donc pas de mettre en difficulté le CVP-PSC. L'*empreinte linguistique* dans le mouvement social de 1960-1961 est donc notable.

Dans l'espace francophone et plus spécifiquement wallon, ce moment est crucial dans l'évolution du pays. L'hiver 60-61 apparaît dès lors comme la résurgence de l'idée et du combat wallons, mais surtout son inscription dans la population ouvrière wallonne, ce qui en change tout à fait l'impact. Confinés jusque-là à la petite bourgeoisie, voire à des cadres et des cadres moyens, «ces objectifs wallons pénètrent plus profondément dans la population à la faveur du mouvement social, un peu comme le mouvement flamand avait pu le faire à la faveur de la première guerre mondiale»[(51)]. Le Mouvement wallon, limité jusqu'alors à quelques milieux politiques et culturels, apparaissait surtout réactif face aux revendications flamandes. Il avait pourtant frappé les imaginations aux lendemains de la deuxième

[(49)] François MARTOU (entretiens avec Paul Piret), *Demain, il fera jour…*, Charleroi, Couleur Livres, 2006, p. 56.

[(50)] Jacques YERNA, Jean NEUVILLE, *Le choc de l'hiver 60-61. Les grèves contre la loi unique*, Bruxelles, Politique et Histoire, 1990, p. 91.

[(51)] Jean PUISSANT, « 1960-1961 revisité », *Cahiers marxistes*, 1991, 177, p. 36.

guerre mondiale. La convocation d'un congrès national wallon en octobre 1945 avait rassemblé 1 500 responsables débattant du destin et du statut futur de la Wallonie. A cette occasion, les votes frappent les imaginations : 486 congressistes se prononcent pour la réunion de la Wallonie à la France, 154 pour l'indépendance de la Wallonie, 391 pour l'autonomie dans le cadre de l'Etat belge, et 17 pour le maintien de l'Etat unitaire. Ce résultat provoque un tel choc que le vote est immédiatement qualifié de « sentimental » et qu'intervient un deuxième vote considéré, pour sa part, comme « raisonnable ». Les délégués se déclarent favorables au principe de l'autonomie de la Wallonie dans le cadre belge, à l'unanimité moins dix-sept abstentions. Il est vrai que les organisateurs du congrès avaient prévu « que les congressistes auraient l'occasion d'émettre un double vote »(52).

Les partis doivent s'adapter à ces mutations marquantes. Les évolutions dans la législation linguistique attestent des mouvements à l'œuvre. Les réflexions en la matière datent des lendemains de la libération. Partant à l'origine d'une proposition de loi de Pierre Harmel (PSC-CVP), le législateur fonde le 3 mai 1948 le Centre de recherche pour la solution nationale des problèmes sociaux, politiques et juridiques en régions wallonne et flamande. Le centre entame ses travaux en juin 1949. Ils se tiennent pendant cinq ans. Mais il faut attendre le 24 avril 1958 pour que la chambre en produise les conclusions(53).

Fin des années cinquante, début des années soixante, le gouvernement fait face à une fronde flamande, qui revendique la suppression du volet linguistique du recensement décennal. Le Davidsfonds (proche du CVP), le Willemsfonds (proche du LP) et le Vermeylenfonds (proche du BSP) en appellent à un boycott du recensement par les bourgmestres flamands, aussi longtemps qu'est maintenue une question sur le rôle linguistique des habitants. Deux *marches flamandes* sont organisées à Bruxelles à l'initiative du Vlaams Aktie Komitee voor Brussel en Taalgrens. Elles rencontrent un succès indéniable. La première rassemble, le 22 octobre 1961, 70 000 manifestants dont de nombreux

(52) Chantal KESTELOOT, « Mouvement wallon et identité nationale », *Courrier hebdomadaire du CRISP*, 1993, 1392, p. 37.

(53) Serge GOVAERT, *Bruxelles en capitale. 1958-2000. De l'expo à l'Euro*, Bruxelles, De Boeck Université, 2000, p. 48.

mandataires sociaux chrétiens, conviés par le président de l'aile flamande du PSC-CVP, Jos De Saeger. La deuxième, un an plus tard, n'a plus cette fois le patronage des organisations chrétiennes et notamment de l'aile flamande du PSC-CVP. Mais ces deux manifestations ont marqué les esprits.

Cette poussée de fièvre intervient parallèlement à une mutation spectaculaire dans le champ socio-économique : la Flandre s'impose petit à petit comme locomotive de l'économie belge. Le fait est patent. En 1954 encore, il n'y avait que 39 automobiles pour mille habitants en Flandre alors qu'on en recensait dans le même temps 56 en Wallonie et 65 à Bruxelles(54). Anticipation du retournement, les mines du charbon périclitent dans la partie wallonne du pays. La sidérurgie des bassins hennuyer et liégeois subit de nouvelles concurrences. Symbole de ce renversement, l'établissement d'une sidérurgie maritime, Sidmar à Gand, en 1962, se décline comme plus porteuse pour le secteur mais comme un défi aux bassins liégeois et hennuyer. Les investissements étrangers se fixent surtout dans la partie flamande du pays. Par ailleurs, à l'instar d'autres économies européennes, les bouleversements économiques s'opèrent à travers une tertiarisation accélérée. A la fin des années soixante, le nombre de travailleurs dans le secteur secondaire est moins important que celui des travailleurs engagés dans le tertiaire(55).

En 1962, le rapport Sauvy, commandité par le Conseil économique wallon, inquiète aussi les responsables wallons sur l'évolution démographique de la Wallonie, « de loin à l'avant-garde du vieillissement ». Alfred Sauvy en appelle à une prise de conscience rapide relative aux intérêts proprement vitaux de la Wallonie : « Si une personne touchée par le vieillissement biologique ne peut tout au plus qu'en ralentir le cours, au contraire, une nation ou un corps social peut arrêter ce cours et l'inverser »(56).

C'est pour tenter de résoudre ces problématiques et de clarifier les choses dans les matières linguistiques que l'exécutif

(54) Els WITTE, Jan CRAEYBECKX, *La Belgique politique...*, *op. cit.*, p. 384.

(55) Christian VANDERMOTTEN, « Les grèves de 1960-61 dans l'évolution économique de la Belgique », *Cahiers marxistes*, janvier 1991, 177, p. 28.

(56) Conseil économique wallon, *Le rapport Sauvy sur le problème de l'économie et de la population wallonne*, Liège, Editions du Conseil économique wallon, 1962, p. 57.

adopte en 1962-1963, une série de lois et de transferts territoriaux. Outre l'abandon du volet linguistique des recensements décennaux, des aménagements territoriaux sont réalisés, les derniers en date. On note en particulier le passage de Comines-Warneton et de Mouscron en territoire wallon. *A contrario*, les six communes de Fourons sont transférées en Flandre. Pour Bruxelles, aucun élargissement ne s'opère. Pour ces entités et pour six communes flamandes en périphérie bruxelloise de même que pour certaines communes le long de la frontière linguistique, un régime de facilités linguistiques est instauré. En matière de législation linguistique, l'option des années trente est confirmée. La Belgique a deux territoires unilingues : le néerlandais en Flandre et le français en Wallonie. Bruxelles est pour sa part une entité administrative où règne le bilinguisme. La loi du 30 juillet 1963 légifère en matière d'emploi des langues dans l'enseignement, celle du 2 août dans l'administration et celle du 9 août dans le domaine judiciaire.

Loin d'apaiser le débat, ces choix suscitent le mécontentement de part et d'autre de la frontière linguistique. La Belgique entre en force dans des débats et des conflits politiques animés et permanents sur le clivage linguistique. Politiquement, cela se traduit par des divisions communautaires dans les partis nationaux et par le développement de nouveaux venus politiques : les partis *communautaires*.

Le réalignement libéral

Le parti libéral, le premier défenseur historique du versant laïque du clivage philosophique, est la formation politique qui a le plus tôt intégré les changements qui interviennent à la charnière des années cinquante et soixante. Comme se le remémore Willy De Clercq, grande figure du libéralisme flamand, le pacte scolaire a représenté un

> « véritable bouleversement dans l'esprit des gens. Son influence a été très nette. Avant, nous passions non seulement pour des mécréants, mais aussi pour des anti-religieux, anti-Eglise alors que 99% des militants libéraux se mariaient à l'Eglise et se faisaient enterrer religieusement »[57].

[57] Thierry GOORDEN, *Willy De Clercq. L'art du possible*, Bruxelles, Racine, 2004, p. 50.

Président du parti libéral à la fin des années cinquante, Roger Motz pose les bases d'un élargissement du parti. A ses yeux, la formation anticléricale de la bourgeoisie urbaine sans véritable vie de parti n'a pas ou plus d'avenir. Les premiers changements s'opèrent dans le sens d'une ouverture philosophique. Viviane Hascal et Michèle Detaille le rappellent, c'est l'époque où on commence à parler de «déconfessionnalisation du parti libéral»(58). Dès 1959, le parti libéral précise lors d'un congrès sa tolérance envers la religion. L'ouverture aux catholiques est en cours dès l'élection nationale de mars 1961. On note entre autres la présence du professeur Paulus de l'Université de Liège sur les listes libérales(59).

Les assises de 1959 annoncent aussi un repositionnement progressif sur les questions socio-économiques. L'importance du libre marché comme régulateur de la vie économique et l'encouragement prioritaire à l'initiative privée sont plus que jamais mis en évidence. La nouvelle ligne de fracture essentielle dans la société est précisée par Motz:

> «Le nouveau critère de partage des opinions politiques d[oit] se cristalliser sur le degré de liberté que l'on désir[e] ou non voir maintenir au sein de l'organisation économique et sociale»(60).

En 1961, le parti libéral accélère sa mue. En avril, il adopte un nouveau programme où prédominent les questions socio-économiques. Quelques jours plus tard, il se dote d'un nouveau président. Le 6 mai 1961, Omer Vanaudenhove, sénateur de Louvain, est choisi par l'assemblée générale du parti réunie à Bruxelles, en remplacement de Roger Motz. Vanaudenhove accélère le tempo, sur le fond et sur la structure. Le 16 mai, il préconise un changement d'appellation. C'est chose faite, cinq mois plus tard. Les 7 et 8 octobre 1961, le parti libéral tient son dernier congrès. Le parti de la liberté et du progrès-Partij voor Vrijheid en Vooruitgang (PLP-PVV) voit le jour. L'anticlé-

(58) Viviane HASCAL, Michèle DETAILLE, «Vingt ans de libéralisme en Wallonie et à Bruxelles», *Res Publica*, 1981, XXIII/2-3, p. 345.

(59) Il est notamment l'auteur d'une tribune libre dans *La Dernière heure* du 16 mars 1961.

(60) Joseph TORDOIR, *Roger Motz (1904-1964). Une figure du libéralisme belge et européen*, Bruxelles, Archives libérales francophones du centre Paul Hymans, 2004, p. 64.

ricalisme qui était un trait identitaire du libéralisme belge est abandonné. Mieux, l'ouverture aux catholiques est recherchée au nom d'une identité de vues sur les problématiques économiques et sociales.

Dans un premier temps, il s'agit pour Vanaudenhove de formaliser des contacts et des initiatives prises auparavant. Ainsi, le 5 octobre 1961, *La Libre Belgique* publie un manifeste de personnalités catholiques connues pour leurs opinions conservatrices. Les signataires disent « appeler de leurs vœux une initiative politique constructive, soit par la création d'un parti nouveau, soit par la rénovation d'un parti existant, qui défendra réellement les intérêts de l'homme en tant qu'individu, dans la voie de la liberté économique, du progrès social et de l'unité nationale »[61]. Plusieurs personnalités sociales chrétiennes classées à son aile droite rallient les rangs du nouveau parti : Stany de Buck van Overstaeten, Léon-Marie Stavart, Joseph Moreau de Melen, Robert Ancot, le comte Lippens[62]. Deux petites formations politiques font de même : le parti social indépendant[63] et le parti indépendant. Le parti indépendant est une petite formation libérale-catholique dirigée par Albert Snyers d'Attenhoven. Bien qu'il n'ait obtenu aucun élu au scrutin de 1961, il avait cependant capté 38 635 suffrages. L'engagement du parti social indépendant est bref. Il rompt son accord avec le PLP le 4 avril 1962 après le retour à sa présidence d'Albert L'Allemand mais la plupart des cadres du parti rejoignent les rangs du PLP. Par ailleurs, un courant minoritaire du Rassemblement national accomplit la même démarche. A partir de ce moment, le *leadership* s'attelle à assurer son élargissement vers de nouveaux milieux. Pour autant, Vanaudenhove récuse l'image de l'avènement d'un parti conservateur :

> « Que l'on nous entende bien. Il ne s'agit pas pour nous de construire un parti réactionnaire qui ne s'adresserait qu'à une

[61] « La réforme du parti libéral : naissance du parti de la liberté et du progrès PLP », *Courrier hebdomadaire du CRISP*, 13 octobre 1961, 125, p. 15.

[62] *L'Echo de la Bourse*, 17-18 novembre 1961.

[63] « Bilan d'une présidence du PLP : Omer Vanaudenhove (1961-1969) (II) », *Courrier hebdomadaire du CRISP*, 14 mars 1969, 434-435, p. 4.

> classe de la société. Je déclare solennellement que le nouveau parti de demain sera progressiste»[64].

Il n'en demeure pas moins que le PLP-PVV accueille, en ses rangs, les éléments les plus conservateurs du PSC-CVP et des petits partis belgicains. Ce qui fait cependant le substrat du message du PLP-PVV est sa promotion du libéralisme économique. De 1961 à 1965, les libéraux belges se construisent une nouvelle base programmatique en la matière à travers l'organisation de plusieurs assises. Une posture anti-étatiste sur le plan économique et centrée sur le libéralisme économique est adoptée. Les libéraux souhaitent articuler la confrontation politique sur ces bases. Le travaillisme est l'ennemi de la liberté. Les propos préalables au scrutin de 1965 sont évocateurs :

> «Dans son désir de réaliser la collectivisation et l'étatisation de la Belgique, le gouvernement se heurte au sens inné de la liberté, de la responsabilité, de l'initiative des classes moyennes. Ainsi le gouvernement met tout en œuvre pour saper les bases idéologiques et économiques des adversaires du travaillisme : les indépendants, les chefs des petites et moyennes entreprises, les professions libérales, les cadres»[65].

Au-delà du réalignement doctrinal qu'opèrent les libéraux, la volonté est aussi d'édifier une structure partisane plus efficace. En la matière, une transformation importante dans l'avènement du PLP-PVV tient dans «l'instauration d'une autorité centrale unique et forte dans le nouveau parti»[66]. La démarche est approfondie à l'occasion du congrès d'Ostende en mai 1963. Il y est décidé que le comité national accueillerait *ex officio* le président national sortant. Le nombre de vice-présidents passe à six au lieu de trois ; ils sont toujours sélectionnés par le président national. A Liège, au congrès des 22 et 23 janvier 1966, une nouvelle réforme statutaire intervient.

Ainsi donc en l'espace de cinq ans, le libéralisme belge opère une mutation profonde, un réalignement par rapport à son clivage d'origine, dont Daniel Louis Seiler dit qu'il est le plus

(64) «La réforme du parti libéral : naissance du parti de la liberté et du progrès PLP», *Courrier hebdomadaire du CRISP*, 13 octobre 1961, 125, p. 5.

(65) PLP, *Pourquoi PLP ? La faillite du travaillisme*, 1965, p. 43.

(66) «Bilan d'une présidence au PLP...», *op. cit.*, p. 2.

réussi en Europe occidentale[67]. Cette performance est notable parce qu'elle n'était pas si évidente qu'il peut paraître *a posteriori*. Pour s'en convaincre, on lira l'adresse de l'évêque de Bruges à ses diocésains lors des élections de 1958 :

> « Il n'est pas douteux que les partis socialiste et libéral se trouvent sous la coupe de puissances antireligieuses. Pendant les 4 ans qu'ils furent au pouvoir, l'unique ciment de l'union des gauches a été leur anticléricalisme. D'étranges concessions mutuelles en ont d'ailleurs été la rançon. Ils continueront plus effrontément que jamais à battre en brèche les droits et l'influence de la religion catholique et à rendre la vie impossible à nos écoles, nos œuvres, nos institutions »[68].

Les réticences existaient aussi dans les rangs libéraux. Pour preuve, le principe de la loi unique n'avait pas eu que des partisans. Le 18 décembre 1960, l'assemblée générale du parti n'avait avalisé le projet de loi unique que par 440 voix contre 272[69]. Par ailleurs, pour la désignation du président du parti en mai 1961, les représentants des syndicats libéraux n'avaient pas pris part à l'élection pour exprimer leur inquiétude face au cours programmatique nouveau choisi par le parti. De même, le 26 juin 1961 – trois mois avant la naissance du PLP –, la puissante fédération bruxelloise du parti libéral avait annoncé son hostilité à un changement d'étiquette et se proclamait « fermement attachée à la double signification historique et philosophique de l'adjectif libéral »[70]. La conduite de la mue par Omer Vanaudenhove a donc été une réussite semée de quelques embûches.

La première épreuve du feu, au niveau électoral, se déroule en 1965. Les listes du PLP-PVV sont ouvertes à des personnalités venues d'autres horizons. On retrouve par exemple sur les listes d'anciens sociaux chrétiens, Joseph Moreau de Melen et Charles Poswick, mais aussi des cadres des petites formations ayant rejoint ses rangs. A titre d'exemple, l'ancien secrétaire

[67] Daniel-Louis SEILER, *Les partis politiques dans le Benelux*, Barcelone, Institut de Ciencès Politiques I Socials, Working Papers, 1992, 48.

[68] Cité par Wladimir PLAVSIC, « L'Eglise et la... », *op. cit.*, p. 235-237.

[69] « La réforme du parti libéral : naissance du parti de la liberté et du progrès PLP », *Courrier hebdomadaire du CRISP*, 13 octobre 1961, 125, p. 2.

[70] Joseph TORDOIR, « Le parti libéral devient le parti de la liberté et du progrès : chronique du choix difficile d'une appellation « rénovée » », *Libéralisme*, 1997, 19, p. 78.

général du parti social indépendant, Léon Hannotte, conduit la liste libérale à la Chambre dans l'arrondissement de Mons[71]. Le 21 mai 1965, *La Dernière heure* publie un manifeste des candidats catholiques du PLP-PVV où ils proclament leur foi dans le nouveau parti :

> « A l'instar des partis les plus représentatifs des grandes démocraties du monde libre, le PLP veut démontrer par son action que les convictions religieuses et philosophiques sont trop respectables que pour être confondues avec un combat politique qui ne vise que des objectifs temporels. Le PLP est le seul parti national qui ait véritablement permis à des croyants de s'unir sur un pied de stricte égalité pour combattre pour un même idéal de liberté »[72].

Face à la coalition sociale chrétienne-socialiste dont la législature est identifiée à l'adoption de lois linguistiques contestées, le PLP se présente comme l'alternative. L'entrée en matière est un plein succès. Les libéraux réalisent un bond électoral impressionnant tandis que socialistes et sociaux chrétiens enregistrent une chute substantielle. A l'époque, Jean Ladrière parle d'un véritable « phénomène de translation d'une partie de la fraction conservatrice (bourgeoisie et classe moyenne) du CVP-PSC vers le PLP »[73]. Dans les rangs parlementaires, huit catholiques sont identifiés parmi les députés du PLP et trois au Sénat, que rejoignent cinq sénateurs cooptés et provinciaux. Il y a asymétrie entre parties francophone et néerlandophone du pays : sur les seize parlementaires catholiques PLP, dont onze proviennent du PSC-CVP, on ne recense que deux Flamands[74].

Un an plus tard, le PLP-PVV force les portes de la majorité après qu'un nouvel exécutif socialiste-social chrétien ait révélé son impuissance. Un gouvernement social chrétien-libéral, sous la présidence de Paul Vanden Boeynants (PSC-CVP), est formé avec Willy De Clercq comme numéro deux.

(71) Jacques BRASSINE, « Elections et participations gouvernementales », *in* CENTRE PAUL HYMANS, *Les libéraux de 1846 à 1996*, Bruxelles, Centre Paul Hymans, 1996, p. 254

(72) Cité dans : « Bilan d'une présidence du PLP : Omer Vanaudenhove (1961-1969) (II) », *Courrier hebdomadaire du CRISP*, 14 mars 1969, 434-435, p. 38.

(73) Jean LADRIÈRE, « Le système politique belge : situation en 1970 », *Courrier hebdomadaire du CRISP*, 1970, 500, p. 14.

(74) « Bilan d'une présidence du PLP : Omer Vanaudenhove (1961-1969) (II) », *op. cit.*, p. 16.

Une transition difficile pour le mouvement socialiste

L'adaptation se révèle beaucoup plus difficile pour le parti socialiste belge. Depuis la fin des années cinquante, le PSB-BSP est confronté à un réveil de son aile gauche, renforcée après l'imposant mouvement social de 1960-1961.

Au terme de la législature socialiste-libérale de 1954-1958, le parti socialiste belge avait subi un revers électoral, imputé à l'emprise trop centriste du gouvernement sur les thèmes socio-économiques. Elle constituerait l'origine principale de la perte de crédit et de l'insuccès électoral de 1958. Les résolutions politiques de plusieurs congrès fédéraux épinglent cette dimension. Celles de Soignies et de Tournai-Ath-Mouscron sont explicites : « Le congrès constate que la participation à des gouvernements de coalition a toujours obligé le PSB à mettre en veilleuse son action véritablement socialiste au bénéfice d'inévitables mesures de compromis. Il considère que le PSB doit rester dans l'opposition jusqu'au moment où le corps électoral aura clairement manifesté sa volonté de le voir prendre toute sa responsabilité au pouvoir ». Le texte du congrès fédéral de Tournai-Ath-Mouscron est identique. Pour sa part, la résolution du congrès de Namur déclare : « considérant que la collaboration gouvernementale du PSB avec un parti bourgeois, champion de l'économie libérale, a été nuisible à la diffusion de la pensée socialiste ; que s'il a été possible, dans le cadre de cette collaboration, d'obtenir des avantages sociaux, elle n'a pas permis de réaliser la moindre des réformes de structure économique et sociale conduisant à la société socialiste »[75].

Deux exigences reviennent avec récurrence : l'établissement d'un service national de santé et l'adoption d'un programme de réformes de structure. Mais elles sont surtout le fait des fédérations wallonnes. Côté flamand, seules celles de Turnhout et de Sint-Niklaas-Waas s'y réfèrent. Le PSB-BSP soutient alors deux motions relatives aux réformes de structure adoptées par la FGTB, peu de temps auparavant.

Lors des congrès de 1954 et de 1956, le syndicat socialiste intègre dans sa réflexion et son action deux programmes impor-

(75) PARTI SOCIALISTE BELGE, *Congrès fédéral de Soignies*, 7 décembre 1958. PSB, *Résolution du congrès de la fédération de Namur*, 7 décembre 1958.

tants qui ambitionnent de modifier la structure économique à l'œuvre en Belgique. La perspective est d'articuler trois points déterminants : une planification souple, la nationalisation et le contrôle des holdings dans le cadre des rapports sociaux et de l'Etat. Pour nombre d'acteurs de l'époque, l'origine de ce positionnement ne fait aucun doute. Le secrétaire général adjoint de la FGTB-ABVV, André Renard, est le maître d'œuvre de cette évolution[76]. La thématique des réformes de structure est popularisée en Wallonie et dès les grèves de mineurs au Borinage de 1959, sa dynamique mobilisatrice est éprouvée.

Le PSB-BSP adopte certes les réformes de structure votées aux congrès de la FGTB mais la démarche est balisée. Le nouveau président Leo Collard qui a succédé à Max Buset prend soin d'encadrer leur importance dans le cadre d'une participation gouvernementale éventuelle :

> « Devrons-nous dire alors : ce programme est à prendre intégralement ? Il est possible que cette éventualité soit réalisable. Mais il est plus vraisemblable qu'elle ne le soit pas et qu'à partir de ce programme soient présentés de l'autre côté des observations, des restrictions, des refus. Les négociateurs ne pourraient qu'en prendre acte et s'adresser au congrès. Il appartiendra alors au congrès de prendre la décision qu'il croira devoir prendre. Quant à moi, je ne pourrais pas concevoir que le parti accepte d'entrer dans un gouvernement sans que ce programme ne soit un des éléments du programme gouvernemental, ne soit retenu comme la base du programme gouvernemental et soit considéré par nous comme un chiffon de papier »[77].

Pour autant, la gauche du parti fait entendre sa voix. Celle-ci est composée en partie de courants trotskistes liés à la IVe Internationale. Sa figure de proue est Ernest Mandel. Economiste de haut vol, auteur de très nombreux ouvrages et rapports, Mandel est la tête pensante du programme de réformes de structure. En 1951, la IVe Internationale avait décidé de pratiquer une politique d'entrisme soit dans les partis socialistes, où ces formations sont majoritaires dans la classe ouvrière, « comme la Belgique,

(76) René De Schutter, « L'expérience belge des réformes de structure », *Cent ans de socialisme en Belgique*, *Contradictions*, 1985, p. 102.

(77) Le congrès extraordinaire du PSB les 19 et 20 septembre 1959, p. 5.

l'Angleterre, l'Allemagne occidentale ou encore le Japon»[78], soit dans les partis communistes puissants comme en France et en Italie. Le leadership du parti est confronté à une aile avec des relais forts à Bruxelles et à Liège. L'expression publique de ces courants se retrouve dans deux hebdomadaires, *La Gauche* dans l'espace francophone et *Links* du côté néerlandophone.

Dans l'espace francophone, le parti socialiste est surtout confronté à la naissance du Mouvement populaire wallon (MPW), créé par André Renard le 6 avril 1961. Le MPW annonce deux objectifs majeurs, accéder au fédéralisme «qui seul peut assurer le respect et la mise en valeur de la personnalité des peuples dans l'harmonie générale» et réaliser les réformes de structure en matière économique et financière[79].

Le parti socialiste belge accueille avec beaucoup de réserves la création du MPW. Il y voit une menace pour l'Action commune socialiste, de même qu'une tribune pour son aile gauche. Cela à un moment où, après les élections de 1961, le parti est de retour aux affaires avec le PSC-CVP. Le 21 avril 1961, le congrès où est débattu le principe de la participation gouvernementale révèle d'ailleurs l'existence d'une minorité hostile à l'accord : le vote est acquis par 807 suffrages contre 50 et 20 abstentions[80]. Les socialistes belges ont mal géré la dynamique nouvelle relative au clivage linguistique. Pourtant, l'aile wallonne du PSB-BSP soutient les demandes d'autonomie. Les 6 et 7 juin 1959, un congrès des socialistes wallons porte haut et fort la revendication fédéraliste :

> «Le congrès,
> – confirme, que seul un régime fédéral à trois permettrait aux régions qui composent la Belgique, et en particulier, à la Wallonie, de mener une politique de progrès et d'expansion dans la liberté de chaque peuple à disposer de lui-même ;
> – réclame comme garantie urgente et minimum, le remplacement du Sénat par une chambre des régions dans laquelle les communautés flamandes et wallonnes seront représentées pari-

(78) Georges DOBBELEER, *Sur les traces de la révolution. Itinéraire d'un trotskyste belge*, Paris, Syllepse, 2006, p. 82.

(79) Walter PREVENIER, Luc PAREYN, «La fondation du PLP-PVV et ses conséquences (1958-1969)», *in* Hervé HASQUIN, Adriaan VERHULST (éd.), *Le libéralisme en Belgique…*, *op. cit.*, p. 113.

(80) PARTI SOCIALISTE BELGE, *Rapport du Bureau au congrès national ordinaire des 29 et 30 juin 1963 (Complément)*, p. 7.

> tairement et la communauté bruxelloise équitablement, étant entendu que cette chambre sera élue au suffrage universel et possèdera toutes les prérogatives de la Chambre des représentants»[(81)].

En janvier 1961, dans l'opposition à la loi unique, les parlementaires wallons du PSB affirmaient que si la politique gouvernementale était poursuivie, «le peuple wallon n'aura(it) pas d'autre issue que la révision des institutions du pays, afin de choisir lui-même les voies de son expansion économique»[(82)].

Mais en 1962 et 1963, le PSB-BSP donne son aval ou ne s'oppose pas à certains choix gouvernementaux qui mécontentent une partie de sa base. Il en est ainsi des lois linguistiques mais aussi des lois sur le maintien de l'ordre. En août 1962, les partis social chrétien et socialiste avaient déposé cinq projets visant à mieux assurer la «liberté du travail», à accroître les peines en cas de violence, ... Moins de deux ans après la grève de 1960-1961, ces dispositions sont interprétées comme une réaction à ce mouvement social. Eu égard aux remous qu'ils provoquent dans les rangs de la FGTB, le parti socialiste belge amende les projets en partie. Il n'empêche, au congrès d'avril 1963 une majorité des délégués wallons rejettent leur principe. Quelques jours plus tard à la Chambre, douze députés socialistes s'abstiennent, dont huit députés liégeois: Merlot, Cools, Dejardin, Sainte, Pacque, Fontaine-Borguet, Gruselin et Denis. Le 30 mai, les six sénateurs socialistes liégeois (Allard, Bulers, Delbouille, Leruse, Rassart et Troclet) s'abstiennent aussi.

En interne, les dirigeants socialistes tentent de saborder le MPW et, en tout état de cause, de priver de parole et d'action les personnalités trop proches de ce courant[(83)]. Pour preuve, le parti se lance dans une procédure disciplinaire à l'encontre de Jacques Yerna, éminence grise du syndicalisme à Liège. Celui-ci avait soutenu une liste wallonne contre la liste socialiste officielle dans l'entité de Chaudfontaine à l'occasion des élections

(81) «Les congrès wallons», *Courrier hebdomadaire du CRISP*, 1959, 22.

(82) Jean MEYNAUD, Jean LADRIÈRE, François PERIN (éd.), *La décision en Belgique…*, *op. cit.*, p. 103.

(83) Pascal DELWIT, «Le parti et le gouvernement. Les socialistes de la libération aux *Golden Sixties*», *in* Hugues LEPAIGE, Pascal DELWIT (éd.), *Les socialistes et le pouvoir…*, *op. cit.*, p. 221-258.

communales de 1964. Le PSB prend prétexte de ce fait pour frapper les imaginations. Néanmoins, sa volonté de sanctionner durement Jacques Yerna se heurte à la base militante liégeoise. Le 14 novembre le congrès de la fédération liégeoise du PSB rejette par 268 voix contre 267 et une abstention la proposition d'exclure Jacques Yerna des rangs socialistes.

Il n'empêche, la direction veut en finir avec la fronde wallingante et son aile gauche. En novembre 1964, elle annonce son intention de déclarer incompatibles un mandat de dirigeant du MPW et la qualité de membre du PSB. Le 23 novembre, le bureau fait savoir à ses fédérations que « sera posé au prochain congrès du parti le problème de l'incompatibilité entre la qualité de membre du PSB et la qualité de collaborateur à *La Gauche* et à *Links* et la qualité de membre du PSB et de dirigeant du MPW »[84]. Dans cette offensive, la direction socialiste doit une fois encore faire face aux pressions de certaines sections et fédérations wallonnes. Elle adopte donc une résolution « corrigée » par une position « conciliatrice » de Léo Collard. Aux assises des 12 et 13 décembre 1964, le président du parti déclare :

> « Le congrès déclare qu'il y a incompatibilité entre la qualité de membre du PS et :
> a) la qualité de dirigeant du MPW ;
> b) la qualité de collaborateur aux organes de presse *La Gauche* et *Links*.
>
> Il charge de bureau d'entendre les intéressés au cours d'une procédure de conciliation. Au cas où celle-ci échouerait, le conseil général aura à se prononcer, conformément aux statuts, sur les sanctions éventuellement proposées »[85].

Le vote n'est pas acquis facilement. Les fédérations de Liège et de Soignies s'y opposent majoritairement. A celle d'Ath-Tournai, la minorité est très importante. L'ensemble des délégués de quatre fédérations flamandes (Alost, Hasselt, Renaix, et Tongres) s'abstiennent sur la question de l'appartenance au BSP et à *Links*. Suite à ce vote, plusieurs personnalités quittent le

[84] « Le problème des incompatibilités soumis au congrès du parti socialiste belge des 12 et 13 décembre 1964 et ses conséquences. I », *Courrier hebdomadaire du CRISP*, 29 janvier 1965, 271, p. 10.

[85] « Le problème des incompatibilités soumis au congrès du parti socialiste belge des 12 et 13 décembre 1964 et ses conséquences. II », *Courrier hebdomadaire du CRISP*, 5 février 1965, 272, p. 6.

parti, dont l'un ou l'autre parlementaires, tel Fernand Massart qui deviendra plus tard président du Rassemblement wallon[86] mais surtout l'aile trotskiste, qui s'investit désormais dans la constitution d'un nouveau parti, le parti wallon des travailleurs.

Votes par fédérations au congrès des incompatibilités

	La Gauche et Links			*MPW*		
	Pour	*Contre*	*Abst.*	*Pour*	*Contre*	*Abst.*
Alost	–	–	17			
Anvers	103	2	–			
Ath-Tournai	35	13	2	35	13	2
Bruges	17	–	–			
Bruxelles	94	17	–	94	17	-
Charleroi	54	7	2	54	7	2
Termonde	12	–	–			
Dinant-Philippeville	16	–	–	16	–	–
Gand-Eeklo	51	1	3			
Hasselt	–	–	15			
Huy-Waremme	35	–	–	35	–	–
Ypres	12	–	–			
Courtrai-Menin	12	–	3			
Louvain	32	–	–			
Liège	43	65	1	43	65	1
Luxembourg	2	3	7	2	3	7
Malines	54	–	–			
Mons	59	–	–	59	–	–
Namur	22	2	1	22	2	1
Nivelles	17	5	2	17	5	2
Ostende	9	–	–			
Roulers	16	–	–			
Renaix	–	–	12			
Saint-Nicolas	17	–	–			
Soignies	10	24	1	10	24	1
Thuin	16	3	2	16	3	2
Tongres	–	–	13			
Turnhout	17	–	–			
Verviers	14	4	–	14	4	–

[86] Fernand Massart, *Salut et fraternité. Mémoires*, Namur, 1993, p. 122-123.

De fait, en adoptant cette position, le PSB ouvre une brèche aux nouvelles formations fondées sur une identité régionale, fédéraliste ou culturelle. Ce faisant, il se coupe d'une réflexion intellectuelle et d'un potentiel militant importants. Le parti socialiste belge le payera cher aux élections de 1965. La même remarque vaut d'ailleurs en gros pour le monde chrétien, partie prenante au gouvernement entre 1961 et 1965. Dans ses rangs aussi, le rejet du MPW est prégnant. Dès le 18 septembre 1961, André Oleffe, président du Mouvement ouvrier chrétien, condamne le MPW, stipulant qu'il n'est pas possible d'être membre à la fois des organisations ouvrières chrétiennes et d'organisations « qui poursuivent la dislocation de l'unité nationale »[87].

Le développement de la Volksunie et les prémisses du FDF et du RW

Au titre de *partis communautaires*, la Volksunie est la première à voir le jour. La réémergence d'un mouvement politique articulé autour de la défense de l'identité flamande s'est révélée assez difficile. La participation du VNV à la collaboration a longtemps plombé toute nouvelle expression politique du mouvement flamand, voire même un certain nombre de revendications linguistiques.

En 1949, la Vlaamse Concentratie ambitionne cet objectif. Créée le 14 mai 1949 par l'économiste Hector De Bruyne, elle porte les revendications flamandes mais aussi la demande d'amnistie pour les anciens collaborateurs. La plupart des cadres proviennent d'ailleurs des rangs de l'ancien VNV. Au scrutin du 26 juin 1949, le score décroché par la Vlaams Concentratie est modeste, 103 896 suffrages. Il est vrai qu'à ce moment, les catholiques, toutes sensibilités confondues, sont invités à se rassembler derrière le roi et le PSC-CVP. En 1952, les nationalistes flamands décrochent leurs premiers sièges à Anvers. Un pas supplémentaire est franchi en 1954, avec l'établissement de la Christelijke Vlaamse Volksunie (CVV), mais cette dernière reste encore largement confinée politiquement. La raison tient pour beaucoup à la polarisation sur le clivage philosophique à

[87] Guy SPITAELS, *L'année sociale, 1961*, ULB, 1962, p. 126.

travers la question scolaire, ce qui favorise le Christelijke Volkspartij (CVP)[88].

Dès 1954, la Christelijke Vlaamse Volksunie se mue en Volksunie, nouveau parti qui veut incarner les revendications du mouvement flamand. Au début de son existence, la Volksunie est à l'évidence marquée par son ancrage chrétien. En 1958, Frans Van der Elst, deuxième président et seul parlementaire du parti, vote par exemple l'installation du gouvernement minoritaire social chrétien. Mais l'événement n'est pas là. Pour la première fois depuis la libération, un parti se présente sur une base fédéraliste. La Volksunie prône un Etat fédéral à deux composantes, avec Bruxelles-capitale comme district fédéral. Le fédéralisme est la raison d'être de cette nouvelle formation et ce qui la distingue dans le paysage politique des années soixante. « Le fédéralisme est sans conteste l'enjeu de la lutte entre la Volksunie et les partis traditionnels », clame ainsi Frans Van der Elst[89].

La fin de la polarisation philosophique, l'effacement progressif de la stigmatisation du mouvement flamand auquel s'ajoute le développement d'une polarisation sur la question linguistique au début des années soixante favorisent l'essor de la Volksunie. La progression du parti régionaliste flamand s'observe en termes électoraux, organisationnels, culturels et politiques. Au plan électoral, les avancées de la Volksunie sont sensibles dans les années soixante et au début des années soixante-dix. En effet, en 1954 et 1958, la Volksunie fait à peine mieux que la Vlaams Concentratie, qui s'était présentée en 1949 : aux alentours de 3,5% des voix en Flandre. En revanche, dès 1961, le parti nationaliste flamand progresse en glanant 6%.

Lors de l'*élection de rupture* de 1965 (voir *infra*), la Volksunie passe le cap des 10% en Flandre en dépit d'un conflit interne qui a vu l'aile gauche menée par Daniel Deconinck quitter le parti et présenter des listes concurrentes dans certains arrondissements. Trois ans plus tard, le parti nationaliste atteint le cap de 15% dans l'espace politique flamand. A l'occasion de

(88) Pascal DELWIT (éd.), *Le parti social chrétien. Mutations et perspectives*, Bruxelles, Editions de l'Université de Bruxelles, 2002.

(89) Frans VAN DER ELST, « L'avenir de la Belgique », *Res Publica*, 1968, X, numéro spécial, p. 107.

ce scrutin, marqué par la question de Louvain, la Volksunie approfondit sa position fédéraliste et publie un manifeste au peuple wallon – *Manifest aan het Waalse Volk* – dans lequel elle détaille sa proposition de fédéralisme de coopération à deux :

> « L'avenir de ce pays, la paix de ce pays dépendent d'un nouveau pacte entre Wallons et Flamands qui doivent mutuellement se comprendre en considérant leurs intérêts respectifs (...). Nous devons sans hésiter et le plus vite possible réaliser le fédéralisme »[90].

En 1971, la Volksunie décroche son meilleur résultat : près de 19 % des suffrages dans l'espace flamand. Grâce à cette performance, elle souffle le titre de troisième parti flamand aux libéraux du PVV.

Evolution des résultats électoraux de la Volksunie en Région flamande (en pourcentage) *

1946		1965	11,42
1949	3,64	1968	16,97
1950		1971	18,82
1954	3,97	1974	16,69
1958	3,43	1977	16,03
1961	5,98	1978	11,37

* Non compris les cantons de Hal-Vilvorde.

Outre cette progression électorale et l'abandon de son étiquette chrétienne originale, la Volksunie se décline aussi comme l'une des premières formations politiques transversales sur le clivage philosophique en Belgique. Elle se présente d'ailleurs comme un parti qui traverse les piliers et les organisations sociales qu'elle dénonce souvent. « Ils sont avec leurs organisations annexes l'illustration de ce qu'on appelle en néerlandais de « *verzuiling* » le cloisonnement de la société et la jeunesse flamande n'en veut pas », dénonce Frans Van der Elst à l'encontre des *partis traditionnels*[91]. Selon les nationalistes flamands, il importe de redonner « la parole » aux citoyens en

(90) « L'évolution récente de la Volksunie II », *Courrier hebdomadaire du CRISP*, 25 mai 1973, 606, p. 4.

(91) Frans VAN DER ELST, « L'avenir de la Belgique... », *op. cit.*, p. 108.

les libérant d'attaches sociales et politiques inconditionnelles. Sous cet angle, la Volksunie est un des partis qui a le plus tôt promu des éléments de démocratie dite participative – consultations populaires, référendums, etc. – très certainement à l'image du parti Démocratie66, qui voit le jour aux Pays-Bas sur cette problématique.

Sur le plan organisationnel, la Volksunie est articulée pour l'essentiel, à ses origines, autour de François Van der Elst. Mais elle devient au fil du temps un «parti à part entière». Sa structure est affinée à travers la mise en place d'un *partijraad* (Conseil de parti) et d'un *partijbestuur* (Bureau de parti). De même peut-elle recruter un nombre de membres appréciable pendant vingt ans et devenir une formation respectable, examinée sous cet angle: plus de 50 000 adhérents dans les années soixante-dix.

Du côté francophone, les choses bougent aussi. Au plan politico-social, André Renard met sur pied le Mouvement populaire wallon en avril 1961. Le MPW rassemble, à ses origines, beaucoup de centrales wallonnes de la FGTB. Il revendique dès lors un très grand nombre d'adhérents; le chiffre de 200 000 membres a plusieurs fois été évoqué. Mais cette donnée doit être relativisée. Ce sont pour la plupart des membres indirects. Le premier congrès du Mouvement se réunit les 19 et 20 novembre 1961. En janvier 1962, le MPW adopte son projet de fédéralisme. Ses objectifs sont doubles: accéder au fédéralisme «qui seul peut assurer le respect et la mise en valeur de la personnalité des peuples dans l'harmonie générale» et réaliser les réformes de structure en matière économique et financière, «seules capables de lier le nécessaire progrès social à la nécessaire expansion économique»[92]. Dans son envol, le MPW est vite bridé par le décès de son père fondateur: André Renard meurt prématurément le 20 juillet 1962.

Au printemps 1963, le mouvement lance un pétitionnement en faveur de l'introduction du référendum d'initiative populaire dans la Constitution et de l'introduction de garanties pour la

[92] Jean MEYNAUD, Jean LADRIÈRE, François PERIN (éd.), *La décision en Belgique…*, *op. cit.*, p. 113.

Wallonie dans le cadre de l'adaptation de la représentation des sièges au parlement, liée à la démographie belge[93].

Au plan strictement politique, la structuration de la revendication fédéraliste wallonne est plus lente. En 1964, plusieurs formations wallonnes voient le jour dans la foulée du congrès des incompatibilités du PSB-BSP. La première a pour épicentre Charleroi. Ancien syndicaliste, Robert Moreau est à l'origine du Front wallon pour l'unité et la liberté de la Wallonie, dont la constitution intervient à Charleroi le 19 janvier 1964. La deuxième est liée au départ de l'aile trotskiste et de l'aile fédéraliste du PSB, lesquelles fondent le parti wallon des travailleurs (PWT) et, à Bruxelles, l'Union de la gauche socialiste (UGS). Dans le Brabant wallon, on relève aussi la création du Front démocratique wallon par Pierre Rouelle. Pour sa part, l'ancien parlementaire socialiste Fernand Massart fonde le Rassemblement démocratique wallon dans le Namurois. Lors du scrutin de 1965, le Front wallon et le parti wallon des travailleurs décrochent chacun un siège. Moreau est élu à Charleroi et François Perin, professeur de droit constitutionnel à l'Université de Liège, à Liège. Contre l'avis de l'aile trotskiste, Perin et ses proches proposent un regroupement entre le parti wallon des travailleurs, le Front wallon et le Rassemblement démocratique wallon. De ce rapprochement naît, en 1966, le parti wallon, qui élit Fernand Massart à sa présidence.

En 1968, le parti wallon s'élargit à d'autres groupes et personnalités, notamment d'horizons catholiques. Le 20 février 1968, à La Louvière, des personnalités appartenant à Rénovation wallonne, à Wallonie libre, au Mouvement populaire wallon et au Mouvement libéral wallon se joignent au parti wallon et forment le Rassemblement wallon (RW), dont François Perin prend la direction. Le Rassemblement wallon se présente comme tel pour la première fois aux élections de 1968. Pour François Perin, les axes programmatiques du nouveau Rassemblement wallon sont assez simples. Il s'agit de « faire reconnaître dans la Constitution les communautés et les régions, s'allier avec ceux, à Bruxelles et dans les Fourons, qui voulaient corriger

[93] Chantal KESTELOOT, « Le mouvement populaire wallon et la prise de conscience politique du mouvement wallon (1961-65) », *Cahiers marxistes*, février-mars 1988, p. 60.

les injustices de la loi sur la frontière linguistique de 1962 et les lois linguistiques de juillet-août 1963»[94]. La volonté d'avoir les leviers pour entamer la reconversion industrielle wallonne est aussi un élément important.

S'il obtient, en 1968, un score très appréciable, c'est en 1971 que le Rassemblement wallon réalise son résultat historique. Il est alors le deuxième parti à l'échelle de la Wallonie, derrière le PS, mais devant le PSC et le PLP.

Evolution des résultats électoraux du Rassemblement wallon en Région wallonne (en pourcentage)

1968	10,47	1977	7,59
1971	20,85	1978	9,20
1974	16,18		

Qu'en est-il dans le spectre bruxellois? En octobre 1961, Raymond Latin, secrétaire de la régionale de Bruxelles, crée le Front pour la défense de Bruxelles dont le premier meeting est organisé après la marche flamande sur Bruxelles qui a traumatisé l'opinion francophone. Il rassemble 2000 personnes[95]. Mais ce sont les lois linguistiques de 1962-1963 qui cristallisent les choses à l'échelle politique.

Le compromis difficilement obtenu maintient les «frontières» de l'agglomération bruxelloise dans les dix-neuf communes, contrairement aux vœux des francophones. En contrepartie, des facilités linguistiques sont octroyées à six communes limitrophes, de même qu'à Comines-Warneton et Fourons.

Dès avant cet accord, les inquiétudes et l'hostilité des Bruxellois francophones pointent. En janvier 1962, un manifeste publié par le magazine *Pourquoi Pas?* exprime son «inquiétude devant la soumission du gouvernement aux exigences démesurées d'extrémistes acharnés à multiplier les mesures de contraintes linguistiques»[96]. Signé par des professeurs de l'ULB et de l'UCL et plusieurs personnalités libérales et catholiques, la publication de ce texte témoigne de réserves importantes envers la

[94] François PERIN, *Histoire d'une nation introuvable*, *op. cit.*, p. 210.

[95] *L'année sociale. 1961*, Bruxelles, ULB, 1962, p. 110.

[96] Serge GOVAERT, *Bruxelles en capitale. 1958-2000. De l'expo à l'Euro*, Bruxelles, De Boeck Université, 2000, p. 92.

voie empruntée par les partis de la majorité. A la fin de l'année, en décembre 1962, plusieurs dizaines de professeurs d'université – en particulier de l'Université libre de Bruxelles (ULB) et de l'Université catholique de Louvain (UCL) – publient cette fois un *manifeste bruxellois*, qui préconise la liberté dans l'emploi des langues et en appelle à un *pacte entre les Belges*(97). De cette initiative naît un Rassemblement pour le droit et la liberté. Il catalyse l'opposition aux dispositions des lois linguistiques relatives à l'agglomération de Bruxelles et à sa périphérie. Son action anticipe la création en mai 1964 d'une nouvelle formation politique, le Front démocratique des Bruxellois (plus tard, des Bruxellois francophones) FDF, au programme limité à l'origine à une double revendication : l'abrogation des lois linguistiques de 1962-1963 et la consultation des populations en vue de déterminer le territoire et le statut de la Région bruxelloise.

Au début, la démarche est surtout le fait de Wallons de Bruxelles, notamment des militants des sections régionales du Mouvement populaire wallon. Parmi les membres fondateurs, on retrouve ainsi nombre des personnalités du comité d'organisation initial du Rassemblement pour le droit et la liberté, les professeur Marcel Hombert (ULB), Paul Brien (ULB), Jean Hoffman (ULB) et André Lagasse (UCL), de même que des responsables de mouvements wallons, Léon Defosset, président du MPW de Bruxelles, André Lagasse, président de la section bruxelloise de Rénovation wallonne, Marcel Lengrand, secrétaire général de la Ligue wallonne ou encore Lucien Outers, secrétaire général de Rénovation wallonne(98). En l'espèce, on relève aussi le côté transversal sur le plan philosophique. Le FDF souligne encore son absence de liens privilégiés avec « des organisations de type mutualiste ou syndical »(99).

Dirigé à ses débuts par Paul Brien, le FDF attire à lui un nombre appréciable de membres. Ainsi au printemps 1967, il compte 6 815 adhérents. Le parti fait une percée à l'élection nationale de 1968. Mais la progression du FDF est surtout spec-

(97) *Ibid.*, p. 92.

(98) Pierre LEFEVRE, « Le FDF : seize ans d'expérience pluraliste », *Res Publica*, 1980, XXII/3, p. 387.

(99) Chantal KESTELOOT, *Au nom de la Wallonie et de Bruxelles*..., *op. cit.*, p. 272.

taculaire dans les années soixante-dix, moment où il devient le premier parti à Bruxelles. Entre-temps, en 1970, il se rallie aux thèses fédéralistes de son *alter ego* wallon, le Rassemblement wallon, avec lequel il met d'ailleurs en place une collaboration structurelle. Pour les deux partis, cela suppose une délimitation des régions et le démantèlement de la province du Brabant[100].

Les trois partis communautaires seront à l'évidence un aiguillon important dans le processus menant à la première grande réforme de l'Etat belge. Par ailleurs, ils mettent aussi à l'agenda la condamnation des pratiques clientélistes et la promotion de mécanismes de démocratie participative ou directe, renouvelant et «traversant» de la sorte la pilarisation à la belge[101].

(100) Le FDF-RW (II), *Courrier hebdomadaire du CRISP*, 9 avril 1971, 517, p. 4.

(101) Kris DESCHOUWER, « The decline of consociationalism and the reluctant modernization of the Belgian mass parties», *in* Richard KATZ, Peter MAIR (éd.), *How parties organize. Change and adaptation in Party organizations in Western Democracies*, Londres, Sage, 1994, p. 83.

CHAPITRE V

1965-2009 : le multipartisme extrême

L'élection nationale de 1965 est sans doute le scrutin qui a le plus frappé les imaginations dans l'histoire électorale et politique belge. Le PSB-BSP et le PSC-CVP y subissent un recul spectaculaire, le monde libéral progresse sensiblement de même que les nouveaux partis *communautaires*. La rupture est la plus nette dans l'espace francophone. Proportionnellement, sociaux chrétiens et socialistes y perdent plus de voix qu'en Flandre.

Evolution du PSC-CVP et du PSB-BSP aux élections de 1961 et 1965 dans les provinces et les arrondissements de la province de Brabant

	PSC-CVP			*PSB-BSP*		
	1961	*1965*		*1961*	*1965*	
	% de voix	*% de voix*	*% de voix perdu par le parti*	*% de voix*	*% de voix*	*% de voix perdu par le parti*
Anvers	47,30	40,31	14,78	34,08	28,14	17,43
Flandre occidentale	55,35	48,04	13,21	30,18	24,62	18,42
Flandre orientale	49,29	42,15	14,49	28,15	24,04	14,60
Limbourg	63,17	58,07	8,07	19,05	15,26	19,90
Louvain	42,39	38,00	10,36	30,47	25,63	15,88
Bruxelles-Hal-Vilvorde	32,63	23,50	27,98	39,21	25,75	34,33
Nivelles	28,18	21,33	24,31	48,20	31,88	33,86
Hainaut	24,61	19,72	19,87	49,83	39,09	21,55
Liège	30,57	23,40	23,45	46,82	35,19	24,84
Luxembourg	54,00	46,34	14,19	30,41	23,38	23,12
Namur	41,54	33,97	18,22	42,16	30,63	27,35

Ce résultat avait été annoncé par de nombreuses indications. Le système politique belge sort du bipartisme imparfait et entre de plain-pied dans un approfondissement du multipartisme. Dans cette recomposition du paysage politique compte tenu des prégnances différenciées des trois grands clivages structurant la vie politique belge, les élections législatives de 1965 constituent un tournant majeur. Ce scrutin marque une nouvelle ère caractérisée, selon Kris Deschouwer «par une volatilité élevée et un degré de fragmentation important»[1].

De fait, eu égard à la stabilité jusqu'alors légendaire du comportement électoral en Belgique, l'élection de 1965 modifie la donne. Les deux grandes familles politiques historiques sont très sévèrement sanctionnées. Sociaux chrétiens et socialistes enregistrent un revers inédit par son ampleur et sa concomitance. Le parti pour la liberté et le progrès y gagne presque un statut de formation politique à l'égal du PSB-BSP et du PSC-CVP. Il aura toutefois du mal à conserver cet acquis dans la décennie suivante.

Résultats électoraux dans la décennie soixante et en 1971
(en pourcentage à l'échelle nationale)

	1961	*1965*	*1968*	*1971*
PSB-BSP	36,72	28,28	27,99	27,24
PSC-CVP	41,46	34,45	29,81	30,05
PLP-PVV	12,33	21,61	20,87	16,80
PCB-KPB	3,08	4,57	3,49	3,25
Volksunie	3,46	6,69	9,79	11,11
RW		1,91	2,92	5,81
FDF		1,44	2,97	5,43

Nous l'avons observé, les partis *communautaires* sont les autres bénéficiaires du recul socialiste et social chrétien, de même que le parti communiste. Ce nouveau souffle communiste est néanmoins hypothéqué par un conflit interne, l'arbitrage autour du conflit sino-soviétique. Proportionnellement, les communistes belges ont été la formation communiste ouest-européenne la plus affectée par la crise sino-soviétique. L'aile pro-chinoise est animée par Jacques Grippa, ancien grand résistant. Membre

(1) Kris DESCHOUWER, «The decline of consociationalism...», p. 82.

du comité central, Jacques Grippa est exclu du parti à la veille du congrès de 1963[2].

C'est dans la fédération bruxelloise que les réticences sont les plus manifestes. A son congrès des 22-23 juin 1963, celle-ci repousse l'éviction des quatre dirigeants pro-Pékin de la direction : Jacques Grippa, Maurice Massoz, Maurice Delogne et René Raindorf. La fédération bruxelloise du PCB perd alors plus d'un tiers de ses adhérents au profit d'un autre parti portant le même nom et dirigé par Jacques Grippa. Ce *nouveau* parti communiste critique vertement la direction *khrouchtchévienne* du PCB, lui reprochant l'abandon du marxisme-léninisme tout comme ce qu'il estime être sa modération durant les grèves de l'hiver 1960-1961. A l'échelle internationale, cette formation défend les thèses chinoises et albanaises. Même abondamment subventionnée par Pékin, elle ne parviendra pas à s'implanter durablement et n'entame que partiellement les résultats électoraux du PCB. Néanmoins le parti *khrouchtchévien* perd le monopole du discours révolutionnaire.

Un schéma traditionnel mis en cause

Nous l'avons pointé, outre la pression régionaliste et linguistique qu'elles exercent, les nouvelles formations communautaires interpellent les partis traditionnels sur un autre plan : celui de la pilarisation et de la démocratie consociative belge, dont le politologue Arend Lijphart considère que la Belgique constitue un « idéal type »[3]. Que recouvre ce concept ? De manière synthétique, la démocratie consociative renvoie à quatre caractéristiques :

1. les sociétés sont divisées en plusieurs segments d'essence idéologique ou philosophique. C'est la dynamique de la *pilarisation* présentée *supra* ;
2. entre ces segments ou entre ces piliers, la mobilité et la communication sont très faibles. Ils constituent en tant que

[2] François FEJTÖ, *Dictionnaire des partis communistes et des mouvements révolutionnaires*, Paris, Casterman, 1971, p. 87.

[3] Arend LIJPHART, « Introduction : The Belgian exemple of cultural coexistence in comparative perspective », *in* ID. (éd.), *Conflict and coexistence in Belgium*, Berkeley, University of California, 1981, p. 5.

tels des structures d'encadrement global, des quasi contre-sociétés pour reprendre l'expression d'Annie Kriegel à propos du PCF[4];

3. il y a néanmoins un lieu de rencontre entre représentants des piliers : celui des élites. Ce sont elles qui débattent et négocient la décision politique. Trois types de comportements sont attendus d'elles : (a) elles doivent admettre les dangers de la fragmentation ; (b) il doit y avoir un accord minimal entre elles pour le maintien du système ; (c) elles doivent accepter de discuter entre elles pour trouver des solutions consensuelles satisfaisant certaines demandes de chacun des piliers[5] ;
4. ces négociations et ces rencontres entre élites débouchent régulièrement sur des décisions fondées non sur le principe majoritaire mais plutôt sur une philosophie du consensus entre les segments. Dans les choix opérés, il y a distribution des ressources, matérielles ou symboliques, entre les différents piliers.

Les pratiques de délégation et d'établissement des compromis au niveau des élites politiques sont mises en question par ces partis neufs[6].

Pour la première fois depuis la deuxième guerre mondiale, des partis captent des électorats significatifs tout à la fois dans le monde chrétien et parmi les athées. Il en va de même pour leurs membres où militent ensemble pratiquants et laïques, ce qui est neuf dans le spectre politique belge. Cette configuration atteste d'une fissure ou d'une érosion du clivage philosophique.

Un approfondissement de la fragmentation politique : la scission des familles politiques

La défaite de 1965, la progression des partis régionalistes et la marque du débat institutionnel renforcent les forces centri-

(4) Annie Kriegel, *Aux origines du communisme français : contribution à l'histoire du mouvement ouvrier français*, Paris, Flammarion, 1970.

(5) Kenneth. D. McRae, « Part I. Introduction », *in* Id. (éd.), *Consociational Democracy. Political Accommodation in Segmented Societies*, Toronto, The Charleton Library, 1974, p. 2.

(6) Kris Deschouwer, « The decline of consociationalism... », *op. cit.*, p. 83.

fuges dans les partis nationaux, socialiste, libéral et social chrétien. De plus en plus de problématiques opposent durement ailes francophone et néerlandophone dans les trois grands partis. Le maintien en une seule formation de composantes francophone et flamande ne résiste pas à la croissance de ces conflits internes. En la matière, l'« affaire » de Louvain est le déclencheur pour la famille sociale chrétienne.

L'« affaire de Louvain » : l'implosion du PSC-CVP

La signature du pacte scolaire et la création du PLP-PVV ont mis à mal la cohésion catholique. Au congrès de Charleroi, les 5 et 6 mars 1960, la question est posée directement : un parti d'inspiration chrétienne est-il toujours nécessaire après le « pacte » ? L'agenda communautaire qui affecte le parti ne permet pas d'aborder pleinement l'interrogation et son approche s'avère complexe eu égard aux différends multiples qui affectent le parti[7].

Au printemps 1961, l'aile droite du PSC-CVP souhaite poursuivre la collaboration avec les libéraux tandis que l'aile de centre-gauche, emmenée par Théo Lefèvre, prône un renversement d'alliance au profit d'une collaboration avec le PSB-BSP. Ce dernier point de vue prévaut mais au prix d'arrangements et d'attitudes qui brouillent l'identité du parti. Lefèvre devient Premier ministre dans un gouvernement social chrétien-socialiste tandis que Paul Vanden Boeynants, représentant de l'aile droite, accède à la tête du parti et ne se prive pas de critiquer la coalition rouge-romaine. Bien plus à droite que Théo Lefèvre, Vanden Boeynants avait été, en 1955, un des initiateurs du Mouvement indépendants et cadres chrétiens (MIC), dont l'objectif était de faire contrepoids au MOC-ACW. En 1972, ce courant se transforme en Centre politique des indépendants et des cadres chrétiens (CEPIC).

Vanden Boeynants s'inquiète des conséquences électorales des transformations dans le monde libéral. Aussi cherche-t-il à choyer particulièrement les indépendants et les classes moyennes, « cible » électorale du nouveau PLP-PVV. Durant la législature 1961-1965, les cadres du PSC-CVP prennent d'ailleurs

[7] Wouter BEKE, *De Christelijke Volkspartij*, Louvain, Universitaire Pers Leuven, 2005, p. 434.

acte du changement induit par le pacte scolaire pour leur identité. Pas nécessairement pour s'en désoler, mais sûrement pour s'interroger sur leur destin. «La solution de la question scolaire – aujourd'hui définitivement stabilisée semble-t-il – prive très heureusement le parti d'un levier clérical dangereux. Si l'on veut bien considérer encore que, dans les autres partis, on affirme de plus en plus le souci de ne pas adopter d'attitudes qui repousseraient les votes des catholiques en raison d'impératifs moraux catégoriques, l'on doit bien admettre que tout le climat de notre vie politique vit en ce moment une métamorphose lente mais profonde», pointe la fédération bruxelloise du PSC-CVP[8].

Dans la famille sociale chrétienne, les difficultés ne sont pas moins manifestes sur la question linguistique. Au congrès de Charleroi de 1960, le parti a adopté un compromis assez proche des préoccupations de l'aile flamande, en particulier sur le volet linguistique du recensement et sur les frontières de Bruxelles. Mal accueilli dans l'espace francophone, il met en difficulté l'aile francophone du parti où un certain nombre de voix se sont fait entendre au congrès sur la teneur de la proposition[9].

L'adoption des lois linguistiques et la réforme constitutionnelle de 1963 mettent à mal l'unité du PSC-CVP[10]. Sociaux chrétiens francophones et néerlandophones divergent de plus en plus. D'un point de vue politique, le trouble interne à la famille sociale chrétienne se cristallise sur l'*affaire de Louvain*.

En Flandre, une part importante des élites politiques et sociales, de même que des segments non négligeables de la société, souhaitaient l'application pure et simple des lois linguistiques à l'enseignement universitaire. En d'autres termes, l'instauration de l'unilinguisme à l'Université catholique de Louvain. Inquiets face à cette revendication, le primat de Belgique et le pouvoir organisateur de l'UCL mettent les choses au point le 8 mars 1962:

[8] «La situation dans le parti social chrétien. Préparation, déroulement et lendemains du XIXe congrès. I», *Courrier hebdomadaire du CRISP*, 13-20 mars 1964, 235-236, p. 14.

[9] Wouter BEKE, *De Christelijke Volkspartij*..., *op. cit.*, p. 434 et s.

[10] «La situation dans le parti social chrétien. Préparation, déroulement et lendemains du XIXe congrès I», *Courrier hebdomadaire du CRISP*, 1964, 235-236.

> « L'archevêque de Malines-Bruxelles et les évêques belges qui constituent le conseil d'administration de l'UCL, constatant qu'il existe dans certains milieux des inquiétudes concernant l'avenir de l'Université de Louvain, tiennent à affirmer une fois de plus que celle-ci doit rester l'unique université catholique dans le pays, assurant l'enseignement dans les deux langues nationales, pour le plus grand bien de l'Eglise et du pays »(11).

Toutefois, l'aile flamande du PSC-CVP se rallie de plus en plus à cette revendication. Nombre de mandataires sociaux chrétiens flamands acceptent d'ailleurs très mal le mandement épiscopal sur l'Université de Louvain de mai 1966, qui décrète sèchement qu'il n'est pas « question ni dans l'immédiat ni par étapes, d'établir une nouvelle université d'expression française ou néerlandaise, ni de diviser le patrimoine, ni de démanteler d'aucune manière l'Université de Louvain ». Les évêques ne prévoient qu'un dédoublement graduel des candidatures des deux régimes linguistiques(12).

L'exigence d'un transfert de la section francophone de l'UCL-KUL s'approfondit en 1967 et au début de l'année 1968, l'aile flamande du PSC-CVP franchit le Rubicon. Chargé par les parlementaires néerlandophones du PSC-CVP d'interpeller le gouvernement sur le transfert de la section francophone de l'Université catholique de Louvain, le député Jan Verroken est à l'origine de la chute du gouvernement(13). Les ministres sociaux chrétiens francophones refusent de suivre cette voie. Les ministres sociaux chrétiens néerlandophones ne peuvent accepter le *statu quo*. Le gouvernement social chrétien-libéral dirigé par Paul Vanden Boeynants a vécu. Le PSC-CVP aussi. Pour les sociaux chrétiens, le coup est rude et l'installation de l'aile francophone de l'UCL sur le campus de Louvain-la-Neuve est ressentie comme un véritable traumatisme. « Les chrétiens francophones resteront longtemps sous le coup de la « trahison des évêques flamands et du CVP sur Louvain » », rappelle Charles-Ferdinand Nothomb(14).

(11) Christian LAPORTE, *L'affaire de Louvain, 1960-1998*, Bruxelles, De Boeck, 1999, p. 76.

(12) *Ibid.*, p. 190 et s.

(13) « L'évolution récente des structures du CVP-PSC », *Courrier hebdomadaire du CRISP*, 1970, 484, p. 10.

(14) Charles-Ferdinand NOTHOMB, *La vérité est bonne*, Bruxelles, Didier Hatier, 1987, p. 80-81.

En février 1968, le PSC-CVP se scinde en deux partis distincts même si la coupure n'est entérinée qu'en 1969 à Bruxelles lors des congrès extraordinaires respectifs du Christelijke Volkspartij (27 avril 1969) et du parti social chrétien (31 mai 1969). Une coordination minimale est assurée par Robert Houben, président national, qui avait été préféré en 1967 à Saint-Rémy par 484 voix contre 62. En 1972, la rupture est consommée officiellement. Le 22 mars 1972, le PSC élit son premier président en la personne de Charles-Ferdinand Nothomb. Pour sa part, Wilfried Martens est préféré à Gerard Van Den Daele comme premier président du CVP, le 4 mars 1972. Président des CVP-Jongeren, où l'on retrouve des personnalités comme Jean-Luc Dehaene, Georges Monard, Jan Huygebaert, Rita Jolie, Ward Bosmans et Miet Smet, Martens incarne l'aile radicale du CVP sur les questions communautaires. Chacun vit désormais sa vie.

Cette scission a des conséquences importantes pour le paysage politique et l'agencement des rapports de force. Si le « monde » social chrétien est une réalité très tangible en Flandre, c'est beaucoup moins évident du côté francophone : selon Patrick Pasture le monde catholique en Wallonie « était si divisé et doté d'une organisation si faible que l'on peut à peine parler de « pilier catholique » »[15].

Le parti social chrétien qui prend son destin en main à la fin des années soixante et au début des années soixante-dix semble cumuler plusieurs handicaps. Sa « création » s'est faite dans le déchirement total pour la communauté catholique. Les scrutins de 1965 et de 1968 avaient raboté de manière significative son poids électoral au profit des libéraux et des nouveaux venus du Front démocratique des francophones et du Rassemblement wallon. La pratique religieuse s'érode. Au surplus, les tensions entre ailes gauche et droite du parti sont ravivées. La démocratie chrétienne ne parvient pas à aboutir à un accord structurel avec le PSC. Le 26 février 1972, le Conseil général du Mouvement ouvrier chrétien (MOC) choisit d'ailleurs d'affirmer son autonomie et le pluralisme politique en son sein, « permettant ainsi aux militants et aux responsables ouvriers chrétiens

[15] Patrick PASTURE, « Entre Eglise et citoyen : le PSC-CVP et sa base organisée », *in* Charles-Ferdinand NOTHOMB, Frank SWAELEN (éd.), *Un parti dans l'histoire…*, *op. cit.*, p. 277.

d'adhérer au parti de leur choix – outre le PSC, FDF, RW, PS, PC etc. – sans plus craindre la moindre sanction, liée à un choix non orthodoxe»[16]. Certaines organisations politiques chrétiennes voient même le jour en marge du PSC, comme le Groupement politique des travailleurs chrétiens (GPTC).

Animé par plusieurs personnalités originaires du MOC comme Claude Debrulle, Jacques Meurice ou Louis Boulvin, le GPTC engage avec les communistes borains un dialogue et un combat commun, y compris électoral. A Mons, la liste de l'Union des progressistes (UDP) rassemble ces deux composantes et des personnalités indépendantes. Emmenée par le sénateur communiste René Noël, la liste est partie prenante au collège montois. Mais le GPTC ne parvient pas à dépasser le cadre borain et l'initiative avorte après l'échec aux élections communales de 1976.

Cependant, le PSC a aussi des atouts. Le réalignement opéré par les libéraux a modifié leur statut et celui du PSC. Les sociaux chrétiens, classés jusqu'alors comme les plus à droite de l'espace politique, récupèrent la fonction pivotale en occupant la position centriste de l'échiquier politique. Il s'agit là d'un atout majeur. Il trouve d'autant plus à s'exprimer que l'on n'imagine pas constituer un gouvernement sans symétrie politique. Compte tenu de la force qu'incarne encore le CVP, le PSC est assuré d'exercer les responsabilités gouvernementales aussi longtemps que son *alter ego* reste le parti dominant dans l'espace politique flamand. Enfin, le PSC est certes durement concurrencé par le Rassemblement wallon dans l'espace politique wallon, mais cette formation recèle de nombreuses fragilités : caractère transversal sur le plan socio-économique, structure lâche, faible implantation communale, focalisation programmatique sur une thématique,...

Dès 1974, le RW enregistre une première stagnation électorale alors qu'à l'inverse, le PSC opère un léger redressement que Nothomb attribue au nouveau profil du parti : «Ce sont ces circonstances, liées au travail de réorganisation mené par les nouvelles équipes de 1972, et pour le PSC à son profil plus «wallon» suite à la concertation wallonne, qui vont amener la victoire électorale du 10 mars 1974 et la bonne position de

(16) «Entretien avec trois animateurs de «Solidarité et Participation»», *Cahiers marxistes*, juin 1983, 115, p 10.

négociation pour les sociaux chrétiens dans le gouvernement qui suivra »[17]. La première participation gouvernementale du parti régionaliste wallon fera éclater ses contradictions.

Ces atouts équilibrent les handicaps du PSC durant la décennie soixante-dix. Entre autres, ils lui permettent de connaître un regain électoral parallèle au déclin du Rassemblement wallon et au tassement des libéraux. Mais Nothomb échoue dans son opération d'arrimage de l'aile droite du Rassemblement wallon au PSC, qui préfère « la position du maintien de position « centrale » et « chrétienne » plutôt que de bénéficier d'un élargissement substantiel »[18]. Aux élections de 1977 et 1978, le PSC progresse en voix et en sièges. Cette progression n'efface cependant pas des problèmes structurels, dont l'intensification des tensions entre ailes gauche et droite particulièrement sensible dans les dernières années de la décennie soixante-dix. Son aile droite incarnée par le Centre politique des indépendants et cadres chrétiens (CEPIC) prend des positions de plus en plus droitières, qui ne sont plus « encadrées » par son dirigeant Paul Vanden Boeynants, dès lors que celui-ci revient à la présidence du parti en octobre 1979. Les passes d'armes entre CEPIC et démocratie chrétienne se multiplient et se durcissent. Dans un contexte de paralysie institutionnelle et d'approfondissement de la crise économique, elles ternissent l'image du PSC. En 1981, les sociaux chrétiens francophones – comme néerlandophones au demeurant – payent au grand comptant ces divisions étalées sur la place publique.

La fin de l'unitarisme chez les libéraux

Dans le contexte d'exacerbation communautaire, les libéraux du PLP-PVV se présentent au scrutin anticipé de 1968 sous les couleurs du *belgicanisme*. Les affiches du PLP-PVV sont sans équivoque avec le slogan : « Mon parti, c'est mon pays ». Omer Vanaudenhove fait de l'unité nationale un point cardinal du programme et de l'identité libérale en Belgique :

> « le PLP, dès sa naissance – et ici nous continuons une tradition de l'ancien parti libéral – est et reste farouchement attaché à l'union

[17] Charles-Ferdinand NOTHOMB, « La première décennie du parti social chrétien autonome », *Res Publica*, 1988, XXX/4.
[18] *Ibid.*

> des Belges, et est bien décidé à lutter contre tout ce qui peut provoquer la scission ou l'éloignement de nos communautés. (…) Nous disons « NON » à toute aventure fédéraliste. Pourquoi ? Parce que nous sommes des sentimentaux ? Parce que nous tenons à la Belgique de papa ? Nous sommes certainement attachés à notre passé, nous ne voyons aucune raison de ne pas en être fiers, de devoir le renier, mais si nous sommes contre le fédéralisme, c'est parce que nous sommes convaincus que c'est la grande aventure, pas seulement politique, mais qui peut également entraîner les drames sur le plan économique, et par conséquent, sur le plan social »[19].

Gonflés par l'espoir d'un score historique, les libéraux espèrent pouvoir créer un véritable tremblement de terre politique. Il n'en sera rien. Certes, le PLP-PVV confirme son bon score d'ensemble du scrutin de 1965 mais la progression est infime. Surtout, le résultat est très asymétrique. Si les libéraux wallons glanent encore des suffrages, en Flandre en revanche, le PLP-PVV est en recul. Il apparaît que l'ouverture du libéralisme au monde chrétien est plus facilement acceptée par l'électorat conservateur et traditionaliste en Wallonie qu'en Flandre. Sans doute parce que, « dans une Wallonie globalement plus déchristianisée, le clivage clérical-anticlérical était déjà plus estompé et que l'encadrement social par le mouvement chrétien était moins hégémonique »[20].

L'« échec » de 1968 entraîne une mise en cause profonde de la ligne du parti et de la personne qui l'incarne. Au lendemain du scrutin, la Liberaal Vlaams Verbond (LVV) impute la stagnation à la campagne « belgicaine » de Vanaudenhove. La LVV en appelle à l'abandon du *compromis de Liège*. Adopté par le congrès de janvier 1966, le « compromis » de Liège avait entériné une position assez favorable à la branche francophone des libéraux et suscité des récriminations dans certains milieux libéraux néerlandophones, en particulier la proposition d'extension des facilités linguistiques à treize communes limitrophes de

(19) Omer VANAUDENHOVE, « Les vues d'avenir du PLP sur sa structure », *Res Publica*, 1968, X, numéro spécial, p. 95-96.

(20) Christian VANDERMOTTEN, Pablo MÉDINA LOCKHART, « La géographie du libéralisme belge et européen », *in* Pascal DELWIT (éd.), *Libéralismes…*, *op. cit.*

Bruxelles[21]. Le président d'honneur du Willemsfonds, Hans Van Werveke, et son président, Adriaan Verhulst, avaient tenté en vain d'empêcher l'adoption de cette position par le PLP-PVV. Après l'échec de 1968, l'aile flamande du parti en récuse le contenu, Willy De Clercq, Vice-premier ministre libéral sortant, en premier lieu.

La LVV organise d'ailleurs un congrès extraordinaire les 11 et 12 mai 1968 à Knokke. Congrès de la *mauvaise humeur*, les résolutions adoptées accentuent les forces centrifuges au sein du PLP-PVV. La LVV prône désormais l'unilinguisme à l'Université de Louvain et la scission complète de l'Université libre de Bruxelles. Elle marque sa volonté de scinder l'arrondissement électoral de Bruxelles-Hal-Vilvorde et se prononce pour la représentation proportionnelle des Flamands sur les listes libérales à Bruxelles...[22]. Le libéralisme belge unitaire vit ses dernières heures. En 1969, l'aile flamande de la fédération bruxelloise du PLP-PVV la quitte et fonde les Blauwe Leeuwen. Avant cela, il envisage de se fondre dans un parti conservateur.

L'hypothèse de l'avènement d'un pôle conservateur prend consistance en 1969. En effet, le 6 mars, le Premier ministre sortant Paul Van den Boeynants (PSC) envisage un rassemblement des conservateurs. Devant les étudiants de Louvain, l'ancien Premier ministre en appelle à une nouvelle «constellation politique». Selon lui, les clivages traditionnels sont dépassés. Et les partis, incarnations de ces clivages, seraient incapables de relever les défis auxquels est confrontée la Belgique: «Ils sont malades, car les regroupements politiques, qu'ils organisent sont dépassés. Il y avait jadis des clivages entre Wallons et Flamands, entre catholiques et non catholiques, entre libéralisants et socialistes, mais ces regroupements idéologiques sont dépassés»[23]. Partant, la «nouvelle constellation politique» transcenderait les lignes de partages historiques. La séparation s'opérerait désormais entre «ceux qui se résignent aux changements» et «ceux qui le font». En d'autres termes, selon Paul Vanden Boeynants,

[21] Walter PREVENIER, «La séparation linguistique (1960-1979)», *in* Hervé HASQUIN (éd.), *Les libéraux belges*, Bruxelles, Labor, 2006, p. 344.

[22] Vivianne HASCAL, Michèle DETAILLE, «Vingt ans de libéralisme...», *op. cit.*, p. 347.

[23] *La Libre Belgique*, 7 mars 1969.

entre les « conformistes » et les « innovateurs ». Le pôle que Vanden Boeynants et ses amis incarneraient associerait efficacité économique et progrès de l'homme : « Il faut organiser des regroupements des mouvements politiques, remplacer nos compromis de *statu quo* par des contrats de progrès, réaliser ce que n'ont pu réaliser les capitalistes d'hier et les communistes d'aujourd'hui, c'est-à-dire l'efficacité économique et le progrès de l'homme »[(24)].

L'idée est bien de créer un pôle libéral-conservateur s'opposant tout à la fois à la gauche et aux forces décentralisatrices à l'œuvre. L'éditorialiste de *La Libre Belgique* ne s'y trompe pas. Evoquant l'édification d'un parti national démocrate dirigé par Paul Vanden Boeynants et Omer Vanaudenhove, il encourage cette perspective : « Il s'agirait, en somme, au-delà des partis actuels, qui sont malades, de rassembler des hommes politiques décidés à faire face aux extrémistes qui menacent le pays »[(25)]. Vanden Boeynants reçoit l'appui de l'ancien Premier ministre socialiste Paul-Henri Spaak qui présente la bipolarisation en cours comme une ligne de partage entre modérés et extrémistes : « Il est grand temps dans le pays que tous les modérés s'unissent contre les extrémistes. L'heure du rassemblement des modérés est venue et il faut qu'ils soient conduits par des chefs audacieux ! »[(26)].

Mais c'est bien entendu du côté libéral que sont attendues les réactions les plus significatives. Deux jours après le discours de Vanden Boeynants, Omer Vanaudenhove rappelle l'antériorité de l'initiative libérale : « Le PLP a été le précurseur incontestable de l'esprit nouveau que monsieur Vanden Boeynants, à son tour, aujourd'hui, préconise »[(27)]. Il détaille les conditions au succès de cette démarche :

> « Pour le PLP, un vaste regroupement politique serait possible aux conditions suivantes :
>
> 1) Cette formation ne pourrait se baser uniquement sur une coalition d'hommes, aussi remarquables soient-ils… Le regroupe-

(24) *Ibid.*

(25) *Ibid.*, 8 mars 1969.

(26) Cité par Jean-Pierre POUPKO et Louis MALVOZ, « Vers une redistribution… », *op. cit.*, p. 34.

(27) *Ibid.*, p. 35.

ment devrait donc être réalisé sur un ensemble d'idées et de principes compatibles avec les aspirations réelles du pays…

2) Un tel regroupement ne serait vraiment efficient que si, outre la volonté d'apporter des solutions aux problèmes communautaires d'aujourd'hui, il constituait un parti d'avenir disposant d'une infrastructure nationale.
3) La nouvelle formation devrait être à vocation humaniste, européenne, et s'inspirer d'une philosophie néo-libérale »[28].

Ces conditions ne seront pas rencontrées. Par ailleurs, l'initiative de Vanden Boeynants se heurte aussi à l'hostilité de franges importantes du PSC et du CVP.

Dans les rangs libéraux, Omer Vanaudenhove est remplacé en juin 1969 par Pierre Descamps, sénateur du Hainaut occidental. Il est confronté à la délicate question bruxelloise. Le 24 mai 1968, l'aile flamande du la fédération bruxelloise du PLP-PVV avait fondé la Verbond van de Vlaamse PVV associaties van het Kiesarrondissement Brussel et revendiqué quatre avancées jugées incontournables :

- l'instauration d'une majorité qualifiée pour les votes sur les questions communautaires au sein de la fédération d'arrondissement ;
- la réservation de 33 % des mandats parlementaires, provinciaux et communaux pour les Flamands de la fédération ;
- l'obligation du bilinguisme pour le président de la fédération ;
- la représentation sur le plan national des PLP flamands de Bruxelles[29].

Cette grogne des libéraux flamands entraîne une réorganisation du parti. Au bureau du parti du 2 avril 1969, il est admis que les fédérations flamandes et wallonnes du PLP-PVV peuvent tenir des réunions séparées même si le principe d'un bureau national est maintenu. Mais ce pis-aller ne dure guère. Car le problème de Bruxelles dans la construction de la nouvelle architecture institutionnelle belge approfondit les divergences dans les rangs libéraux. Le problème explose en juin 1970 avec le vote

(28) *Ibid.*, p. 36.

(29) « Bilan d'une présidence au PLP : Omer Vanaudenhove (1961-1969) (II) », *Courrier hebdomadaire du CRISP*, 14 mars 1969, 434-435, p. 34.

de la réforme institutionnelle au Sénat. Le nouvel article 3*ter* de la Constitution limite la Région bilingue de Bruxelles à dix-neuf communes. Les libéraux néerlandophones adoptent cet article, les libéraux francophones s'y opposent. Au lendemain de ce vote, les libéraux bruxellois francophones rompent avec le PLP national.

D'une manière générale, le libéralisme bruxellois est en pleine effervescence confronté à l'empreinte de Paul Vanden Boeynants sur la capitale et à la percée du FDF. La crispation des libéraux bruxellois éclate le 25 juin 1970 à l'occasion d'une assemblée générale. L'assemblée vote la rupture avec l'organisation nationale du parti et transforme l'appellation de la fédération en « PLP de la région bruxelloise ». Albert Demuyter est élu à sa présidence[30]. Un rapprochement s'opère alors avec le FDF, mais ce choix politique est contesté par une partie des édiles libéraux bruxellois qui fondent, en septembre 1970, une fédération PLP de l'arrondissement de Bruxelles, conduite par l'ancien bourgmestre d'Auderghem Paul Delforge.

L'organisation nationale ne survit pas au scrutin de 1971. Le PVV prend son autonomie. Ses assises fondatrices se tiennent à Blankenberge, les 6 et 7 mai 1972. Quelques jours plus tard, les libéraux wallons se réunissent aussi en congrès fondateur à Namur. A Bruxelles, les proches de Demuyter se réunissent les 27 et 28 mai, tandis que ceux de Delforge se rassemblent le 4 juin.

Willy De Clercq préside aux destinées des libéraux flamands et Emile Jeunehomme, à celles des libéraux wallons. Ce dernier est remplacé quelques mois plus tard par André Damseaux, préféré à Léon Hannotte. De fait, trois formations libérales se meuvent sur l'échiquier politique belge. En janvier 1973, à l'initiative de Norbert Hougardy, le PLP de la région bruxelloise se transforme en parti libéral, démocratique et pluraliste (PLDP) dès lors que les libéraux bruxellois refusent le volet communautaire du gouvernement tripartite qui s'installe alors sous la direction du socialiste Edmond Leburton. Le 22 janvier 1973, Roland Gillet est élu président de cette formation. Elle sera une interlocutrice du « PLP wallon ». A l'issue des élections de

[30] Marc D'HOORE, « Du PLP-PVV au PRL-FDF I. 1961-1992 », *Courrier hebdomadaire du CRISP*, 1997, 1554-1555, p. 11.

1974, PLP et PLDP forment d'ailleurs un groupe parlementaire commun. Quelques semaines plus tard toutefois, le PLDP modifie une nouvelle fois son label et devient le parti libéral – Liberale Partij, formulation historique. Il se dote d'un nouveau président en la personne d'Albert Demuyter. La réunion du libéralisme francophone va prendre du temps.

Les libéraux wallons et bruxellois ont les plus grandes peines du monde à se redresser après cette implosion. Ce n'est somme toute qu'après l'entrée des dissidents du Rassemblement wallon emmenés par François Perin en 1976 que les bases sont jetées pour un renouveau du libéralisme francophone. En peu de temps, Jean Gol en prend la tête et s'impose comme un acteur clé de la vie politique des années quatre-vingt.

La voie socialiste : le rassemblement des progressistes ?

Confronté au poids de son aile gauche et fédéraliste dans la première moitié de la décennie et à la percée des partis régionalistes, le PSB-BSP doit désormais faire face à l'hypothèse de l'édification d'un grand parti conservateur. Il faut situer l'initiative de son président Leo Collard dans ce contexte.

Le 1er mai 1969, Léo Collard, lance un appel à ce qu'il nomme « le Rassemblement des progressistes ». Face aux tentatives d'établissement d'un « rassemblement des conservateurs »[31], le président du PSB-BSP appelle sa formation et le monde ouvrier chrétien à transcender les clivages philosophiques pour ériger une formation de gauche progressiste. Cela nécessite une mue du parti socialiste :

> « Le parti ne peut plus être une Eglise fermée. Il y a, dans tous les milieux, notamment dans ceux de la pensée, de la science, des arts des femmes et des hommes dont les idées sont parallèles aux nôtres. Ne leur demandons pas des actes d'allégeance. Mais ne les laissons pas de côté. L'expérience a montré que les appels vers eux étaient souvent fructueux et contribuaient puissamment à un plus large rayonnement extérieur de notre pensée. Il y a encore quelque chose de plus, qui doit être entrepris sans tarder ; l'ou-

(31) « Mais nous sommes confrontés à un problème immédiat : le projet de rassemblement des forces conservatrices. Nous ne pourrons y résister que par un rassemblement de toutes les forces de progrès », souligne Léo Collard dans son exposé. BUREAU DU PARTI SOCIALISTE BELGE, *Discours du président Léo Collard. 1er mai 1969*, 1969, p. 16.

verture vers les chrétiens de gauche. (...) Le temps du clivage des opinions selon les croyances religieuses appartient de plus en plus au passé. Depuis toujours, il y a dans notre parti même, des croyants et des pratiquants. Beaucoup d'autres votent pour nous. Mais le moment est venu de faire un pas de plus et de nous adresser aux chrétiens de gauche. Ou pour être tout à fait précis : aux organisations qui les groupent »[(32)].

Le public cible identifié le 1er mai 1969 par le président du PSB-BSP est le monde ouvrier chrétien que Collard rassemble sous le vocable de « chrétiens de gauche ». Toutefois, des nuances se donnent vite à voir par rapport au canevas de l'ouverture. Dans un entretien au *Peuple* le 2 mai, le Waremmois Edmond Leburton laisse pour sa part une porte ouverte au rassemblement des progressistes à d'« autres » sensibilités ou courants que la mouvance chrétienne : « Au moment où il est tant question de rassemblement et de restructuration des forces politiques, pourquoi ne pas ouvrir le dialogue avec tous ceux qui se réclament de la démocratie et du progrès social ? Cette ouverture franche et sincère, nous la faisons dans l'esprit du dialogue clair à tous les progressistes chrétiens et autres »[(33)]. Léo Collard, lui-même, envisage aussi assez rapidement l'éventualité que d'autres groupements soient partie prenante à l'initiative. Il citera par exemple le parti communiste de Belgique, voie que soutient aussi le Bruxellois Guy Cudell[(34)].

Mais la démarche vise à l'évidence d'abord et avant tout le courant des chrétiens de gauche. En tout état de cause, c'est ce « monde » qui est prioritaire dans la réflexion du président du parti socialiste. En 1972, dans le livre qu'il consacre au thème du rassemblement des progressistes, Leo Collard le souligne de manière implicite et explicite. Les problèmes posés par son projet et son initiative ont trait aux relations parfois difficiles avec les chrétiens de gauche, nommément cités : « C'est ainsi, par exemple, que les chapitres consacrés à la religion et aux problèmes de l'enseignement, peuvent paraître trop longs. Mais je les ai estimés essentiels, pour la raison qu'en Belgique un front des progressistes est irréalisable sans les chrétiens de gauche

(32) *Ibid.*, 1969, p. 17.
(33) *Le Peuple*, 2 mai 1969.
(34) « Dialogue avec le député Cudell », *La Libre Belgique*, 13 décembre 1969.

et qu'il faut s'expliquer clairement avec eux sur des questions qu'ils considèrent comme déterminantes»[35].

Les raisons de l'appel sont aussi exposées. Il s'inscrit dans une représentation de l'affaissement du clivage philosophique dont a rapidement pris acte le monde libéral. Plus explicitement, il se veut une réponse à l'initiative de Vanaudenhove et une volonté manifeste de polariser la vie politique belge sur le clivage socio-économique. Ce contre-exemple du «rassemblement des conservateurs» que serait devenu le PLP.

Si les socialistes, et Collard en particulier, ne parlent pas de bipartisme, l'optique est néanmoins celle-là: «C'est que sur le plan des options sociales et économiques pour ne parler que de celles-là, qui sont fondamentales, il existe des forces de gauche en dehors du mouvement socialiste. Je crois qu'il faut les prendre où elles sont et telles qu'elles sont. (...) Cela peut-il aboutir demain ou après-demain à la constitution d'un gouvernement dont l'homogénéité serait basée non sur un seul parti politique mais sur un rassemblement de gauche autour d'un programme vraiment de gauche, pourquoi pas? N'est-ce pas un objectif qui vaille la peine? Pour cela, le «bipartisme» n'est pas nécessaire. Mais un rassemblement de gauche sera indispensable»[36]. De la sorte, la démarche vise à sortir le parti socialiste belge de l'ornière dans laquelle il semble enfoncé depuis le scrutin de 1965.

Par ailleurs, elle ne peut prendre cours qu'en miroir des évolutions politico-sociologiques du monde catholique. Pour Leo Collard, l'heure est manifestement à l'ouverture vers le monde chrétien. Le temps de la diabolisation du monde socialiste lui paraît passé. Ajoutons qu'en Belgique, en 1961, au très interventionniste cardinal Van Roey avait succédé le cardinal Suenens moins porté à des interventions dans la vie politique. Au surplus, l'ouverture du concile Vatican II contribue à une approche moins inconditionnelle dans la communauté catholique. Bref, l'heure est aux rapprochements de toutes natures, syndicale et politique. Il faut s'appuyer sur les évolutions de la hiérarchie catholique et rendre à la religion son statut privé: «La religion, je le rappelle, ne saurait être davantage un obstacle

[35] Leo COLLARD, *Front des progressistes et crise de la démocratie*, Bruxelles, Editions de la francité, 1972, p. 11.

[36] Leo COLLARD, «Bipartisme», *Le Peuple*, 9 juillet 1969.

entre les progressistes qu'elle ne l'est entre conservateurs. Nous ne sommes plus au temps des interdits du pape Pie XI. Près d'un demi-siècle a passé depuis. Le monde a évolué ; et en même temps, l'esprit des hommes et celui de l'Eglise catholique elle-même »[37].

Dans la pratique pourtant, les choses sont floues. A plusieurs reprises, le président du PSB insiste sur l'horizon « coopératif » de sa proposition de rassemblement des progressistes pour se prémunir des attaques relatives à la volonté d'intégrer des chrétiens de gauche dans les rangs du PSB. Un exemple en est donné par *La Libre Belgique* dans son commentaire du congrès de décembre 1969 : « En somme, les socialistes disent aux chrétiens de gauche : « Nous restons ce que nous sommes, ce que nous avons toujours été, mais venez nous rejoindre pour nous permettre de gouverner seuls le pays ». Nous croyons que même un Califice ou un Magnée n'est pas assez naïf pour accepter d'être le porteur d'eau de M. Collard. Le « non à Collard » de monsieur Hanin, au congrès de Liège, sera le « non » de tous les sociaux chrétiens. Le parti socialiste devra alors se contenter d'accueillir dans ses rangs quelques communistes et des brebis égarées comme M. Perin »[38]. Pour le parti socialiste belge, il ne s'agit pas d'intégrer les chrétiens de gauche mais plutôt de travailler et de fonder le rassemblement des progressistes avec les organisations du monde ouvrier chrétien[39]. L'optique n'est donc pas d'embrigader qui que ce soit dans le PSB-BSP ni de créer un nouveau parti. Guy Mathot évoque en novembre 1969 un « contrat » auquel se soumettraient les progressistes pour se présenter aux élections[40], permettant à chacun « de conserver sa personnalité »[41]. En effet, toutes les tentatives antérieures avaient échoué justement de par ce travers socialiste. Mais comment se situer concrètement par rapport aux organisations du pilier chrétien et, surtout, par rapport au PSC-CVP ?

[37] Leo COLLARD, « A un an de mon appel du 1er mai », parti socialiste belge, Couvin, le 1er mai 1970, p. 12.

[38] « Mauvais départ pour le « rassemblement des progressistes » », *La Libre Belgique*, 16 décembre 1969.

[39] Leo COLLARD, « Notre point de vue : rassembler les progressistes », *Le Peuple*, 3-4 mai 1969.

[40] *La cité*, 21 novembre 1969.

[41] *Le Soir*, 22 novembre 1969.

Ni le PSB, ni Leo Collard ne parviendront à répondre à ces questions. La visualisation du projet semble virtuelle. L'objectif n'est pas d'associer le parti social chrétien-Christelijke Volkspartij en tant que tel. En réponse à un article de Servais dans *La Relève*, Léo Collard le stipule. On est dans le registre de la création d'une «force politique» avec des chrétiens voire des organisations chrétiennes:

> «Car je dois avouer à monsieur Servais, pour qui par ailleurs, j'ai beaucoup d'estime personnelle, que nous n'avons pas pensé à lui lorsqu'en décembre dernier, le PSB, dans une vision prospective, réaliste de l'évolution des faits, a choisi d'entrer dans la voie d'un rassemblement des progressistes, le terme ayant été clairement défini. Mais nous avons pensé à d'autres qui, eux, prennent les choses au sérieux, sont conscients de la nécessité de créer, non pas un parti nouveau, mais une force politique résultant de la conjugaison des volontés, de tous ceux qui croient que la condition du progrès est la transformation des structures de la société actuelle»[42].

Collard évoque tour à tour la notion de «parti», de «gouvernement», de «groupement», de «majorité» et de «front»[43]. L'ambiguïté est patente et suscite la méfiance de la mouvance chrétienne. Les comparaisons avec le front syndical dominent plusieurs discours. A plusieurs reprises, Collard fait des analogies avec la pratique du monde syndical et du front commun FGTB-CSC[44]. Mais elles ne tiennent pas la route. Pour le front commun syndical, il peut bel et bien y avoir une action coordonnée sur la base d'organisations distinctes. Au plan politique, l'optique diffère.

Pour nombre de personnalités du pilier catholique, l'interrogation voire la défiance sont d'autant plus importantes que dans le même temps, est posée la question d'une étape supplémentaire dans la politique du front commun syndical: la réunification syndicale. Dans un débat avec le secrétaire général de

(42) Leo COLLARD, «Réponse à Servais», *Le Peuple*, 3 juin 1970.
(43) Expression que reprend Collard peu après: «Ce dont il s'agit, ce n'est pas de créer un parti, pas plus qu'un syndicat unique. Mais constituer un front, ce qui est somme toute autre chose. L'entreprise est suffisamment importante pour qu'on n'en compromette pas la réussite par des équivoques qui ne répondent plus aux réalités actuelles». Leo COLLARD, *Front des progressistes...*, *op. cit.*, p. 97.
(44) Leo COLLARD, «A un an de mon appel du 1er mai», *op. cit.*, p. 8.

la FGTB, Georges Debunne, et de la CSC, Louis Dereau, Guy Spitaels avance cette idée : « Les fronts communs ont certainement représenté un progrès par rapport à la politique antérieure à 1960. Mais il convient d'aller plus loin et de définir les étapes suivantes de l'unité du monde du travail »[(45)]. Si cette perspective est encouragée par le leader de la FGTB, elle est, au contraire, rejetée par le dirigeant de la CSC : « Nous avons devant nous une expérience d'une dizaine d'années de fronts communs syndicaux. Qu'aurions-nous obtenu de plus que ce que nous avons obtenu par une formule de syndicat unique ? Qu'avons-nous raté en étant deux au lieu d'être seul ? Quelles sont, dans la longue série de nos revendications depuis dix ou douze ans, celle que nous n'avons pas réussi à faire triompher ? La 4e semaine de vacances et les 40 heures ? »[(46)].

En vérité, deux choses ressortent du débat relatif au rassemblement des progressistes. *Primo*, ce qu'il fallait réellement faire et construire n'était clair pour personne au niveau de la direction socialiste. *Secundo*, dans le domaine de l'implicite l'objectif est de détacher le mouvement ouvrier chrétien de la représentation politique incarnée par le PSC-CVP. Le « mur » est bien là. Le mouvement ouvrier chrétien ou la composante démocrate chrétienne font partie d'un tout, surtout en Flandre, y compris au niveau politique. En d'autres termes, d'une structure, d'une organisation, d'un pilier dont il est difficile de se détacher. Pascale Delfosse les assimile d'ailleurs à des appareils d'Etat et y voit le principal obstacle au rassemblement des progressistes : « En ce sens, nous pouvons avancer qu'il s'agit là d'appareils d'Etat : ces organisations contribuent au maintien d'un système qui, s'il changeait fondamentalement, pourrait les mettre en cause. Elles constituent en quelque sorte des matérialisations idéologiques dont la composante politique « idéelle » s'est estompée au profit de leurs « nécessités » de fonctionnement. Tel est, sans doute, un des principaux obstacles à ce qu'on qualifie en Belgique, d'un « rassemblement des progressistes ». Celui-ci devrait nécessairement diviser le monde catholique en deux et allier sa fraction de

(45) « Un débat sur le pluralisme syndical », *in* Guy SPITAELS, Marie-Louise OPDENBERG, *L'année sociale 1970*, Institut de sociologie de l'ULB, 1971, p. 258.
(46) *Ibid.*, p. 262.

gauche au monde socialiste»[47]. Briser le pilier catholique était *de facto* contenu dans la proposition socialiste. Ils n'en avaient pas la force. Et dans le mouvement ouvrier chrétien, beaucoup n'en avaient pas l'envie[48].

Léo Collard ou le PSB ne sont pas les seuls à buter sur cette question cruciale. Dans le chapitre intitulé «Les forces politiques et le rassemblement des progressistes», les membres du groupe Bastin/Yerna n'arrivent pas plus à concevoir les termes organisationnels d'un rassemblement des progressistes alors même qu'ils ne posent la question que pour l'espace politique wallon[49].

In fine, le rassemblement des progressistes n'a pas de suite. L'appel de Léo Collard s'inscrivait dans une vision supposant trois éléments. D'abord, la poursuite du déclin du clivage philosophique. Ensuite, le tassement du clivage linguistico-institutionnel. Enfin, une polarisation prégnante sur le clivage économique et social. La fin des années soixante et, plus encore, les années soixante-dix, infirment ces prévisions. Certes, le clivage philosophique est moins saillant. Mais il ne disparaît pas pour autant. Et dans le cadre des négociations institutionnelles, il constitue même un enjeu non négligeable, en particulier autour du pacte culturel et plus tard de la communautarisation de l'enseignement. Or, le parti socialiste belge est toujours une pièce importante du puzzle philosophique en Belgique. C'est «le parti de la laïcité», selon l'expression de Val Lorwin et Xavier Mabille[50]. L'idée qu'il puisse en être autrement ne passe pas la rampe. Au contraire, la formation socialiste est d'autant plus campée dans le versant laïc du clivage philosophique que le monde libéral l'a abandonné (en partie). Cette configuration rendait de la sorte beaucoup plus difficile l'aboutissement du rassemblement des progressistes fondé sur une alliance

(47) Pascale DELFOSSE, «La formation des familles politiques en Belgique (1830-1914)», *Res publica*, 1979, 3, p. 492.

(48) Jean-Pierre POUPKO, Louis MALVOZ, «Vers une redistribution...», *op. cit.*, p. 44.

(49) GROUPE B/Y, *Quelle Wallonie? Quel socialisme? Les bases d'un rassemblement des progressistes*, Liège, Les éditions de la Fondation André Renard-Les éditions vie ouvrière, 1971, p. 230.

(50) Xavier MABILLE, Val LORWIN, «The Belgian Socialist Party», *in* William E. PATERSON, Alastair THOMAS (éd.), *Social Democratic Parties in Western Europe*, Londres, Croom Held, 1977, p. 400.

privilégiée avec le monde ouvrier chrétien. Rétrospectivement, Philippe Moureaux ne pouvait que le constater :

> « De nouvelles formations politiques basées sur des solidarités linguistiques ou régionales s'épanouissent en regroupant, elles aussi, croyants et non croyants. Le PSB évolua, lui, fort peu dans le domaine de la défense des valeurs laïques. Certes, en 1969, le président du parti, Léo Collard, lança un appel à un rassemblement des progressistes, mais il concevait ce rassemblement comme une coalition entre organisations et non comme l'insertion massive de catholiques militants au sein du parti socialiste. En quelque sorte, les socialistes avaient fait la paix sur le plan scolaire mais, à tort ou à raison, ils n'en tiraient pas toutes les conclusions sur le plan interne. Pour l'essentiel, ils continuaient à défendre la thèse de Vandervelde de la religion considérée comme une « affaire de conscience » ; mais en même temps, ils faisaient peu de choses pour faciliter l'adhésion de catholiques à leur mouvement politique »[51].

Mais de manière plus fondamentale, c'est le pari sur la résorption des tensions linguistiques qui s'est révélé un échec. C'est à l'inverse sur ce clivage que se focalise la vie politique belge dans les années soixante-dix. Collard et son entourage avaient en tête une perspective. Etablir les Communautés et Régions en Belgique pour satisfaire les revendications régionalistes et communautaristes au Nord et au Sud. Passé ce cap, le débat reviendrait immanquablement dans le domaine économique et social. Cela explique tout à la fois son activité dans la commission des XXVIII et au gouvernement mais aussi son espoir que l'aboutissement soit plus ou moins définitif. Il craignait en effet une fuite en avant régionaliste.

La réforme de l'Etat ne clôt pas le dossier des revendications régionalistes. Bien au contraire. Le parti socialiste belge en prend acte au fil du temps. Dans les années soixante-dix, il assimile cette évolution dans la vie politique belge. De manière symbolique, l'arrivée d'André Cools, en 1972, à la co-présidence du parti et, peu de temps après, celle de Karel Van Miert, marquent cette inflexion. Dès lors, la forme principale de repositionnement socialiste n'est pas une ouverture philosophique

(51) Philippe MOUREAUX, « Socialisme et laïcité », *in* INSTITUT EMILE VANDERVELDE, *1885/1985. Du parti ouvrier belge au parti socialiste. Mélanges publiés à l'occasion du centenaire du POB*, Bruxelles, Labor, 1985, p. 243.

pour les socialistes francophones, mais bien un repositionnement linguistico-régionaliste.

La première réforme de l'Etat

La cristallisation de la vie politique autour des questions linguistico-institutionnelles se poursuit et s'approfondit à la fin des années soixante et surtout dans les années soixante-dix. Suite au scrutin de 1968, le gouvernement socialiste-social chrétien lance la première grande réforme de l'Etat belge. L'exécutif déblaie le terrain en partie en mettant en place un groupe de travail dit « Commission des XXVIII ». Cette commission rassemble des membres de tous les partis politiques : cinq représentants du PSC-CVP, cinq du PSB-BSP, cinq du PLP-PVV, deux de la Volksunie, deux du FDF-RW, un du parti communiste, auxquels s'ajoutent le Premier ministre et les deux ministres des relations communautaires[52].

Ce groupe, déserté à partir d'octobre 1969 par les représentants de la Volksunie, permettra à l'évidence de faire avancer les esprits, surtout chez les libéraux, très réticents à l'origine. En novembre 1969, Pierre Descamps et Gérard Delruelle se rallient d'ailleurs, au nom des libéraux wallons, à l'idée de trois Régions. *In fine*, c'est néanmoins à l'échelle de l'exécutif que se réalise le compromis, avec le soutien des libéraux.

Le 14 février 1970, le Premier ministre Gaston Eyskens peut tenir son célèbre discours à la Chambre des représentants :

> « L'Etat unitaire, tel que les lois le régissent encore dans ses structures et dans son fonctionnement est dépassé par les faits. Les Communautés et les Régions doivent prendre leur place dans les structures rénovées de l'Etat, mieux adaptées aux situations spécifiques du pays ».

La première étape de la décentralisation de l'Etat belge est ouverte. La réforme constitutionnelle crée à la fois le principe des Communautés, défendu avant tout par les partis néerlandophones, et celui de trois Régions, promu par les partis francophones.

(52) André MÉAN, *La Belgique de papa. 1970...*, *op. cit.*, p. 111.

D'emblée pourtant, on relève une asymétrie dans la mise en œuvre de la réforme constitutionnelle. L'autonomie culturelle est établie au cours de l'année 1971, par la loi du 21 juillet. En revanche, la régionalisation à trois énoncée dans le célèbre article 107*quater* de la Constitution reste en rade. Cette donnée polarise la dimension communautaire et linguistique de la vie politique belge jusqu'à l'adoption de la deuxième réforme de l'Etat qui intervient avec les lois d'août 1980.

La question institutionnelle domine très nettement le début de la décennie. Aux élections communales d'octobre 1970, le FDF réussit une entrée spectaculaire au plan communal en s'imposant comme la première formation. Dans l'est et le sud-ouest du territoire bruxellois, le Front démocratique des francophones recueille dans plusieurs communes plus de 30 % de voix et étrille les libéraux dans leur zone d'implantation traditionnelle.

Résultats du FDF aux élections communales d'octobre 1970

	Voix	*% en voix*	*Sièges*	*% en sièges*
Anderlecht	7 485	12,10	4	10,81
Auderghem	7 145	34,18	9	39,13
Berchem	2 886	24,18	5	29,41
Bruxelles	22 444	25,10	12	29,27
Etterbeek	11 876	37,97	13	44,83
Evere	3 030	19,19	4	21,05
Forest	10 491	32,02	10	34,48
Ganshoren	3 277	21,51	5	29,41
Ixelles	14 684	28,38	12	32,43
Jette	6 231	24,81	7	28,00
Koekelberg	2 595	24,02	4	23,53
Molenbeek	5 907	15,03	5	16,13
Saint-Gilles	6 653	24,36	8	27,59
Saint-Josse	2 473	20,38	4	21,05
Schaerbeek	22 340	33,31	16	41,03
Uccle	15 344	34,17	12	36,36
Watermael Boitsfort	5 935	38,21	9	47,37
Woluwé Saint-Lambert	11 108	39,94	12	44,44
Woluwé Saint-Pierre	8 200	35,41	10	40,00

Un an plus tard, au scrutin législatif de novembre 1971, le FDF à Bruxelles, le Rassemblement wallon en Wallonie et la Volksunie en Flandre réalisent des scores impressionnants. D'aucuns y voient la preuve de leur installation durable dans le paysage politique belge[53]. A partir de ce moment, l'instabilité gouvernementale devient récurrente. Et la Belgique traverse le premier choc pétrolier de 1973, engluée dans les questions institutionnelles. Plus globalement, toute la décennie soixante-dix est articulée sur la problématique communautaire, en dépit de l'avènement de la crise économique, matérialisée par une forte progression du chômage et de l'inflation. De 4,3% en 1975, le taux de chômage bondit à 7,4% en 1979, 10% en 1981 et 12,9% en 1983[54]. Le premier choc pétrolier entraîne une brusque élévation des prix. En 1974, l'inflation se fixe à 12,6% alors qu'elle n'était que de 2,8% en 1968.

Evolution de l'inflation entre 1968 et 1982

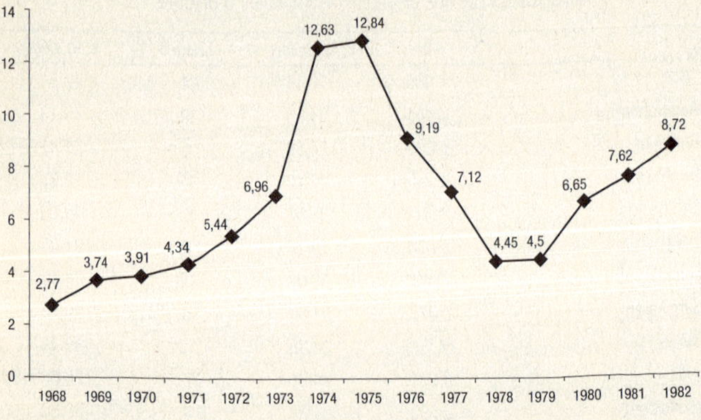

En octobre 1972, le tout jeune président du CVP, Wilfried Martens, aux idées fédéralistes très affirmées, donne une tonalité très régionaliste au congrès du CVP. Dans son allocution de

(53) «Le FDF-RW (I)», *Courrier hebdomadaire du CRISP*, 2 avril 1971, 516, p. 2.
(54) Robert TOLLET, «Travail et chômage», *in* Guy QUADEN (éd.), *L'économie belge dans la crise*, Bruxelles, Labor, 1987, p. 81.

clôture, il presse d'ailleurs le gouvernement Eyskens d'agir avec célérité sur ce dossier :

> « Il est temps de restaurer le dialogue avec les autres partis et de leur demander de mettre cartes sur table. La mise en œuvre de l'article 107*quater* de la Constitution, qui est la clé de voûte de la réforme de l'Etat, serait, à cet effet, un bon point de départ. Le CVP est prêt au dialogue. Il n'y a plus de doute : l'architecte de la révision de la Constitution, le Premier ministre Gaston Eyskens, doit prendre l'initiative de ce débat. Ce sera le début d'une nouvelle ère du parti »(55).

Quelques semaines plus tard, mis en minorité devant les groupes parlementaires du CVP à la Chambre et au Sénat, Gaston Eyskens jette l'éponge et présente sa démission. En opposition avec ce qu'il considère comme une fuite en avant de son parti et une trahison de Wilfried Martens, Eyskens annonce son retrait de la vie politique.

La tripartite dirigée par le socialiste Edmond Leburton ne tient qu'un an et de nouvelles élections sont convoquées. A leur terme, un nouvel exécutif tente de mettre en application la régionalisation. Pour ce faire, Léo Tindemans (CVP) forme un gouvernement où se côtoient sociaux chrétiens et libéraux et, fait inédit dans la vie politique belge, un *parti communautaire*, le Rassemblement wallon. François Perin, sa figure de proue, est nommé ministre des Réformes institutionnelles. L'événement frappe les imaginations. Aux dires même de Perin, chacun dut agir contre nature :

> « Sur le plan psychologique, tant pour le RW que pour moi-même, la participation gouvernementale était un phénomène contre nature. Mais la tactique de l'inoculation des germes de la régionalisation au sein du gouvernement de l'Etat lui-même prévalut contre ma répugnance instinctive »(56).

Avant même l'installation du gouvernement, Leo Tindemans avait aussi associé le FDF et la Volksunie pour tenter d'établir la régionalisation. Les négociations se cristallisent les 19 et

(55) Wilfried MARTENS, *Mémoires pour mon pays*, Bruxelles, Racine, 2006, p. 35.

(56) François PERIN, *Histoire d'une nation introuvable*, Bruxelles, Paul Legrain, 1988, p. 228.

20 avril à Steenokkerzeel. Alors qu'un accord semble plusieurs fois en vue, la Volksunie hésite et revendique dans l'accord du gouvernement l'amnistie pour les anciens collaborateurs. Elle le sait, cette revendication est inacceptable pour les négociateurs francophones et met fin aux pourparlers au grand dam d'Hugo Schiltz, partisan de la solution: «Personnellement (...) j'avais proposé de redessiner les frontières de Bruxelles, moyennant des concessions territoriales réciproques. A Bruxelles, on offrait des rues ou des parties de communes majoritairement francisées. A la Flandre étaient concédées Neerpede et Haren-Buda. C'était ce que j'appelle une réciprocité symbolique. La correction des frontières impliquait quelque 60 000 habitants du côté francophone. En contrepartie, on supprimait les facilités. Ce compromis a été rejeté principalement du côté des radicaux flamands. Ils n'ont pas compris qu'à long terme, la solution proposée était plus avantageuse que tout ce qui a été proposé par la suite»[57].

L'échec préalable à l'établissement du gouvernement, l'absence du FDF dans l'exécutif et le principe même de la participation gouvernementale génèrent des tensions internes sérieuses dans les rangs du RW.

L'implosion du Rassemblement wallon

Pour la première fois de sa courte histoire, le Rassemblement wallon enregistre un tassement électoral au scrutin de 1974. Le parti perd d'ailleurs un siège à la Chambre. Dans le même temps, le nombre d'abonnements à sa revue *Forces wallonnes* s'érode[58]. Mais c'est évidemment l'entrée au gouvernement qui frappe les esprits. Pour le RW, c'est une grande nouveauté et un pari important. L'échec, imputé à la Volksunie, à mettre en place la régionalisation a refroidi les ardeurs. Et le parti est confronté aux douloureux arbitrages entre la défense intangible des objectifs du parti et les nécessités de l'exercice gouvernemental, exercé en coalition.

Le pluralisme philosophique et idéologique qui caractérise le Rassemblement wallon se retourne à ce moment contre lui.

(57) *Le Soir*, 10 mai 2005.

(58) Pierre LEFÈVRE, «Le Rassemblement wallon au gouvernement: défi au gouvernement ou défi au parti?», *Res Publica*, 1977, XIX/3, p. 392.

Certains dossiers lui posent un problème quasi existentiel. En 1975, l'achat d'avions F16 américains plutôt que de Mirages français suscite des remous profonds, qui conduisent le parti à désavouer le gouvernement et à mettre ses ministres en porte-à-faux. Le 6 juin 1975, par 48 oui contre 31 non et une abstention, le bureau fédéral du RW maintient son opposition au risque de faire tomber le gouvernement. En cours de route, la tentative d'élargir la majorité gouvernementale au FDF pour atteindre la majorité requise en vue d'une régionalisation éventuelle échoue. Enfin, sur le plan socio-économique, les conceptions internes divergent de plus en plus. A l'automne 1976, le RW prend un tournant à gauche sous l'impulsion de Germain Cappellman, secrétaire général du Mouvement ouvrier chrétien. Le programme qu'il rédige, *L'action wallonne pour le fédéralisme et les réformes de structure*, devient le manifeste du RW. Le Rassemblement wallon en revient aux fondamentaux du MPW au grand dam de François Perin. La rupture se consomme. Le 20 novembre 1976, le président Paul-Henri Gendebien souhaite ne retenir personne. Dans l'organe du parti, il se montre on ne peut plus explicite : « Ceux qui préfèrent le centrisme ont le droit de s'y rallier en toute liberté, et sans attendre les prochaines élections »[(59)]. Le 24 novembre 1976, en désaccord avec les orientations que souhaite emprunter la majorité du parti sous la houlette de son président Paul-Henri Gendebien, une frange importante du parti, conduite par le secrétaire d'Etat Jean Gol, François Perin et Etienne Knoops, s'en détache

Ces personnalités avaient, en juillet 1976, fondé le Club pour les réformes, l'Europe et les régions – CREER. Plusieurs des membres fondateurs seront appelés à une brillante carrière politique. On y retrouve par exemple François Xavier de Donnea, Michel Foret, Hervé Hasquin, Serge Kubla ou encore Philippe Monfils.

Perin, Knoops et Gol rallient les libéraux, quand bien même certains pourparlers avaient eu lieu avec Charles-Ferdinand Nothomb, alors président du parti social chrétien. Les libéraux cherchent alors à reformer leur unité. *A contrario*, pour Perin, le RW n'a plus de raison d'être : « Je compris, dès ce moment, que

(59) Cité par Jean-François FURNEMONT, *Jean Gol. Le pirate devenu amiral*, Bruxelles, Luc Pire, 1997, p. 57.

le rôle du Rassemblement wallon était terminé. Ce parti circonstanciel avait fait son œuvre ; il avait réussi à mettre les grands partis traditionnels dans l'engrenage »[60]. Cette philosophie n'était pas isolée. Le secrétaire d'Etat Robert Moreau n'avait-il pas énoncé : « Quand la Wallonie existera avec des institutions représentatives, il sera toujours temps pour chacun d'entre nous de retourner dans le parti de notre choix »[61]. Moreau rejoindra d'ailleurs le parti socialiste.

Dans les rangs du Rassemblement wallon, la saignée est sévère : trois députés sur treize et six sénateurs sur onze l'abandonnent[62]. Le point est saillant car le Rassemblement wallon n'a pas su s'imposer au plan local, tant dans sa structure interne qu'aux élections communales. En octobre 1976, le Rassemblement wallon n'a présenté une liste que dans 44 communes wallonnes et n'a décroché que 71 conseillers communaux[63]. La formation fédéraliste ne s'en remettra pas. Dans un premier temps, un remaniement ministériel permet le maintien du RW dans la majorité gouvernementale. Mais au printemps 1977, les deux ministres du Rassemblement wallon, Robert Moreau et Pierre Bertrand, sont révoqués. Faute de majorité, des élections anticipées sont organisées.

En 1977 et en 1978, le parti subit un tassement marquant. A la veille du scrutin de 1981, il est par ailleurs soumis à une dissidence à gauche avec le lancement du Rassemblement populaire wallon (RPW). A cette élection, il n'enlève plus que deux députés. Confronté à de nouveaux mouvements dissidents ou concurrents comme le Front pour l'indépendance de la Wallonie (FIW) créé par Etienne Duvieusart, le parti wallon présidé par Jean-Emile Humblet ou encore l'Alliance démocratique wallonne animée par Paul-Henri Gendebien, le parti s'évapore. En 1985, le Rassemblement wallon disparaît de la scène politique[64].

(60) François PERIN, *Histoire d'une nation…*, *op. cit.*, p. 237-238.

(61) *Ibid.*, p. 211.

(62) Xavier MABILLE, « L'évolution des partis politiques en 1977 », *Res Publica*, 1978, XX/2, p. 273.

(63) Chantal KESTELOOT, « Le Rassemblement wallon et les élections communales : une présence éphémère », *in Les élections communales et leur impact sur la politique belge (1890-1970)*, Bruxelles, Crédit Communal, 1994, p. 266.

(64) Xavier MABILLE, « La législature 1981-1985 », *Courrier hebdomadaire du CRISP*, 13 septembre 1985, 1088, p. 33.

La lente reconstruction des libéraux

Au début de la décennie soixante-dix, les gains engrangés suite au réalignement opéré en 1961 se sont évanouis. La famille libérale a implosé en trois branches. Dans l'espace wallon, le parti de la liberté et du progrès wallon (PLPW) voit le jour au congrès des 27 et 28 mai 1972. En l'absence de figures de proue et privé de l'apport des libéraux bruxellois, le PLPW peine à refaire surface.

Sous la houlette d'André Damseaux, un processus de réunification des libéraux francophones se met en place dans la deuxième moitié de la décennie. Deux événements importants jalonnent l'opération. Le premier, nous l'avons vu, est l'arrivée au PLP de l'aile de centre-droit du Rassemblement wallon. Le deuxième est la réunification des libéraux wallons et bruxellois.

L'arrivée des personnalités du mouvement CREER est officialisée le 24 novembre 1976. Jean Gol, André Damseaux et Pierre Descamps annoncent la création du parti pour les réformes et la liberté en Wallonie (PRLW) dont le congrès constitutif se déroule le 15 janvier 1977. La nouvelle formation est dirigée par un « directoire constitutif » présidé par Jean Rey, secondé par trois vice-présidents Pierre Descamps, Robert Henrion et François Perin, auxquels sont associés quatorze membres issus des deux formations originelles. Le 26 novembre 1977, André Damseaux est élu à la présidence du PRLW.

L'arrivée des « jeunes Turcs » du Rassemblement wallon dynamise le libéralisme wallon. Très rapidement, une figure marque de son empreinte la nouvelle formation : Jean Gol. Gol vient de l'extrême gauche wallonne des années soixante. Ayant milité au MPW, puis au PWT et enfin au RW, il avait obtenu un secrétariat d'Etat en 1974 contre l'avis de son mentor François Perin. Gol fait preuve de capacités politiques hors pair. A peine arrivé au PRLW, il déploie les mêmes talents. En moins de deux ans, il accède aux commandes du parti et force la fusion avec les libéraux bruxellois. Elle intervient formellement peu de temps avant les premières élections européennes de juin 1979. La « nouvelle » formation naît le 19 mai 1979 : le congrès des libéraux francophones fonde le parti réformateur libéral (PRL).

Jean Gol y est «confirmé» à la présidence par 839 des 911 délégués présents[65].

En peu de temps, il dote le PRL d'un programme renouvelé marqué par la vague néo-libérale en provenance des Etats-Unis et de la Grande-Bretagne, et d'une organisation efficace. Les nouveaux statuts du parti sont adoptés le 23 juin 1979. Dans sa dynamique, le parti redémarre dans la logique qui l'avait vu croître électoralement dans les années soixante. Le PRL est le parti promoteur du libéralisme économique et reste aussi un parti transversal qui accueille indistinctement catholiques et non-croyants. Dans son discours d'intronisation, Jean Gol le précise: «Parti pluraliste, nous sommes les seuls à réunir croyants et incroyants dans un coude à coude fraternel; il n'y a pas de dogme libéral, il n'y a donc pas chez nous d'hérésie ou d'hérétique»[66]. Jean Gol est appelé à marquer de son empreinte le libéralisme francophone en Belgique pendant une période de quinze ans.

Côté flamand, le parti vivote, toujours marqué par le poids de ses personnalités à l'instar de Willy De Clercq ou Frans Grootjans. La focalisation sur les questions communautaires handicape le parti, qui n'a jamais pu dominer l'agenda sur ces thématiques.

Pour sortir de la passe difficile des années soixante-dix et redessiner les contours du libéralisme en Flandre, le PVV lance une opération de réflexion qui doit déboucher sur une nouvelle déclaration de principes. Fin octobre 1979, le PVV tient congrès à Courtrai. Mais face au document préparé par un *stuurgroep* est déposé un manifeste présenté par les PVV-jongeren, le *Radicaal manifest*. Son nouveau président – il a été élu en mai 1979 – défend avec bec et ongles une nouvelle orientation et un nouveau cours pour le PVV. Plus agressif et plus en phase avec l'émergence d'un retour aux fondements du libéralisme économique, Guy Verhofstadt donne le ton de ce que seront la pensée et l'action libérales en Flandre pendant quinze ans.

[65] Marc D'HOORE, «De l'unité à l'ouverture. L'évolution du PRL (197-1995)», *in Les libéraux de 1846 à 1996*, Bruxelles, Centre Paul Hymans, 1996, p. 227.

[66] *Ibid.*, p. 229.

A l'instar du parti réformateur libéral, le PVV se découvre un nouvel homme fort. En pleine crise économique, les PVV-jongeren frappent par leur radicalisme. Les bénéficiaires d'une allocation de chômage doivent la perdre si les revenus du ménage excèdent 750 000 francs belges (18 600 euros). Les demandeurs d'emploi qui ne sont pas chef de famille ne pourraient plus bénéficier d'une allocation de chômage.

S'il se trouve quelques voix dans le PVV pour s'étonner ou s'offusquer de ces propositions, elles sont peu nombreuses. Chez les libéraux flamands prévaut de plus en plus l'idée qu'il faut un remède de cheval face aux dérapages des finances publiques, face aussi au lotissement des organismes publics et parapublics par les organisations sociales des mondes chrétien et socialiste. Aussi quand le président du parti Willy De Clercq devient Vice-premier ministre du nouveau gouvernement Martens en décembre 1981, la candidature de Guy Verhofstadt à sa succession est plausible même si Herman De Croo est en droit de revendiquer le titre. Le 23 janvier 1982, Verhofstadt prend les rênes du parti. Il a vingt-huit ans.

Tournant à gauche et implosion du PSB-BSP

A l'instar d'autres partis sociaux-démocrates en Europe, le parti socialiste belge opère un tournant à gauche au début de la décennie soixante-dix, dans la foulée des mouvements sociaux de mai 1968. André Cools remet à l'honneur les réformes de structure dans une configuration d'opposition au gouvernement Tindemans:

> «Socialisation, planification, autogestion tels sont, disions-nous il y a un an, les trois principes de base des réformes de structure nécessaires afin que l'activité productrice soit orientée en fonction de l'intérêt général et de l'utilité sociale. Tels sont les principes de base des premières réformes de structure dont nous exigeons l'application immédiate afin de sortir de la crise actuelle et, surtout, afin de l'empêcher de se renouveler»[67].

Suite aux élections de 1977, les socialistes rejoignent la majorité gouvernementale au détriment des libéraux et du Rassemblement wallon. L'exécutif agrège le PSC, le CVP, le PSB-BSP, et,

[67] «Les assises socialistes à Marcinelle», *Le Peuple*, 13 octobre 1975.

pour la première fois, la Volksunie et le FDF. Il est à nouveau présidé par Leo Tindemans. Son objet principal – sinon unique – demeure la résolution de la paralysie régionale, en particulier une solution concernant Bruxelles. Après avoir progressé dans la négociation, les partis bloquent toujours sur Bruxelles. C'est alors que dans la nuit du 23 au 24 mai 1977, tous les partenaires s'accordent sur une proposition qui établit un parallélisme entre les droits à accorder aux Flamands de Bruxelles et aux Francophones des communes à facilités linguistiques[(68)].

Cet accord passera dans l'histoire sous le nom de pacte d'Egmont. Ce pacte prévoit le maintien de Bruxelles dans le cadre de ses dix-neuf communes de même que la scission de l'arrondissement électoral de Bruxelles-Hal-Vilvorde. En contrepartie, les francophones des six communes à facilités et, dans certains cas, de Dilbeek, Grimbergen, Zaventem et Beersel peuvent faire élection de domicile dans une des dix-neuf communes. Ils bénéficieraient ainsi d'un régime bilingue en matière administrative, électorale, judiciaire et fiscale. Le futur Parlement de la Communauté française serait compétent pour les institutions francophones situées dans les six communes à facilités, la tutelle étant confiée, en l'espèce, à l'Etat central et non à la Flandre[(69)]. Enfin, les Flamands renoncent à la parité dans le gouvernement bruxellois moyennant une participation garantie[(70)].

Malgré cet accord, le chemin reste pavé de nombreuses embûches. Dans un premier temps, la plus importante est l'interprétation différenciée des dispositions du pacte. Face aux propos contradictoires des partis de la majorité, une nouvelle négociation est lancée. Après quatre mois de pourparlers au château de Stuyvenberg, elle débouche sur une nouvelle déclaration gouvernementale le 28 février 1978. On parle dès lors de pacte d'Egmont-Stuyvenberg.

Sous la pression d'une partie du CVP, d'une minorité de la Volksunie et d'une très forte campagne de la presse flamande, l'accord reste en rade. Léo Tindemans le fait capoter en invoquant les réserves de constitutionnalité exprimées par le

(68) André MÉAN, *La Belgique de papa...*, *op. cit.*, p. 191-192.

(69) Serge GOVAERT, *Bruxelles en capitale. 1958-2000. De l'expo à l'Euro*, Bruxelles, De Boeck Université, 2000, p. 130.

(70) *Ibid.*, p. 128 et s.

Conseil d'Etat. Même s'il déclare le 17 janvier 1978, que les accords d'Egmont-Stuyvenberg représentent «une tentative grandiose de construire un Etat moderne», ses réticences sont bien connues. Le 11 octobre 1978, il présente la démission du gouvernement au roi sans consultation préalable des présidents de parti de la majorité qu'il qualifie de «junte», en ce compris Wilfried Martens président du CVP :

> «J'ai l'impression d'avoir été berné par la junte des présidents. L'idée des majorités significatives venait de Cools qui avait pu entraîner dans son sillage les autres présidents. Ils ne cessaient de se voir sans moi. Et surtout, ils voulaient déterminer la ligne de conduite du gouvernement. Après le pacte d'Egmont, j'estimais indispensable d'avoir l'avis du Conseil d'Etat sur les réformes alors que les présidents voulaient les ignorer. Ce fut le clash car je refusais que l'on me force la main. C'eût été déconsidérer le rôle du gouvernement»[71].

La vision des responsables des partis est tout autre. François Perin est peut-être le plus dur à l'endroit de l'ancien Premier ministre : «La responsabilité personnelle de Léo Tindemans est écrasante dans la crise de 1978. Sur le plan psychologique et moral, le fait que le FDF et la Volksunie défendaient solidairement un projet commun était un coup d'éclat historique, qui aurait détendu le climat entre les deux communautés et, par voie de conséquence, la confiance de l'opinion publique dans la viabilité de l'Etat belge remanié»[72]. Paradoxalement, quelques semaines plus tard, Tindemans deviendra… président du CVP.

L'unité du parti socialiste belge-Belgische Socialistische Partij ne résiste pas à cet échec. Des dissensions internes entre socialistes flamands et francophones existaient depuis la fin des années soixante et le début des années soixante-dix. Dès les élections nationales de 1968, l'aile flamande de la fédération bruxelloise du PSB-BSP décide de présenter des listes propres aux élections, mécontente de la place réservée aux personnalités flamandes à l'occasion des polls, entre autres aux personnalités éminentes que sont alors Henri Fayat ou Pierre Vermeylen. Après l'élection de deux députés, les *Rode Leeuwen* seront

(71) *Le Soir*, 19-20 octobre 2002.
(72) François PERIN, *Histoire d'une nation…*, *op. cit.*, p. 245.

reconnus comme fédération flamande bruxelloise du PSB-BSP. Malgré cette fissure, le PSB avait su rester uni.

L'échec du pacte d'Egmont fait voler cette unité en éclats. André Cools souhaite faire porter la responsabilité de l'insuccès à Leo Tindemans. Mais son co-président, Karel Van Miert, refuse de le suivre dans la stigmatisation du CVP, et de Léo Tindemans en particulier[73]. Il faut dire que l'accession de Van Miert à la co-présidence en lieu et place de Willy Claes a marqué l'arrivée d'une nouvelle génération chez les socialistes flamands, plus ancrée dans le mouvement de fédéralisation de la Belgique[74]. En juin 1978, Karel Van Miert avait déjà laissé poindre les limites de l'organisation nationale pour le PSB-BSP en se demandant dans quelle mesure, «dans la compréhension mutuelle et sans passion, il ne serait pas indiqué de vérifier de quelle manière nos structures peuvent évoluer dans un sens plus confédéral, sous l'impulsion du pacte communautaire»[75]. Après avoir fait le grand écart durant plusieurs mois, le PSB-BSP implose en septembre-octobre 1978. Deux formations voient alors le jour: le parti socialiste (PS) et le Belgische Socialistische Partij (BSP), qui devient un an plus tard le Socialistische Partij (SP).

Le BSP tient son congrès fondateur le 15 octobre. Le PS, le 15 novembre. André Cools y justifie la séparation: «Quand Wallons et Bruxellois disaient non à Tindemans et aux ultras du CVP, les socialistes flamands ne voulaient faire aucune peine, aussi légère soit-elle, à ce même Léo Tindemans et à ce même CVP. L'accord ne pouvant plus se faire sur ce point fondamental, l'unité du PSB-BSP n'existait plus»[76].

Parmi les formations parlementaires, seul le parti communiste de Belgique conserve une structure nationale. Toutefois, il s'adapte aux évolutions institutionnelles belges en modifiant son organisation et son fonctionnement lors d'un congrès extra-

(73) Jan CEULEERS, «De splitsing van de Belgische Socialistische Partij. Een B te veel», *Res Publica*, 1980, XXII/3, p. 378.

(74) Serge GOVAERT, «Les socialistes flamands après la scission», *Cahiers marxistes*, mars 1981, 92.

(75) Xavier MABILLE, «Le parti socialiste. Evolution 1978-2005», *Courrier hebdomadaire du CRISP*, 2005, 1867-1868, p. 10.

(76) Emmanuel MAURAGE, *La longue marche vers la régionalisation. Les carnets politiques d'André Cools (1973-1979)*, Bruxelles, Quorum, 1997, p. 112.

ordinaire tenu en décembre 1982. Les compétences attribuées auparavant à des instances nationales – congrès, comité central et bureau politique – sont partagées entre une échelle nationale perpétuée et des échelons régional/communautaire[77] nouvellement créés : le conseil et le bureau francophones d'une part, le conseil et le bureau flamands, de l'autre. En mars 1988, le PCB-KPB se transforme en une « Union fédérale des communistes de Belgique », associant le parti communiste, le Kommunistische Partij, la Régionale bruxelloise du PCB-Gewest Brussel van de KPB et le Kommunistiche Partei Belgiens[78].

L'après-Egmont est particulièrement chaotique en Belgique. Au terme des élections nationales de 1978, plusieurs gouvernements dirigés par Wilfried Martens se succèdent pour tenter de sortir de l'ornière le dossier sur la régionalisation. C'est durant une courte tripartite classique (mai 1980-octobre 1980), que le fait régional trouve un premier aboutissement. Les lois d'août 1980 concrétisent la deuxième phase de la réforme de l'Etat. Elles établissent les Régions flamande et wallonne. Faute d'accord sur Bruxelles, le dossier est mis « au frigo ».

En dix ans, le paysage politique et institutionnel a de la sorte bien changé. A l'échelle politique, la principale évolution est la scission des formations sociale chrétienne, socialiste et libérale. Dans les années soixante-dix, les partis régionalistes ont beaucoup pesé sur le débat institutionnel. Mais leur influence sur les partis classiques et les avancées décentralisatrices amoindrissent fortement leur propre poids. En effet, les partis ont intério-

[77] L'article 15 des statuts renouvelés à cette occasion :

« Les organismes fédératifs du PCB sont compétents dans les matières d'intérêt régional et communautaire tant au niveau de l'élaboration que de la mise en œuvre ».

« Les organismes nationaux du PCB sont compétents pour

a. toute problématique de la voie belge vers le socialisme (...) ;

b. toutes les questions qui resteraient d'intérêt national dans un Etat fédéralisé, notamment la politique internationale ;

c. toutes les questions évolutives mais qui, en vertu de la loi, restent du ressort du gouvernement et du parlement national (...) ;

d. l'administration des finances et le patrimoine ainsi que la politique des cadres ».

[78] *Projet de révision du chapitre III des statuts adopté par le CC du 26 mars 1988*, *Congrès national 25bis*, Bruxelles le 18 juin 1988.

risé[79] et intégré la dimension régionale dans leur programme. De ce point de vue, l'exemple du parti socialiste est marquant en Région wallonne[80] tout comme l'évolution du CVP en Flandre. Le Rassemblement wallon disparaît de l'échiquier politique, tandis que le FDF subit des reculs électoraux notables. La Volksunie est aussi affectée sur le plan organisationnel, électoral et politique.

Le tournant dans la Volksunie

Nous l'avons relevé, dès 1974, il est question que le parti nationaliste flamand monte dans le premier exécutif Tindemans. Sa demande d'une loi d'amnistie pour les anciens collaborateurs coupe court à la possibilité d'un accord sur la régionalisation et à l'éventualité de sa participation gouvernementale.

Après l'échec du premier gouvernement Tindemans, la Volksunie accepte de franchir le Rubicon. Jusqu'alors son impact politique a été réel, mais surtout de manière indirecte. L'accession au gouvernement s'est réalisée sous l'impulsion d'Hugo Schiltz, alors président du parti. Le pas est considérable. «La Volksunie, en revanche, est dans sa forme actuelle, plus un groupe de pression qu'un parti. Elle a ses élus, sans doute, mais elle ne peut espérer, sauf changement spectaculaire improbable, participer à une formation gouvernementale», énonçaient peu de temps avant Jean Meynaud, Jean Ladrière et François Perin dans *La décision politique en Belgique*[81].

Pour plusieurs segments du parti et de l'électorat, la Volksunie n'est pas et ne peut être un parti de gouvernement. Ceux-ci se vivent plutôt sous la forme d'un groupe de pression. La participation au gouvernement national marque donc la volonté de la Volksunie d'influencer directement le processus décisionnel en Belgique. Cette option se révèle difficile à assumer, en parti-

(79) Xavier MABILLE, «La faille du compromis», *in* Marc UYTTENDAELE (éd.), *A l'enseigne de la Belgique nouvelle, Revue de l'Université de Bruxelles*, 1989, 3-4, p. 64.

(80) Pascal DELWIT, «Le parti socialiste», *in* Pascal DELWIT, Jean-Michel DE WAELE (éd.), *Les partis politiques en Belgique*, Bruxelles, Editions de l'Université de Bruxelles, 1996, p. 23-42.

(81) Jean MEYNAUD, Jean LADRIÈRE, François PERIN, *La décision en Belgique…*, *op. cit.*, p. 48.

culier après le pacte d'Egmont complété par les négociations de Stuyvenberg.

D'emblée, l'opposition interne est très significative. Le 28 mai 1977, le Conseil (*partijraad*) de la Volksunie ne ratifie le pacte d'Egmont que par 62 voix contre 31[82]. Certes, ce n'est pas propre au parti nationaliste flamand. Au congrès du CVP, le oui l'emporte par 507 suffrages mais une minorité non négligeable s'est aussi manifestée. 151 congressistes ont rejeté le contenu du pacte d'Egmont. On dénombre aussi vingt abstentions.

Aussi, la Volksunie est-elle sur la sellette. Une part substantielle de son électorat réprouve le choix que fait le parti de soutenir le pacte d'Egmont. Suite à la démission prématurée de Léo Tindemans et aux élections anticipées, la Volksunie enregistre un recul très sévère et l'émergence de deux dissidences, le Vlaams Volkspartij et le Vlaamse Nationaal Partij, qui donnent naissance par la suite au Vlaams Blok.

Les lois d'août 1980 et l'affaissement voire la disparition des partis régionalistes ferment (pour un temps) la page du conflit communautaire des années soixante-dix. Fin des années soixante-dix et début des années quatre-vingt, des problématiques nouvelles apparaissent ou se posent avec plus d'acuité, surtout en matière économiques. Le paysage politique se redéfinit dans ce contexte chahuté.

Une inscription dans la vague néo-libérale

Après une décennie centrée sur les questions communautaires, le mouvement de balancier oriente le débat sur les questions socio-économiques. A la charnière des années soixante-dix et quatre-vingt, la crise économique et sociale marque fortement les esprits et la politique gouvernementale. Il est désormais acquis que la crise n'est pas conjoncturelle. Ses effets pour la Belgique sont très importants. Les mesures d'engagement dans les secteurs public ou para-public pour compenser les pertes d'emploi industriel atteignent leur limite, d'autant que la dette publique belge a gonflé de manière inquiétante. En juillet 1980, une projection du déficit de l'Etat – 230 milliards de francs à

[82] Serge GOVAERT, « La Volksunie », *Courrier hebdomadaire du CRISP*, 1993, 1416-1417, p. 23.

l'époque (5,7 milliards d'euros) – l'établit à 730 milliards (18 milliards d'euros) en 1985 à politiques inchangées. L'investissement étranger plafonne et le chômage est en forte croissance.

Une réorientation importante dans la politique économique se réalise dans les années quatre-vingt. Elle est symbolisée par l'avènement d'une équipe gouvernementale sociale chrétienne-libérale, qui gouverne le pays de 1981 à 1987. Le nouvel exécutif frappe les esprits par sa gestion des dossiers économiques, sur le fond mais aussi sur la forme. En effet, dès février 1982, le gouvernement peut agir par voie d'arrêtés royaux délibérés en Conseil des ministres. Près de 200 d'entre eux sont pris sur la base de ces dispositions[83].

Une famille sociale chrétienne chahutée

L'arrivée au pouvoir de cette coalition, dirigée par Wilfried Martens, s'est opérée à l'issue d'un scrutin calamiteux pour la famille sociale chrétienne. Aux élections de novembre 1981, sociaux chrétiens du nord et du sud du pays perdent plus d'un quart de leurs électeurs. Au-delà des dimensions structurelles expliquant l'affaissement de l'électorat social chrétien, cette déroute tient dans une large mesure aux conflits internes qui secouent alors les deux partis sociaux chrétiens.

Dans les rangs du PSC, la bataille faisait rage entre l'aile gauche – la démocratie chrétienne – et l'aile droite – le CEPIC. A l'issue du scrutin et dans le cadre de négociations difficiles pour la confection d'une coalition gouvernementale, le président Paul Vanden Boeynants jette l'éponge. Après une désignation transitoire, le parti élit une personnalité extérieure aux deux camps, Gérard Deprez.

Deprez tente de briser les forces centrifuges à l'œuvre en réduisant, au moins officiellement, le poids des «familles». Le 16 février 1982, les conditions relatives à l'exercice éventuel d'un droit de tendance sont explicitées:

> «Il ne doit y avoir ni structures parallèles aux organes statutaires du parti, ni prises de positions publiques par conférences

[83] Xavier MABILLE, «La législature 1981-1985», *Courrier hebdomadaire du CRISP*, 13 septembre 1985, 1088, p. 21.

ou communiqués de presse, ni recrutement propre, ni affiliations indirectes et collectives via un courant »[84].

L'opération se révèle complexe avec le CEPIC, où agissent des personnalités proches de l'extrême droite. Une partie de ce courant refuse d'ailleurs la *normalisation* et fonde le parti libéral chrétien (PLC). Mais celui-ci ne parvient pas vraiment à s'imposer. Aussi, le 30 novembre 1983, au terme de discussions difficiles, son assemblée vote, par 27 voix contre 13, la dissolution du PLC avec invitation à ses membres de rallier le PRL. Une fraction refuse ce choix. Conduite par Luc Eykerman, elle tente seule sa chance aux élections de 1985, mais sans succès[85]. Avec la dissolution du CEPIC, l'aile conservatrice du PSC trouve à s'exprimer discrètement dans le Rassemblement du Centre, dirigé par le Liégeois Jean-Pierre Grafé.

Le parti social chrétien reprend alors vie sous la houlette d'une nouvelle équipe symbolisée par trois personnalités qui incarnent le parti pendant quinze ans : le président Gérard Deprez, et les ministres Philippe Maystadt et Melchior Wathelet. Philippe Maystadt, à gauche du parti, fait office de « contre-poids » dans les deux gouvernements sociaux chrétiens-libéraux des années quatre-vingt. En revanche, Wathelet, dans l'aile droite du PSC, joue le même rôle dans les exécutifs sociaux chrétiens-socialistes à partir de 1988. *Parti de gouvernement* par excellence, le parti social chrétien marque de son empreinte l'exercice des responsabilités dans les années quatre-vingt et quatre-vingt-dix, en raison de la qualité de ses ministres et de sa présence ininterrompue au pouvoir. Relais des organisations sociales du monde catholique, le parti social chrétien est très réticent à s'engager dans une nouvelle réforme de l'Etat en 1988, en particulier à communautariser l'enseignement. Sous l'angle doctrinal, on ne note aucune évolution significative ni même aucune tentative sérieuse de repenser le message et l'action du parti à la veille du XXIe siècle.

Le choix de s'allier à des libéraux en pointe dans la vague néo-libérale pose problème à l'aile gauche du monde social

[84] Paul WYNANTS, « Du PSC au CDH. I. 1981-1999 », *Courrier hebdomadaire du CRISP*, 2005, 1889, p. 7.

[85] Xavier MABILLE, « La législature 1981… », *op. cit.*, p. 19.

chrétien. Une partie du Mouvement ouvrier chrétien parraine officieusement, en 1983, un nouveau mouvement politique : Solidarité et Participation (SEP). Solidarité et Participation est mis sur les fonts baptismaux le 26 mars 1983. Il se présente comme progressiste, pluraliste et fédéraliste. Mais sa participation à l'élection de 1985 se révèle non concluante.

Au sein du CVP, la lutte fait rage entre les partisans de Léo Tindemans et ceux de Wilfried Martens, tenant de l'ouverture régionaliste du parti. Le premier reproche au deuxième de l'avoir évincé de son mandat de Premier ministre à son profit. Il lui a succédé à la présidence du parti. Et les relations sont au plus bas. Comme le relate Martens, une véritable guerre de tranchée oppose deux clans :

> « En fait, il n'y avait pas de situation conflictuelle mais une opposition due à des conceptions divergentes. Nous n'avions aucune volonté consciente de nous mener la vie dure. Mais nos collaborateurs s'étaient engagés dans un véritable duel. Une situation étrange s'était installée dont ni Tindemans ni moi n'avions le contrôle ; nous tentions de rester en bons termes pendant que nos « sergents » s'entretuaient en croyant nous rendre service »[86].

Par ailleurs, au CVP aussi, les « familles » se disputent. Mais le rapport du groupe de travail chargé d'analyser et de remédier à cette situation n'aura que peu d'impact sur le fonctionnement du parti.

A l'élection nationale de 1985, les sociaux chrétiens flamands récupèrent une partie des lourdes pertes de 1981. Mais c'est un rebond sans lendemain. Deux ans plus tard, c'est un retour à l'étiage de 1981. Le CVP est confronté à l'aura de Guy Verhofstadt et aux récriminations de l'ACW sur le poids et les méthodes de Verhofstadt. Au surplus, la problématique des Fourons n'a pas trouvé d'aboutissement. José Happart est systématiquement représenté par le groupe de l'Action fouronnaise au conseil communal. Il faut une très longue crise politique et le savoir-faire de Jean-Luc Dehaene pour aboutir à un accord sur la réforme de l'Etat. Le CVP est néanmoins confronté au poids de la famille socialiste qui a annoncé le *retour du cœur* et surtout à l'atterrissage complexe du dossier sur l'interruption volontaire

(86) Wilfried MARTENS, *Mémoires…*, *op. cit.*, p. 68.

de grossesse. La famille sociale chrétienne n'avait plus le poids pour bloquer le dossier dans l'accord de gouvernement et avait accepté d'en faire une question parlementaire. La proposition des parlementaires Roger Lallemand et Lucienne Herman-Michielsens peut ainsi être adoptée à la Chambre et au Sénat. Au printemps 1990, le roi Baudouin refuse de la signer. Le roi est empêché de régner un jour mais l'épisode met en difficulté les sociaux chrétiens qui ont respecté tant l'esprit que la lettre du parlementarisme et de la monarchie constitutionnelle belge. Mais, aux yeux de « ses électeurs les plus fidèles, le roi avait précisément fait ce que le CVP aurait dû, mais n'a pas voulu faire, en une matière particulièrement émotionnelle »(87).

Les changements de la famille socialiste

Le parti socialiste est aussi secoué par une crise interne à la charnière des années soixante-dix et quatre-vingt. Les relations de son président André Cools avec la FGTB se détériorent. Premier président du PS, André Cools en appelle à un changement de cap dans les rangs socialistes. En un mot, à une politique de rigueur. Il n'exclut plus, par exemple, l'idée d'un saut d'index. En 1979, il déclare : « La société d'aujourd'hui est démissionnaire, plus personne n'accepte de prendre en considération le bien commun. On exige de prendre des décisions mais on refuse d'assumer les responsabilités. Le mouvement syndical n'échappe pas à cette tendance généralisée de corporatisme dangereux »(88). Ce faisant, il heurte de front la FGTB. La crise qui couve dans le pilier socialiste est rendue publique.

Elle est symbolisée par le conflit mettant aux prises Cools et le secrétaire général de la FGTB, Georges Debunne. La tension va crescendo. Alors ministre de la Justice, Philippe Moureaux s'en attriste au printemps 1981 : « En Belgique, au début de cette année, elle a pris des formes aiguës et je le regrette. Car tout cela a des conséquences pour l'avenir de la gauche. Et la tension entre le parti et le syndicat est très mal vécue par un grand

(87) Rolf Falter, « Crise et mutation (1981-1994) », *in* Charles-Ferdinand Nothomb, Frank Swaelen (éd.), *Un parti dans l'histoire…*, *op. cit.*, p. 151.

(88) Arnaud Colette, Philippe Halleux, *André Cools. Rebelle d'Etat*, Bruxelles, Quorum, 1996, p. 186.

nombre de militants qui sont attachés à l'un et à l'autre»[89]. La tension et les oppositions sont palpables au sein même du PS. C'est qu'André Cools est contesté par une partie de l'appareil et de la base. Deux courants structurés se créent contre lui.

Le premier, à la gauche du parti, est fondé le 3 avril 1978. Animé par Ernest Glinne, Jacques Yerna et Irène Pétry, il se revendique d'un socialisme autogestionnaire. Il développe ses points de vue dans *Tribune socialiste*, créée à l'initiative d'un groupe de militants du PSB «soucieux de contribuer, dans l'exercice de leur droit de tendance, à la diffusion de principes idéologiques socialistes définis dans la charte de Quaregnon du POB et lors du congrès doctrinal du PSB-BSP en 1974»[90]. Le second, plutôt belgicain et à la droite du parti, est conduit par l'éphémère Premier ministre Edmond Leburton. Il présente un manifeste *Analyse et alternative*, le 28 septembre 1979[91].

Les débats sont souvent âpres sinon plus: «Certains membres relayent les positions syndicales au sein du bureau du parti. Les réunions y sont de plus en plus orageuses, l'invective remplace souvent l'argumentation, certains échanges frisent même l'engagement physique»[92].

Face à l'impasse dans laquelle se trouve le parti, Cools démissionne de sa fonction présidentielle en janvier 1981. Le refus des sénateurs socialistes de prendre, au nom de la discipline de parti, des sanctions contre certains de leurs collègues qui n'avaient pas accepté de voter le «plan de redressement» du gouvernement Martens IV est à l'origine de cette décision. Le secrétaire général de la FGTB Georges Debunne nie avoir joué un rôle dans cette démission: «D'aucuns prétendent qu'André Cools en avait assez des disputes qu'il avait eues avec moi. Qu'André en eût marre, qu'il n'appréciât pas toujours les syndicalistes, je ne le conteste pas, mais qu'il aurait cédé la présidence à cause de moi? Non, je ne le pense pas et je ne le crois pas»[93].

(89) «Les relations entre la FGTB et le PS, éléments pour un débat», *Cahiers marxistes*, avril-mai 1981, 93-94, p. 20.

(90) *Ibid.*, p. 170-171.

(91) Xavier MABILLE, «Le parti socialiste. Evolution 1978-2005», *Courrier hebdomadaire du CRISP*, 2005, 1867-1868, p. 18-19.

(92) Valmy FÉAUX, *Des choux et des raves*, Bruxelles, Quorum, 1997, p. 114.

(93) Georges DEBUNNE, *J'ai eu mon mot à dire*, Bruxelles, Labor, 1988, p. 179.

Si Cools se retire, il croit pouvoir amener aisément, en la personne de Guy Spitaels, celui qui pourra conduire le parti sur les positions qu'il défend. En vérité, Guy Spitaels ne s'impose que d'extrême justesse face à Ernest Glinne[(94)]. Lors du premier tour, Guy Spitaels emporte 295 voix, pour 273 à Ernest Glinne et 27 à Alain Van der Biest. Au second, Spitaels remporte 311 suffrages pour 282 à Glinne.

Au début des années quatre-vingt, Henri Simonet, figure emblématique du socialisme bruxellois, quitte le parti en désaccord avec les choix dans le champ des relations internationales. Le 27 octobre 1983, il annonce son intention de défendre une position propre sur la question du déploiement des missiles américains Cruise et Pershing: «Le parti socialiste vient de prendre son cap de manière claire et définitive dans la controverse du déploiement d'armes nucléaires à portée moyenne dans notre pays et dans d'autres pays de l'alliance. Mes positions à ce propos sont bien connues ainsi que de tous les responsables du parti socialiste. Je ne crois pas qu'elles soient conciliables avec les vues développées par les dirigeants du parti, avant, pendant et après la manifestation du 23 octobre»[(95)]. La rupture est consommée et Simonet rejoint les rangs libéraux; il tentera vainement de décrocher le mayorat de Bruxelles-ville aux élections communales d'octobre 1988.

Guy Spitaels conduit le parti socialiste vers des positions programmatiques plus modérées dans le domaine économique et social, notamment lors des assises Rénover et agir. Ce congrès marque un recentrage du parti, qui intègre le caractère structurel des évolutions économiques intervenues depuis le milieu des années soixante-dix: «Le parti socialiste, comme les autres partis socialistes européens, a donc le devoir de tracer les axes d'un véritable changement économique. Tout, dans nos analyses, montre que le changement est inévitable: l'inflation traduit l'impasse à laquelle le modèle de croissance des années soixante est parvenu, le déclin industriel wallon illustre les carences de l'investissement et de l'initiative économique, la gestion macro-économique de la crise par le biais des finances

[(94)] *Le Peuple*, 23 février 1981.

[(95)] Xavier MABILLE, «Les partis politiques à Bruxelles», *Courrier hebdomadaire du CRISP*, 27 août 1985, 1086-1087, p. 51.

publiques a atteint ses limites»[96]. L'heure est à la relance sélective, idée et mot d'ordre que défend le PS de 1982 à 1985.

Aux élections législatives de 1987, au terme desquelles le parti revient au pouvoir, les socialistes poursuivent dans la même veine. Le *retour du cœur* est annoncé mais il est cadré:

> «L'état des finances publiques et notamment la fragilité de la balance des paiements interdisent une relance globale limitée à la seule économie belge. Une telle expérience, menée par certains pays voisins, en a apporté la preuve. C'est pourquoi le PS propose d'instaurer une croissance progressive dans les secteurs où elle sera créatrice d'emplois et facteur de modernisation»[97].

Dans les années quatre-vingt, le parti socialiste confirme par ailleurs son tournant régional, symbolisé par le ralliement de José Happart, «héros» de la cause wallonne. José Happart est présent pour la première fois sur les listes socialistes à l'élection européenne de 1984. Il recueille 234 966 suffrages soit 31% des voix obtenues par le PS[98]. Cela dit, la gestion de ce tournant régionaliste et de l'entrée de José Happart se révèle complexe à l'occasion. L'accord de gouvernement en 1988 en est l'illustration la plus saisissante.

Au terme de près de six mois de discussions, sociaux chrétiens et socialistes tant francophones que flamands et la Volksunie aboutissent à un accord qui ouvre une nouvelle réforme de l'Etat substantielle. Les Communautés héritent de l'enseignement et des budgets y afférents, les travaux publics et les communications sont régionalisés. On estime alors la masse budgétaire à la disposition des Communautés et régions à environ 32% du budget national[99]. Cet accord est cependant contesté par une partie importante du PS, qui le juge inacceptable sur la problématique des Fourons et s'offusque du retour de Wilfried Martens comme Premier ministre.

(96) PARTI SOCIALISTE, *Faire face à la crise, congrès des 27 et 28 mars 1982*, Bruxelles, Institut Emile Vandervelde, 1982, p. 57.

(97) CONGRÈS NATIONAL, *Programme du PS, élections législatives du 13-12-1987*, Bruxelles, 22 novembre 1987, p. 1-2.

(98) Michel COLLINGE, «Elections européennes en Belgique: géographie des voix de préférence», *Courrier hebdomadaire du CRISP*, 1989, 1266, p. 10.

(99) Wilfried DEWACHTER, «La Belgique d'aujourd'hui comme société politique», *in* Alain DIECKHOFF (éd.), *Belgique: la force de la désunion*, Bruxelles, Complexe, 1996 p. 109.

Les deux plus grosses fédérations, Liège et Charleroi, votent majoritairement contre. A Liège, on recense 359 non à l'accord gouvernemental pour 320 oui et 8 abstentions. A Charleroi, l'opposition est plus nette encore puisque 463 congressistes s'y opposent pour 186 suffrages favorables et 18 abstentions. L'homme fort de la fédération de Charleroi, Jean-Claude Van Cauwenberghe, brocarde Spitaels : « Ce n'est pas moi qui ait tenu la réunion du bureau national du parti à Fourons. Ce n'est pas moi qui ait bousculé tout le monde pour marcher aux côtés de Happart le 1er mai. Ce n'est pas moi qui ait demandé que Happart soit le seul à parler avec moi dans les meetings électoraux. Ce n'est pas, comme Spitaels l'affirme, Happart qui fait une OPA sur le parti, mais l'inverse. Le parti a fait de la surenchère sur Happart lors des dernières élections et en a reçu le dividende. C'est pourquoi il est immoral de le laisser tomber maintenant, car ce que nous gagnerons en pouvoir nous le perdrons en dignité »[100]. Ces propos tenus à Ransart l'ont été dans un climat extrêmement tendu selon les termes mêmes du futur président du PS, Philippe Busquin : « Jamais, je n'avais connu une assemblée aussi houleuse, dominée par certains visages haineux »[101].

Le 1er mai, José Happart n'est pas plus tendre avec Guy Spitaels. « C'est le premier mai camarades ! Jadis, la fête du premier mai était l'occasion de revendiquer le suffrage universel. Aujourd'hui, on approuve le suffrage capacitaire. Fourons est une petite fille violée. Mais « ils » s'en moquent. Moi, ça me fait vomir. (...) Un parti sans honneur ne saurait se faire respecter. Ils ont jeté leurs revendications à la poubelle. Nous allons leur montrer qu'ils n'en ont pas fini avec nous. Ce n'est pas une petite tornade, qui secoue un panier de lâches, qui va nous arrêter dans notre combat »[102]. Ce discours lui vaudra une réplique au picrate d'André Cools et de Philippe Moureaux.

Dans les rangs des socialistes flamands, les années quatre-vingt sont marquées par une tentative d'ouverture au monde

(100) Hugo DE RIDDER, *Sire, donnez-moi cent jours*, Bruxelles, Duculot, 1989, p. 108.

(101) Christian DE BAST, *Philippe Busquin. Socialiste, mais encore ?*, Bruxelles, Racine, 1995, p. 87.

(102) Paul-Olivier DELANNOIS, *Analyse de l'émergence d'un leader francophone : « José Happart »*, Mémoire de sciences politiques, ULB, 1989-1990, p. 34-35.

ouvrier chrétien. Elle est matérialisée dès 1979 par la publication du manifeste *Doorbraak* (La percée). Le Manifeste est signé par de futurs poids lourds du SP : Louis Van Velthoven, Freddy Willockx, Louis Tobback, Luk Vanden Bossche, Lode Hancké ou encore Marcel Colla. Les trois buts définis sont « le pluralisme idéologique au sein des organisations politiques et le pluralisme politique au sein des organisations idéologiques ; la constitution d'une force progressiste en Flandre à laquelle participent des chrétiens ; la clarification des choix politiques »[103]. Cette volonté d'ouverture se matérialise timidement au scrutin communal d'octobre 1982. A Genk, le prêtre Jef Ulburghs est sur la liste du SP. Des militants de Doorbraak sont présents sur les listes de Dendermonde et de Hove. Et à Louvain, à l'initiative de Lode Van Outrive et Luk Huyse, deux éminents scientifiques de la KULeuven, une liste des progressistes accueille, sous l'étiquette Socialistische Progressieve Eenheidtlist, le SP, des militants communistes et quelques personnalités démocrates chrétiennes.

La participation très active du SP aux manifestations pacifistes de masse en 1983, 1984 et 1985 concourt à l'établissement de ponts entre certains courants chrétiens et le SP. Lors des élections européennes de 1984, le prêtre limbourgeois Jef Ulburghs est à nouveau présent et élu sur la liste du SP. Toutefois, les socialistes flamands ne parviennent pas à entamer la clientèle électorale du CVP, ni à affecter l'impressionnant encadrement social du Mouvement ouvrier chrétien flamand (ACW) toujours très connecté au CVP.

Le renouveau libéral

En pleine crise économique et confusion sur l'aboutissement de la régionalisation, le PRL et le PVV ont prêté leur concours à l'adoption des lois d'août 1980 pour permettre l'émergence de la Région wallonne et flamande tandis que Bruxelles est mise au frigo. Mais c'est dans le domaine socio-économique que s'affirment les formations libérales.

Avec l'avènement du *temps néo-libéral*, le propos du PRL et de son président se durcit sur des thèmes fétiches des libéraux,

(103) Serge GOVAERT, « Deux courants socialistes flamands. 2. Doorbraak », *Courrier hebdomadaire du CRISP*, 1er mars 1985, 1071, p. 6.

d'autant qu'à leur droite l'UDRT a vu le jour. Pour le parti réformateur libéral, le niveau de la fiscalité est alors assimilé à du vol : « Trop d'Etat nous étouffe. Il étouffe l'investissement des entreprises sous les charges fiscales et sociales. Il étouffe le travail créateur des individus, s'empare du fruit de ce travail par des niveaux d'impôt qui équivalent à du vol »[104]. Les syndicats sont vilipendés :

> « Ces groupes de pression ont envahi l'Etat et le paralysent. Ils envoient leurs représentants siéger dans presque tous les organismes publics (SNCB, SABENA, SNI, OBCE, SNCI, Banque nationale, ONSS, SDR, Universités, RTBF, etc.) mais refusent d'être responsables de leur gestion. Ils veulent demander des comptes sans en rendre, contrôler sans être contrôlés. Ils influencent ou bloquent l'action du gouvernement mais ne veulent jamais accepter d'être responsables. Ils reçoivent des milliards de subsides sans contrôle. Des grèves irresponsables conduisent des entreprises ou des secteurs vitaux de l'économie à la catastrophe financière »[105].

Peu à peu, les libéraux préconisent une sortie de la sécurité sociale « inconditionnelle ». L'octroi d'allocations sociales devrait être conditionné et associé à des démarches de sécurisation individuelle :

> « Nous proposons notamment :
> – de ne plus accorder d'allocations de chômage au-delà d'un certain niveau de revenus familiaux,
> – d'accorder l'allocation de chômage en fonction du temps de travail antérieurement accompli (sauf pour les femmes qui n'ont pas encore travaillé) (…),
> – d'instaurer, en tenant compte des revenus, une franchise annuelle pour les soins de santé. Chacun devrait, en fonction de ses revenus, assurer lui-même ou par une police d'assurance les dépenses de santé inférieures à un certain montant »[106].

L'élection nationale de novembre 1981, la première après la formation du PRL, est un succès électoral pour la famille libérale. Cette victoire électorale est transformée politiquement. Le PRL et son homologue flamand le PVV entrent au gouvernement en coalition avec les sociaux chrétiens. Jean Gol devient

(104) PRL, *Projet pour le changement*, novembre 1981, p. 5.
(105) *Ibid.*, p. 6.
(106) *Ibid.*, p. 15-16.

Vice-premier ministre et ministre de la Justice et, dans une large mesure, le principal inspirateur des orientations socio-économiques de l'exécutif.

Cet exécutif conduit par le social chrétien flamand Wilfried Martens frappe les esprits par une politique d'austérité sans précédent, justifiée par la nécessité absolue d'assainir les finances publiques. L'exécutif impressionne aussi par sa stabilité et va, pour la première fois depuis 1965, à son terme. Les libéraux francophones souhaitent d'ailleurs inscrire cette stabilité dans un pacte noué avec le parti social chrétien. En 1986, parti social chrétien et parti réformateur libéral signent une convention dans laquelle ils s'engagent à rester ensemble, au pouvoir ou dans l'opposition, pour un laps de temps de huit années. Cet accord, sans portée juridique, fera long feu.

1987 marque un coup d'arrêt sérieux, et pour longtemps dans la progression libérale. Sur un plan électoral dans une certaine mesure mais, beaucoup plus fondamentalement, à l'échelle politique. Malgré un résultat électoral honorable à l'élection anticipée de novembre 1987, le PRL est le perdant politique du scrutin. Renvoyé dans l'opposition, il assiste impuissant à la mise sur pied d'un gouvernement travailliste, associant les socialistes, les sociaux chrétiens et la Volksunie. Pour une part, il paie le jusqu'auboutisme libéral de Verhofstadt. Gérard Deprez, qui a rompu l'accord avec le PRL, le concède : « Cela a bien marché tant que c'était un gouvernement Martens-Gol. Cela a capoté quand c'est devenu un gouvernement Martens-Verhofstadt après les élections de 1985. C'est Verhofstadt qui donnait le ton. Son radicalisme a commencé à détériorer profondément le climat à l'intérieur de la coalition. Mes collègues PSC au gouvernement étaient excédés par son aspect doctrinaire et cassant et par la brutalité des décisions qu'il voulait imposer sur le plan budgétaire »[(107)]. Cette situation stoppe la courbe ascendante dans laquelle étaient engagés les libéraux francophones depuis une petite dizaine d'années. Après le pain blanc vient le pain noir.

Le scrutin européen de 1989 indique un net ressac du libéralisme francophone. La liste confectionnée par Jean Gol

(107) Jean-François FURNEMONT, *Jean Gol, le pirate devenu amiral*, *op. cit.*, p. 164.

perd 117 000 suffrages par rapport à l'élection européenne de 1984 et 154 000 voix par rapport à l'élection nationale de 1987. Cet échec conduit Gol à ne pas se présenter à la présidence du parti. Epinglé comme responsable du mauvais score libéral[108], l'ancien Vice-premier ministre annonce sa non-candidature. Deux personnalités s'affrontent, le Luxembourgeois Antoine Duquesne et le Thudinien Daniel Ducarme. Le premier est parrainé par Jean Gol et le second par Louis Michel, président du parti depuis 1982. Pour éviter une confrontation qu'ils pressentent dure sinon fratricide, les libéraux avancent l'idée d'un tandem dirigeant. Le congrès statutaire du 8 novembre 1989 avalise cette possibilité en réformant les statuts du parti. Antoine Duquesne et Daniel Ducarme se présentent dès lors de concert. Le premier acquiert le titre de président avec la charge des affaires fédérales. Le second devient vice-président avec la compétence des affaires communautaires et régionales. Antoine Duquesne et Daniel Ducarme sont élus à la tête du parti le 16 décembre 1989. Ils recueillent 5 888 voix pour 1 412 à un duo concurrent formé du Namurois André Barzin et de la Brabançonne Jacqueline Herzet[109].

Mais l'expérience bicéphale se révèle calamiteuse. Les élections de novembre 1991 confirment ce que craignaient des notables libéraux et que pressentaient des observateurs : un nouveau recul électoral. La campagne libérale a en outre été marquée par des contestations internes relatives à la présence, une fois encore, de Roger Nols sur les listes bruxelloises du parti. Pour protester, Robert Henrion, *conscience* du parti, démissionne de la commission de conciliation et d'arbitrage du PRL. Le duo dirigeant ne survit pas à cette défaite. Ducarme et Duquesne démissionnent de concert, ouvrant par là la voie au retour de Jean Gol aux commandes du parti. Seul candidat, il est aisément élu en récoltant 6 412 des 6 841 bulletins valables[110].

(108) Comme le rappelle Marc D'Hoore, c'est l'époque où l'idée et l'expression à la mode dans le PRL est « il y en a Ras le Gol ». Marc D'HOORE, « De l'université à l'ouverture… », *op. cit.*, p. 239.

(109) Marc D'HOORE, « La « saga des Ducs ». Naissance, vie et mort de l'expérience « bicéphale » au parti réformateur libéral (1989-1992) », *Res Publica*, 1993, 3-4, p. 480.

(110) Marc D'HOORE, « De l'unité… », *op. cit.*, p. 240.

A l'instar de leurs partenaires francophones, les libéraux flamands enregistrent aussi une progression et une mutation profondes à la charnière des années soixante-dix et quatre-vingt. Aux élections de novembre 1981, le PVV glane pas moins de 200 000 suffrages et six sièges de plus qu'à l'élection de 1978. Pour la première fois, il devient la deuxième formation politique du paysage politique flamand.

Fils spirituel de Margaret Thatcher, le Gantois Verhofstadt prend la tête des libéraux flamands en 1982. Comme président du parti, Verhofstadt confirme l'orientation néo-libérale présentée dans le manifeste des PVV-Jongeren au congrès de Courtrai. En 1985, à l'âge de trente-deux ans, il devient ministre du Budget et Vice-premier ministre. Guy Verhofstadt et les libéraux flamands comptent beaucoup dans ces gouvernements. Mais, leur promotion exacerbée du néo-libéralisme leur vaut aussi l'hostilité grandissante du Mouvement ouvrier chrétien, en particulier en Flandre. Aux dires mêmes du puissant président de l'ACV-CSC, «Happart n'était qu'un prétexte [à la chute du gouvernement], le vrai coupable c'était le ministre Guy Verhofstadt. Nous ne pouvions plus accepter la prétention de ce «gamin». La politique avait pris une connotation néolibérale»(111). En 1987, le PVV progresse et escompte revenir aux affaires sur la base d'un accord préalable avec le CVP. «Le CVP devra feindre de palabrer pendant des semaines, pendant des mois même, avec les partis de tous horizons, mais crois-moi, le congrès CVP n'avalera jamais un gouvernement avec les socialistes», lui avait assuré Wilfried Martens(112). Il n'en sera rien. Au terme d'une très longue crise, Martens dirige un exécutif avec les socialistes, le PSC et la Volksunie. Les libéraux sont renvoyés dans l'opposition pour une longue période. Après deux années de transition, Verhofstadt reprend sans ménagement la présidence du PVV à Annemie Neyts au congrès des 25 et 26 juin 1989.

Le leader des libéraux flamands donne une tonalité plus radicale que jamais à son parti. Aux assises de Courtrai en 1990, il égrène les propositions les plus dures : imposition de la personnalité juridique aux organisations syndicales, suppression du principe de l'indexation automatique des salaires, limitation des

(111) Wilfried MARTENS, *Mémoires...*, *op. cit.*, p. 151.
(112) Hugo DE RIDDER, *Sire, donnez-moi cent jours*, *op. cit.*, p. 26.

allocations de chômage dans le temps...[113]. En janvier 1991, Guy Verhofstadt publie son premier *Burgermanifest* (manifeste du citoyen) dans lequel il en appelle à l'avènement du citoyen émancipé et épanoui et à combler le fossé entre le monde politique et le citoyen. Citant les travaux du sociologue Luc Huyse sur la pilarisation et l'apathie citoyenne qu'elle génère, le président du PVV dénonce une nouvelle fois le poids des *groupes de pressions* qui minent l'Etat et défont ce que la souveraineté populaire a voulu. Il s'agit donc de retrouver la liberté. Pour ce faire, plusieurs mesures sont promues: mise en place du référendum, établissement d'une partie de l'impôt dédicacé par le citoyen, abrogation du vote obligatoire, suppression de l'«inflation ministérielle», réduction drastique de la taille des cabinets ministériels, ... Bref, pour Verhofstadt, peu de temps après la chute des régimes communistes d'Europe centrale et orientale, c'est «l'heure de la liberté, de l'ingéniosité et de la volonté de vie»[114].

La tonalité radicale se manifeste aussi sur les questions de société. Le 18 juin 1989, Guy Verhofstadt n'hésite pas à prôner un «retour sélectif pour les immigrés qui refusent de s'adapter»[115]. Cette prise de position est condamnée d'emblée par Annemie Neyts, qui la présente comme une véritable «mesure de déportation».

Entre 1989 et 1990, le PVV organise trois assises consacrées à l'immigration (*Migranten, open en eerlijk*), à l'environnement (*Kiezen of verliezen*) puis aux thématiques socio-économiques (*Opnieuw aan de slag*). Le tournant néo-libéral est corroboré et les propositions en la matière sont affinées. Les libéraux flamands en appellent au remplacement de l'indexation automatique par une seule adaptation annuelle négociée entreprise par entreprise. De même, le PVV revendique-t-il la limitation des allocations de chômage dans le temps, l'assouplissement des réglementations en matière de durée de travail, la suppression des organes de concertation obligatoires dans les entre-

(113) Walter PREVENIER, «Les libéraux flamands. Du PVV au VLD (1968-2006)», *in* Hervé HASQUIN (éd.), *Les libéraux belges*, *op. cit.*, p. 137.

(114) Guy VERHOFSTADT, *Het burgermanifest*, 1991.

(115) Serge GOVAERT, «Du PLP-PVV au VLD. I. 1971-1991», *Courrier hebdomadaire du CRISP*, 1995, 1501-1502, p. 36.

prises (conseil d'entreprise et comité de sécurité et d'hygiène), la limitation du nombre de fonctionnaires ou encore la suppression du statut syndical dans la fonction publique[116].

Bref, le PVV fait feu de tout bois au risque de générer des tensions internes et de s'isoler dans le spectre politique.

De nouveaux venus en politique

Dans les années soixante et soixante-dix, de nouveaux partis politiques étaient parvenus à entrer dans le système politique. Les partis communautaires ou régionalistes, le FDF, le RW, et la Volksunie jouent alors un rôle crucial dans l'avènement d'une nouvelle structure institutionnelle belge.

Dans un contexte où nombre de leurs revendications ont été rencontrées et de recentrage sur les thématiques socio-économiques, les formations régionalistes perdent une partie importante de leur influence électorale et politique. En parallèle, d'autres acteurs, articulés sur des problématiques ou sur des questions naissantes émergent et connaissent un développement significatif dans le système politique belge.

L'éphémère UDRT-RAD

Fin des années soixante-dix, un nouveau parti voit le jour: l'UDRT. Fondé sur la révolte des petits commerçants contre une fiscalité jugée excessive, l'Union démocratique pour le respect du travail naît en avril 1978. Son origine est étroitement liée aux sentiments d'inquiétude et de mécontentement parmi les professions libérales et commerçantes.

La Fédération générale des travailleurs indépendants (FGTI) a d'ailleurs beaucoup contribué à la naissance de cette formation. C'est en son sein qu'émerge le Centre d'action démocratique (CAD), qui a surtout pour vocation d'influencer la prise de décision, notamment en matière de fiscalité. Un pas nouveau est franchi avec l'établissement d'une nouvelle formation le 10 avril 1978, l'Union démocrate des travailleurs (UDT), qui devient vite l'Union démocratique pour le respect du travail (UDRT)[117].

(116) *Ibid.*, p. 38.

(117) Luc ROWIES, «L'UDRT-RAD», *Courrier hebdomadaire du CRISP*, 19 juin 1981, 924, p. 4.

Les principaux objectifs de l'UDRT sont sans équivoque : « l'abolition de la punition fiscale du travail, de l'initiative et l'harmonisation des régimes de pension ». Très vite, l'UDRT élargit son propos et ses slogans. En particulier, elle mène la charge contre le monde politique et syndical. Les femmes et les hommes politiques sont ainsi qualifiés de « politiciens », de « magouilleurs », de « politicards » et accusés de former une véritable *nomenklatura*. En 1983, le livre blanc de l'UDRT se conclut par ces propos :

> « L'UDRT dénonce le complot des dirigeants politiques et syndicaux. Sous prétexte de défendre nos intérêts, ils justifient leurs actes en se présentant comme les défenseurs de l'une ou de l'autre catégorie de citoyens, mais dans les coulisses, ils se partagent le gâteau, produit de notre travail et de nos efforts »[118].

C'est un véritable « système » qui est dénoncé, empruntant parfois à la rhétorique de l'extrême droite et à l'image du balai : « PSC-CVP, PS-SP, PRL-PVV, FDF-RW, VU : voilà les neuf partis qui, depuis des années, gèrent la crise. Tous ont mené ou soutenu la même politique qui consiste à camoufler les effets de cette crise en augmentant sans cesse le rôle et les pouvoirs de l'Etat. Ce sont ces neuf partis-là qui ont conduit le pays au bord du gouffre. Oui, ils sont responsables de la situation dramatique actuelle, car depuis dix ans, ces neuf partis ne forment en réalité qu'une seule combine. La combine permanente des partis du système dont le but est d'augmenter leur influence et leurs privilèges et d'arroser leurs créatures en augmentant sans cesse les dépenses de l'Etat et en recourant à l'accroissement systématique de l'impôt et de la dette publique pour combler leur déficit budgétaire »[119]. A cette dénonciation du « système » et du « complot », l'UDRT oppose la liberté d'entreprendre, la « véritable » économie libre qui devait conduire en définitive « au niveau le plus élevé possible, pour le plus grand nombre de personnes ». L'Etat est voué aux gémonies et décrit comme « l'instrument déterminant de la domina-

(118) « UDRT, Livre blanc de 1983 », cité par Patrick VAN EESBEECK. *L'UDRT. De la révolte anti-fiscale des indépendants au libéralisme anti-radical*, Bruxelles, ULB, 1985, p. 45.

(119) Jacques MODEN, Jean SLOOVER, « L'UDRT-RAD », *Courrier hebdomadaire du CRISP*, 27 novembre 1981, 940-942, p. 4.

tion et de la confiscation des richesses qu'exerce la *nomenklatura* sur les citoyens».

Dans sa courte histoire électorale, l'UDRT n'a connu une percée significative que dans l'espace bruxellois. Lors de l'élection de 1978, elle y obtient son seul résultat tangible, 2,3%, et l'élection comme député de son président Robert Hendrick.

En 1981, sa croissance reste bornée à cette ère géographique. Avec 7% des suffrages, elle obtient trois députés et un sénateur. Cette performance est toutefois très en deçà des attentes et contribue à une dérive vers une propagande à connotation xénophobe et raciste. Les slogans relatifs à la fiscalité font place à des campagnes anti-immigrés de plus en plus véhémentes. Cette évolution est consacrée lors des élections communales de 1982, ce qui n'empêche pas l'UDRT-RAD de subir un nouveau revers.

Le nouveau créneau politique, désormais affiché, est un échec. Il est en effet largement assumé par le bourgmestre de Schaerbeek Roger Nols. De nombreux transferts politiques s'opèrent alors; la plupart vers le parti réformateur libéral (PRL). En 1985, l'UDRT recule à Bruxelles de 7% à 3,9%. Seul Robert Hendrick est élu. Cet échec marque la fin réelle de l'UDRT comme parti. Elle se transforme en mouvement, conçu dans l'optique d'un groupe de pression, UDRT 2000. Robert Hendrick est élu en 1987 sur la liste sociale chrétienne (PSC-APB) où il côtoie notamment l'avocat Georges-Henri Beauthier.

Mais il n'y a pas de lendemain politique à ce mouvement. Plusieurs responsables politiques flamands rejoignent même le Vlaams Blok en 1987, dont le co-président de l'UDRT-RAD, Roger Frankinoulle.

Le qualificatif d'extrême droite ne s'applique pas aisément à l'UDRT. Elle se rattache à la tradition poujadiste, avec toutes les ambiguïtés politiques que recouvre la relation à l'idéologie d'extrême droite. Les valeurs et les thèmes véhiculés par ce parti contribuent à relayer des discours et des thèmes nouveaux: le libéralisme à tous crins, l'anti-syndicalisme exalté, l'antiétatisme âpre, le rejet des nouvelles institutions belges et la dénonciation du «système». S'y ajoute la thématique du complot «politicien» et du rejet de l'immigration. Ces représentations seront reprises par des personnalités proches ou membres des partis libéral (PRL) et social chrétien (PSC), et parfois socialiste (PS).

L'implantation structurelle de partis verts : Ecolo et Agalev

Dans un autre registre, la Belgique voit se développer deux partis écologistes, Ecolo dans le spectre francophone et Agalev en Flandre. Les sources de l'émergence d'Ecolo et d'Agalev sont diverses. Comme dans d'autres Etats d'Europe occidentale, émergent plusieurs mouvements de protection de l'environnement dans les années soixante-dix. On songe par exemple aux *Amis de la terre*. Par ailleurs, l'Etat belge a choisi d'investir massivement dans la production énergétique via le nucléaire civil. Cela n'a pas engendré de mouvement de protestation de masse comme en Allemagne ou en France mais des débats ont surgi dans des cénacles où des personnalités se rencontrent ; certaines seront parmi les fondateurs des deux partis verts.

Par ailleurs, il y a aussi le contexte belge très particulier des années soixante-dix. Aucune législature n'arrive à son terme. Le projet de régionalisation est embourbé et aucun gouvernement ne parvient à la concrétiser, en dépit du pacte d'Egmont. La question communautaire domine l'agenda politique alors que d'autres problèmes pressants sont négligés : la reconversion industrielle en Wallonie, le gonflement de la dette publique, l'envolée du chômage, la réaction aux deux chocs pétroliers…

En Belgique francophone, le berceau historique de l'écologie politique se situe à Namur. Au début des années soixante-dix, se crée, à l'initiative de Paul Lannoye, écarté du secrétariat politique du Rassemblement wallon à Namur, et de Pierre Waucquez, sénateur coopté du Rassemblement wallon, le mouvement Démocratie nouvelle (DN). Dans son programme, on retrouve plusieurs thèmes qui formeront le canevas identitaire de l'écologie politique, en particulier celui d'Ecolo. Le « fédéralisme intégral » y est prôné comme mode de fonctionnement de la société, en ce compris pour l'organisation elle-même. *Démocratie nouvelle* veut éviter « les délégations de pouvoirs et (…) garder à chaque membre du mouvement son autonomie et son pouvoir de décision »[120]. DN se présente en alliance avec l'Union des progressistes (UDP) dans l'arrondissement de Namur lors des élections législatives de 1974. La liste recueille 2 770 voix, soit

[120] Philippe MAHOUX, Jean MODEN, « Le mouvement Ecolo », *Courrier hebdomadaire du CRISP*, 22 juin 1984, 1045-1046, p. 4.

2,1%. Elle obtient son meilleur score dans le canton de Namur avec 2,4%.

Deux ans plus tard, Démocratie nouvelle prend part aux élections communales sur la liste d'alliance Combat pour l'écologie et l'autogestion à Namur. Cette dernière rassemble 1 198 voix, soit 1,9%. L'écologie politique fait de la sorte une apparition timide dans l'arène électorale. A l'échelle associative, elle se développe avec la création d'une section belge du mouvement Les amis de la terre (*Friends of Earth*), le 12 mars 1976, dont plusieurs membres fondateurs auront un rôle moteur dans l'animation du mouvement Ecolo. Dans les dernières années de la décennie soixante-dix, la structuration politique se poursuit autour d'un nouveau mouvement, Wallonie-écologie. Lors des élections législatives de 1977 et de 1978, Wallonie-écologie recueille respectivement 8 942[121] et 21 224 voix[122].

Un saut qualitatif crucial est réalisé à l'occasion de l'élection européenne de 1979. Europe écologie – seule liste écologiste en présence, promue par Wallonie-écologie – rassemble près de 5% en Wallonie et 3,3% dans l'arrondissement de Bruxelles-Hal-Vilvorde. Bien qu'il ne permette pas l'élection d'un député européen, ce score favorise l'agrégation des écologistes francophones en un parti.

Ecolo est mis sur les fonts baptismaux lors de deux assemblées de militants écologistes au mois de mars 1980. Leur premier but est «d'organiser une structure d'intervention permanente sur le mode autogestionnaire et fédéraliste, afin de poser la revendication écologique sur le plan politique en termes de gestion de société»[123]. Ecolo se positionne comme une formation totalement neuve: neuve quant à son fonctionnement interne, neuve quant à la manière d'envisager les débats, neuve enfin quant aux questions qu'elle aborde[124]. Les verts font d'ailleurs leur première campagne comme parti sous le mot d'ordre «Faire de la politique autrement», qui séduit de nouvelles catégories

(121) Elle est présente dans la province du Hainaut, de Namur et de Liège.

(122) Elle est présente dans les quatre provinces wallonnes et dans le Brabant wallon.

(123) *La Libre Belgique*, 23 avril 1980.

(124) Pascal Delwit, Jean-Michel De Waele, *Ecolo: les verts en politique*, Bruxelles, De Boeck-Université, 1996.

sociales – les « nouvelles classes moyennes » – peu mobilisées par la problématique linguistique.

Dans le paysage politique, la percée est immédiate. Aux élections législatives de 1981, Ecolo remporte ses premiers sièges. A la Chambre, Olivier Deleuze est élu dans l'arrondissement de Bruxelles-Hal-Vilvorde et José Daras dans celui de Liège. Au Sénat, Pierre Van Roye est élu dans l'arrondissement de Bruxelles-Hal-Vilvorde, Simone Jortay-Lemaire dans celui de Charleroi-Thuin et Alphone Royen dans celui de Verviers. Au surplus, Georges Trussart est coopté au Sénat sur une liste d'alliance PS-FDF-RPW-Ecolo[125]. Ecolo compte ainsi six parlementaires à l'issue de ce scrutin.

Aux élections communales d'octobre 1982, Ecolo confirme sa présence et obtient soixante-quinze conseillers communaux. En outre, il fait une entrée remarquée dans la majorité d'une des plus grandes villes francophones du pays : Liège[126]. Au scrutin européen de 1984, il décroche un député européen, François Roelants du Vivier.

Pourtant, dans la deuxième moitié des années quatre-vingt, les verts subissent un coup d'arrêt électoral et politique. Ecolo s'est présenté aux échéances électorales de 1981, 1982 et 1984 en position de novice politique, de parti-mouvement avec une activité extraparlementaire importante et en position de formation d'opposition. Le gain d'élus, qui entraîne un déplacement d'activités extra-institutionnelles vers les enceintes parlementaires, la participation en particulier à la ville de Liège, l'arrivée de nouveaux adhérents et la fin de la période de grâce des débuts entraînent des tensions fortes au sein d'Ecolo. Elles explosent à la suite des élections législatives de 1985, qui marquent un recul sérieux par rapport aux européennes de 1984. Trois crises internes ébranlent Ecolo durant l'année 1986.

La première est liée à la négociation que la direction du mouvement engage avec le PSC et le PRL au niveau de la Région wallonne. En effet, ayant écarté un élu de la Volksunie du Brabant wallon, la coalition libérale-sociale chrétienne ne

[125] *Le Soir*, 8 décembre 1981.

[126] Jean BAUFAYS, Michel HERMANS, Pierre VERJANS, « Les élections communales à Liège : cartels, polarisation et les écologistes au pouvoir », *Res Publica*, 1983, XXV/2-3, p. 391-415.

possède qu'une voix de majorité au Conseil régional wallon. Ecolo tente d'aboutir à un accord visant à assurer la présence des députés écologistes pour garantir le quorum à l'occasion de grands projets en échange de concessions en matière de projets environnementaux et d'une participation à la rédaction de certains arrêtés d'exécution[127]. En bref, une sorte de «contrat d'opposition constructive». Cette discussion avec les partis de l'équipe gouvernementale sortante suscite des remous profonds à l'interne tant sur le fond que sur la forme. La décision du Conseil de fédération qui entérine cette option est d'ailleurs cassée par le comité d'arbitrage pour vice de forme. Mais sur le fond, elle rencontre l'opposition nette de la fédération bruxelloise, située à l'aile gauche du parti, et entraîne notamment la démission du député Olivier Deleuze, une des figures de proue du mouvement.

La deuxième crise s'inscrit très nettement dans la foulée du résultat mitigé des élections législatives de 1985 et de la volonté de redéfinition des objectifs et des moyens du parti après cinq années d'existence. Deux tendances importantes s'opposent alors. Les partisans d'une formation politique qui se vit avant tout comme «mouvement» de contestation se retrouvent pour l'essentiel dans la fédération bruxelloise. Les promoteurs d'une évolution plus nette vers un «parti» ayant vocation à participer au pouvoir s'agrègent autour de Paul Lannoye et de la régionale de Namur. Au terme d'une assemblée fédérale homérique, la motion proche de la sensibilité namuroise l'emporte à Neufchâteau-Virton, ce qui provoque le départ d'une bonne partie de la fédération bruxelloise. Certains d'entre eux créent un nouveau mouvement, les verts pour une gauche alternative (VEGA). Mais cette formation ne réussit pas à percer à l'élection de 1987.

La troisième crise est financière. L'hémorragie d'adhérents qu'enregistre Ecolo à cette époque mais surtout le départ de parlementaires avec leur mandat, François Roelants du Vivier et Jacques Preumont, mettent les finances à mal. Ecolo se voit obligé de geler toutes ses dépenses.

Après cette période de crise, Ecolo se relance sous la conjonction de trois évolutions: le départ de l'aile gauche libertaire du

(127) La majorité sociale chrétienne-libérale est extrêmement ténue à la Région wallonne; 60 sièges sur 119.

parti, l'accession des socialistes au pouvoir en 1987 et le retour à l'avant-plan de l'actualité des questions d'environnement, liées notamment à la catastrophe de la centrale nucléaire de Tchernobyl, dans l'actuelle Ukraine. L'accident de Tchernobyl favorise un redéploiement politique des écologistes dans toute l'Europe et dans la deuxième moitié des années quatre-vingt, on observe une percée spectaculaire des partis écologistes, ce qu'attestent en particulier les résultats de l'élection européenne de 1989. Lors de ce scrutin, les verts progressent de façon marquante. Ils récoltent 371 053 suffrages et deux élus dans le collège francophone. La bonne santé retrouvée se confirme à l'élection nationale de novembre 1991. Le progrès d'Ecolo est spectaculaire. Il dépasse toujours les 300 000 voix (312 370). Cette performance électorale ouvre une nouvelle étape dans l'histoire d'Ecolo. Le parti est en effet sollicité pour soutenir de « l'extérieur » une réforme de l'Etat, négociée à l'origine par les formations sociales chrétiennes et socialistes. La majorité gouvernementale n'atteignait pas les deux tiers pour réaliser, seule, la troisième phase des réformes institutionnelles. Cette étape doit conduire la Belgique dans la voie du « fédéralisme d'union ». Les verts du nord et du sud du pays acceptent de prendre part au processus en échange du vote d'une loi sur les écotaxes.

Les origines du parti écologiste en Communauté flamande, Agalev, sont autres que celles d'Ecolo. Elles remontent au début des années soixante-dix et à la mise sur pied dans la province d'Anvers d'une association : Anders Gaan Leven (AGL, vivre autrement) mais aussi de nouveaux mouvements sociaux plus percutants et plus nombreux en Flandre qu'en Wallonie[128]. Anders Gaan Leven est lancé par Luc Versteylen, prêtre et enseignant jésuite dans la banlieue d'Anvers. Le groupe fonde sa philosophie, sa réflexion et son action sur trois valeurs principales : la solidarité, la sobriété et le silence[129].

A l'occasion des élections législatives de 1977, l'association AGL décide de présenter une liste dans l'arrondissement d'An-

(128) Herbert KITCHELT, « The Medium is the message : Democracy and oligarchy in Belgian Ecology Parties », *in* Wofgang RÜDIG (éd.), *Green Politics One*, Edinbourg, Edinburgh University Press, 1990, p. 106.

(129) Kris DESCHOUWER, « Belgium : The Ecologists and Agalev », *in* Ferdinand MÜLLER-ROMMEL (éd.), *New Politics in Western Europe. The rise and success of Green Parties and Alternative Lists*, Londres, Westview Press, 1989, p. 40.

vers sous l'étiquette Agalev. Le résultat est toutefois marginal – 2435 suffrages. Mais le fait d'avoir pu la déposer contribue à une certaine structuration. Le *landelijke beraad* (conseil national) décide ainsi de disputer les élections législatives de 1978[130]. Agalev y récolte 5556 voix.

A l'instar d'Ecolo, les élections européennes de 1979 permettent aux écologistes flamands de sortir de la marginalité politique. A l'échelle du collège électoral néerlandophone, la liste Agalev obtient 2,3% des suffrages. Ce succès d'estime débouche cependant sur des conséquences paradoxales dans la mesure où il accroît les tensions entre le mouvement d'origine (AGL) et la structure politique Agalev, qui est toujours un groupe de travail.

L'«explication finale» se déroule suite à l'élection législative de 1981, où la liste Agalev récolte 138527 voix, soit 3,9% en Flandre. A l'instar d'Ecolo, Agalev décroche aussi ses premiers élus. Dans ces conditions, les pressions pour la formation d'un parti écologiste flamand sont plus fortes que jamais. C'est chose faite à l'issue des journées de Tielrode des 27 et 28 mars 1982. Agalev y devient un parti politique à part entière. Mais il reste ancré dans une «logique prédominante de mouvement social». Ses fondements doctrinaux et programmatiques restent limités[131]. Quatre éléments sont épinglés: l'écologie, la démocratie de base, la non-violence et la justice sociale.

Si le processus de création est parallèle à celui d'Ecolo, l'origine et les sources d'inspiration d'Agalev sont distinctes. Le rapport au monde catholique, très puissant en Flandre, est à cet égard différent d'Ecolo, même si de très nombreux cadres d'Ecolo ont aussi une origine et un *background* démocrates chrétiens. Aussi existe-t-il une affinité entre Agalev et des mouvements chrétiens progressistes. Agalev, et «plus particulièrement le «mouvement de renaissance» dont il est issu, résulte d'un malaise vis-à-vis de certaines institutions catholiques[132].

(130) Benoît RIHOUX, «Belgium: Greens in a divided society», *in* Dick RICHARDSON, Chris ROOTES (éd.), *The Green challenge. The development of Green Parties in Europe*, Londres, Routledge, 1995, p. 96.

(131) Benoit RIHOUX, «Agalev 1970-1997: entre marginalité et pouvoir», *in* Pascal DELWIT, Jean-Michel DE WAELE (éd.), *Les partis politiques…*, *op. cit.*, p. 139-154.

(132) Kris DESCHOUWER, Patrick STOUTHUYSEN, «L'électorat d'Agalev», *Courrier hebdomadaire du CRISP*, 1984, 1061, p. 7.

Dans les années quatre-vingt, l'institutionnalisation d'Agalev est lente. Au scrutin communal d'octobre 1982, les verts n'emportent que 43 sièges dans les 75 communes où il se présente. Et ils ne prennent part aux responsabilités municipales que dans deux communes et à peine plus, quatre, à l'issue de l'élection communale d'octobre 1988[133].

Ce n'est que dans la deuxième moitié des années quatre-vingt qu'Agalev devient un parti à part entière. Ses résultats aux élections nationales de 1985 et de 1987 sont bons. Aux élections européennes de juin 1989, le parti vert flamand remporte 446 524 suffrages, soit le double de 1984. Son nombre d'adhérents double. Au surplus, la nouvelle loi de financement public des partis transforme substantiellement son budget. En 1990, celui-ci atteint 50,4 millions de francs belges (1,25 million d'euros), soit dix fois plus que quelques années auparavant. En 1994, il se fixe même à 115 millions de francs belges (2 851 000 euros). Pourtant, lors de l'élection de novembre 1991, Agalev plafonne et perd des électeurs au profit de la liste Rossem. Election choc pour les partis gouvernementaux, le scrutin ne bénéficie néanmoins pas aux verts[134]. Outre la liste Rossem, le grand gagnant en Flandre est le Vlaams Blok.

A l'image d'autres partis verts, Agalev a eu du mal à gérer son installation progressive dans le paysage politique belge avec des règles et une mentalité qui datent de la fin des années soixante-dix. La vie interne du parti est jalonnée de tensions. Les relations entre le conseil de fédération et le comité exécutif sont affectées par des différends relatifs à des conflits de compétence. Comme dans d'autres partis verts, une ligne de fracture traverse les professionnels et les bénévoles du parti. Par ailleurs, deux pôles se développent : l'appareil du parti et le groupe parlementaire. Au surplus, les conflits idéologiques ne sont pas minces. Ces axes de tension se sont souvent personnalisés *in fine*, « ce qui s'est traduit par des conflits interpersonnels aigus

[133] Jo BUELENS, Kris DESCHOUWER, « Belgium », *Environmental Politics*, 2002, 11/1, p. 116.

[134] Marc HOOGHE, « The Green Parties in the Belgian General Elections of 24 November 1991 : mixed blessings », *Environmental Politics*, 1992, 2, p. 288.

menant parfois même au départ de ténors du parti »[135]. Dans la première moitié des années quatre-vingt-dix, Agalev enregistre le départ de trois dirigeants historiques : Leo Cox, secrétaire politique de 1981 à 1989, Paul Staes, député européen de 1984 à 1994, et Ludo Dierickx, idéologue d'Agalev de 1981 à 1985.

Durant cette période, les verts flamands franchissent des étapes organisationnelles. En 1993, cinq membres professionnels rémunérés sont adjoints au comité exécutif : les présidents des trois groupes parlementaires, le secrétaire politique et le secrétaire du parti. L'abandon du principe de la rotation, promu par les sections d'Anvers, de Bruxelles et de Turnhout est cependant rejeté par 59 % des congressistes du parti. Fin 1994, Mieke Vogels rouvre pourtant le débat : « C'est un vrai débat que nous allons devoir mener. Nos statuts ont été établis il y a treize ans et je crois qu'ils ne sont plus valables. Au départ, l'idée était bonne : il fallait éviter que les élus s'accrochent à leur siège, y compris quand ils n'avaient plus aucun contact avec leur base. Il fallait favoriser le renouvellement »[136]. Après l'échec électoral de 1995, le congrès d'avril 1996 met un terme à la règle de rotation. S'ils obtiennent une dérogation, les mandataires peuvent prester plus de deux mandats consécutifs. Certes, la dérogation doit être obtenue à une majorité des deux tiers, mais l'évolution est importante[137]. « Agalev est un parti sans président. Il est dirigé par des bénévoles. Il est donc contrôlé par ses membres, et non par une petite poignée de dirigeants. Agalev ne veut pas de politiciens professionnels. Tous ceux qui occupent un mandat ou remplissent une fonction importante au sein du parti, doivent donc céder leur poste après un certain temps, Agalev veut être un parti qui met en pratique une démocratie de base »[138], déclarait encore Mieke Vogels peu de temps auparavant, tout en appelant à une évolution en la matière.

[135] Benoît RIHOUX, « Agalev 1970-1996 : d'un mouvement marginal à un parti systémique », *in* Pascal DELWIT, Jean-Michel DE WAELE (éd.), *Les partis politiques en Belgique*, Bruxelles, Editions de l'Université de Bruxelles, 1996, p. 140.

[136] *Le Soir*, 31 octobre-1er novembre 1994.

[137] Benoît RIHOUX, « La transformation inachevée d'un « parti mouvement » en un parti de pouvoir », *in* Pascal DELWIT, Jean-Michel De WAELE (éd.), *Les partis verts en Europe*, Bruxelles, Complexe, 1999, p. 156.

[138] Mieke VOGELS, « La démocratie déboussolée », *in* José DARAS, Jos GEYSELS, Henri SIMONS (éd.), *Le grand chantier. Réflexions d'écologistes*, Bruxelles, Luc Pire, 1994, p. 40.

La percée de l'extrême droite

Enfin, on observe aussi en Belgique l'émergence de partis d'extrême droite. En Flandre, il s'agit du Vlaams Blok. A l'origine, ce parti est un cartel électoral qui rassemble deux partis flamingants tout à fait opposés à l'accord l'Egmont : le VNP, Vlaams Nationale Partij, et le VVP, Vlaamse Volkspartij.

Le Vlaams Nationale Partij est fondé le 2 octobre 1977 par Karel Dillen, Wim Verreycken, de même que Leo Wauters et Gerard Sleghers, anciens sénateurs de la Volksunie. Pour sa part, le Vlaamse Volkspartij est mis sur les fonts baptismaux par le sénateur Lode Claes le 19 novembre 1977.

Karel Dillen, l'homme fort du VNP, a déjà un long parcours politique derrière lui. Il a rejoint la Volksunie en 1954 et siégé dans son organe législatif de 1958 à 1971 avant de quitter ce parti. En 1962, il créé le groupe ultra-nationaliste flamand Were Di, qu'il dirige jusqu'en 1976, groupe qui sera dissous dans le cadre de la loi contre les milices. Son rejet du pacte d'Egmont et de ses tenants est catégorique. Pour sa part, Lode Claes est un ancien collaborateur et parlementaire Volksunie.

Pour sa première participation, le Vlaams Blok décroche un élu en la personne de Karel Dillen dans l'arrondissement d'Anvers, un des berceaux du flamingantisme et de l'extrême droite flamande. En revanche, Lode Claes échoue à Bruxelles. La campagne du Vlaams Blok a été axée en priorité sur les questions communautaires. Karel Dillen déclare notamment :

> « Il est clair que nous devons en finir avec les défenseurs cupides du pacte d'Egmont, les condamner et les achever impitoyablement. La Volksunie est en partie de mauvaise foi. Le comportement de ces gens est influencé par leurs propres intérêts, leurs ambitions, leurs envies de pouvoir et leur volonté d'obtenir des mandats, des charges et des postes. Seuls quelques-uns d'entre eux pourraient ouvrir les yeux et reconnaître le nationalisme flamand. Quant aux autres, nous les évincerons purement et simplement »[(139)].

La campagne commune du VVP et du VNP n'entraîne pas d'emblée l'agrégation en une seule formation. En effet, le VVP reprend rapidement son autonomie sous l'impulsion de Lode

(139) Hugo GIJSELS, *Le Vlaams Blok*, Bruxelles, Luc Pire, 1993, p. 70.

Claes. Mais ce choix entraîne le départ de son aile nationaliste dans les rangs du VNP, qui se transforme fin mai 1979 en Vlaams Blok. Fort diminué, le VVP prend, seul, part au scrutin européen de 1979. Mais il n'obtient que 37 810 suffrages. Cet échec accélère sa déliquescence, notamment après l'abandon de la vie politique par Lode Claes. La voie est libre pour le Vlaams Blok. Fin 1979, il se transforme en parti politique à part entière et connaît à partir de la fin des années quatre-vingt une progression importante.

Fondé à l'origine sur les questions communautaires, le Vlaams Blok recentre peu à peu sa propagande sur la lutte contre l'immigration. A partir de 1984-1985, cette problématique est au cœur de ses campagnes politiques. Cette transformation va de pair avec l'arrivée d'une nouvelle génération symbolisée par les deux étoiles montantes du parti, Filip De Winter et Gerolf Annemans. Ancien président de la section anversoise de la *Nationalistische Studentenvereniging* (NSV), Filip De Winter s'est très vite fait remarquer pour ses sympathies flamingantes et d'extrême droite. De Winter a entamé des études en sciences politiques et sociales à l'Université d'Anvers, mais il ne les termine pas et s'investit pleinement dans le Vlaams Blok auquel il a adhéré en 1983. Diplômé en droit de l'Université d'Anvers, Annemans rejoint le Vlaams Blok en 1985. Son ascension y est rapide. Annemans est chef de groupe à la Chambre dès 1987 et imprime la tonalité xénophone du parti. Tête pensante du nouveau programme en 70 points dont le parti se dote, Annemans n'hésite pas au début des années quatre-vingt-dix à assumer des propos durs :

> « Le Vlaams Blok ne se sent en effet pas lié par la déclaration universelle des droits de l'homme. La déclaration des droits de l'homme a été réalisée avec la participation de personnes orgnaires du Sénégal et de la Côte d'Ivoire. Aussi, nous ne devons pas ici, à Borgherout, en tenir compte »[140].

Ce changement d'orientation déroute certains cadres, avant tout flamingants, qui abandonnent le Vlaams Blok. Il en est ainsi du secrétaire du parti, Jaak Peeters, et du président de son

[140] *De Morgen*, 12 juin 1992.

Conseil, Geert Wouters[141]. La documentation du parti révèle les choix droitiers voire fascisants du parti. Le Vlaams Blok affiche un élitisme lié à la nationalité et un patriotisme flamand sans équivoque. Mais il revendique aussi « l'ordre » indispensable dans le sens de « moins de ministères, moins d'hommes politiques, l'interdiction des jetons de présence pour les hommes politiques… »[142]. Par ailleurs, jusqu'à l'écroulement du mur de Berlin, le Vlaams Blok affiche un anti-communisme tenace et un soutien sans faille à l'OTAN, de même qu'une solidarité avec le régime d'apartheid à l'œuvre en Afrique du Sud. Sur les questions de société, le Vlaams Blok se signale très vite aussi par son combat pour le « respect de la vie » et « contre l'avortement »[143] et, surtout, pour la promotion de l'amnistie en faveur des collaborateurs condamnés au lendemain de la guerre.

La progression politique et électorale du Vlaams Blok s'opère en deux temps. De 1981 à 1988, le parti d'extrême droite flamand se déploie surtout à partir de son point de gravité initial : la province d'Anvers. Le parti ne parvient pas à décoller politiquement ou électoralement ailleurs. Face à cette difficulté de s'implanter hors de ce cœur historique, le Vlaams Blok amorce une redynamisation interne. Il lance une « opération de rajeunissement » sous la houlette de Filip Dewinter. Les jeunesses du Vlaams Blok (Vlaams Blok Jongeren) sont créées. Le parti d'extrême droite flamand entame alors une progression marquante à partir des élections législatives de 1987 sous l'effet d'une accélération de la dualisation de la société qui contribue à « de « nouvelles » orientations de valeurs » dans une partie de l'électorat[144]. Pour la première fois, le Vlaams Blok dépasse le seuil des cent mille suffrages avec 116 534 voix.

Aux élections communales d'octobre 1988, le Vlaams Blok grimpe de manière spectaculaire dans la ville d'Anvers. Il passe de deux à dix sièges. Mais plus largement, le parti s'est présenté

(141) Marc Spruyt, « Le Vlaams Blok », *in* Pascal Delwit, Jean-Michel De Waele (éd.), *Les partis politiques ...*, *op. cit.*, p. 206.

(142) *Tract électoral*, Elections législatives de 1987.

(143) Vlaams Blok, Vlaams Blok Jongeren. Werkgroep Abortus, *Dit leven is in gevaar : een Vlaams Blok brochure over abortus*, Nationalistisch Vormingsinstituut Brussel, 1992.

(144) Marc Swyngedouw, « L'essor d'Agalev et du Vlaams Blok », *Courrier hebdomadaire du CRISP*, 1992, 1362, p. 10.

dans cinquante-trois municipalités (vingt-cinq en 1982) et a décroché au total vingt-sept mandats de conseillers communaux. Diverses enquêtes post-électorales[145] montrent que la motivation essentielle de l'électorat du Vlaams Blok repose sur sa position en matière d'immigration.

A partir des élections européennes de 1989, l'expansion du Vlaams Blok se généralise à toute la Flandre. Avec 241 117 voix, il double son score de l'élection législative de 1987 et décroche un député européen. Mais c'est lors de l'élection nationale de novembre 1991 que le Vlaams Blok marque le plus les esprits. Le parti rallie plus de 400 000 suffrages. La Volksunie est dépassée. Le principal parti fédéraliste flamand est de la sorte supplanté sur sa droite. Le Vlaams Blok est désormais une formation avec laquelle il faut compter. D'autant qu'il confirme cette performance lors des scrutins suivants. A l'élection européenne de 1994, il recueille 464 000 voix et remporte un deuxième siège de député européen. L'élection communale de septembre 1994 scelle son enracinement politique.

Enfin, au scrutin législatif de mai 1995, le Vlaams Blok s'approche des 500 000 suffrages. Il recueille 475 677 voix et passe au rang de sixième parti de Belgique devant le parti social chrétien. De 1987 à 1991, la progression du Vlaams Blok a été marquante dans la province d'Anvers mais proportionnellement il a crû de manière plus importante dans les autres provinces flamandes et dans l'arrondissement de Bruxelles-Hal-Vilvorde. L'expansion électorale du Vlaams Blok et sa diversification géographique lui ont permis de conquérir des élus de plus en plus nombreux. D'un député en 1985, il est passé à trois en 1987 et douze en 1991. En 1995, il décroche onze sièges mais sur un total de 150 plutôt que 212. A l'exception de l'arrondissement de Louvain, il possède depuis des députés issus de chaque province et de l'arrondissement de Bruxelles-Hal-Vilvorde.

En Communauté française, c'est à la charnière des années 1984 et 1985 qu'est mis sur les fonts baptismaux le Front

[145] Jaak BILLIET, Ann CARTON, Rik HUYS, *Onbekend of onbemind? Een sociologisch onderzoek naar de houding van de Belgen tegenover migranten*, Leuven, SOI, 1990; Marc SWYNGEDOUW, « Het Vlaams Blok in Antwerpen. Een analyse van de verkiezingsresultaten sinds 1985 », *in* Hugo DE SCHAMPHELEIRE, Yannis THANASSEKOS, *L'extrême droite en Europe de l'Ouest*, Bruxelles, VUB Press, 1991.

national (FN). A proprement parler, ce n'est pas le premier parti d'extrême droite à voir le jour dans cette période. Les premiers groupes d'extrême droite francophone émergent dans un contexte aujourd'hui bien connu : crises économique, sociale et culturelle, période de « déculpabilisation » dans l'expression xénophobe, critiques multiples à l'encontre de l'Etat, ... Les groupements et partis d'extrême droite naissent d'abord dans l'agglomération bruxelloise. La Région y concentre nombre de malaises sociétaux. Elle est par ailleurs l'espace géographique où l'encadrement social des familles politiques traditionnelles est le plus faible.

Quelques formations vivotent au début des années quatre-vingt. Le parti national belge (PNB-BNP), un des plus anciens, recueille 0,4% des voix à Bruxelles aux élections de 1978 et moins encore en 1981 : 0,1%. L'Union nationale des Francophones (UNF) décroche 0,3% aux élections de 1981, l'Union nationale et démocratique (UND) obtient 0,6% en 1985. Le parti libéral chrétien puis parti de la liberté du citoyen (PLC) décrochent respectivement 0,5% et 0,6% aux scrutins de 1985 et de 1987. Mais deux partis se concurrencent dans la deuxième moitié des années quatre-vingt pour apparaître comme le porte-parole de l'extrême droite francophone : le parti des forces nouvelles (PFN) et le Front national (FN).

Durant son existence, le parti des forces nouvelles (PFN) a connu de nombreux avatars internes. Il s'est d'ailleurs présenté aux élections sous des étiquettes différentes. Le PFN est issu du Front de la jeunesse (FJ), qui s'était illustré dans les années soixante-dix par plusieurs actions chocs. En 1975 était né Forces nouvelles qui s'était transformé en PFN. Dès sa création, le PFN privilégie le combat contre l'immigration au travers de quelques slogans évocateurs : « Immigration : on ne retient personne », « Priorité absolue de travail pour les Belges et les Européens », « Renvoi des étrangers parasitaires (délinquants, chômeurs de longue durée,...) »(146). Dans ses publications confidentielles, d'autres composantes idéologiques apparaissent : un anti-communisme forcené, une dénonciation forte du syndicalisme, l'exaltation de la famille et des élites, la promotion d'un « sens

(146) PARTI DES FORCES NOUVELLES, *Tracts électoraux*, Elections législatives de 1985.

national européen qui (devrait) permettre la mise en place d'un véritable gouvernement européen» et un anti-sémitisme affiché. Le parti des forces nouvelles n'est jamais parvenu à étendre son assise électorale. Aux élections communales de 1988, il escomptait recueillir les fruits d'un militantisme incontestable dans certains quartiers bruxellois ou liégeois, mais le résultat n'est pas au rendez-vous. Cet échec entraîne la disparition du PFN. A la fin des années quatre-vingt, plusieurs militants rejoignent le Front national. D'autres, en province de Liège, créent une nouvelle formation: AGIR.

Le Front national se décline donc comme «la» formation d'extrême droite en Belgique francophone. Daniel Féret constitue l'association sans but lucratif le Front national-Nationaal Front en septembre 1985. Cette formation est fondée par une poignée de personnes dévouées au docteur Féret, médecin originaire de Tournai[147]. L'optique est claire pour ce jeune parti. Il s'agit de bénéficier de l'écho médiatique du Front national français suite à l'élection européenne de 1984, au cours de laquelle le FN français a fait une percée spectaculaire. Au scrutin législatif de 1985, il récolte 0,45% des suffrages dans la Région bruxelloise. Les quelques documents disponibles témoignent sans conteste de ce que la problématique de la lutte contre l'immigration occupe la place centrale dans la communication du parti: «Seuls les immigrés d'origine européenne ont d'ailleurs réellement contribué à la prospérité de notre pays. Mais tous les partisans de l'intégration – des socialistes à Roger Nols et Robert Hendrick – font l'amalgame entre les immigrés d'origine européenne et extra-européenne. (...) Au FN, nous préconisons le rapatriement parce que c'est la seule solution et qu'il y va du maintien de notre identité européenne et de notre indépendance»[148].

En 1987, le FN a quelque peu progressé dans sa structuration. Il pénètre certains quartiers bruxellois, ce qu'indique son meilleur score à l'élection législative de 1987. Mais cet enracine-

(147) Philippe BREWAEYS, Véra DAHAUT, Anaïs TOLBIAC, «L'extrême droite francophone face aux élections», *Courrrier hebdomadaire du CRISP*, 1992, 1350, p. 20.

(148) «Entretien exclusif avec le docteur Daniel Féret», *Volonté européenne*, 1989, 27, p. 4.

ment trouve surtout un premier aboutissement lors du scrutin communal de 1988. Le FN y décroche son premier conseiller communal à Molenbeek. Lors des premières élections régionales de Bruxelles-Capitale en 1989, cette progression est amplifiée avec l'élection de deux députés régionaux. Le FN obtient 3,3% des suffrages. Le rejet et la stigmatisation de l'immigration sont à l'avant-plan de la communication frontiste.

Cette première percée n'est pas sans conséquences internes. L'évolution exacerbe des tensions. Deux sensibilités s'affrontent alors au FN : d'une part, les membres en provenance de diverses organisations d'extrême droite ; d'autre part, les adhérents issus des partis libéral et social chrétien et du Front démocratique des francophones (FDF). Les premiers acceptent mal la direction autoritaire de Féret et jugent le programme du FN trop faible d'un point de vue idéologique. Les seconds encouragent la mutation du parti en parti respectable, débarrassé des références aux idéologies et aux régimes fasciste et nazi[149]. Ainsi, Jacques Willocq, premier élu communal du FN en 1988, déclare : « Mon ambition première était de montrer aux Belges que le Front national est un parti respectable et qu'il doit être respecté »[150]. Daniel Féret partage cette optique mais il doit donner des gages aux premiers et surtout, à l'image de Jean-Marie Le Pen, il est contraint de faire dans l'outrance pour focaliser l'attention médiatique.

Tout comme le Front national en France, le FN belge cultive son aspect « forteresse », « seul contre tous », « solidariste ». Mais à la différence de son homologue français, il n'est jamais parvenu à se structurer, à pénétrer durablement des sphères de la société ou à assurer un recrutement de membres nouveaux. A la fin des années quatre-vingt, le FN est une coquille presque vide ; il l'est demeuré. A l'inverse du FN français ou de l'actuel Vlaams Belang, le Front national est donc très peu organisé. Il n'a pas de forte présence sur le terrain et organise peu d'actions locales. Aucune formation de cadres n'est prévue et la forma-

(149) Andrea REA, « Le Front national : force électorale et faiblesse organisationnelle », *in* Pascal DELWIT, Jean-Michel DE WAELE (éd.), *Les partis politiques*..., *op. cit.*, p. 198.

(150) *Le National*, novembre-décembre, 1989, 2, p. 8.

tion idéologique interne est faible, même après la récente éviction de Féret.

En novembre 1991, lors du fameux *dimanche noir*, le FN connaît une avancée notable par rapport à 1987. Il passe de 7596 voix à 64992 et décroche un élu. A l'élection législative de 1995, il progresse encore. Avec 138496 suffrages, il fait plus que doubler son nombre de suffrages. En six années, le Front national franchit donc plusieurs paliers dans ses performances électorales. Sa progression est marquante dans les cantons hennuyers, province où il rallie près de 8% des suffrages. Ce scrutin anticipe un premier temps porteur pour le FN.

Celui-ci se cristallise autour des trois élections du milieu des années quatre-vingt-dix: les élections européennes de juin 1994, le scrutin local d'octobre 1994 et les élections fédérales et régionales de mai 1995. A l'occasion de ces trois scrutins, le Front national réussit à percer les différents sous-systèmes politiques belges et à étendre son assise électorale en Wallonie. De manière inattendue, il enlève un mandat de député européen et, dans la foulée, frappe les imaginations par son score élevé aux élections communales d'octobre. Quelques mois plus tard, ce succès est confirmé aux scrutins national et régional de mai 1995. Il parvient notamment à décrocher deux sièges de député fédéral. Dans cette phase vertueuse pour lui, le Front national belge échoue pourtant à atteindre un objectif majeur: avoir accès au financement public des partis politiques. A l'époque, la loi de financement public des partis conditionne le financement à l'obtention d'au moins un siège de député fédéral et un siège de sénateur fédéral. Or, la liste présentée par le FN au Sénat est invalidée en raison des conditions douteuses de la collecte de signatures de parrainage.

L'effondrement du parti communiste

La disparition de fait du parti communiste de Belgique est un autre fait marquant de la décennie quatre-vingt. A l'élection de 1985, pour la première fois depuis qu'il présente des listes aux élections nationales, le PCB-KPB ne décroche aucun élu. Il conservait jusqu'alors deux députés, le Hutois Daniel Fedrigo et le Brabançon Didier Bajura, et un sénateur, le Montois Jules

Vercaigne. La chute a été rapide. En effet, le PCB avait connu dans les années soixante-dix une stabilisation de son audience électorale et même une progression en 1978.

Evolution des résultats du parti communiste en Wallonie

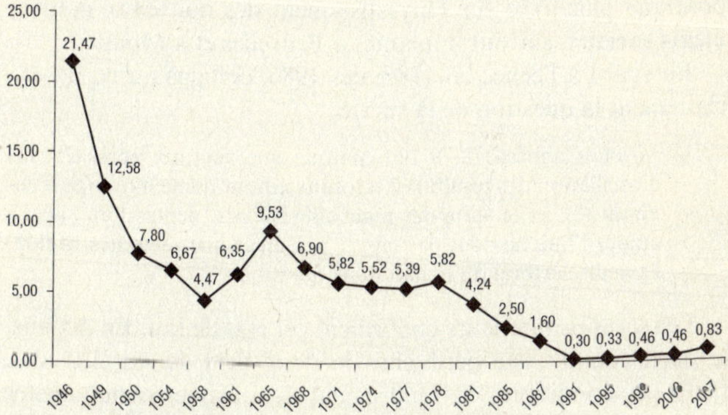

Dans la partie wallonne, ses résultats se situaient entre 5 et 6 % avec des pointes plus marquantes dans les parties ouvrières du Hainaut et de Liège. Dans la circonscription de Bruxelles-Hal-Vilvorde, il capte entre 3 et 4 %. En revanche, il reste très marginal en Flandre à l'exception de quelques poches dans la province d'Anvers.

Dès l'élection législative de 1981, les communistes subissent un recul sensible. A partir de ce moment, les performances électorales communistes s'érodent, que se soit aux élections communales de 1982 ou aux européennes de 1984. Avec le dénouement, sur le plan de la représentation parlementaire, en 1985.

Cette évolution n'est pas spécifique aux communistes belges. D'autres formations communistes enregistrent des reculs notables dans les années quatre-vingt. Tout au long de la décennie, le PCB-KPB se révèle néanmoins incapable de sortir d'une paralysie liée à la lutte entre tenants de lignes différentes. Ces oppositions, entre autres personnelles, sont d'autant plus difficiles à gérer qu'elles mettent aux prises un nombre très réduit de personnes. Un décalage persistant existe entre des résolutions aux accents novateurs et une pratique politique qui reste des plus classiques pour les questions intérieures et internationales. Deux courants principaux s'affrontent: les tenants d'une ligne «ouvriériste», souvent pro-soviétique, surtout présents dans les fédérations de Liège et de Charleroi, et les partisans d'une politique autonome à l'égard de Moscou et d'une nouvelle pratique politique plus axée sur l'investissement des nouveaux mouvements sociaux, surtout implantés à Bruxelles et à Mons.

Eu égard à l'échec en 1985, dès 1986, certains au PC posent clairement la question de la survie:

> «Les années 78-79 ont marqué une rupture, après 25 ans d'oscillation des résultats électoraux autour d'une moyenne d'environ 3%, et la suite des mauvais résultats, depuis lors jusqu'à aujourd'hui, ne peut pas laisser présumer une remontée rapide: l'avenir électoral du PC fait donc question»[151].

Les scrutins ultérieurs confirment cet état de fait. En dix ans, le parti communiste perd plus de deux tiers de ses électeurs. Dans ces conditions, l'effondrement des régimes communistes en novembre 1989 et de l'Union soviétique en juillet 1991 accélère la déliquescence électorale et la perte totale d'une quelconque influence politique ou syndicale. La dernière tentative originale du PC de sortir de l'ornière de l'indifférence est la transformation du quotidien communiste *Le Drapeau rouge*. Le 1er janvier 1991, celui-ci modifie son appellation militante en un vocable moins marqué: *Libertés*. Ce nouveau projet qui se veut une expression pluraliste de la gauche ne vit que quelques mois faute de moyens financiers et de soutien politique.

Les questionnements existentiels de la Volksunie

Les années soixante et le début de la décennie soixante-dix ont été une période faste, d'un point de vue électoral, pour le parti régionaliste flamand. Il en va tout autrement dans les années quatre-vingt et quatre-vingt-dix. Certes, en 1981, le parti nationaliste flamand récupère une partie de l'électorat perdu lors de la calamiteuse élection de 1978. Mais en gros, la décrue électorale est au rendez-vous.

(151) «Vers le 25e congrès national du PCB, premier bilan de la discussion dans la fédération bruxelloise», *PCB Bruxelles*, 68, février 1986, p. 3.

Pendant presque vingt ans, la Volksunie est traversée par un débat récurrent : quelle est encore son utilité compte tenu de l'approfondissement du processus de régionalisation et de l'implosion de toutes les familles politiques belges en deux partis distincts ? En contrepoint de ce débat se pose la question de sa « nouvelle » identité eu égard à l'effacement relatif de son identité d'acteur de défense du nationalisme flamand. La récurrence de cette question affecte le parti en profondeur. Celui-ci subit plusieurs secousses, dont la plus importante est sans aucun doute le départ, en 1992, de son ancien président Jaak Gabriëls vers le VLD, suivi par des personnalités de premier plan comme Hugo Coveliers, ancien chef de groupe du VLD à la Chambre devenu sénateur sur les bancs du Vlaams Belang, ou encore l'ancien sénateur Jef Valkeniers. Ces tensions mènent, nous y reviendrons, à l'implosion du parti en 2000.

Mais bien avant, nombre d'observateurs s'interrogent même sur la pérennité de la Volksunie dans le paysage politique belge. Sa revendication historique, l'avènement du fédéralisme, a été rencontrée. Le parti a-t-il dès lors encore un sens ? Pressentant ce dilemme, Van der Elst se voulait rassurant dès la fin des années soixante : « Nous sommes convaincus que la Volksunie a sa raison d'être comme parti politique et gardera sa raison d'être même dans un Etat fédéral »[152]. Mais la confrontation à la réalité ramène immanquablement à la question de la nécessité de la Volksunie dès lors que son objectif majeur a été atteint.

A la veille de l'élection législative de 1995, Bert Anciaux, sa figure de proue de l'époque, fait du maintien de la Volksunie comme acteur électoral qui compte son unique thème de campagne. Si la Volksunie ne rassemble pas 300 000 électeurs, le jeu n'en vaut plus la chandelle. Le congrès électoral du 7 mai 1995 à Hasselt assène : « *Vlaanderen zonder de Volksunie? 300 000 maal nee* »[153]. Bert Anciaux réussit son pari à la Région, mais pas à la Chambre. La Volksunie rassemble en effet 338 173 suffrages à la Région flamande mais 283 516 à la Chambre. Au surplus, le Vlaams Blok a encore progressé.

(152) Frans VAN DER ELST, « L'avenir de la Belgique », *Res Publica*, 1968, X, numéro spécial, p. 107.

(153) Serge GOVAERT, « La Volksunie. Du déclin à la disparition (1993-2001), *Courrier hebdomadaire du CRISP*, 2002, 1748, p. 7.

En revanche, et paradoxalement pour la Volksunie, sa présence dans les exécutifs est beaucoup plus importante dans cette période de décrue électorale. Elle est membre du gouvernement régional flamand de 1981 à 1985, de 1988 à 1995 et revient aux affaires en 1999. De même, est-elle partie prenante au gouvernement national de 1988 à 1991.

Le repositionnement du FDF

Après une décennie flamboyante du point de vue de ses performances électorales, le FDF subit aussi un processus d'affaiblissement lié à la nouvelle polarisation sur les questions économiques et à l'avènement partiel de la régionalisation. Aux élections de 1981, de 1985 et de 1987, le Front démocratique des francophones enregistre un tassement sérieux. Il en va de même aux élections communales de 1982 et 1988 en Région bruxelloise. A l'interne, le parti connaît des départs à sa droite et à sa gauche.

A droite, certaines personnalités rejoignent le nouveau PRL mis sur les fonts baptismaux par Jean Gol en 1979. Ils jugent le FDF trop progressiste et trop marqué par sa communion de travail et de fonctionnement avec le Rassemblement wallon. Il en va par exemple ainsi de Pierre Havelange et Lucienne Mathieu-Mohin. Mais c'est surtout le départ de Roger Nols qui marque.

Nols est alors le bourgmestre d'une commune bruxelloise, Schaerbeek, la septième commune belge par ordre d'importance. Dans les années soixante-dix, il se fait connaître par l'*affaire des guichets*. Nols avait supprimé les guichets bilingues de l'administration communale et réservé l'un ou l'autre guichet communal pour les Flamands de sa commune. Cet acte était illégal et le gouvernement avait dû envoyer un commissaire du gouvernement pour y mettre fin. Roger Nols en avait cependant tiré une grande popularité. Dans les années quatre-vingt, son nouveau cheval de bataille est la lutte contre l'immigration.

D'ambivalent, le propos se fait xénophobe. De xénophobe, le discours devient franchement raciste. Le FDF refuse de suivre cette voie. La séparation s'avère inéluctable d'autant que Nols vote à l'occasion avec le gouvernement au grand dam de son parti. Il vote notamment la confiance à la déclaration gouvernementale de l'exécutif social chrétien-libéral en 1981 et soutient l'établissement des pouvoirs spéciaux, au motif « que les objectifs économiques du gouvernement sont ceux de la majorité des Bruxellois » alors que le conseil général du FDF s'était prononcé par 99 voix contre 4 et 23 abstentions à ce sujet[154].

Dès 1982, Nols dépose sa propre liste aux élections communales dont le nom est tout un programme : Nouvelles orientations aux libertés schaerbeekoises (NOLS). Par la suite, il figure comme candidat indépendant sur les listes du PRL. Il y recueille des scores préférentiels très élevés en développant une rhétorique de plus en plus raciste, qui le conduit d'ailleurs à rejoindre le Front national en avril 1995.

Après le départ de personnalités à droite du parti, l'aile progressiste met aussi en doute le cheminement du FDF. En octobre 1984, plusieurs personnalités dont Serge Moureaux, André Lagasse et Jean-Pierre Poupko revendiquent l'exercice d'un droit de tendance interne. Cet appel est le prélude à une réforme statutaire du FDF mais surtout au départ de sa composante la plus à gauche, après l'échec de la candidature de Serge Moureaux à la présidence du FDF.

Le 1er mars 1985, vingt-sept personnalités du FDF publient un document qui, dans sa conclusion, invite implicitement à un rapprochement avec le parti socialiste :

> « Afin de pouvoir contribuer effectivement à la mise en œuvre de ce « réel changement » en « conformité » avec l'analyse et la fidélité qui sont les nôtres, il nous apparaît qu'il convient d'œuvrer activement et efficacement au rassemblement de tous ceux qui ont en commun la volonté de concrétiser les objectifs que nous venons de rappeler. A un moment crucial pour l'avenir de notre Région et de nos institutions démocratiques, il nous paraît vital d'opposer au bloc de droite un rassemblement des forces de progrès et de défense de Bruxelles et de répondre positivement à l'appel lancé en ce sens par la fédération bruxelloise du parti socialiste et repris par le parti socialiste »[155].

(154) Xavier MABILLE, « Les partis politiques à Bruxelles », *Courrier hebdomadaire du CRISP*, 27 août 1985, 1086-1087, p. 35.
(155) *Ibid.*, p. 43-44.

Les personnalités dirigeantes de ce texte créent une structure d'accueil pour les tenants de cette tendance : le Rassemblement démocratique bruxellois (RDB). Il est présidé par Léon Defosset, alors bourgmestre d'Etterbeek. Le secrétariat général est pour sa part assuré par Serge Moureaux. Le RDB tient son premier congrès le 15 juin 1985. Aux élections qui interviennent quelques semaines plus tard, ses candidats figurent sur les listes du PS.

Ces défections affaiblissent considérablement le parti, dont la pérennité est même mise en cause par certains observateurs. Cette spéculation est un des éléments qui amènent le FDF à se rapprocher avec les libéraux et à établir, en 1993, une fédération avec cette formation : la fédération PRL-FDF.

Une extrême gauche groupusculaire

Deux formations politiques portent les couleurs de l'extrême gauche dans les années quatre-vingt et quatre-vingt-dix, le parti du travail de Belgique-Partij van de Arbeid (PTB-PVdA) et le parti ouvrier socialiste-Socialistische Arbeiderspartij (POS-SAP).

Le parti du travail de Belgique est historiquement lié à la mouvance maoïste, surgie en Europe occidentale au début des années soixante. La Belgique a constitué un terreau assez fertile pour le maoïsme. Il s'y déroule la première et la plus importante scission « pro-chinoise » dans le mouvement communiste européen[156]. Cette scission, dirigée par Jacques Grippa, a un caractère francophone pour l'essentiel et affecte surtout la fédération bruxelloise du parti communiste. Pour sa part, le PTB puisse plutôt ses racines en Flandre. En 1970, des étudiants de la Katholieke Universeit te Leuven créent le mouvement « Alle macht aan de arbeiders » (AMADA) dont le pendant francophone, très largement minoritaire, s'intitule « Tout le pouvoir aux ouvriers » (TPO). En 1979, ce mouvement se transforme en parti du travail de Belgique, du côté francophone, et Partij van de Arbeid (PVdA), du côté néerlandophone. Le PTB-PVdA se reven-

[156] Voir Jean-Michel De Waele, « Un cas de peur du rouge chez les rouges? La réaction du parti communiste de Belgique face à la scission grippiste », *in* Pascal Delwit, José Gotovitch (éd.), *La peur du rouge*, Bruxelles, Editions de l'Université de Bruxelles, 1996, p. 137-145.

dique de l'héritage marxiste-léniniste et valorise les apports de Marx, Engels, Lénine, Staline et Mao.

A côté de la structure du « parti », le PTB – PVDA compte plusieurs organisations qu'il contrôle étroitement :

- les organisations de jeunesse d'abord : Rebelle et le mouvement marxiste léniniste (MML), qui rassemble les étudiants ;
- un réseau de maisons médicales, principalement implantées en Flandre, unies dans l'organisation Médecine pour le peuple. Dans les années soixante-dix, la pratique de certains médecins d'AMADA relative aux honoraires réduits leur vaudra des mesures de suspension de l'Ordre des médecins ;
- une maison d'édition Education prolétarienne (EPO), dont les titres sont alors nombreux mais de valeur très inégale, et dont la politique de diffusion a longtemps été très dynamique en Flandre ;
- des associations d'aide et de soutien au tiers-monde comme la Ligue contre l'impérialisme.

Pendant une longue période, le parti du travail de Belgique s'est distingué par un activisme et un volontarisme considérables. Mais son influence sur les événements et les mouvements sociaux reste des plus limitée. D'une part, parce qu'il s'agit dans la plupart des cas d'une présence extérieure qui s'organise grâce à l'action de « militants professionnels » ou à la vente de la presse hebdomadaire. D'autre part, parce que le sectarisme et le dogmatisme forcenés du mouvement lui font rapidement perdre les sympathies qu'il conquiert de manière ponctuelle. Electoralement, il ne réalise aucun score notable dans les années quatre-vingt ou quatre-vingt-dix alors qu'il avait fondé beaucoup d'espoirs sur la conquête d'un siège de député dans l'arrondissement d'Anvers au scrutin de 1985.

Le parti ouvrier socialiste (POS) se décline, lui, comme la section belge de la quatrième internationale. Celle-ci regroupe au niveau mondial des mouvements d'inspiration trotskiste. Le POS est l'héritier de la Ligue révolutionnaire des travailleurs-Revolutionnaire arbeidersliga (LRT-RAL), fondée en 1971 à Liège par une série de petits mouvements trotskistes, de militants indépendants issus de la gauche marxiste, et surtout des membres de la jeune garde socialiste (JGS).

En février 1984, le XIIe congrès national décide de transformer la LRT en parti ouvrier socialiste. La présence politique et électorale de la LRT ou du POS ont été limitées dans les années quatre-vingt et quatre-vingt-dix. Les quelques militants du parti ouvrier socialiste œuvrent dans différents mouvements sociaux.

Les douloureuses années quatre-vingt-dix en Belgique

En novembre 1991, le scrutin national marque une nouvelle étape dans la fragmentation du paysage politique. A son issue, pas moins de treize formations obtiennent des élus. Un autre fait doit être épinglé: les écarts entre partis s'amenuisent. Les premières formations peuvent de moins en moins prétendre au statut de parti hégémonique, dominant ou incontournable. Le scrutin de 1995 fige cette situation. Certes, la liste Rossem disparaît de la scène politique aussi vite qu'elle y est apparue mais certains petits partis progressent encore. A l'occasion de cette élection, pour la première fois depuis l'instauration du suffrage universel, les familles socialiste et sociale chrétienne captent ensemble moins de 50% des suffrages.

Le résultat de l'élection de novembre 1991 a été ressenti comme un cataclysme politique, surtout du côté flamand, où le mouvement électoral se révèle très impressionnant[157]. Les trois grandes familles politiques traditionnelles reculent, parfois sévèrement. Ce recul des familles politiques historiques s'accompagne d'une progression spectaculaire de partis «non gouvernementaux». En Flandre, c'est l'évolution du Vlaams Blok qui frappe. D'un peu plus de 166000 voix en 1987, le parti d'extrême droite flamand bondit à 405000 suffrages. Par ailleurs, la liste Rossem, de tendance libertaire et dirigée par le milliardaire «anarchiste» Jean-Pierre Van Rossem, constituée quelques semaines à peine avant le scrutin, décroche un score tout à fait inattendu: près de 200000 suffrages.

Dans la deuxième moitié des années quatre-vingt-dix, le gouvernement doit, plus que jamais, pratiquer une politique de

[157] Marc SWYNGEDOUW, «Les nouveaux clivages dans la politique belgo-flamande. Etude empirique», *Revue française de science politique*, octobre 1995, 45, p. 775-790.

rigueur budgétaire implacable pour faire entrer le pays dans la zone euro. Pour les autorités belges, il s'agit de faire la preuve que la Belgique respecte *en tendance* les critères de convergence du traité de Maastricht. L'ampleur de la dette publique ne permet aucun écart. Le critère de convergence la plafonne à maximum 60% du PNB. En octobre 1996, elle s'élève à 9 906 milliard de francs belges (245,56 milliards d'euros), soit… 127% du produit national brut. L'exécutif parvient peu à peu à réduire son ampleur : le déficit budgétaire annuel est ramené à 1,3% en 1998 et 1999 alors qu'il était encore de 3,9% en 1995 et de 3,1% en 1996. La dette publique s'établit à 118% du PNB et l'inflation est contenue à moins de 2% par an. Ces résultats permettent à la Belgique d'entrer dans la zone euro, même si tous les critères prévus par le traité de Maastricht ne sont pas respectés à la lettre.

Evolution du taux d'endettement (en pourcentage du PIB)[158]

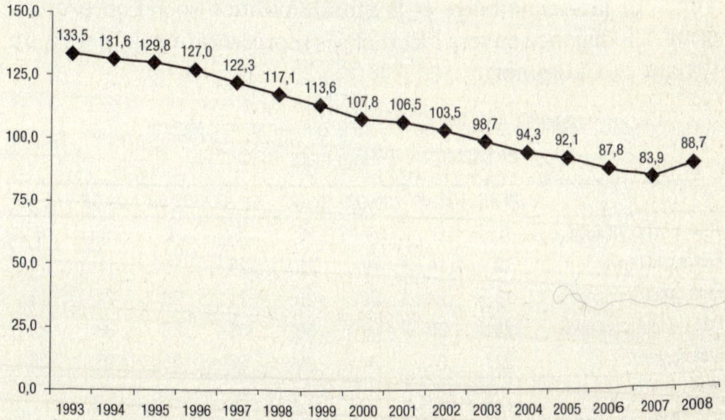

Sur le plan sociétal, le pays connaît plusieurs secousses traumatisantes. La première, de loin la plus importante, est l'horrible découverte des corps sans vie de Mélissa Russo et Julie Lejeune à l'été 1996. Un an après leur enlèvement, les craintes originelles sont confirmées. Comme si le traumatisme n'était pas assez fort, les corps d'An Marchal et Eefje Lambrecks, de même

[158] *Source* : Agence de la dette.

que celui de la jeune Loubna Ben Aissa sont aussi retrouvés. Profondément choquée, la société belge manifeste, le 20 octobre 1996, ses angoisses, sa solidarité, son exaspération et sa défiance à l'égard du *système*. En l'occurrence, les sentiments exprimés de même que les vecteurs et les réceptacles de ces sentiments apparaissent sans doute différents voire antinomiques pour les manifestants. Il n'en reste pas moins que la *marche blanche* est un des événements marquants de l'histoire politico-sociale du XXe siècle en Belgique. Par son ampleur d'abord. Elle figure comme l'un des mobilisations les plus importantes. Plus de 300000 personnes foulent les rues de Bruxelles ce dimanche-là. Par ses caractéristiques ensuite. La marche est silencieuse et sans revendications précises. Par son organisation enfin, elle n'a pas été lancée et convoquée par des acteurs politiques et sociaux classiques dans l'organisation de manifestations: ni partis, ni syndicats, ni organisations de la société civile ne sont à l'origine de la démarche. La *marche blanche* et l'*affaire Dutroux*[159] affectent la société belge et le monde politico-social en profondeur. La défiance envers l'Etat et ses représentations s'élève à un niveau exceptionnel.

Confiance exprimée envers le gouvernement fédéral
de septembre 1995 à mars 1999[160]

	09-95	*03-96*	*09-96*	*03-97*	*09-97*	*03-98*	*09-98*	*03-99*
Tout à fait confiance	10	5	3	4	6	3	3	6
Plutôt confiance	22	18	16	15	15	16	17	19
Plutôt pas confiance	18	23	21	20	21	20	21	18
Pas du tout confiance	28	30	35	38	35	36	33	29
Sans opinion	22	24	24	23	23	25	23	28

Peu avant le scrutin de 1999, la Belgique connaît une nouvelle *affaire*. Une contamination à la dioxine de poulets d'élevage est gérée en dépit du bon sens et conduit à un chaos effarant pendant plusieurs semaines. Cette nouvelle *crise* coûte leur portefeuille aux ministres de l'Agriculture, le CVP Karel Pinxten, et de la Santé publique, le SP Marcel Colla.

(159) Yves CARTUYVELS (e.a), *L'affaire Dutroux: la Belgique malade de son système*, Bruxelles, Complexe, 1997.

(160) *Source*: sondages trimestriels publiés par le quotidien *La Libre Belgique*.

Sans surprises désormais, la fin de la décennie quatre-vingt-dix est aussi marquée par un regain de tensions communautaires. La tension culmine suite à l'adoption, au début du mois de mars 1999, d'une résolution votée au Parlement flamand sur les questions institutionnelles. Le contenu des textes adoptés vise à un approfondissement régionaliste important, y compris sur des questions sensibles comme la fiscalité et la sécurité sociale. Le parlement flamand réclame une autonomie fiscale et financière accrue, notamment par le transfert intégral de l'impôt des personnes physiques aux entités fédérées. Il préconise par ailleurs la régionalisation des lois communales et provinciales, le transfert des normes, l'exécution et le financement des soins de santé et des allocations familiales aux entités fédérées et la « défédéralisation » d'un certain nombre de secteurs : la politique scientifique et technologique, le commerce extérieur, les télécommunications, l'infrastructure et l'exploitation des chemins de fer, la coopération au développement. L'adoption de ces résolutions crispe les partis francophones et altère sérieusement la campagne électorale de juin 1999.

Ce contexte explique largement les résultats ; en particulier, l'effondrement des partis de la coalition sortante. Il est sans doute à l'origine de la progression importante des verts francophones et de la très bonne tenue du Vlaams Blok. Mais, au-delà de ces dimensions conjoncturelles significatives, le tableau politique tel qu'il ressort au soir du 13 juin 1999 est aussi le fruit d'un long processus.

Le rapport des forces établi à cette élection autorise une opération exceptionnelle dans la vie politique belge contemporaine : l'envoi des sociaux chrétiens dans l'opposition. *Exceptionnel* n'est pas, en la circonstance, un qualificatif galvaudé. En effet, de 1884, année où le parti catholique décroche la majorité absolue au détriment des libéraux, aux élections du 13 juin 1999, la famille sociale chrétienne (catholique) n'est absente du pouvoir qu'à deux reprises : d'août 1945 à mars 1947 et durant la législature 1954-1958. Autant dire, pour reprendre l'expression de l'ancien président du PSC, Charles-Ferdinand Nothomb, que la place normale des sociaux chrétiens est « au pouvoir ». Cette *normalité* est donc mise à mal. Au niveau fédéral, est établi un exécutif associant trois familles – les libéraux, les socialistes et les verts – et six formations politiques : le VLD, la fédération PRL-FDF-MCC, le PS, le SP, Ecolo et Agalev.

Ce *gouvernement arc-en-ciel* trouve une traduction dans l'exécutif de la Région flamande et de la Région wallonne, de la Communauté française et de la Communauté germanophone. En Flandre, la Volksunie s'ajoute au VLD, au SP et à Agalev.

Du rendez-vous manqué à la divine surprise : les libéraux flamands dans les années quatre-vingt-dix

Nous l'avons souligné, le scrutin de novembre 1991 est un coup de tonnerre dans la vie politique belge. Outre la progression du Vlaams Blok et le score inattendu de la liste Rossem, le scrutin révèle aussi un recul important des sociaux chrétiens flamands, qui perdent quatre sièges. Une majorité qui se passe de la famille sociale chrétienne est envisageable. Guy Verhofstadt, redevenu président du PVV, croit son heure venue. Il tente de former un gouvernement libéral-socialiste, renvoyant pour la première fois, depuis 1958, les sociaux chrétiens dans l'opposition. Le PS n'est pas hostile à ce scénario, et Verhofstadt et Guy Spitaels avancent sérieusement dans cette voie. Mais les libéraux flamands ne sont pas suivis par les socialistes flamands, alors dirigés par Frank Vandenbroucke. Ces derniers confirment leur alliance avec les sociaux chrétiens francophones et flamands.

Pour le président des libéraux flamands, la désillusion est grande. Il en tire pourtant une conclusion politique majeure : il n'y aura pas de *salut* sans décrocher le statut de premier parti de Flandre et du Royaume ; en d'autres termes sans détrôner le CVP de son piédestal. Pour y arriver, les libéraux doivent s'élargir. Le PVV se lance alors dans une opération de refondation intellectuelle, programmatique, doctrinale et organisationnelle spectaculaire. Le 30 juin 1992, Guy Verhofstadt publie un deuxième manifeste des citoyens, *De weg naar politieke verniewing* (La voie vers le renouveau politique). Il en appelle à l'édification d'un nouveau parti aux objectifs clairs :

> « Dans notre pays, le paysage politique doit être regroupé. Face à la puissance de l'Etat et des groupes de pressions, un grand parti du citoyen s'impose pour l'avènement des droits et libertés élémentaires de chacun, et qui fasse contre-poids à la

puissance des partis pilarisés que les chrétiens démocrates et les socialistes ont fait à partir de leur idéal original. Le nouveau parti doit défendre le citoyen et sa communauté face à l'Etat et ses parasites »[161].

Quelques semaines plus tard, en novembre, Verhofstadt donne naissance à un *nouveau* parti, les Vlaamse Liberalen en Demokraten-Partij van de Burger (VLD). Les ambitions sont on ne peut plus claires : mettre fin au règne des *groupes de pression*, casser le pouvoir de l'Etat dans l'Etat – le CVP –, devenir le grand, le premier, parti flamand. Plusieurs transfuges de la Volksunie rejoignent la « nouvelle » formation : Jaak Gabriëls, président sortant, Jef Valkeniers, André Geens, Frans Kerremans, Hans Bracquené, Willy Michiels et Hugo Coveliers. En revanche, les arrivées en provenance du CVP sont plus rares et moins saisissantes : Luc Bungeneers, Pierre Lano, Leo Delwaide ou Dries Van den Abeele. On note aussi un transfuge d'Agalev, Raoul Dirickx, et un autre marquant du SP, Pierre Chevalier, ancien secrétaire d'Etat à la Politique scientifique.

Les statuts du parti introduisent le principe de l'élection directe du président et un scrutin est immédiatement organisé. Guy Verhofstadt est préféré à Herman de Croo, qui convainc néanmoins 31,5% des adhérents[162]. Le train et la locomotive sont sur les rails pour créer le *tremblement de terre* en Flandre et en Belgique. Pendant toute la législature, le VLD anime le débat politique et social. Et Verhofstadt croit une fois encore atteindre le Graal. Durant deux années, les enquêtes d'opinion placent les libéraux devant les sociaux chrétiens flamands et à des niveaux qui frisent parfois les 30%. Pourtant, dans les faits, il y a loin de la coupe aux lèvres. L'atterrissage est cruel pour le VLD.

(161) Guy VERHOFSTADT, *De weg naar politieke verniewing. Het Tweede Burgermanifest*, 1992.

(162) Serge GOVAERT, « Du LP-PVV au VLD II. 1992-1995 », *Courrier hebdomadaire du CRISP*, 1995, 1503-1504, p. 11.

Evolution comparée des intentions de vote du VLD et du CVP en Flandre[163]

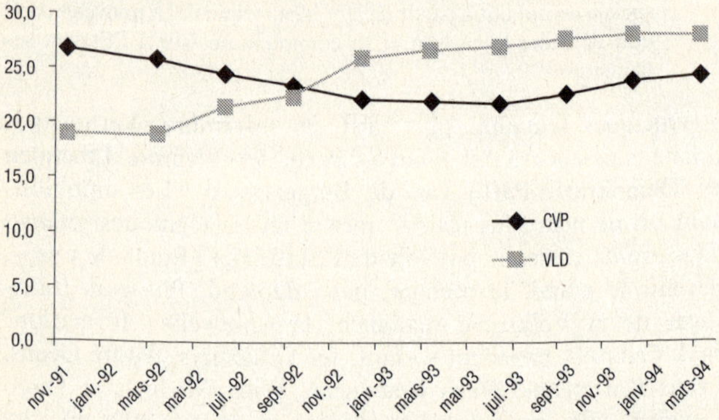

Aux élections européennes de juin 1994, le VLD entend créer un séisme: devenir, et de loin espèrent-ils, la première formation. Le gouvernement ne résisterait pas à ce tremblement de terre et un scrutin anticipé serait organisé. Au soir du 12 juin 1994, le VLD est à 11,37% à l'échelle belge, 5,61 points derrière le CVP au plan national. Le soir même Johan Van Hecke, président du CVP, et Frank Vandenbroucke, président du SP, publient un communiqué commun satisfait: «Ceux qui avaient espéré transformer cette élection en un test anti-gouvernemental ont raté leur opération. (...) Le gouvernement doit continuer son action et il le fera»[164]. Le scrutin de 1995 confirme cet échec qui, paradoxalement, dans les chiffres n'en est pas un. Les libéraux passent quatre ans de plus dans l'opposition. Guy Verhofstadt se retire en espérant placer Patrick Dewael à la tête du VLD. Mais c'est Herman De Croo qui emporte la mise. Ce dernier recentre le message du parti sur les questions socio-économiques et communautaires. La présidence De Croo est courte, deux ans à peine. Mais elle est importante à un double titre. D'abord, elle permet à Verhofstadt de prendre du recul et de se ressourcer, notamment en Toscane. La figure emblématique du libéralisme flamand fixe aussi son activité parlementaire sur des dossiers internationaux. Ensuite, elle a permis de mettre en

(163) Sondages trimestriels de *La Libre Belgique*.
(164) *Le Soir*, 11 juin 1994.

évidence l'existence d'une sensibilité interne, qui a parfois été surprise par une forme de fuite en avant des radicaux du VLD, Verhofstadt en tête et l'isolement du parti qui en a résulté(165). Par touches successives, Verhofstadt et le VLD vont « revenir » et effacer certains « excès » de la période 1981-1995.

Curieusement, c'est au moment où Verhofstadt semble abandonner l'idée de détrôner le CVP et accepter le principe d'être le partenaire second d'une coalition avec le CVP que son espoir se concrétise. Le 13 juin 1999, à la Chambre des représentants, les libéraux ravissent la place de premier parti flamand et belge aux sociaux chrétiens flamands. Une ère nouvelle s'ouvre en Belgique.

Les bases d'une ère nouvelle, le libéralisme francophone

Dans les années quatre-vingt-dix, les libéraux francophones vivent plusieurs mutations déterminantes. La première est l'élargissement de l'assise du parti. Le 14 septembre 1993, un accord de fédération associant le parti réformateur libéral au Front démocratique des francophones est annoncé. Ses prémisses remontent à l'attitude commune vis-à-vis de la première guerre du Golfe.

En janvier 1991, Jean Gol et Antoinette Spaak avaient notamment signé ensemble « l'appel aux Belges » soutenant les Etats-Unis et leurs alliés dans la guerre du Golfe(166). Plus fondamentalement encore, PRL et FDF s'opposent l'un et l'autre à la réforme de l'Etat, qui instaure l'Etat fédéral belge et s'engagent dans l'« Appel à la consultation populaire », qui recueille environ 160 000 signatures(167). L'accord conclu entre les deux partenaires prévoit la présentation de listes conjointes aux élections fédérales et régionales. En revanche, la même démarche n'est pas formellement envisagée pour les élections communales et provinciales, même si elle est encouragée. En outre, PRL et

(165) Walter PREVENIER, « Les libéraux flamands... », *op. cit.*, p. 146.

(166) Marc D'HOORE, « Du PLP au PRL-FDF. II. 1992-1997 », *Courrier hebdomadaire du CRISP*, 1997, 1556, p. 11.

(167) Marc D'HOORE, « De l'unité à l'ouverture. L'évolution du PRL (1979-1995) », *in Les libéraux de 1846 à 1996*, Bruxelles, Centre Paul Hymans, 1996, p. 242-243.

FDF conviennent de ne former qu'un seul groupe parlementaire à l'issue des élections de 1995[168].

Aux élections nationales et régionales de 1995, le PRL progresse de manière sensible mais ne parvient pas à rompre la coalition sociale chrétienne-socialiste. Electoralement, la dynamique de la fédération semble avoir porté, mais Jean Gol ne peut finaliser l'objectif qu'il s'est fixé: opérer une fusion entre le PRL et le FDF. Le 18 septembre 1995, la figure de proue du PRL est terrassée par une hémorragie cérébrale. Le libéralisme francophone perd son leader charismatique et un intellectuel de haut vol. Pour le PRL, le traumatisme est profond. C'est que «la construction et la consolidation du PRL en tant que parti uni et structuré (a été) un des apports les plus durables de Jean Gol au libéralisme francophone»[169].

Les libéraux francophones se découvrent néanmoins une nouvelle personnalité emblématique et charismatique en la personne de Louis Michel. Celui-ci approfondit le rapprochement avec le FDF et donne notamment une tonalité plus revendicative aux libéraux francophones sur les questions communautaires. La défense de la nation francophone, chère à Gol, disparaît au profit de celle de l'espace francophone et de la patrie wallonne. Dans sa *Lettre aux citoyens de mon pays*, à la forme et aux accents très mitterrandiens, Louis Michel y fait explicitement référence: «Il faut développer un «patriotisme» wallon, à savoir l'attachement à la Région et aux racines qui sont nôtres ainsi que la volonté de les faire croître et prospérer. Il faut inscrire au cœur des Wallons, la conscience de participer à un destin commun»[170]. L'objectif est fixé: devenir la première formation politique francophone voire wallonne.

Plus largement, sur le plan programmatique et identitaire, le PRL modifie en douceur quelques-uns de ses axes. Certaines inflexions sont notées par rapport à la perspective néo-libérale des années quatre-vingt. Dès septembre 1995, Louis Michel annonce la couleur:

(168) Chantal KESTELOOT, Alain COLIGNON, «Le FDF: l'échec d'une expérience pluraliste», *in* Pascal DELWIT, Jean-Michel DE WAELE (éd.), *Les partis politiques...*, *op. cit.*, p. 173.

(169) Jean-Michel DE WAELE, «Que se passe-t-il donc au PRL?», *Politique*, mai 1999, 11, p. 10.

(170) Louis MICHEL, *Lettre aux citoyens de mon pays*, Bruxelles, 1999, p. 32.

« Non, ce ne sera pas la continuité pure. Louis Michel est un homme politique, il n'est pas un notaire. Il ne va pas exécuter un testament. Nous avons un héritage commun. Nous allons essayer de le faire fructifier. On va assurer la continuité au niveau des idées et de la rigueur. Mais on ne peut empêcher un président d'avoir ses accents... »(171).

Louis Michel imprime sa marque en matière doctrinale et programmatique, à telle enseigne qu'il parle d'une véritable « refondation »(172). De septembre à décembre 1996, les libéraux organisent pas moins de quatre congrès. A leur terme, le *Manifeste* adopté remplace la *Déclaration de principes*. Le « libéralisme social » commence à circuler. Son avènement officiel s'opère dans le *Manifeste* qui assène :

« Le libéralisme est authentiquement social. La pérennité du système de sécurité sociale sera assurée en y introduisant plus de justice, en utilisant mieux les moyens disponibles, en corrigeant les lacunes et en l'adaptant aux besoins nouveaux »(173).

En deux ans, Louis Michel place la fédération PRL-FDF au centre de l'échiquier politique francophone. A l'origine, il tente un rapprochement avec les sociaux chrétiens. « Des sociaux chrétiens aussi sont libéraux. Le rêve, ce ne serait donc pas « L'olivier ». Mais un vaste rassemblement libéral et progressiste »(174), énonce-t-il en mai 1996. Mais les discussions avec les sociaux chrétiens capotent, et il se tourne vers le PS avec lequel il scelle un accord pré-gouvernemental. Aussi, en dépit d'un score en-deçà de ses espérances, c'est presque tout *naturellement* que Louis Michel est nommé informateur par le roi Albert II au lendemain du 13 juin 1999. Après douze ans d'opposition, la famille libérale revient aux affaires. Par la (très) grande porte. Pour la première fois depuis l'instauration du suffrage universel

(171) *Le Soir*, 27 septembre 1995.

(172) A la question « Votre action marque pourtant une césure importante dans l'histoire du parti libéral. C'est à une véritable refondation que vous procédez », il répondait de la sorte : « J'assume le terme. Aucun parti n'a accepté à ce point de se remettre en question, aucun n'a réintroduit autant d'exigence éthique dans ses propositions ». « « C'est une vraie refondation… Entretien avec Louis Michel », *Politique*, mai 1999, 11.

(173) *Le programme de la fédération PRL-FDF-MCC. Unir pour réussir*, 1999, p. 12.

(174) *Le Soir*, 18-19 mai 1996.

masculin, les libéraux devancent les démocrates chrétiens et les socialistes. Pour la première fois depuis soixante ans, ils accèdent au poste de Premier ministre.

Pour les libéraux, l'avènement du gouvernement «arc-en-ciel» en juillet 1999 marque une rupture dans leur *statut*: ils parviennent à combiner une bonne performance électorale *et* une participation au pouvoir en compagnie des socialistes et des verts. En d'autres termes, en évacuant la force pivotale du système politique belge: le CVP et, dans une moindre mesure, le PSC.

La question relative à l'avenir du libéralisme belge est alors posée: dans quelle mesure, les libéraux pourront-ils combiner de manière structurelle de bons résultats électoraux et des participations régulières au(x) gouvernement(s)?

La descente aux enfers des sociaux chrétiens flamands

A l'issue des élections de 1991, le retour au pouvoir des sociaux chrétiens flamands s'était opéré dans la douleur. A l'assemblée des fédérations d'arrondissement du 4 mars 1992, pas moins de 36% des délégués rejettent cette perspective[175]. Wilfried Martens, Premier ministre pendant onze ans, est abandonné à son sort. Jean-Luc Dehaene, qui aurait dû le devenir en 1988, lui succède. Quelques semaines auparavant, Dehaene était pourtant prêt à rendre public son «adieu à la vie politique»[176].

Eu égard à sa défaite et la vague que charrie la création du VLD, le CVP tente de réagir. Le 5 décembre 1993, il se donne un nouveau président, Johan Van Hecke, au volontarisme affirmé qui tranche par son autonomie à l'égard des groupes forts du Christelijke Volkspartij. Ancien président des CVP Jongeren, Van Hecke est, pour la première fois dans l'histoire de la formation sociale chrétienne flamande, désigné au suffrage universel des membres. Mais il est seul candidat.

En un court laps de temps, il lance l'adoption d'un nouveau manifeste détaillant les principes fondamentaux du parti et la

(175) Xavier MABILLE, « L'évolution récente des partis», *Courrier hebdomadaire du CRISP*, 2002, 1759, p. 13.

(176) Hugo DE RIDDER, *Le cas Dehaene*, Bruxelles, Racine, 1996, p. 166.

fin du jeu d'influences des différents *standen* dans l'organisation. Emblématique de cette volonté est l'établissement de l'élection au suffrage direct du président du parti de même que des responsables locaux. L'élection directe est censée contourner le jeu en coulisses des familles. Cette orientation ne se fait pas sans mal et sans critiques. Président de l'ACV-CSC, Willy Peirens constate mais avertit quant aux effets des changements organisationnels internes :

> « L'effet-VLD joue en Flandre, avec la volonté de se passer des groupes de pression pour s'adresser directement au citoyen. Le CVP a décidé de changer ses relations aux «*standen*» (organisations sociales intermédiaires). C'est son droit absolu. Mais cela implique une révision de la position du syndicat qui comptait sur le parti. Il serait faux de dire que nous ne faisons pas de politique. Nous sommes un groupe de pression au sens noble du terme. Nous disons que des changements s'imposent dans la société »[177].

Johan Van Hecke évite le *sorpasso* libéral tant redouté aux élections européennes de 1994 et législatives de 1995. Mais il ne peut pousser la rénovation du parti à son terme. Le 6 juin 1996, il annonce sa démission pour des raisons privées. Le très effacé Marc Van Peel lui succède durant trois ans. Dans les faits, l'aura et le destin du parti reposent sur les épaules du Premier ministre Jean-Luc Dehaene, très engagé dans la bataille du redressement des finances publiques.

Mais Dehaene est confronté à de grandes difficultés pour redorer le prestige du CVP. Structurellement, la base sociologique du parti s'érode. La Flandre vit sa *révolution tranquille*. La sécularisation est spectaculaire. Au surplus, faire entrer la Belgique dans l'euro nécessite des mesures très impopulaires, difficiles à défendre. Enfin, Dehaene semble à contre-temps dans l'attitude à adopter quand les corps de Julie Lejeune et Melissa Russo sont découverts en 1996. Il aura les plus grandes peines à rattraper une mauvaise appréciation initiale. L'affaire des poulets contaminés à la dioxine à une encablure de l'élection de juin 1999 est le coup de grâce. Le CVP est laminé et dépassé par les libéraux à la Chambre. Bien qu'ayant porté le CVP à bout du bras durant toute

(177) *Le Soir*, 26 décembre 1993.

la législature, Jean-Luc Dehaene accepte d'assumer la responsabilité de la défaite pour éviter une «nuit des longs couteaux» chez les sociaux chrétiens flamands. Le CVP est devenu un *parti comme un autre*, même s'il bénéficie toujours de l'impressionnant réseau d'organisations et de structures catholiques.

Un parti social chrétien durement affecté

De 1991 à 1999, le parti social chrétien vit un long calvaire politique interne, surtout entre 1995 et 1999. Après treize ans d'exercice de la présidence du parti, Gérard Deprez est de plus en plus contesté et a de moins en moins de légitimité. C'est l'un des enseignements majeurs du scrutin pour la présidence du PSC en 1994. Deprez ne franchit que de justesse le cap de la majorité absolue face à ses challengers, Raymond Langendries et Marc Bertrand. Gérard Deprez souhaite devenir ministre à l'issue du scrutin national de 1995. Mais ni Melchior Wathelet, ni Philippe Maystadt ne sont d'accord pour renoncer à leur présence au gouvernement[(178)]. Une dynamique centrifuge se met en place et affecte, en quelques mois, durement le PSC.

Le 16 décembre 1995, Gérard Deprez annonce son retrait du leadership avant terme en présentant sa favorite: «Je ne serai plus candidat. Je crois que le PSC nouveau a besoin d'un nouveau candidat et, pourquoi pas, d'une nouvelle présidente pour mener à bien sa rénovation»[(179)]. Mais ses opposants ne l'entendent pas de cette oreille. Charles-Ferdinand Nothomb se déclare face à Joëlle Milquet. La campagne, longue, déchire le parti. Ni Gérard Deprez, ni Philippe Maystadt, parrains de la candidature Milquet, n'ont anticipé l'entrée en lice de Nothomb et sa capacité de rassemblement anti-deprézien. Au printemps 1996, ce dernier remporte de justesse le scrutin présidentiel. Sans décrocher une majorité absolue, Nothomb a 27 voix de plus que Milquet.

(178) Dans le livre de Frédéric François, Gérard Deprez relate en termes crus la discussion qu'il a eue avec Melchior Wathelet et Philippe Maystadt: ««Moments tragiques pour moi car je me suis rendu compte que l'un et l'autre voulaient partir et que j'allais me retrouver seul et complètement exsangue. C'est un épisode un peu sordide. Il y a eu des problèmes d'hommes et aussi des calculs de carrière. C'est à ce moment que la confiance s'est rompue entre nous». Frédéric FRANÇOIS, *PSC, être ou disparaître*, Bruxelles, Labor, 1998, p. 115.

(179) *Le Soir*, 18 décembre 1995.

L'exercice de la présidence par Charles-Ferdinand Nothomb se déroule sur fond de guerre interne et débouche sur l'échec d'une stratégie politique nouvelle. En accédant aux rênes du PSC, Nothomb ambitionne de renverser les alliances gouvernementales et de renvoyer les socialistes dans l'opposition. A cet effet, il consulte et prépare le terrain avec les libéraux[(180)]. Le président social chrétien va jusqu'à proposer le vote d'une motion de défiance constructive au Parlement wallon. Mis au courant de ce cours, Gérard Deprez acquiesce et met, dans une interview de rentrée qui marque, tout son poids dans la balance :

> « J'ai objectivement été très intéressé par une partie de ce que le président du PRL a déclaré, lundi dernier, dans votre journal. S'il faut faire en Wallonie un grand changement et un grand sursaut, il faut un grand mouvement pour le porter. Il faut quitter les jeux d'Etat-major habituels. (...) Le moment est venu de réunir un certain nombre de gens sur un contrat. Un contrat de sauvegarde de la Wallonie. (…) Je vous ai dit qu'il faut un grand mouvement qui soit l'épine dorsale du changement en Wallonie. (…) Je considère que le PS étant donné l'état dans lequel il est aujourd'hui ne peut pas être le point de ralliement de changement »[(181)].

Ce message est censé conforter la stratégie du président du PSC, qui négocie avec les libéraux pour envoyer les socialistes dans l'opposition et même élaborer une fédération entre le PRL-FDF et le PSC, une « grande fédération », une « sorte de grand pôle des libertés en face des socialistes »[(182)], selon les termes de Louis Michel. Pourtant, le propos de Deprez est accueilli de manière glaciale par les élites intermédiaires du PSC et Nothomb le rejette. La répudiation nothombienne et la marche en arrière par rapport aux libéraux amènent ces derniers à changer leur fusil d'épaule. Le PSC ne sera pas le futur allié gouvernemental du PRL-FDF.

L'attitude de la direction du PSC, mais surtout celle de Nothomb, ont placé Deprez dans une situation inextricable : reculer ou approfondir. L'ancien président social chrétien

(180) Voir par exemple Francis VANDE WOESTYNE, « Le complot de Gesves », *La Libre Belgique*, 9-10 juin 2001.

(181) *Le Soir*, 7-8 juin 1997.

(182) *Ibid.*, 2 juin 1997.

choisit la deuxième solution: il confirme la charge anti-socialiste, le nécessaire rapprochement avec les libéraux et annonce la création d'un mouvement. Pour les édiles sociaux chrétiens, c'en est trop. Durant l'hiver 1997-1998, le PSC, dans la douleur, se sépare de celui qui a exercé la présidence du parti pendant quinze ans. Le 11 janvier 1998, Charles-Ferdinand Nothomb le qualifie d'«adversaire politique»(183). Les députées Pierette Cahay et Nathalie de T'Serclaes rejoignent Deprez dans le Mouvement des citoyens pour le changement (MCC), qui tient sa première réunion publique le 7 mars 1998. Charles-Ferdinand Nothomb n'assure en définitive qu'un court laps de temps la présidence du PSC. Egratigné par des sondages catastrophistes, il rend son tablier au printemps 1998. Le 19 juin 1998, celui que plus personne n'attendait, Philippe Maystadt, est élu à la présidence du PSC par 12396 voix (90,2% des suffrages exprimés) contre 990 (7,1%). On recense 346 bulletins blancs ou nuls (2,7%). Il est prévu qu'en cas de départ anticipé, Joëlle Milquet lui succède sans nouvelle élection.

Electoralement et politiquement, le PSC paye cher ses errements. Le 13 juin 1999, les sociaux chrétiens deviennent le quatrième parti de l'espace politique francophone et le neuvième en Belgique. Avec la déroute du CVP, il est éconduit dans l'opposition face à une coalition socialiste-libérale-verte à l'échelle fédérale, de la Région wallonne et de la Communauté française. Ce résultat calamiteux des sociaux chrétiens est pour une part notable dû à la gestion interne du parti. D'une manière générale, le factionnalisme et les conflits internes ont brouillé le message et sa perception auprès de l'électorat. Cet aboutissement électoral est aussi un révélateur de mutations structurelles à l'œuvre depuis un demi-siècle, dont certaines se sont accélérées ces deux dernières décennies.

Ainsi, la sécularisation a-t-elle nettement progressé. Les indicateurs sont tous convergents. La relation à l'Eglise s'est

(183) *La Libre Belgique*, 12 janvier 1998.

distendue et, dans certaines familles[184], s'est même cassée. Quelques repères en témoignent. La pratique dominicale est partout en recul. En 1999, seuls 9 % des Wallons et 6 % des Bruxellois se rendaient à l'office dominical pour respectivement 34 % et 24 % trente-cinq ans auparavant. A peine plus d'un Wallon sur deux qui se marie et moins d'un Bruxellois sur deux le faisaient à l'Eglise. Et même les cérémonies catholiques les plus pratiquées – le baptême et les funérailles religieuses – enregistraient des reculs significatifs. A la veille du troisième millénaire, moins d'un Bruxellois sur deux se fait enterrer à l'Eglise.

Evolution des pratiques catholiques en Belgique jusqu'en 1998[185]

Pratiques		*1967*	*1973*	*1980*	*1990*	*1998*
Pratique hebdomadaire	Belgique	42,9	32,3	26,7	17,9	11,2
	Flandre	52,0	38,5	32,2	21,3	12,7
	Wallonie	33,9	26,9	21,5	146	9,3
	Bruxelles	21,3	16,3	12,0	8,8	6,3
Baptêmes	Belgique	93,6	89,3	82,4	75,0	64,7
	Flandre	96,1	93,6	89,0	83,1	73,1
	Wallonie	92,8	90,3	82,3	74,2	64,8
	Bruxelles	81,6	62,1	44,9	34,4	23,4
Mariages religieux	Belgique	86,1	82,0	75,7	59,1	49,2
	Flandre	91,8	87,6	81,5	64,5	51,2
	Wallonie	83,5	80,2	73,4	58,1	54,3
	Bruxelles	61,5	54,4	44,7	28,1	20,6
Funérailles religieuses	Belgique	84,3	84,3	83,0	81,4	76,6
	Flandre	91,3	91,3	90,7	88,8	83,6
	Wallonie	79,3	80,0	78,2	76,8	73,6
	Bruxelles	72,0	68,4	64,2	60,4	48,7

(184) On peut se demander si les interrogations de Liliane Voyé et Karel Dobbelaere n'étaient pas, à ce sujet, de pure forme : « Et si l'on prend conscience du fait que de plus en plus fréquemment les générations futures vont être socialisées dans les familles éloignées de l'Eglise, on peut – sans pour autant être déterministe – s'interroger sur l'avenir de l'engagement ecclésial. Diverses recherches montrent en effet qu'il est plus simple d'abandonner des croyances et pratiques apprises que de les adopter lorsqu'on n'y a pas été socialisé ». Liliane VOYÉ, Karel DOBBELAERE, « De la religion : ambivalences et distanciements », *in* Bernadette BAWIN-LEGROS, Liliane VOYÉ, Karel DOBBELAERE, Mark ELCHARDUS (éd.), *Belge toujours. Fidélité, stabilité, tolérance. Les valeurs des Belges en l'an 2000*, Bruxelles, De Boeck, 2000, p. 162.

(185) *Ibid.*, p. 148-149.

Même dans le monde des croyants, le lien à l'institution catholique s'étiole. Les prises de distance envers les autorités religieuses sont beaucoup plus fréquentes dans leur comportement quotidien, dans leur pratique et dans leur rapport à la «communauté catholique» dont les liens et les sens s'érodent.

Observateurs attentifs de ce processus, Liliane Voyé et Karel Dobbelaere étaient, dès le début des années quatre-vingt-dix, explicites sur cette problématique :

> «Antérieurement, la vision du monde et la structuration des liens sociaux s'inscrivaient dans ce que l'on peut appeler une «civilisation paroissiale», qui mettait l'accent sur l'ascendant du groupe territorial et familial, supposant une allégeance globale, servant ainsi en quelque sorte de «garant métasociétal» à l'ensemble de l'existence. En Belgique, la religion catholique accompagnait ainsi, à travers des formes instituées, de très nombreux aspects de la vie des Belges et la pratique dominicale apparaissait comme une sorte d'indicateur synthétique, révélateur de l'adhésion aux préceptes dans divers domaines, allant de la morale familiale au vote politique, en passant par le recours (quasiment) exclusif aux diverses instances du pilier – écoles, hôpitaux, syndicat, mutuelle, presse... Il n'en va plus de même aujourd'hui»[186].

Ancienne figure emblématique du Mouvement ouvrier chrétien, François Martou avait un avis tranché sur le destin des piliers : «Disparus ! Je sais que les laïques ne le croient pas, mais le pilier catholique en tout cas n'existe plus. Il n'existe plus depuis que l'Eglise et un parti n'en tiennent plus en main les éléments ; depuis que les gens s'y sont habitués ; depuis que les gens l'ont voulu ainsi. (...) Nous sommes passés du pilier au réseau»[187]. Mais tout le monde ne partage pas cette opinion dans les structures du monde chrétien. Secrétaire général des Mutualités chrétiennes, Edouard Descampe renvoie aux études les zélateurs chrétiens de la dépilarisation : «Je regrette particulièrement que la critique anachronique des piliers viennent des progressistes, qui renforcent l'attaque de ceux qui veulent

[186] Liliane VOYÉ, Karel DOBBELAERE, «Des transformations du catholicisme en Belgique», *Courrier hebdomadaire du CRISP*, 1997, 1997, p. 31.
[187] François MARTOU, (entretiens avec Paul Piret), *Demain, il fera jour...*, Charleroi, Couleur Livres, 2006, p. 51.

confier au marché et à sa logique de profit les missions sociales exercées aujourd'hui par l'associatif»[188].

Certes, le parti social chrétien était une formation politique déconfessionnalisée, officiellement depuis 1945 mais il restait à l'évidence rattaché à la chrétienté sinon au catholicisme. C'est ce qui a fondé son histoire, son identité, son rapport aux autres et son positionnement dans les clivages. Ces dimensions sont mises en question dans les années 2000.

L'implacable décennie quatre-vingt-dix des socialistes

Lorsqu'il accède à la présidence du parti socialiste en 1991, Philippe Busquin hérite d'une formation en proie à des guerres intestines croisées. L'enfantement du programme de gouvernement en 1988 a déchiré le parti. Une majorité importante des fédérations liégeoise et carolorégienne se sont opposées avec véhémence à l'accord négocié et défendu par Guy Spitaels, André Cools et Philippe Moureaux. Lors des manifestations du 1er mai, Philippe Moureaux parle de «premier mai polonais» face aux partisans de Jean-Maurice Dehousse et de José Happart. Si la participation finit par être adoptée par 65% des congressistes, cette confrontation laisse des traces profondes. D'autant qu'au sommet Guy Spitaels, après s'être appuyé sur André Cools et Philippe Moureaux, (ré)intègre Jean-Claude Van Cauwenberghe et José Happart dans les instances du parti au grand dam du «maître de Flémalle». La réorientation régionaliste, que confirment les choix du PS dans la réforme de l'Etat, inquiète les socialistes bruxellois et un pan important dans la fédération liégeoise. Cette dernière est le symbole d'une confrontation tous azimuts. André Cools y règne quasi sans partage. Son opération visant à éliminer Dehousse aux élections législatives de 1991 a fait long feu. Dehousse récolte près de deux fois plus de voix de préférence que la tête de liste, Laurette Onkelinx. Deux clans se font face et s'invectivent à l'envi.

Ce qui a sans doute marqué médiatiquement la vie du parti socialiste des années quatre-vingt-dix, ce sont les «affaires». Tout commence, le 18 juillet 1991, par l'assassinat d'André

(188) Cité par Paul WYNANTS, «Du PSC au CDH II. 1999-2004», *Courrier hebdomadaire du CRISP*, 2005, 1895-1896, p. 19.

Cools. L'enquête s'oriente dans différentes directions et conduit la justice à s'intéresser à l'achat d'hélicoptères de la firme Agusta et au marché de la modernisation des avions F16 de la firme Dassault. En 1994, trois personnalités éminentes doivent démissionner : Guy Coëme, alors Vice-premier ministre fédéral, Guy Spitaels, ministre-président du gouvernement wallon et Guy Mathot, ministre du gouvernement wallon. Alain Vanderbiest, ancien ministre wallon est aussi inculpé.

Le 23 décembre 1998, plusieurs personnalités socialistes sont condamnées par la Cour de cassation : le socialiste flamand Willy Claes, à trois ans de prison avec sursis pour faits de corruption dans les deux marchés ; deux ans, toujours avec sursis, pour Guy Spitaels et Guy Coëme pour faits de corruption dans le dossier Dassault. En outre, l'ensemble des condamnés sont condamnés à verser 150 millions à la ville de Bruxelles, à charge pour elle de les reverser au CPAS de la ville.

Le parti socialiste doit aussi faire face à la nécessité d'une politique de rigueur qui irrite la FGTB. Le soutien des socialistes au plan global du gouvernement Dehaene provoque des remous importants à la fois dans le parti et dans l'organisation syndicale. Lors du premier mai 1994, les représentants syndicaux de la FGTB désertent les manifestations officielles du PS. Bref, les temps sont durs pour le PS et les élections de 1995 marquent un recul important. Les socialistes restent dans les majorités mais doivent assumer les mesures d'austérité pour assainir les finances publiques et permettre à la Belgique d'entrer dans la zone euro. D'autre part, le gouvernement de Communauté française doit prendre des mesures drastiques pour éviter la banqueroute. La ministre-présidente Laurette Onkelinx impose le départ de 3000 enseignants, ce qui provoque une nouvelle mobilisation de la communauté éducative.

En interne, les tensions sont si fortes qu'en juin 1996, le PS doit confirmer sa participation gouvernementale lors d'un congrès organisé à Sambreville. Le vote y est acquis à une majorité confortable : 83,43 % de oui, 10,77 % de non et 5,80 % d'abstentions. Mais on relève des réserves significatives dans le chef de plusieurs fédérations, parmi lesquelles Bruxelles, dont une majorité de délégués refusent la confirmation de la participation.

Vote sur la poursuite de la participation

Fédérations	*Oui*	*Non*	*Abstentions*	*Votants*
Bruxelles	42,55 %	51,06 %	6,39 %	47
Brabant wallon	100,00 %			19
Liège	85,71 %	4,76 %	9,53 %	105
Huy-Waremme	88,23 %	11,77 %		34
Verviers	89,47 %	5,26 %	5,26 %	19
Mons	100,00 %			46
Soignies	72,41 %	27,59 %		29
Hainaut occidental	94,87 %		5,13 %	39
Charleroi	87,50 %		12,50 %	80
Thuin	65,21 %	26,08 %	8,69 %	23
Namur	91,17 %	5,88 %	2,94 %	34
Dinant-Philippeville	72,72 %	27,28 %		11
Luxembourg	93,33 %	6,67 %		15
Total	83,43 %	10,47 %	5,90 %	501

Ces années quatre-vingt-dix sont éprouvantes pour le PS et sa direction et les choix opérés ont jeté le trouble dans sa base sociale. « Pour le parti socialiste, qui a veillé à chaque fois, à équilibrer les efforts, ces périodes de lourdes responsabilités vis-à-vis de la population ont été difficiles à gérer, étant donné notre ancrage social, nos relations avec le monde syndical et ce que nous représentons, comme défenseurs d'une justice sociale pour tous. Le thème de bouclier était tout à fait adéquat mais ce concept défensif était parfois caricaturé par nos adversaires (d'une part, comme une forme d'immobilisme, et par d'autres, comme un manque d'ambition et d'agressivité) »(189), relate Philippe Busquin. En juin 1999, le PS est durement sanctionné. Pour la première fois au XXe siècle, le PS passe sous la barre des 30 % en Wallonie. Son aura et son crédit sont au plus bas.

L'*alter ego* néerlandophone du parti socialiste n'est pas épargné par cette tourmente. Le Socialistische Partij est confronté aux mêmes affres. Le ministre des Affaires étrangères, Frank Vandenbroucke, ancien président du parti, est amené à démissionner de même que Willy Claes, secrétaire général de

(189) Philippe BUSQUIN, « Les changements en Belgique de 1980 à 2000. La vue d'un président de parti », *Res Publica Belgica, 1980-2000*, 2000, 1, p. 91.

l'OTAN depuis le 10 octobre 1994, ministre des Affaires économiques au moment du contrat d'achat des hélicoptères Agusta.

Dans cette décennie, les socialistes flamands adoptent une nouvelle posture sécuritaire, incarnée en particulier par Louis Tobback et Johan Vande Lanotte. Elle vise à contrer l'attractivité du Vlaams Blok dans certains milieux populaires. Ce choix ne se révèle guère porteur.

Le SP est par ailleurs très affecté par les démissions successives de plusieurs ministres. Suite à l'invraisemblable évasion de Marc Dutroux du palais de Justice de Neufchâteau le 23 avril 1998, Johan Vande Lanotte, alors ministre de l'Intérieur présente sa démission de même que son collègue de la Justice, le social chrétien flamand Stefaan De Clerck. Un an plus tard, c'est le successeur de Johan Vande Lanotte, l'ancien président des socialistes flamands, Louis Tobback, qui présente sa démission comme ministre de l'Intérieur suite au décès durant son transfert de Semira Adamu, demandeuse d'asile expulsée. Enfin, le ministre de la Santé Marcel Colla doit aussi rendre son tablier dans l'affaire de la dioxine.

C'est donc une famille politique notoirement affaiblie qui enregistre la défaite électorale marquante de 1999. Elle reste pourtant aux affaires mais sur un mode mineur. Les dirigeants qui succèdent à Philippe Busquin et à Fred Erdman auront fort à faire pour remonter la pente.

La sortie du plafonnement d'Agalev

Nous l'avons pointé, la première moitié des années quatre-vingt-dix est une période complexe à gérer pour les verts flamands. Plusieurs cadres historiques l'abandonnent et le parti est à la recherche d'un nouveau souffle. On note alors deux évolutions notables dans les rangs d'Agalev.

La première est un tournant plus flamand. Agalev assume plus nettement son essence flamande et celle de ses actes politiques. Le fait est patent dès les assises de juin 1992. « La réalité s'est imposée comme un fait politique incontournable, même pour les verts : Agalev est devenu un parti flamand »[190], pointe

[190] Jos GEYSELS, « Mouvement flamand : et maintenant ? », *in* José DARAS, Jos GEYSELS, Henri SIMONS (éd.), *Le grand chantier. Réflexions d'écologistes*, Bruxelles, Luc Pire, 1994, p. 111.

Jos Geysels. A l'instar de tous les partis en Flandre (sauf le SP.A), les verts intègrent, en 1996, le mot *Vlaams* à leur nom. Agalev devient *Agalev. De Vlaamse Groenen*. Dès avant sa participation au gouvernement, certains actes confirment cette posture flamande. Lors du vote sur le décret Suykerbuyk, qui vise à accorder une aide des pouvoirs publics flamands à d'anciens collaborateurs en situation difficile, les verts flamands ne votent pas contre mais s'abstiennent. Dans l'exercice des responsabilités gouvernementales, Agalev donne aussi des gages en présentant des interventions qui surprennent dans son chef. Le secrétaire politique du parti Jos Geysels n'hésite pas, par exemple, à égratigner dans le *Standaard* l'Ecolo Isabelle Durant. Le propos est sans ménagement : « Au lieu d'écrire un roman à base d'échanges épistolaires, il faut un plan de gestion pour le transport des voyageurs. La ministre des Transports doit se reprendre. Sinon, elle aura des problèmes avec nous ! »[191]. Celui qui est alors chef de file à la Chambre, Frans Lozie, n'hésite pas à traiter le parti socialiste de « parti mafieux »[192], un propos alors en vogue dans le paysage politico-médiatique flamand.

La deuxième mutation est organisationnelle. Nous avons déjà mentionné la fin de la règle de la rotation en 1996. Mais Agalev va plus loin. Il s'inscrit peu à peu dans une philosophie de présidentialisation dans une double perspective. La première mise en évidence par Stefaan Fiers et André Krouwel renvoie à la *personnalisation* politique accrue dans les campagnes électorales et dans la vie publique[193]. Les verts flamands s'y prêtent tout à fait lors des élections législatives, régionales et européennes de juin 1999. La deuxième se réfère à l'idée même, en interne, d'un *quasi-président*. Bien plus qu'Ecolo, Agalev transforme son mode de fonctionnement dans une optique quasi présidentielle et beaucoup plus professionnelle. Le secrétaire politique

(191) *Le Soir*, 13 mai 2002.

(192) Il déclarait : « Je vois un pays qui est de plus en plus aux mains de figures mafieuses. (...) Le PS est tout puissant en Wallonie. Ce parti contrôle tout en Wallonie et c'est une situation extrêmement dangereuse », *P-Magasine*, 15 mai 2002.

(193) Stefaan FIERS, André KROUWEL, « The low countries : from « Prime Minister » to President-Minister », *in* Thomas POGUNTKE, Paul WEBB (éd.), *The Presidentialization of Politics. A comparative study of Modern Democracies*, Oxford, Oxford University Press, 2005, p. 128-158.

du parti est l'homme fort du parti : il imprime les orientations et la conduite du parti, et il en est l'expression autorisée. Après le décès prématuré de Wilfried Bervoets en 1998, Jos Geysels assume la charge. Les choses sont claires. En la matière aussi, Geysels ne se prive pas de renvoyer les verts francophones dans les cordes. A une question relative aux flottements d'Ecolo quant à la participation, Geysels assène une leçon d'organisation politique :

> « Notre scénario était prêt à Pâques. On ne va pas en négociation avec des idées romantiques. Cela suppose qu'il faut être très bien préparé : savoir qui sera ministre, qui restera au parti et quelles priorités du programme on veut faire passer… Cela s'est bien passé pour Agalev »[194].

Mais le grand changement est électoral. Le 13 juin 1999, Agalev réalise sa meilleure performance. Pour la première fois de son histoire, il passe le cap des 10 %. Les verts flamands sont invités par l'informateur Louis Michel à exercer leurs responsabilités et à monter dans l'exécutif au plan fédéral et dans les gouvernements de la Communauté et de la Région flamandes. Pour Agalev, une nouvelle expérience commence.

La forte percée d'Ecolo

Après sa victoire électorale en novembre 1991, Ecolo est sollicité pour soutenir de « l'extérieur » une réforme de l'Etat, négociée à l'origine par les formations sociales chrétiennes et socialistes. La majorité gouvernementale n'était pas assez large – il faut une majorité des deux tiers pour modifier la Constitution en Belgique – pour réaliser, seule, la troisième phase des réformes institutionnelles. Les verts du nord et du sud du pays acceptent de prendre part au processus.

Quatre éléments ont concouru à la participation d'Ecolo à l'avènement de l'Etat fédéral en Belgique.

Pour la coalition gouvernementale, il n'y a pas de vraie alternative aux formations écologistes pour atteindre la majorité spéciale à la Chambre et au Sénat, dès lors que les deux partis libéraux avaient rejeté l'hypothèse d'une participation extérieure.

[194] *La Libre Belgique*, 27-28 novembre 2002.

La participation d'Ecolo à cette réforme de l'Etat est concevable dans la mesure où les propositions institutionnelles des écologistes sont *a priori* compatibles avec les orientations préliminaires de la majorité gouvernementale.

Depuis 1986, Ecolo était entré dans une « longue marche » vers la participation au pouvoir à l'échelle fédérale, régionale ou communautaire. La contribution au processus décisionnel en matière de fédéralisation de la Belgique constitue un cap nouveau en vue d'atteindre cet objectif.

Enfin, compte tenu de son caractère quasi indispensable, Ecolo espère profiter de cette négociation et de ce concours pour faire adopter certaines mesures essentielles de son approche programmatique. Tel est le sens du lien entre le vote de la nouvelle Constitution fédérale et le vote des écotaxes.

Au sein du parti, ce concours a provoqué des remous. Les écologistes doivent affronter une campagne orchestrée par le monde patronal et la grogne de nombreux secteurs syndicaux sur la problématique des écotaxes. L'émoi interne entraîne l'organisation d'une réflexion et d'un débat sur les buts d'Ecolo mais aussi sur ses modalités de fonctionnement. Au terme d'une consultation des membres et de plusieurs assemblées générales, Ecolo adopte une refonte statutaire profonde.

Comme d'autres formations écologistes d'Europe, Ecolo a très tôt voulu se distinguer des structures partisanes classiques : rejet des structures lourdes, combat contre la bureaucratisation du parti, refus de la professionnalisation d'une petite élite partisane, promotion de la démocratie directe... Les verts ont donc eu le souci constant de s'inscrire dans cette logique. Toutefois, ses ambitions en la matière ont dû être revues suite à certains succès électoraux, au poids important dans le processus décisionnel de certaines franges « militantes » parmi les adhérents, à de multiples conflits de compétence entre échelons (local-régional-fédéral ; parlementaires-secrétariat fédéral ou Conseil de fédérations) et à la réorientation des activités du parti vers le cadre institutionnel.

Les statuts adoptés en mars 1980 ont subi de nombreuses révisions. Une nouvelle modification importante intervient lors de l'assemblée générale du 23 avril 1994. La principale innovation tient dans la composition et les compétences du secrétariat fédéral. Il est désormais composé de trois personnes qui sont élues en équipe par l'assemblée générale et chacun doit obtenir une majorité sur son nom. Elles sont rémunérées. Jusqu'alors, le secrétariat fédéral comptait à la fois des bénévoles et des membres rémunérés. Un représentant de chaque genre doit être présent de même qu'un membre au moins du groupe régional bruxellois. Le premier trio élu est composé d'Isabelle Durant, de Jacky Morael et de Dany Josse, remplacé en cours de mandat par Jean-Luc Roland, ancien secrétaire général de l'association Inter-environnement Wallonie[195].

A partir de ce moment, le Secrétariat fédéral détient une compétence générale d'initiative en matière de politique interne et externe, assure la direction politique quotidienne du parti et fait office de porte-parole. Il se réunit une fois par semaine dans une optique élargie. Le mode de fonctionnement mis en place à l'occasion de cette réforme statutaire vise à mieux délimiter des responsabilités et les compétences, à une visibilité accrue et à *professionnaliser* l'action et l'intervention d'Ecolo. Les raisons qui président à cette transformation sont multiples. Il y a d'abord un souci d'efficacité et de visibilité dans la prise de décision. La coexistence de secrétaires fédéraux bénévoles et rémunérés était devenue problématique. Il en résultait des paralysies récurrentes et l'émergence immanquable de relations personnelles problématiques. Ce souci d'efficacité est d'autant plus fort qu'Ecolo en a désormais les moyens, eu égard à la nouvelle loi sur le financement public des partis adoptée en 1989. En quelques années, le budget d'Ecolo est multiplié par six.

Au plan politique Ecolo pâtit du débat sur les écotaxes. Aux élections européennes de juin 1994, les verts perdent l'un de leurs deux parlementaires européens. Quelques semaines plus tard aux communales, Ecolo subit plusieurs reculs marquants. Enfin, son résultat électoral aux élections législatives de 1995 est aussi mitigé. Ecolo recule tant par rapport au scrutin de novembre 1991 que par rapport aux élections européennes de juin 1994. Le Secrétariat fédéral ne peut qu'en prendre acte :

> «De façon plus générale, l'une de nos principales craintes s'est malheureusement traduite dans les faits. Ecolo est et apparaît

(195) *Le Soir*, 15 janvier 1997.

aujourd'hui affaibli sur plusieurs points : des moyens financiers et humains diminués, une image de parti en déclin et hors-jeu de l'actualité et du rapport de force politique. Cette situation est à corriger d'urgence afin d'éviter tout découragement de nos électeurs et surtout de nos militants »[196].

Evolution du budget d'Ecolo (1981-1998) (en millions d'euros)[197]

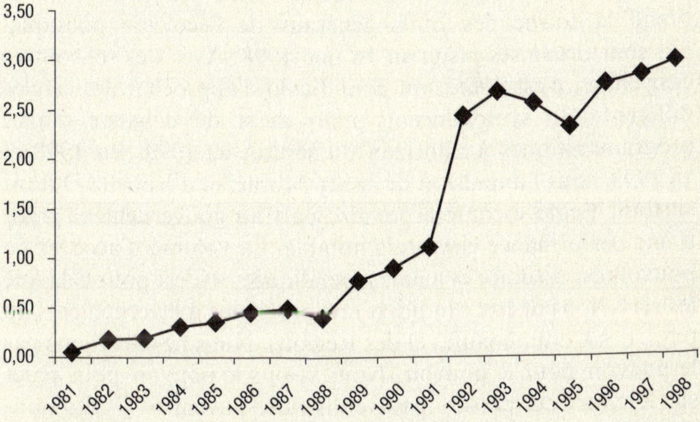

Il n'en faut pas plus pour que le parti traverse une nouvelle crise. La mise sur la sellette est explicite dans la préparation et la tenue de l'assemblée générale du parti le 27 octobre 1995. Elle s'opère sous la conduite de personnalités influentes comme Paul Lannoye, alors député européen, les sénateurs Martine Dardenne et Pierre Jonckheer, et le Namurois Philippe Defeyt. La défiance est concrétisée par la présentation d'une motion prônant un recentrage stratégique sur la défense de l'environnement et de problématiques historiques de l'écologie politique. Lors de l'assemblée générale, leur motion déposée par 125 membres recueille 188 voix contre… 188 à une motion d'ouverture sur les questions sociales, portée par le Hennuyer Jean-François Hogne. Compte tenu de ce résultat, les tenants

(196) « Résultats électoraux. 1994-1995, le rapport du secrétariat fédéral au comité de fédération », *Ecolo-Bruxelles*, 4, juin 1995, p. 3.

(197) Daniel BURNOTTE, Pascale TOUSSAINT, *Ecolo : un système de pensée et une recherche de fonctionnement collectif démocratique. Annexe*, Mémoire de la FOPES-UCL, 1998.

des deux thèses se voient pour élaborer une motion de synthèse. Pendant deux mois, les principaux responsables s'y attèlent et y parviennent sur l'essentiel. Les 27 et 28 janvier 1996, à Louvain-la-Neuve, l'assemblée générale témoigne de la «réconciliation par consentement mutuel». Une résolution de synthèse est adoptée par 303 voix contre 1 et 11 abstentions.

Ce moment inaugure un redéploiement des verts. Celui-ci prend la forme des Etats généraux de l'écologie politique, qui sont organisés jusqu'au 16 mai 1998. Avec des rencontres citoyennes, c'est l'occasion pour Ecolo d'approcher des cercles différents de sympathisants mais aussi de débattre d'axes programmatiques à l'horizon du scrutin de 1999. En 1998 et en 1999, sous l'impulsion de Jacky Morael et d'Isabelle Durant surtout, Ecolo escompte prendre part au gouvernement grâce à une performance électorale notable. La volonté d'accéder au pouvoir est assumée et même revendiquée: «C'est pour cela que les verts doivent être candidats aux prochains gouvernements du pays, des Communautés et des Régions. Nous ne cherchons pas le pouvoir pour le pouvoir. Nous visons le pouvoir pour peser sur le cours des choses, pour construire l'avenir»[198]. La stratégie d'Ecolo est articulée autour de ce choix. Les verts se refusent à toute négociation préalable et rejettent le principe d'une motion de défiance constructive au Parlement wallon, suggérée par Charles-Ferdinand Nothomb alors président du PSC.

Les Etats généraux de l'écologie politique, qui ont fonctionné entre 1996 et 1998, l'empathie avec le mouvement blanc, et Carine et Gino Russo en particulier, permettent à Ecolo une ouverture et une rencontre d'une ampleur inédite avec plusieurs composantes de la société civile et de l'électorat. Aussi, s'il y a sans doute eu un *effet dioxine* dans la remarquable performance électorale d'Ecolo en 1999, il ne faut pas le surestimer. Il a accentué et accompagné un mouvement ascendant. Mais la tendance était nette bien avant la crise du poulet contaminé. Avec 19% des voix en Communauté française, Ecolo réussit un double pari: gagner les élections et entrer au gouvernement.

[198] Ecolo, *Intervention des secrétaires fédéraux à l'assemblée générale du 29 mars 1998*, document interne.

Les années 2000: une transition complexe

1999, un scrutin de « rupture »

D'une certaine manière, les années 2000 débutent avec le scrutin de 1999. L'élection du 13 juin 1999 est un nouveau scrutin de «rupture». Avec celles de 1965 et de 1981, l'élection de 1999 restera dans les annales de l'histoire politique belge d'après-guerre comme ayant le plus bouleversé le paysage politique et les rapports des forces entre partis et familles politiques. Quatre enseignements majeurs peuvent être tirés du scrutin.

Le premier concerne la famille libérale. Pour la première fois depuis l'instauration du suffrage universel, les libéraux deviennent la première famille politique du Royaume en voix et en sièges. Même s'ils doivent autant ce statut de première famille politique à l'effondrement des sociaux chrétiens et des socialistes au nord et au sud du pays qu'à leur propre progression, le fait est très significatif.

La fin des partis dominants est le deuxième constat. Nous l'avons noté dans le temps. L'élection de 1999 l'établit de manière patente. Alors que dans les années 1950, les sociaux chrétiens captaient de 55 à 60% de l'électorat en Flandre et devançaient leurs concurrents politiques de 25 à 30 points, ils se retrouvent pour la première fois derrière un autre parti. Ce caractère hégémonique puis dominant, dans les années soixante-dix et quatre-vingt, est terminé. Pour la première fois depuis l'établissement du suffrage élargi, le CVP est devancé par un autre parti en Flandre: le VLD. En Wallonie, le parti socialiste reste le premier parti mais on observe que l'écart avec la deuxième formation s'est singulièrement rétréci. Le caractère dominant du PS est aussi mis en cause à ce moment.

En troisième lieu, il importe d'isoler l'ampleur des mouvements des partis. L'examen attentif des résultats révèle à ce moment de singuliers records. A l'occasion de cette élection, quatre partis réalisent leur meilleure performance d'après-guerre et quatre autres, leur plus mauvaise. Le VLD, le Vlaams Blok, Ecolo et Agalev atteignent chacun un sommet d'influence électorale. A l'inverse, les résultats du PS, du PSC, du CVP et du SP sont les plus médiocres depuis la libération. Ensemble, les familles socialiste et sociale chrétienne recueillent 39,9% alors qu'elles captaient encore 49,4% en 1995 et qu'elles se partageaient environ 85% des suffrages dans les années cinquante.

Enfin, le scrutin du 13 juin consacre une fragmentation politique «renouvelée». Le déclin des familles politiques traditionnellement dominantes engendre le renforcement d'autres partis. Le nombre de formations qui décrochent des sièges n'est pourtant pas supérieur à la situation qui prévalait en 1995 et même déjà en 1981. Il n'y a donc pas d'accroissement de la fragmentation du paysage politique *stricto sensu*. En revanche, on peut parler d'un approfondissement. A l'exception du Front national, le poids des partis s'équilibre. Les écarts sont resserrés. On a affaire à un grand nombre de partis «moyens». «L'ancienne répartition du paysage politique n'est plus en mesure de saisir la richesse de notre société», déclare Guy Verhofstadt dans son discours d'investiture(199).

La conséquence la plus notable de ce bouleversement électoral est l'éviction des partis sociaux chrétiens. Pour la première fois depuis 1958, PSC et CVP n'exercent pas les responsabilités à l'échelle nationale-fédérale et régionale – à l'exception de la Région bruxelloise pour le CVP. *Partis de l'Etat*, patriciens pour reprendre l'expression de Paul Magnette(200), les démocrates chrétiens paient aussi les «errements» de l'Etat dans la deuxième moitié des années quatre-vingt-dix. L'événement politique est majeur: catholiques ou sociaux chrétiens ne s'étaient retrouvés que six ans dans l'opposition entre 1884 et 1999.

Mais le changement ne s'arrête pas à l'envoi des sociaux chrétiens dans l'opposition. On note aussi l'entrée inédite des verts dans les exécutifs fédéral, régional flamand et régional wallon et communautaires. Ecolo et Agalev exercent pour la première fois des responsabilités exécutives à un échelon supra-communal.

Enfin, la configuration même du gouvernement est aussi à souligner: une tripartite non *traditionnelle* – socialistes, libéraux et écologistes – dirigée par Guy Verhofstadt, président sortant du VLD, présenté quelques semaines encore avant le scrutin comme tout à fait infréquentable par l'homme fort du SP, Louis

(199) Guy VERHOFSTADT, *Déclaration du gouvernement fédéral*, juillet 1999, p. 7.

(200) Paul MAGNETTE, «L'idéologie patricienne du parti social chrétien», *in* Pascal DELWIT (éd.), *Le parti social chrétien. Mutations et perspectives*, Bruxelles, Editions de l'Université de Bruxelles, 2002, p. 31-45.

Tobback. La participation concomitante de socialistes et libéraux sans les sociaux chrétiens ne s'était plus produite depuis 1958, c'est-à-dire avant le réalignement de type conservateur des libéraux belges, intervenu en 1961. Elle existe par ailleurs aux autres niveaux de pouvoir. A la Région flamande, le gouvernement dirigé par le libéral Patrick De Waele est quadripartite – seule solution possible pour envoyer le CVP dans l'opposition et y maintenir le Vlaams Blok : VLD, SP, Agalev et Volksunie.

Evolution des résultats électoraux des années quatre-vingt et quatre-vingt-dix

	1981	*1985*	*1987*	*1991*	*1995*	*1999*
CVP	19,38	21,29	19,45	16,81	17,17	14,09
PSC	7,16	7,95	8,00	7,73	7,72	5,88
VLD (PVV)	12,92	10,74	11,54	11,97	13,14	14,30
PRL-FDF (PRL)	8,58	10,21	9,40	8,14	10,26	10,14
SP	12,38	14,54	14,89	11,97	12,55	9,55
PS	12,72	13,76	15,64	13,48	11,87	10,18
Agalev	2,30	3,73	4,48	4,86	4,43	6,99
Ecolo	2,20	2,53	2,57	5,07	4,00	7,36
Vlaams Blok	0,87	1,40	1,89	6,57	7,83	9,87
FN		0,06	0,12	1,05	2,28	1,45
UDRT	2,70	1,14				
PCB	2,31	1,18	0,83	0,09	0,10	0,37
FDF	4,22	1,19	1,16	1,47		
VU	9,78	7,87	8,05	5,89	4,66	5,56

L'implosion de la Volksunie, les nouvelles tribulations du nationalisme politique flamand

Le scrutin de 1999 s'est curieusement décliné pour la Volksunie. Sans être exceptionnelle, sa performance électorale est meilleure qu'en 1995. En 1998, Anciaux s'était mis en congé de la présidence pour explorer les voies d'un élargissement de l'assise du parti. C'est à son initiative qu'est fondé le 28 mars 1998 à Louvain le mouvement ID21. Son ambition est d'y amener des secteurs libéraux libertaires moins centrés sur la problématique communautaire. Même si l'alliance avec cette petite organisation suscite l'hostilité de certains cadres à la Volksunie, elle permet au parti nationaliste flamand de *rester dans le jeu* et de faire taire ceux qui doutent alors de son avenir comme parti politique.

Evolution des résultats électoraux de la Volksunie et de la N-VA en Flandre*

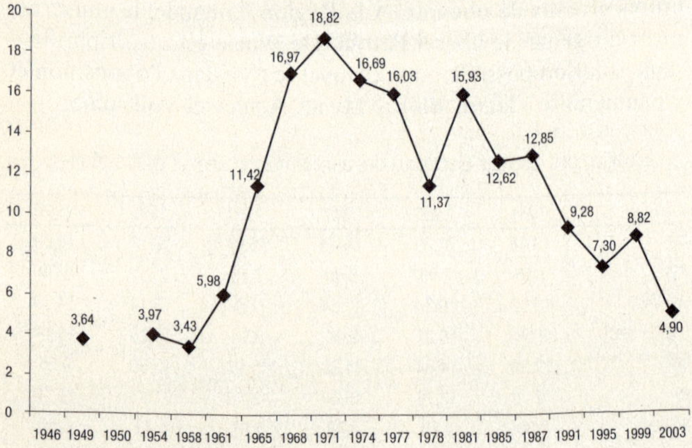

* Non compris les cantons de Hal-Vilvorde.

Pourtant l'option du parti d'être partie prenante au gouvernement régional flamand aux côtés du SP, d'Agalev et du VLD, tout en se rangeant dans l'opposition (constructive) au niveau fédéral, suscite nombre d'interrogations et d'oppositions internes. Posé surtout par Bert Anciaux et Patrick Vankrunkelsven, ce choix génère les réserves d'un courant important du parti.

En décembre 1999, dès l'accord de la Saint-Eloi relatif au réajustement de la loi de financement des Communautés, les tensions s'accroissent. Vice-président de la Conférence sur la réforme de l'Etat, le président *ad interim* du parti, Patrick Vankrunkelsven, avalise le compromis, au grand dam de l'aile radicale régionaliste de la Volksunie. En la personne de Geert Bourgeois, celle-ci présente un candidat à l'élection pour la présidence du parti, prévue en janvier 2000. A travers les deux candidats qui se disputent le poste, le scrutin dévoile les deux projets partisans et de société qui s'affrontent en interne.

Patrick Vankrunkelsven représente un courant dit « novateur », ouvert à d'autres thèmes que la question institutionnelle et linguistique *stricto sensu*: le pacifisme, l'octroi du droit de vote aux étrangers non ressortissants de l'Union européenne aux élections communales, la dépénalisation de la consommation de drogues douces, etc. Il bénéficie de l'appui de Bert Anciaux, personnalité la plus populaire du parti dans l'électorat et ministre communautaire flamand. Pour sa part, Geert Bourgeois[(201)] symbolise la vision nationaliste historique de la Volksunie, de même qu'une approche nettement plus conservatrice des questions de société.

Bourgeois emporte la mise par 4682 voix (54%) contre 3997 (46%) à Vankrunkelsven[(202)]. Ce choix majoritaire des adhérents de la Volksunie tend les relations avec son partenaire d'ID21, fondé par Bert Anciaux avant le scrutin de 1999. Geert Bourgeois n'a, en effet, jamais caché ses réserves à l'égard de cette « alliance bizarre » entre la VU et ID21[(203)]. Installé à la tête du parti, il replace rapidement la thématique communautaire au centre des préoccupations du parti, allant peut-être dans le sens des exigences du conseil de parti, mais négligeant par là son aile progressiste, majoritaire au bureau. Mois après mois, la fracture s'aggrave, révélant des dissensions au sein de l'alliance entre la VU et le mouvement ID21, mais surtout à l'intérieur même de la VU.

En octobre 2000, les élections communales sont décevantes pour la Volksunie, en particulier dans les grandes villes. A Anvers, qui « a vu naître » la Volksunie, le parti ne recueille qu'un élu. Cet « échec » est imputé par certains à la ligne directrice suivie par Bourgeois, à savoir la concentration sur un thème unique : le communautaire. Mais, quelques jours plus tard, le 20 octobre, Bourgeois plaide pour sa poursuite devant le conseil du parti réuni à La Panne[(204)], tandis que Bert Anciaux et Patrick Vankrunkelsven en appellent à un projet marqué du « libéralisme de gauche » ou du « libéralisme libertaire ». Le 16 novembre, un texte fédérateur des plus vague est adopté par

(201) Geert Bourgeois était chef de groupe VU à la Chambre.

(202) Au total, 9 150 membres de la VU ont émis un vote, dont 8 679 étaient valables.

(203) *De Standaard*, 27 janvier 2001.

(204) Le conseil de la Volksunie, composé de 150 membres, constitue en quelque sorte son « parlement ».

le bureau du parti, sous la forme d'un compromis entre les deux tendances[205].

Pourtant, les divisions s'expriment autour des discussions communautaires dans lesquelles est engagée la Volksunie. Le préaccord dit de la «Saint-Polycarpe»[206], négocié pour la VU par Vankrunkelsven et Anciaux, aboutit le 23 janvier 2001. Au sein de la Volksunie, il est approuvé et voté en bureau de parti [207] le 24 janvier par 25 voix «pour», 7 «contre» et 5 abstentions. Cette adoption n'est pas dénuée de réserves: le bureau exige des éclaircissements sur certains points. Au surplus, un problème épineux se pose: parmi les sept refus, on ne relève pas moins de cinq des huit députés du parti. Or, leur vote est indispensable pour atteindre la majorité spéciale nécessaire. A leur tête, se trouve Geert Bourgeois lui-même[208]. Mis en minorité au bureau de son parti, il rend son tablier de président et Alfons Borginon est chargé d'assurer l'intérim.

Convoqué le 30 janvier 2001, le conseil de parti renverse le vote du bureau et rejette le préaccord par 69 voix «contre» et 61 voix «pour», confirmant le rapport inversé dans les deux principales instances du parti. Dès ce moment, le devenir du parti est en cause. De part et d'autre, la question est posée sans ambiguïtés: «Existe-t-il encore un projet commun? La VU est-elle toujours la VU?» (Bert Anciaux)[209]; «Je vois encore au maximum 10% de chances que la Volksunie reste ensemble. (...) Les divergences d'opinion sont profondes. (...) Il y a eu de graves altercations qui rendent tout travail commun difficile à maintenir» (Geert Bourgeois)[210].

En réaction à la polarisation entre les tendances se dessine un *middengroep* sous l'impulsion de Johan Sauwens, Nelly

[205] Jo NOPPE, Bram WAUTERS, «Het uiteenvallen van de Volksunie en het onstaan van de N-VA en Spirit; een chronologisch en morfologisch overzicht (Juni 1999-Juli 2002)», *Res Publica*, 2002, 2-3; Pascal DELWIT, Emilie VAN HAUTE, «L'implosion et la fin d'un parti: la Volksunie», *L'Année sociale 2001*, Bruxelles, De Boeck, 2002, p. 13-24.

[206] Pascal DELWIT, Benoit HELLINGS, «Les accords du Lambermont-Saint-Polycarpe», *L'année sociale 2001*, Bruxelles, De Boeck, 2002, p. 25-42.

[207] Le bureau de parti correspond à l'«exécutif» de la VU.

[208] Il s'agit de Geert Bourgeois, Frieda Brepols, Karel Vanhorebeke, Danny Pieters et Alfons Borginon.

[209] *De Standaard*, 1er février 2001.

[210] *Ibid.*, 3 février 2001.

Maes, Etienne Van Vaerenbergh et Willy Kuipers. Leur but est de modérer les deux parties afin de maintenir ensemble toutes les composantes du parti[211]. Néanmoins, les opposants au préaccord de la Saint-Polycarpe soutenus par le conseil du parti s'estiment légitimés dans leur refus et réclament de nouvelles avancées. Deux nouvelles négociations s'engagent en parallèle : Vankrunkelsven et Anciaux reprennent leurs rôles de négociateurs, tandis que Geert Bourgeois rencontre le président du VLD Karel De Gucht, *émissaire* du gouvernement. Ce dédoublement des négociations est la démonstration de la division du parti. Le 17 février 2001, intervient un accord informel entre Karel De Gucht et Geert Bourgeois[212]. Il est approuvé par le bureau et par le conseil du parti deux jours plus tard. Pour autant, la tension ne retombe pas.

Les accords du Lombard, censés permettre le vote positif des parlementaires de la Volksunie, constituent la passe d'arme suivante. Le 31 mars, le bureau du parti les approuve par dix voix, dont celle de Fons Borginon, contre quatre[213]. Un mois plus tard, le 2 mai, le Conseil suit cette fois le bureau par soixante-dix-huit voix contre soixante-sept. Mais les parlementaires hostiles ne s'en laissent pas compter et refusent leur appui. Ils en font la démonstration éclatante le 6 mai 2001 en participant à une manifestation nationaliste flamande à Gand, hostile aux accords de la Saint-Polycarpe et du Lombard. Dans le monde politique, plusieurs prennent acte qu'il ne sera pas possible de rallier l'ensemble des parlementaires au projet et qu'il n'y a pas de majorité pour les adopter.

En marge de cette problématique éclate l'« affaire Sauwens ». Johan Sauwens, alors ministre du gouvernement flamand, a pris part à une réunion d'une association liée à l'extrême droite, le Sint-Martens Fonds. Pour ID21, c'en est trop. Le 14 mai, Fons Borginon et Sven Gatz, présidents respectifs de la Volksunie et d'ID21, mettent un terme à leur collaboration. C'est un début

(211) *Ibid.*, 10 février 2001.

(212) Notamment sur le fait qu'un accord devrait être conclu concernant Bruxelles pour que la Volksunie vote les accords de la Saint-Polycarpe.

(213) Les quatre réfractaires sont les mêmes que ceux cités précédemment, Fons Borginon excepté.

de schisme entre la VU et son alliée libérale de gauche[214]. Le même jour, le «groupe Bourgeois» annonce vouloir «quitter le parti tel qu'il est aujourd'hui» et travailler à la mise sur pied d'un «mouvement national-flamand démocratique»[215]. Bert Anciaux[216] surenchérit en menaçant aussi d'abandonner la formation nationaliste flamande si elle ne renoue pas «avec les valeurs fondatrices du parti, à savoir le nationalisme démocratique et non le flamingantisme conservateur»[217].

Fons Borginon tente toutefois de maintenir «l'outil» et de relancer une dynamique de débat et de rencontre, à travers la préparation d'un texte supposé générer un nouveau consensus et une restauration de la communauté de vues. Cette note fédératrice est approuvée par 60% des membres du *partijraad* contre 37% et quelques abstentions[218]. La dislocation attendue du parti n'a donc pas (encore) lieu. Mais cet aboutissement devait s'accompagner d'actes. Le début des votes des accords de la Saint-Polycarpe infirme cette perspective.

Le 6 juin 2001, quatre des huit parlementaires de la Volksunie votent contre le volet financier des accords. Le divorce est accepté et doit être consommé lors d'un congrès prévu pour le 15 septembre. En vérité, le *partijraad* modifie cet agencement. Le 22 juin, 58% des membres avalisent l'observation du bureau selon laquelle «les différentes tendances existant au sein de la VU ne peuvent plus cohabiter. Il leur sera impossible de se présenter ensemble aux élections de 2003». Par ailleurs, une majorité décide que les membres exprimeront leur préférence par écrit et non pas le jour du congrès. A cette fin, le Conseil met sur pied une commission de douze membres[219], chargée de spécifier

(214) ID21 compte se profiler sur cinq thèmes principaux: la société de la connaissance, la mobilité, la mondialisation, le renouveau politique et le rôle nouveau des groupes de pression. *Le Soir*, 15 mai 2001.

(215) *De Standaard*, 14 mai 2001.

(216) Soutenu dans sa démarche par Paul Van Grembergen, Patrik Vankrunkelsven, Annemie Van de Casteele, Els Van Weert et Freddy Willems.

(217) *Le Soir*, 16 mai 2001.

(218) Cette note comprend six points: l'organisation d'un congrès de membres; la fin de l'alliance entre VU et ID21; l'interdiction de toute tentative de formation de groupes de discussion parallèles au parti: le renouveau doit venir de l'intérieur; le renouveau en lui-même; la participation au gouvernement flamand; le respect de la décision prise au conseil de parti du 2 mai 2001.

(219) Cette commission sera composée de trois membres de chaque faction, ainsi que du secrétaire, du président du conseil et du président de parti.

les conditions à réunir pour déposer un projet et de préciser les règles relatives au déroulement et aux modalités effectives du divorce.

Concrètement, chaque membre aura la possibilité de voter par écrit du 1er août au 14 septembre pour un des trois projets en lice : celui du « groupe Anciaux » (*Toekomstgroep*), celui du « groupe Bourgeois » (*Vlaams-nationaal*) et celui du « groupe Sauwens » (*Niet Splitsen*). Au final le document *Vlaams Nationaal* recueille 47,18 % des suffrages exprimés, la contribution *Niet Splitsen*, 30,18 % et celle *Toekomstgroep*, 22,63 %. Aucune des trois tendances n'a obtenu assez de suffrages pour conserver la dénomination « Volksunie »[220]. La Volksunie cesse donc de vivre près d'un demi-siècle après son établissement[221].

Les proches de Bourgeois tiennent un conseil du parti le 13 octobre. Approuvant un nouveau manifeste, ils se renomment : Nieuw-Vlaamse Alliantie (N-VA). Les tenants du groupe *Niet Splitsen*, eux, décident le 8 octobre de laisser à chacun de leurs partisans la liberté de choix entre les deux formations concurrentes voire de faire autre chose. Johan Sauwens rejoint ainsi le CD&V. Pour sa part, ID21 opte pour la fusion avec le groupement rassemblé autour de Bert Anciaux. Réuni en congrès le 10 novembre 2001, les proches d'Anciaux et de Vankrunkelsven refusent l'entrée dans le VLD ou le SP.a et se transforment en parti dénommé Spirit[222].

En vue des élections de 2003, la N-VA fait feu de tout bois pour consolider sa posture de héros du nationalisme flamand et se présenter comme la digne héritière de la Volksunie originelle. Geert Bourgois est sur tous les fronts communautaires et mène une politique continue de harcèlement. Mais la N-VA est confrontée à de dures réalités. La première renvoie à la difficulté d'existence même de la Volksunie tout au long des années quatre-vingt-dix : y a-t-il encore un créneau politique pour une formation régionaliste dans un cadre régional ? Dans la mesure

(220) 9 801 membres sur 15 297 se sont exprimés (ce qui représente un taux de participation de 64 %) ; 9 393 votes étaient valables (= 95,84 %).

(221) Bram WAUTERS, « Een verscheurende keuze. Analyse van het stemgedrag van de VU-leden bij de ledenbevraging over het voortbestaan van de partij », *Res Publica*, 2002, 1, p. 3-26.

(222) Spirit signifie Sociaal, Progressief, Internationaal, Regionalistisch, Integraal-democratisch, Toekomstig.

où les partis belges – et donc flamands – sont des formations régionales-communautaires, le sens d'une formation de défense des intérêts régionaux n'est pas évident. Le fait est d'autant plus prégnant que la N-VA est confrontée à sa droite (extrême) à une formation qui va plus loin qu'elle dans ce combat : ce qui est encore le Vlaams Blok prône l'indépendance de la Flandre. Même en étant *très flamande*, la N-VA voit un acteur surenchérir sur son thème de prédilection. Au surplus, le parti de Geert Bourgeois est confronté à la *contrainte institutionnelle*. Le droit électoral impose désormais aux partis de décrocher au moins 5% des voix dans les circonscriptions provinciales pour obtenir des sièges. Cette règle est une véritable épée de Damoclès dans les circonscriptions où la N-VA se présente. Aussi, le 18 mai 2003, la Nieuw-Vlaamse Alliantie déchante. Son score est modeste : moins de 5% en Flandre. Seul Geert Bourgeois parvient à se faire élire en Flandre occidentale. Le parti n'enlève aucun sénateur, ce qui l'empêche d'émarger au financement public des partis.

Le parti tire les conclusions de cet échec et s'engage dans des pourparlers avec d'autres partis en vue de former une alliance ou un cartel politiques. Les édiles de la N-VA ont des discussions avec le VLD. Les libéraux flamands sont alors engagés dans une réforme de la loi de financement public des partis visant à diminuer les contraintes pour l'accès. Mais c'est avec les sociaux chrétiens que les nationalistes finissent par nouer un partenariat. Dès les élections régionales de juin 2004, la N-VA se présente en cartel avec le CD&V, parti successeur du CVP. Ce choix permet tout à la fois au CD&V de refaire surface et de reprendre la main en Flandre. Il conduit aussi la N-VA à entrer dans la majorité parlementaire et à engranger un maroquin ministériel auquel accède Geert Bourgeois.

C'est donc logiquement que les deux formations se présentent une fois encore en cartel au scrutin fédéral du 10 juin 2007. Bien plus qu'en 2004, l'opération est une réussite électorale. Mais la gestion politique du cartel à l'échelle fédérale au plan politique est autrement plus complexe que dans le seul cadre régional. La N-VA pèse lourdement sur les positions et l'attitude du CD&V, et contribue fortement à l'impasse des négociations entre élites politiques néerlandophones et francophones dans la mise en place d'un gouvernement, puis dans la gestion du dossier communautaire.

De sommations en ultimatums, le parti nationaliste flamand bouscule son partenaire démocrate chrétien et participe au blocage des discussions sur une nouvelle réforme de l'Etat. *In fine*, de guerre lasse et dans un jeu interne, le CD&V rejette les injonctions de la N-VA en septembre 2008. La N-VA mettait en péril non seulement le Premier ministre Yves Leterme mais aussi, fait nouveau et peut-être plus important, la cohésion de la majorité régionale et communautaire flamande. Bart De Wever, président de la N-VA, et le parti ne semblent d'ailleurs pas avoir perçu et anticipé ce dernier élément. Aussi, les nationalistes flamands n'ont-ils d'autre choix que de sortir de la majorité parlementaire en Flandre. Geert Bourgeois démissionne du gouvernement flamand.

Pour la N-VA, c'est un retour à la case départ. Leur posture ne sera pas plus aisée qu'avant 2003. Le cartel avec le CD&V leur avait donné un poids politique surdimensionné qu'ils ont largement perdu avec la rupture. Par ailleurs, quasi au même moment que la rupture du cartel, l'agenda politique et médiatique change spectaculairement en Belgique avec la crise fulgurante du secteur bancaire et ses secousses économiques et sociales attendues. Il ne sera donc pas simple à la N-VA de se déployer dans ce contexte, d'autant qu'elle sera toujours confrontée au poids et à l'organisation du Vlaams Belang mais aussi, fait nouveau, à la Lijst Dedecker incarnée par Jean Marie Dedecker, ancien sélectionneur national de l'équipe de judo.

Les tenants de l'aile libérale-libertaire de la défunte Volksunie créent une autre formation politique, Spirit. Toutefois, ils sont vite confrontés à un problème d'identité, mais surtout aux choix politiques et médiatiques erratiques de Bert Anciaux. Après avoir promu une existence autonome, Bert Anciaux propose au printemps 2002 un arrimage au SP.a. Face à cette inconsistance politique, qui conduit notamment à sa démission de son mandat ministériel à la Région flamande, les principaux chefs de file de Spirit l'abandonnent. Patrick Vankrunkelsven, Margriet Hermans, Vincent Van Quickenborne, Fons Borginon et Sven Gatz rejoignent les libéraux flamands. Pour leur part,

Bart Staes et Freddy Willems rallient Agalev. *In fine*, la toute nouvelle présidente de Spirit, Annemie Vandecasteele, jette aussi le gant et rejoint le VLD.

A ce moment, Spirit se présente sous l'aspect peu engageant d'une coquille presque vide qui ne vaut que par le potentiel supposé de voix de préférence de Bert Anciaux, par la caution morale d'Hugo Schiltz et de la présidente Els Van Weert. Le 26 octobre 2002, le parti opte pour un cartel électoral avec les socialistes flamands pour les élections fédérales de 2003. Ce choix est porteur. Le cartel SP.a-Spirit décroche près de 24% des voix et permet à Spirit d'obtenir plusieurs parlementaires. Néanmoins, sa visibilité et son poids demeurent limités.

Le net recul électoral encouru par le cartel aux élections régionales de juin 2004 sonne comme une confirmation des limites de l'attractivité de Spirit. Jusqu'aux élections de juin 2007, le parti est surtout incarné par la personnalité – controversée – de Bert Anciaux, qui est redevenu ministre régional flamand. En mai 2005, des acteurs et des observateurs rendent Spirit responsable d'avoir fait capoter un accord sur la circonscription électorale de Bruxelles-Hal-Vilvorde. Au terme de plusieurs jours d'intenses tractations, Spirit aurait refusé d'octroyer la tutelle des écoles francophones des six communes à facilités en périphérie de Bruxelles à la Communauté française.

Le 10 juin 2007, le cartel SP.a-Spirit subit une véritable Berezina. Spirit est laminé. Le parti ne décroche aucun député et ne conserve qu'un sénateur direct, Geert Lambert, alors président du parti. En 2008, pour essayer de la relancer, la nouvelle présidente Bettina Geyssen renomme la formation en VlaamsProgressieven. Mais elle n'a guère le temps de réformer les fondements même du parti. Peu de temps après, elle est contrainte de démissionner pour des notes d'honoraires jugées trop élevées dans le cadre de ses anciennes fonctions à la télévision publique flamande, la VRT. En novembre 2008, les VlaamsProgressieven annoncent leur intention de rompre leur cartel avec le SP.a et leur volonté d'aller seuls aux élections. Peu de temps après, le parti change une nouvelle fois d'intitulé : Sociale Liberale Partij (SLP). Ces soubresauts provoquent le départ de Bert Anciaux vers le SP.a, non sans générer de fortes tensions parmi les socialistes flamands.

En quelques mois, les deux formations qui ont vu le jour sur les cendres de la défunte Volksunie optent pour l'autonomie, avec les risques y afférents. Grâce aux cartels électoraux dans lesquels ils étaient insérés, Spirit et la N-VA avaient su maintenir une représentation parlementaire pour le nationalisme flamand. Il leur faudra désormais réussir à franchir le cap des 5% aux élections fédérales et régionales flamandes pour conserver cet acquis. En tout état de cause, il paraît peu vraisemblable que la N-VA puisse à l'avenir enlever autant de sièges qu'aux élections régionales de juin 2004 et fédérales de juin 2007, tout comme il est très douteux que le Sociaal Liberale Partij soit à même d'obtenir la même représentation qu'aux élections fédérales de mai 2003 et même régionales flamandes de juin 2004.

Les montagnes russes du SP.a

De tout temps, le SP, et son ancêtre le POB-BWP, ont eu à traiter avec une classe ouvrière cantonnée à l'origine dans quelques bassins, Anvers, Gand et Alost. Par ailleurs, le mouvement ouvrier socialiste faisait face à la puissance remarquable de l'Algemeen Christelijk Werkersverbond (ACW) et à son organisation enviable.

Néanmoins pendant près de quarante ans, il avait été la deuxième formation politique flamande et un acteur très présent dans les arènes du pouvoir. Au surplus, le SP avait redressé la tête dans les années quatre-vingt. Conduits par le populaire Karel Van Miert, les socialistes flamands s'étaient ouverts aux valeurs et aux acteurs *post-matérialistes*, en étant notamment des acteurs actifs de l'imposant mouvement pacifiste contre l'implantation de missiles nucléaires Pershing et Cruise en Europe occidentale et SS20 en Europe centrale et orientale. Nous l'avons noté, c'est le moment aussi d'une tentative d'ouverture à certains segments du monde chrétien de gauche. Ses résultats électoraux avaient enflé.

Mais pour les socialistes flamands, la transition liée au retour au pouvoir en 1988 n'a pas été facile à assurer et le Socialistische Partij s'est enferré dans les pires difficultés au cours des années quatre-vingt-dix, en étant rattrapé par les affaires et les financements douteux et illégaux. Au surplus, les élections de novembre 1991 révèlent l'attractivité du Vlaams Blok pour une partie de l'électorat populaire classiquement acquis au SP. Cette période difficile est aussi jalonnée par une série de démissions ministérielles, certes pas directement imputables aux personnalités du parti, mais qui écornent encore son image, Johan Vande Lanotte et Louis Tobback doivent abandonner le ministère de l'Intérieur et Marcel Colla, celui de la Santé publique. Aussi, la décennie quatre-vingt-dix est-elle ponctuée par un revers électoral notable. Le SP perd 175 000 voix et six sièges.

Pourtant, les socialistes flamands restent dans l'attelage gouvernemental, exerçant de la sorte les responsabilités gouvernementales sans discontinuité depuis 1988. Les années qui suivent la déconfiture du scrutin de juin 1999 sont une suite de hauts et de bas.

En octobre 1999, le parti fait un pari surprenant et audacieux avec le choix de son nouveau président. Seul candidat en lice, inconnu de la plupart des membres du parti jusqu'alors, Patrick Janssens capitalise néanmoins 81,61% des voix exprimées par trente six mille militants (46% des adhérents du parti). Président de la section belge de l'agence de publicité VVL.BBDO, Patrick Janssens a en charge de relooker l'image et le contenu du socialisme en Flandre. Le nouveau président tente de revenir à la ligne de défense de valeurs *post-matérialistes* et de réaliser un rapprochement avec Agalev. Symboliquement, il renomme le parti qui se voit accoler une énigmatique troisième lettre « a » pour *ander*s (Autre-ment). Cependant, les socialistes flamands conservent, dans une large mesure, leur posture de sévérité sur les problématiques *Law and order*. Au ministère de l'Intérieur, en la personne de Pascal Smet comme commissaire général adjoint aux réfugiés, futur ministre bruxellois, les socialistes flamands pilotent de fait la politique d'asile, pour laquelle ils transforment l'aide matérielle des CPAS en aide en nature.

Mais des inflexions sont visibles. Dans le débat sur l'octroi du droit de vote aux étrangers aux élections communales, le SP.a se rallie à ce choix. Il est d'ailleurs brocardé en 2003 et 2004 pour s'être allié aux partis francophones sur cette question et avoir ainsi permis l'adoption de cette loi contre l'avis majoritaire en Flandre.

En 2003, en alliance avec Spirit, les socialistes flamands refont spectaculairement surface en bénéficiant de deux atouts indéniables. D'abord, le poids politique et médiatique de quelques-unes de ses personnalités : le président Patrick Janssens, Steve Stevaert, Freya Van den Bossche, Johan Vande Lanotte ou encore Frank Vandenbroucke. Ensuite, les socialistes flamands jouissent de l'expertise considérable accumulée depuis 1988. Comme parti de la continuité dans l'exercice du pouvoir, le SP.a est familier des arcanes de l'administration et de la décision politique. Durant la législature 1999-2003, cette donnée leur permet de compenser en partie leur faiblesse politico-électorale.

Ces éléments combinés à la déroute d'Agalev permettent aux socialistes de rebondir le temps d'une élection mais, pour autant, ils ne gomment pas des problèmes structurels majeurs. Sous un angle programmatique et identitaire, le SP.a reste en rade et focalise son attention, son énergie et sa communication politique sur quelques dossiers : la mobilité, les soins de santé et l'environnement.

Evolution des résultats électoraux du SP.a en Flandre*

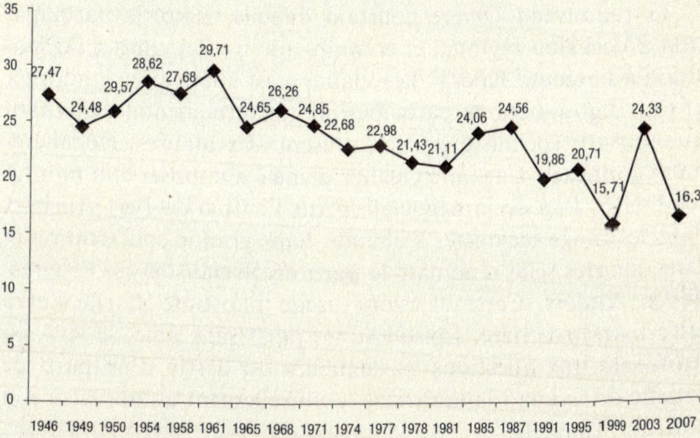

*Non compris les cantons de Hal-Vilvorde.

Sa relative évanescence doctrinale et organisationnelle remonte vite à la surface. Dès 2004, le score du cartel SP.a-Spirit se rétracte par rapport à l'élection fédérale de mai 2003. Sa figure la plus populaire, Steve Stevaert, l'abandonne en pleine gloire pour devenir gouverneur de la province du Limbourg.

Patrick Janssens a rejoint la mairie d'Anvers. Le parti doit faire «monter» Freya Van den Bossche en première ligne, comme Vice-première ministre et ministre du Budget, sans avoir été préparée à assumer des responsabilités aussi importantes.

Inexistant dans la lutte que se mènent les deux premier-ministrables néerlandophones, Guy Verhofstadt et Yves Leterme, le parti paie très cher ses errements et subit une défaite spectaculaire le 10 juin 2007. Il passe de vingt-trois à quatorze sièges. En plein traumatisme, la formation socialiste annonce d'emblée son entrée dans l'opposition au plan fédéral.

Pour tenter de remonter la pente, le SP.a fait un nouveau pari. Caroline Gennez, peu expérimentée, est élue présidente avec deux tiers des voix face à Erik De Bruyn, classé à la gauche du parti. Cette succession de présidents illustre les doutes et la faiblesse contemporaine du socialisme flamand. En effet, en dix ans, le parti s'est doté de six présidents différents: Louis Tobback, Fred Erdman, Patrick Janssens, Steve Stevaert, Johan Vande Lanotte et Caroline Gennez.

Le renouveau s'avère pourtant difficile. Entre la participation à l'échelon régional et communautaire flamand et l'opposition à l'exécutif fédéral, la tonalité n'est guère aisée à adopter après vingt années de participation gouvernementale, d'autant que le parti socialiste est, lui, présent aux affaires. Régulièrement contestée, Caroline Gennez peine à s'imposer et a montré ses limites lors de la négociation sur l'entrée de Bert Anciaux dans les rangs socialistes flamands. Sans grande concertation et sans congrès, elle renomme le parti en Socialisten en Progressieven Anders. Cette décision suscite l'hostilité et elle devra faire marche arrière. Episode d'un parti sans âme, le SP.a est confronté aux questions existentielles du destin d'un parti de gauche dans une Flandre riche, culturellement conservatrice et pourtant inquiète.

Le parti socialiste: du pain blanc au pain noir

Nous l'avons mis en évidence, les socialistes francophones ont aussi traversé une décennie quatre-vingt-dix éprouvante. Le 10 juin 1999, le PS était passé sous la barre des 30% en Wallonie. Pour tourner la page, il change aussi de leader suite au passage de Philippe Busquin à la Commission européenne.

Pour la première fois, le choix s'effectue au suffrage direct des membres. L'élection se déroule le 10 octobre 1999 et met aux prises Jean-Maurice Dehousse, Anne-Marie Lizin, Michel Villan et Elio Di Rupo. Elio Di Rupo, alors ministre-président de la Région wallonne, avait annoncé un cumul temporaire en cas de victoire. Avec 28 208 voix sur 40 258 suffrages exprimés, il l'emporte largement devant Anne-Marie Lizin (6 673 suffrages), Jean-Maurice Dehousse (2 923 suffrages) et Michel Villan (1 706 suffrages).

L'entrée dans le XXIe siècle constitue un moment de renouveau relatif pour le parti socialiste. L'accession d'Elio Di Rupo à sa tête marque symboliquement le moment où se clôt peu à peu une décennie paradoxale pour le parti socialiste : tout à la fois rude sur le plan électoral, éprouvante sur le plan interne, difficile dans les choix gouvernementaux à opérer mais en même temps d'exercice permanent du pouvoir aux échelons fédéral et fédérés.

L'amélioration de la conjoncture économique, l'inversion de la spirale de l'endettement public, la relance de débats sur les questions de société ouvrent au PS un espace politique qu'il peinait à trouver dans les années quatre-vingt-dix. Dans le même temps, Elio Di Rupo et la direction du parti se lancent dans une opération de restructuration interne et de cadrage à gauche.

Le scrutin communal d'octobre 2000 est une première occasion de rajeunir et de féminiser – un peu – les listes. En interne, les présidents des unions socialistes communales – USC – sont désormais élus au suffrage direct des membres. Au printemps 2001, le parti socialiste lance les *Ateliers du progrès*, avec deux objectifs principaux :

- une réflexion sur l'action des socialistes dans la société : « La réflexion que nous devons donc mener au sein des Ateliers du Progrès ne concerne pas la pertinence de nos valeurs mais bien notre manière de les réaliser. Quand on se détourne du réel, on laisse les vrais réalistes organiser le monde selon leurs intérêts de classe ou de caste. Bref, comment moderniser les façons d'imprimer nos valeurs dans les réalités d'aujourd'hui, telle est en effet la question centrale des Ateliers du Progrès » ;
- l'exercice d'un dialogue interne et externe : « Par ailleurs, nous devons ouvrir grandes les portes et les fenêtres du parti.

Nous nous devons de susciter la confrontation d'idées, le dialogue. Nous ne doutons pas de la force et de la justesse de nos valeurs. Nous ne craignons dès lors pas les remises en cause de nos méthodes. Le débat doit être franc avec tous ceux qui partagent nos idéaux »[223].

Les Ateliers du progrès se clôturent avec la tenue d'une semaine d'Université d'été du PS en août 2002 et d'une fête populaire la même semaine. A l'instar d'Ecolo quelques années auparavant, cette opération permet aux socialistes de dynamiser le débat et la réflexion internes et de (re)prendre le contact avec un certain nombre de personnes clés de la *société civile*, en particulier du côté du monde chrétien. Idéologiquement, cette ouverture est présente dans le *Progrès partagé*. L'Etat est revalorisé, mais l'étatisme social-démocrate et anti-clérical cède le pas à une ouverture au monde associatif, ouverture à la mouvance ouvrière chrétienne oblige :

> « L'Etat a un rôle irremplaçable à jouer dans la conduite d'un projet collectif aussi ambitieux que celui d'assurer la sécurité d'existence à chacun. En revanche, nous pensons, au PS, qu'il ne doit pas se substituer à tous les acteurs de la société. Nous voulons bien entendu revaloriser l'action publique, mais pas créer un Etat omniprésent ou arrogant dont les responsables prétendraient se substituer aux forces vives de la société. Selon nous, les pouvoirs publics sont appelés à œuvrer de concert avec les acteurs économiques et sociaux : avec les partenaires sociaux mais aussi avec le secteur associatif, qui doit voir ses rôles d'aiguillon et sa force de proposition reconnus. Nous nous réjouissons dès lors de voir que nos initiatives en ce sens à la Communauté française et à la Région wallonne pour créer un pacte associatif progressent bien »[224].

La période postérieure à l'élection d'Elio Di Rupo à la présidence du PS est d'ailleurs l'occasion d'une tentative de rapprochement sans précédent avec la démocratie chrétienne au risque de parfois décontenancer certains acteurs laïques du monde éducatif ou hospitalier, par exemple. L'ouverture du PS se matérialise symboliquement lors de certains débats des Ateliers du

(223) Elio Di Rupo, *Pourquoi les Ateliers du progrès ?*, 2002.
(224) Elio Di Rupo, *Le progrès partagé*, Bruxelles, Luc Pire, 2003, p. 16.

progrès. A la session « Repenser l'éducation », on trouve ainsi côte à côte à la tribune du PS Régis Dohogne de la CSC, le chanoine Beauduin du Secrétariat de l'Enseignement général catholique, Henry Wittorski de l'Union des fédérations d'associations de parents de l'enseignement catholique, et Marcel Crochet, recteur de l'Université catholique de Louvain. Cette ouverture se matérialise politiquement par la présence sur les listes socialistes, en 2003 et 2004, de personnalités démocrates chrétiennes et par la promotion au rang de ministre wallonne de la Santé et de l'Action sociale de Christiane Vienne, ancienne secrétaire du MOC en Hainaut occidental, alors grande fierté du président du PS : « L'ouverture aux chrétiens et aux croyants progressistes est réelle, fondamentale et irréversible : il ne s'agit pas d'une simple déclaration non suivie d'effets comme l'a fait l'un de mes prédécesseurs, Léo Collard. J'ai repris l'essentiel de son appel aux chrétiens mais je l'ai mis en œuvre : je suis le premier à l'avoir fait. Dans les cabinets ministériels socialistes, à de très hautes fonctions, on trouve des gens issus du Mouvement ouvrier chrétien : nous avons même, à la Région wallonne, une ministre issue du MOC, Christiane Vienne ! Ce que le CDH n'a pas réussi à faire… »[225].

Durant la législature 1999-2003, le PS parvient à reconquérir le statut de parti de gauche le plus crédible ou, tout simplement, de parti de gauche, ce qu'illustre dans une large mesure les Convergences de gauche avec Ecolo mises en place à partir de l'appel du PS lancé le 1er mai 2002 mais aussi sa marque dans le gouvernement. Dans un gouvernement difficile, à empreinte libérale manifeste, le PS s'est posé en formation sérieuse pour atteindre un certain nombre d'objectifs. Même si l'on est loin de tout romantisme révolutionnaire, le maintien du niveau de protection sociale élevé, le plan dit Rosetta, le refinancement programmé de la Communauté française, ou les inflexions progressistes de la réforme de l'impôt sont, en partie, mis au crédit des socialistes. Boudé dans les années quatre-vingt-dix, le parti socialiste redevient un acteur non seulement fréquentable mais à fréquenter. Lors du scrutin fédéral du 18 mai 2003, son redressement est spectaculaire (36,16 %, plus de 7,20 %) mais

(225) *La Libre Belgique*, 14 mars 2005.

à partir du très faible score de 1999. Contrairement aux deux formations libérales, et à son *alter ego* néerlandophone, le parti socialiste transforme l'essai lors de l'élection régionale de juin 2004. Il emporte haut la main les élections en Wallonie (36,91 % des suffrages, 45,3 % des sièges) mais aussi à Bruxelles, où de manière inattendue, il parvient à devancer de justesse la liste libérale.

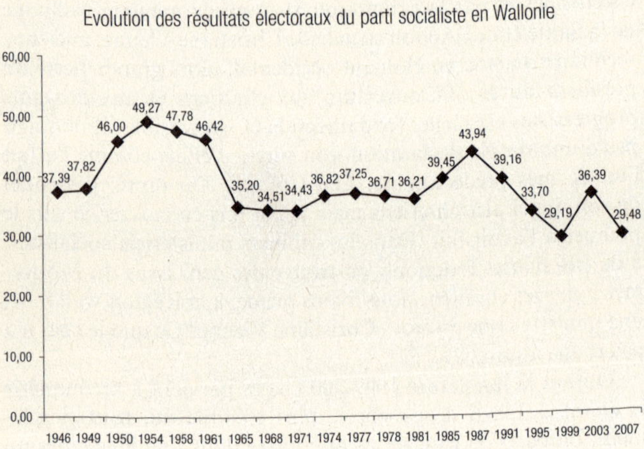

Tout aussi inattendue est la décision du PS de changer de partenaire à la Région wallonne et à la Communauté française, les démocrates humanistes du CDH sont préférés aux libéraux, pourtant partenaires au gouvernement fédéral. Dans cet état de quasi-euphorie, 2005 doit couronner le tout avec la commémoration du 120ᵉ anniversaire de la création du parti ouvrier belge (POB-BWP). Nombreux sont ceux qui voient – espèrent voir – Elio Di Rupo devenir Premier ministre en 2007. Il n'en sera rien. 2005 marque un retournement de la spirale positive. L'exercice gouvernemental avec les libéraux au plan fédéral est de plus en plus difficile. Ejecté de l'exécutif en Wallonie et en Communauté française, le MR et son nouveau président Didier Reynders ciblent le PS. Et comme dans les années quatre-vingt-dix, les *affaires* reviennent à l'avant-plan.

Un rapport d'audit accablant de la Société wallonne du logement à propos de la société de logement social *La Carolorégienne* met le feu aux poudres. *In fine*, il mène à la démission de trois échevins socialistes à Charleroi : Claude Despiegeleer, Serge Van Bergen et André Liesse, proches du ministre-président wallon Jean-Claude Van Cauwenberghe. A partir de ce moment, Charleroi entre dans une chronique des dérives d'une majorité absolue socialiste en place depuis 1976. En point de mire de cet ensemble, Jean-Claude Van Cauwenberghe, bourgmestre de Charleroi jusqu'en 1995. Charleroi ne quitte plus l'actualité et ne lâche plus le PS. Van Cauwenberghe démissionne le 30 septembre 2005 et Di Rupo prend le risque de cumuler la présidence du parti et de la Région wallonne. Aux élections communales d'octobre 2006, le PS perd treize points à Charleroi, première ville de Wallonie. L'après-élection est plus dure encore. Pendant plusieurs semaines, Charleroi est suspendue aux actions de la justice.

Dans ce contexte, la campagne du 10 juin 2007 s'est déclinée comme un chemin de croix pour le PS et ses dirigeants. Au soir du 10 et, plus encore au matin du 11, le résultat est d'ailleurs comme un séisme pour le parti socialiste. Pour la deuxième fois en trois élections fédérales, les socialistes passent sous la barre des 30% en Wallonie. Pire pour lui, pour la première fois depuis l'instauration du suffrage universel, le parti socialiste n'est pas le premier parti de Wallonie. Il est en effet nettement devancé par le Mouvement réformateur, par ailleurs première formation politique francophone.

L'échec électoral déstabilise le président Elio Di Rupo, qui se fait néanmoins réélire le 11 juillet 2007 avec 20654 suffrages face à l'archétype du socialisme archaïque de Charleroi, Jean-Pierre De Clercq, qui recueille 2425 voix. Paradoxalement, au terme de la plus longue crise politique dans l'histoire de Belgique, le parti socialiste est *appelé* à rejoindre la majorité parlementaire, face à l'impasse des négociations entre sociaux chrétiens et libéraux.

Ainsi, dans un contexte chahuté, le parti socialiste fait la démonstration de son statut de parti incontournable. Mais les coûts ne sont pas négligeables. Les socialistes francophones sont épinglés comme parti accroché au pouvoir et ils montent au gouvernement sans le SP.a. Ils doivent une fois encore retrouver une virginité éthique et politique.

Feu Agalev, la naissance de Groen!

En juin 1999, Agalev est sorti de la fourchette dans laquelle il était confiné depuis sa naissance, celle des 7-10%. Contrairement à Ecolo, les verts flamands avaient connu une progression rapide dans les années quatre-vingt. Les performances des scrutins de 1985 et 1987 avaient été autant de victoires. En revanche, à l'inverse des verts francophones, ce cycle électoral positif s'était interrompu à la fin de la décennie. Tout au long des années quatre-vingt-dix, Agalev se trouve enfermé dans une posture de *petit* du paysage politique flamand.

1999 a changé cette donnée en partie. Les verts flamands franchissent alors le cap des 10% mais leur progression reste plus modeste que celles de leurs coreligionnaires francophones. Paradoxalement pourtant, Agalev est alors politiquement beaucoup plus déterminant qu'Ecolo. En effet, sans Agalev, le gouvernement arc-en-ciel ne peut pas voir le jour, ses sièges sont indispensables dans la majorité régionale et communautaire flamande.

Pour Agalev, l'accord de participation gouvernementale est accueilli sereinement et à une très large majorité. A l'assemblée de participation à Louvain, les scores sont sans équivoque. Au niveau fédéral, 356 militants approuvent l'accord de gouvernement fédéral et l'entrée d'Agalev dans l'exécutif pour seulement deux oppositions et neuf abstentions. A l'échelle du gouvernement flamand, 348 adhérents avalisent la participation pour deux refus et neuf abstentions[226]. Bref un consentement quasi unanime. Dans la foulée, les verts flamands réélisent Jos Geysels, comme secrétaire politique à une très large majorité lors de l'assemblée du 24 octobre 1999.

L'exercice du pouvoir se révèle un dur apprentissage pour Agalev. Son action et son apport au gouvernement fédéral sont peu marquants et sa principale ministre, Magda Aelvoet, paraît constamment dépassée par les événements. A plusieurs reprises, sa gestion du dossier relatif à la santé alimentaire est sujette à

[226] *Le Soir*, 12 juillet 1999.

caution, notamment dans le pilotage de la nouvelle Agence fédérale pour la sécurité alimentaire. En septembre 2002, les conditions de son départ illustrent en quelque sorte le côté confus de son action. Après avoir accepté l'octroi d'une licence d'exportation d'armes pour le Népal, elle démissionne deux mois plus tard pour des problèmes de conscience face à ce choix.

En vérité, l'influence d'Agalev s'exerce au gouvernement flamand. Avec Vera Dua et Mieke Vogels, le parti vert flamand a deux ministres qui comptent et un espace d'action essentiel pour lui. La première a en charge l'agriculture, la seconde la santé.

Cependant, ce n'est pas suffisant pour éviter un cataclysme. A l'image de son parti frère Ecolo, Agalev subit une élection catastrophe en mai 2003 : il perd toute représentation parlementaire, victime en partie de l'instauration d'un seuil à 5% qu'il a pourtant concouru à établir. Agalev est ainsi un des très rares partis dans l'histoire politique européenne à encaisser ce revers à l'issue d'une participation gouvernementale.

Evolution des résultats électoraux de Groen ! en Flandre*

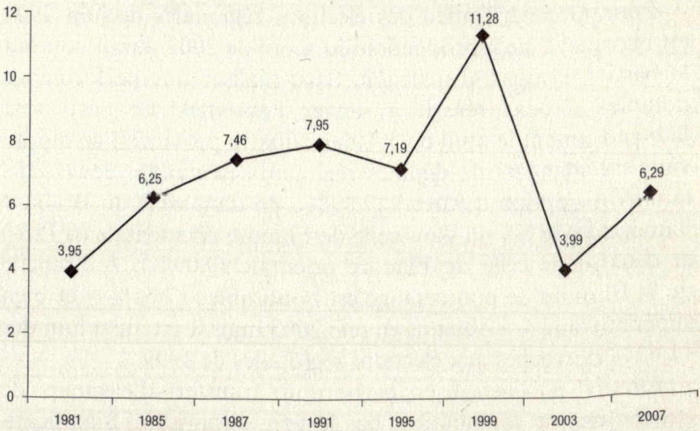

* Non compris les cantons de Hal-Vilvorde.

Les cadres du parti remettent rapidement leur démission, le secrétaire politique Jos Geysels de même que les deux ministres du gouvernement régional flamand Vera Dua et Mieke Vogels. Dans un premier temps, le premier est remplacé par Dirk Holemans[227], tandis que Ludo Sannen et Adelheid Byttebier[228] deviennent ministres. Mais cette architecture est éphémère. En novembre 2003, Holemans passe les rênes à Vera Dua, promue présidente. Pour sa part, Ludo Sannen, en désaccord avec les choix du parti, cède son maroquin ministériel à l'ancien Vice-premier ministre, Jef Tavernier. Pour Agalev, une législature difficile s'annonce et, compte tenu de la perte financière afférente au désastre électoral, il doit se séparer de nombreux collaborateurs.

En matière de changement, Agalev franchit une étape supplémentaire le 14 novembre 2003 en se renommant Groen! (vert!). A cette occasion, Groen! refuse toute forme de rapprochement avec le Socialistische Partij et rejette notamment la perspective d'un cartel électoral en vue des élections régionales de juin 2004, en ce compris dans la province du Limbourg où la pratique est régulière aux élections communales[229]. Ce choix conduit au retrait ministériel de Ludo Sannen et au départ de la sénatrice cooptée sur le quota du SP Jacynta De Roeck, qui décide[230] de siéger comme indépendante.

Pour Groen!, l'enjeu des élections régionales de juin 2004 est énorme. Une reproduction du score de 2003 aurait conduit le parti à la quasi-disparition. Sans réaliser une performance notable, Groen! réussit à sauver l'essentiel. Le parti vert flamand atteint le seuil de 5% dans quatre provinces, ce qui lui vaut six mandats de députés régionaux flamands: deux dans la circonscription d'Anvers (7,89%), un dans celle du Brabant flamand (8,18%), un dans celle de Flandre occidentale (6,73%) et deux dans celle de Flandre orientale (9,09%). A l'échelle de la Flandre, le pourcentage est honorable – 7,55% – et bien supérieur aux 4% obtenus en mai 2003 mais il est aussi loin des 11,62% décrochés aux élections régionales de 1999.

Groen! a bénéficié en partie d'un transfert d'électeurs de gauche qui ne souhaitaient pas le voir disparaître. Significativement, une série de personnalités de diverses sensibilités avait

(227) *De Standaard*, 21 juin 2003.
(228) *Ibid.*, 24 mai 2003.
(229) Pour la circonscription spécifique du Limbourg, il y a eu 438 refus pour 286 acceptations et 60 abstentions. *De Standaard*, 15 novembre 2003.
(230) *Ibid.*, 25 novembre 2003.

appelé à voter pour lui au nom de son utilité dans le système de partis en Flandre et en Belgique[231]. Le parti lui-même avait fait campagne autour de cette dimension. « La balle est dans votre camp » (*De Bal ligt in uw kamp*), proclame l'un de ses slogans de campagne. A Bruxelles, grâce au mécanisme du groupement de listes, Groen ! conserve un mandat de député régional, que décroche la ministre communautaire sortante Adelheid Bytebier.

Peu visible dans un paysage politique et médiatique flamand en pleine ébullition et transition, Groen ! maintient à peine ses positions conquises aux élections régionales de 2004 lors du scrutin fédéral de juin 2007. Certes, il fait son retour à la Chambre et au Sénat, mais son destin reste très ouvert. Groen ! demeure dans les eaux dangereuses du seuil des 5 % qui s'applique aux élections fédérales et régionales flamandes. A ce stade, les verts semblent incapables de peser sur le paysage politique et sur le débat social. Même auprès des nouveaux électeurs, il est aujourd'hui délaissé au profit de formations aux leaders et personnalités populistes : du Vlaams Belang à la Lijst Dedecker. Ainsi, une étude menée par l'ISPO de la KULeuven montre que 23,2 % des nouveaux électeurs ont opté pour le cartel CD&V-N-VA, 10 % pour l'Open VLD, 7,6 % pour le SP.a-Spirit et 3,9 % pour Groen ! tandis que le Vlaams Belang décroche 33,4 % et la Lijst Dedecker 14 %[232].

Ecolo : du paradis au purgatoire et retour

Le 13 juin 1999, Ecolo est au pinacle. Les verts ont atteint près de 20 % en Communauté française et se posent en candidats au pouvoir. Pourtant, Ecolo éprouve vite le double sentiment du vainqueur. La joie, bien sûr. L'immense bonheur d'une victoire électorale longuement préparée. Mais parallèlement, le sentiment bien connu de nombreux sportifs, *It is over*. Et l'avenir ? Les verts prennent part au gouvernement Verhofstadt I, mais dans la douleur. A l'issue des quatre semaines de négociations gouvernementales parallèles aux niveaux fédéral et des entités

(231) L'appel est lance par Opiniestuk van Peter Tom Jones, Filip De Bodt, Sarah Hutse en Gilberto Ferreira da Costa dans le *Tijd* du 7 mai 2004 sous l'intitulé Groen ! est nécessaire ! (*Groen! is nodig*).
(232) « Nieuwe kiezers stemmen populistisch », *Het Nieuwsblad*, 7 juin 2008.

fédérées, l'euphorie de la victoire du 13 juin 1999 semble bien loin.

Les pourparlers gouvernementaux sont ardus et éreintants. Dans des enceintes et des conditions qui leur sont très peu familières, les représentants écologistes découvrent un *autre monde* et un autre rôle que celui de l'opposition. Les militants aussi.

Très vite, les négociateurs d'Ecolo doivent affronter un mécontentement interne grandissant et l'hostilité de la régionale de Bruxelles. En effet, dans les transactions autour de la confection du gouvernement bruxellois, Ecolo ne se voit offrir qu'un secrétariat d'Etat. Les verts bruxellois reprochent vertement aux négociateurs fédéraux – surtout à Jacky Morael – de ne pas avoir fait de cette question épineuse un point de rupture.

Bref, ce qui devait être un événement de taille pour la famille écologiste, l'accès aux responsabilités, se transforme en une réunion de crise profonde dont Ecolo a le secret dans son histoire. Le 10 juillet 1999, à Louvain-la-Neuve, la participation aux gouvernements fédéral, de la Communauté française et wallon n'est acquise que du bout des lèvres et assortie de critiques dures à l'endroit de la direction. Au terme de longues discussions, trois participations sont acquises. Au gouvernement fédéral, 413 adhérents d'Ecolo votent pour et 272 contre. Pour la Communauté française de Belgique, le rapport s'est établi à 492 pour et 155 contre. Pour le gouvernement régional wallon, les adhérents wallons du parti votent à concurrence de 340 pour et 140 contre. En revanche, l'affaire cale sur la participation au gouvernement régional bruxellois. 103 militants bruxellois rejettent l'entrée pour seulement 85 approbations(233).

Jacky Morael, tête pensante de la stratégie et de l'action vertes depuis 1994, et principal négociateur, se voit interdire de monter au gouvernement fédéral. Nombre d'interlocuteurs écologistes le confessent : cette AG catastrophe s'est révélée cruciale dans la gestion de la participation écologiste au pouvoir. Ecolo est monté au pouvoir déprimé mais aussi fort discrédité aux yeux de ses partenaires gouvernementaux. A l'entame de cette expérience, le parti est surtout déchiré en profondeur. Cette division interne le marque fortement et affecte les conditions de l'exer-

(233) *Le Soir*, 12 juillet 1999.

cice du pouvoir. De l'élection polarisée en novembre 1999 d'un nouveau secrétariat fédéral à l'éviction de Jacques Bauduin et Brigitte Ernst à l'été 2002 en passant par la difficile AG de décembre 2000, la vie d'Ecolo est d'abord focalisée sur l'interne.

A l'interne, Ecolo vit une législature difficile. Les conditions dans lesquelles a été acceptée la participation gouvernementale ont fort marqué les rangs écologistes. Après hésitation, le retrait de Jacky Morael du secrétariat fédéral ouvre à l'automne 1999 une compétition implacable entre deux équipes concurrentes. La première, composée de Philippe Defeyt, Jacques Bauduin et Brigitte Ernst, rencontre un soutien important dans la régionale de Bruxelles et dans la branche anti-participationniste du parti. La deuxième, rassemblant Marie-Thérèse Coenen, Philippe Henry et Daniel Burnotte, a l'appui du secrétariat fédéral sortant et de l'aile participationniste, matérialisé notamment par le soutien de tous les ministres verts en place. Le vote qui intervient le 29 novembre 1999 constitue un deuxième désaveu cinglant pour le secrétariat fédéral sortant, en particulier pour Jacky Morael. Philippe Defeyt, Jacques Bauduin et Brigitte Ernst sont élus à une majorité plus nette que ne l'imaginaient les partisans les plus pessimistes de l'autre équipe : par 510 voix pour 401 au trio composé de Philippe Henry, Daniel Burnotte et Marie-Thérèse Coenen. Pour d'aucuns, c'est la revanche du 10 juillet. Ecolo se trouve doté d'une direction vécue comme anti-participationniste, devant collaborer avec des équipes ministérielles ayant apporté leur appui à leurs concurrents. S'installe alors un *contre-pouvoir* interne selon les termes de Marie Nagy : « S'est aussi imposée une forme de négociation, très caractéristique du système belge, entre nos ministres et le secrétariat fédéral du parti, qui avait été élu comme une sorte de contre-pouvoir face à eux »[(234)]. A l'interne, nombre de cadres intermédiaires n'ont pas choisi non plus ce qui est de fait le tandem Defeyt-Bauduin. Ce contexte plombe la vie du parti, l'action des ministres, les relations des ministres avec le secrétariat fédéral, les relations du secrétariat fédéral avec les partenaires-adversaires politiques. En décembre 2000, tout en estimant une étape close, le secrétariat fédéral confesse d'ailleurs cet état de fait : « C'est pourquoi,

[(234)] Marie NAGY (mis en récit par Pascal SAC), *Belgique, port d'attache*, Bruxelles, Luc Pire, 2003, p. 71.

de son côté, malgré quelques inévitables incidents de parcours, le SF s'est attaché à travailler avec tous les membres de l'équipe Ecolo, quel qu'ait été leur vote le 28 novembre 1999. Au cours des premiers mois de notre mandat, cette volonté d'établir un rapport de confiance avec tous a réclamé beaucoup d'énergie et d'attention, elle s'est sans doute payée en termes d'alimentation de notre action politique. Cette période de transition est désormais close »[235]. Ecolo donne le sentiment de ne pas endosser sa présence gouvernementale tout en refusant de s'en débarrasser. L'analyse présentée, en 2000, par l'équipe du secrétariat fédéral est emblématique de ce pas de deux : « les gouvernements Arc-en-ciel sont, par bien des aspects, loin de constituer l'alternative politique à laquelle nous aspirons, mais ils constituent la seule formule de transition positive actuellement possible pour notre société »[236].

Au plan externe, les choses ne sont guère plus faciles. Au gouvernement fédéral, et dans les exécutifs de la Région wallonne et de la Communauté française, Ecolo fait le difficile apprentissage de l'exercice du pouvoir. En outre, il est confronté à un axe de fonctionnement où les problèmes sont, en partie, résolus en amont entre libéraux et socialistes.

Le point d'orgue de cette législature difficile pour les verts francophones est le nouvel exercice sacrificiel auquel ils se livrent en juin 2002. Au terme de mises en cause répétées, notamment par le Conseil de fédération, le secrétariat fédéral démissionne suite à une interview de Jacques Bauduin dans le quotidien *Le Soir*, portant sur le rapprochement avec le parti socialiste. Ce dernier, de même que Brigitte Ernst, jette le gant. Un nouveau trio composé de Marc Hordies, Evelyne Huytebroeck et Philippe Defeyt est mis sur pied. C'est lui qui négocie les convergences de gauche rendues publiques au mois de septembre 2002[237]. *In fine*, ces convergences seront plus ressenties comme un problème que comme un axe idéologique ou programmatique à porter. Quelques jours avant le scrutin du 18 mai 2003, Ecolo quitte

(235) Jacques BAUDUIN, Philippe DEFEYT, Brigitte ERNST, *Encore plus vert. Nous repositionner, nous remettre en mouvement. Note d'évaluation politique du secrétariat fédéral d'Ecolo pour l'Assemblée générale du 17 décembre 2000*, 2000.

(236) *Ibid.*, p. 1.

(237) *Convergences à gauche. Engagements communs des socialistes et des écologistes. Plate-forme du 28 septembre 2002.*

le gouvernement fédéral sur la problématique des vols de nuit. Fin sans gloire d'une législature difficile, les verts subissent un spectaculaire revers électoral à l'élection fédérale, confirmé un an plus tard lors du scrutin régional de juin 2004.

Evolution des résultats électoraux d'Ecolo en Wallonie

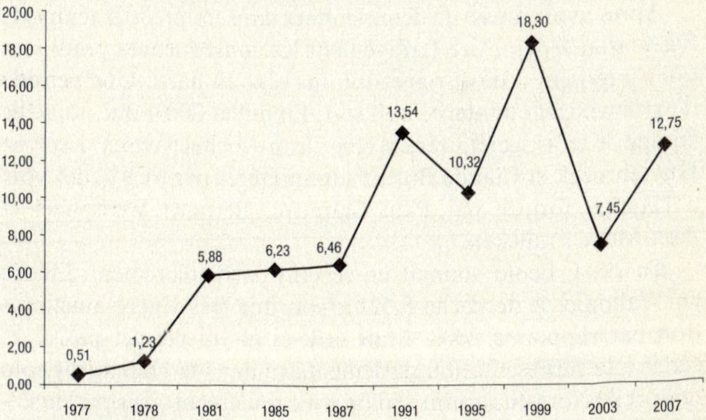

Comment interpréter ces deux défaites cinglantes qui traumatisent le parti ? D'abord, le bilan gouvernemental d'Ecolo pose problème. Les verts se sont refusés à une stratégie de *niche*. Ecolo voulait apporter sa marque sur tout sans porter un dossier spécifique. D'aucuns à l'interne ont critiqué cette stratégie. « Or, la marque verte a été d'une pâleur extrême au cours de cette législature. Aucun dossier emblématique n'a été mené à bien ! »[(238)], assène Paul Lannoye, à ce moment toujours parlementaire européen d'Ecolo. Au surplus, toute l'énergie du parti, sinon toutes ses compétences, ont été investies dans les exécutifs. Dans une de ses analyses *a posteriori*, le parti en convient : « Nous semblons tous d'accord : Ecolo a trop concentré ses forces sur les participations gouvernementales. Fin 99, la plupart des forces vives ont rejoint des cabinets qui ont dû apprendre à se structurer, souvent dans la difficulté »[(239)]. Le rapport aux partenaires du nord n'a

(238) Paul LANNOYE, « Mauvaises nouvelles de Belgique », *Vert*, n° 0, p. 18.

(239) Ecolo, *Cap 2004 : rebondir. Note d'orientation soumise à la consultation le 6 juin 2003*, np.

pas été simple non plus. La vie commune avec Agalev a été complexe et le message d'Ecolo dans le paysage francophone n'y a pas gagné en clarté(240). La défaite a reposé aussi à l'avant-plan la problématique organisationnelle au sein d'Ecolo et la dimension collégiale du *leadership* du parti. La direction tricéphale s'est révélée difficile voire contre-productive en cas de désaccord.

Après avoir refusé de démissionner dans un premier temps, le Secrétariat fédéral tire tardivement les conséquences politiques qui s'imposent à lui et remet son mandat au parti. Une période d'extrême tension interne s'en suit. En juillet 2003, une nouvelle équipe de trois secrétaires est élue. Jean-Michel Javaux, Evelyne Huytebroeck et Claude Brouir sont préférés par 61,9% des voix à l'équipe formée par Paul Lannoye, Bernard Westphael et Ann-Mary Francken.

En 2004, Ecolo connaît un scrutin particulièrement difficile en Wallonie. Il décroche 8,52%, soit une très légère amélioration par rapport à 2003. Mais celle-ci ne lui permet pas d'accéder à la représentation parlementaire dans le Hainaut. Ecolo ressort dès lors du scrutin wallon avec seulement trois parlementaires alors qu'il avait quatorze mandats en 1999: un dans la circonscription de Verviers (8,79%), un dans la circonscription de Liège (8,45%) et un dans celle de Nivelles (10,97%). Aucun de ses ministres régionaux ou communautaires ne décroche un siège.

En Région bruxelloise, en dépit des espoirs de Jean-Michel Javaux qui espérait dépasser les 10%(241), la situation se décline différemment et de manière plus paradoxale. Ecolo enlève 8,35% des voix et sept sièges, soit un très sévère recul par rapport à 1999 en voix et en sièges alors que le nombre de sièges alloués était plus important. Mais il s'agit aussi d'un score en retrait par rapport à l'élection législative d'un an plus tôt. Ecolo a pâti à l'évidence d'un effet «vote utile» au profit du parti socialiste qui était dans une compétition très serrée avec les libéraux pour décrocher la première place dans la Région. Mais paradoxalement, Ecolo rejoint la majorité régionale alors qu'il s'agissait du seul exécutif dans lequel il ne se trouvait pas en 1999, sur la base d'un poids parlementaire bien moins important mais d'un poids

(240) *Ibid.*
(241) *La Libre Belgique*, 9 juin 2004.

politique indispensable en revanche pour envoyer les libéraux dans l'opposition.

Depuis 2004, Ecolo s'est peu à peu rétabli aux plans organisationnel et électoral. A l'échelle interne, Ecolo a adopté une réforme statutaire ramenant, dans la lettre, la direction du parti à deux personnes, désormais co-présidentes. Electoralement, le parti a retrouvé quelques couleurs dès le scrutin municipal d'octobre 2006. En cette occasion, son score est loin d'atteindre la performance réalisée aux élections communales d'octobre 2000, mais sa performance d'ensemble est meilleure qu'aux scrutins fédéral et régional précédents. Politiquement, il entre dans la majorité communale à Namur aux côtés des sociaux chrétiens et des libéraux et le co-président Jean-Michel Javaux conquiert de haute main la mairie d'Amay. Mais c'est surtout la situation en Région bruxelloise qui attire l'attention. Dans l'importante commune de Schaerbeek, en dépit d'un préaccord signé avec le PS et le CDH, la co-présidente Isabelle Durant décide le soir même de rempiler avec le Mouvement réformateur, sans le parti socialiste conduit dans la commune par la Vice-première ministre Laurette Onkelinx. La dimension nationale et bruxelloise n'échappe à personne et Ecolo en payera le prix fort. A Molenbeek et à Ixelles, le parti socialiste choisit de s'allier au MR plutôt qu'aux verts. A Bruxelles, le PS renvoie aussi Ecolo dans l'opposition, au grand dam du leader local des verts Henri Simons, ulcéré par l'attitude d'Isabelle Durant. Quelques semaines plus tard, il quitte Ecolo et rejoint le parti socialiste.

Aux élections fédérales du 10 juin 2007, Ecolo réémerge électoralement en Wallonie et à Bruxelles. Cette victoire électorale tient dans quelques dimensions principales. La première est le retour à l'avant-plan de la scène politique et médiatique des thématiques environnementales, en particulier le réchauffement climatique. Thème de prédilection d'Ecolo, cette mise à l'agenda ne pouvait que lui être profitable. La deuxième renvoie à la difficile législature 2003-2007. Socialistes et libéraux se sont neutralisés au profit des partis de l'opposition. Enfin, Ecolo allait à l'élection avec un statut différent de celui du parti socialiste. Depuis sa naissance, Ecolo n'a jamais emporté une victoire électorale en étant, avant le scrutin, dans la même configuration que le PS, soit dans la majorité, soit dans l'opposition.

Il reste, pour les verts, à jouer un rôle politique. C'est à coup sûr le problème majeur pour Ecolo. Dans une période post-électorale marquée par une grande fluidité politique, Ecolo subit les événements. Jamais sa participation au gouvernement fédéral, qu'il souhaitait pourtant, n'est apparue crédible voire même sérieusement envisagée. *Compter* politiquement dans l'opposition ou, beaucoup plus encore, au pouvoir, reste le grand défi d'Ecolo.

Du Vlaams Blok au Vlaams Belang

Le 13 juin 1999 a marqué une nouvelle étape dans le développement et l'ancrage du Vlaams Blok en Flandre. En captant 613 399 suffrages, la formation flamande d'extrême droite atteignait un nouveau plafond électoral.

Plus encore, elle réussissait à devancer le parti socialiste flamand d'un peu plus de 20000 voix et accédait de la sorte au rang de troisième parti en Flandre, le cinquième à l'échelle belge. Un an plus tard, le Vlaams Blok confirmait. Alors que certains acteurs et analystes politiques escomptaient un tassement voire même une décrue aux élections communales d'octobre 2000, le Vlaams Blok y enregistre une nouvelle progression.

A Anvers, partant d'une situation pourtant déjà exceptionnellement élevée (28% en 1994), il glane cinq points et deux sièges, détenant de la sorte vingt mandats sur cinquante-cinq. Et à Gand, il prend sept points. Dans les premières années de la décennie 2000, le Vlaams Blok se décline plus que jamais comme un acteur de poids au plan électoral, politique et culturel dans l'espace politique et médiatique flamand, et donc belge.

Son pouvoir de nuisance élevé grimpe avec son score aux élections fédérales de mai 2003, et plus encore au scrutin régional de 2004. A cette occasion, l'extrême droite flamande rallie 24% des voix et devient de fait le premier parti en Flandre. Le potentiel de chantage (*blackmail potential*) épinglé par Sartori[242] joue à plein. Il faut en effet les efforts conjoints du CD&V-N-VA, du VLD

[242] Giovanni SARTORI, *Parties and Party systems. A Framework for Analysis, Volume I*, Cambridge, Cambridge University Press, 1976.

et du SP.a-Spirit, soit cinq formations, pour éviter la présence de l'extrême droite dans la majorité parlementaire. Fait néanmoins significatif, les édiles du Vlaams Blok sont reçus, pour la première fois, par le formateur Yves Leterme.

Avec ce score et cette aura politique, le Vlaams Blok semble pourtant avoir atteint un sommet. Condamné par la Cour d'appel de Gand, le parti se renomme après les élections régionales en Vlaams Belang. Moins « solidariste » selon Jan Erk et plus néo-libéral[(243)], il va aux élections communales d'octobre 2006 plein d'espoir.

Pourtant, pour la première fois de son histoire, les élections communales d'octobre 2006 sèment le doute dans ses rangs. L'analyse de son résultat doit s'opérer tout en nuances. Trois données méritent d'être relevées. D'une part, il y a toujours une forme d'ascension du Vlaams Belang grâce surtout à une implantation nouvelle et élargie dans les zones rurales, qui s'offraient moins aisément à lui jusqu'alors. Mais le Vlaams Belang enregistre deux revers symboliquement et politiquement marquants. A Anvers en dépit de son cartel avec Vlot, petit parti fondé par l'ex-chef de groupe VLD au Sénat Hugo Coveliers, le Vlaams Belang plafonne. Surtout, il se fait doubler comme premier parti de la métropole par le SP.a, emmené par le populaire Patrick Janssens. A Gand, deuxième ville de Flandre, l'extrême droite recule et perd deux sièges. Enfin, fait nouveau aussi, le Vlaams Belang n'a pas été capable de mettre ses thèmes à l'agenda médiatique et culturel. Au contraire, une mobilisation d'une partie du monde artistique et culturel, relayée par plusieurs médias, l'a obligé à être réactif en particulier à l'endroit des concerts organisés le 1er octobre.

Depuis, ce brouillage partiel de l'image d'irrésistible ascension du Vlaams Belang s'est confirmé. Aux élections fédérales du 10 juin 2007, le Vlaams Belang décroche 19 % des voix, un score plus qu'honorable. Mais l'extrême droite perd néanmoins un siège et est six points en-dessous de son résultat historique de juin 2004 au scrutin régional.

(243) Jan ERK, « From Vlaams Blok to Vlaams Belang : the Belgian Far Right renames itself », *West European Politics*, 2005, 28/3, p. 495.

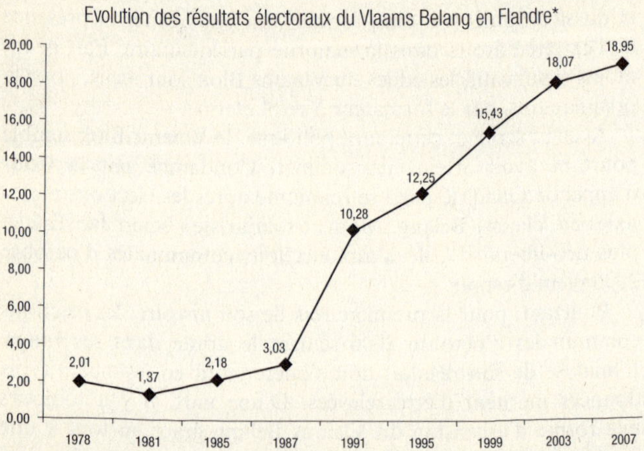

* Non compris les cantons de Hal-Vilvorde.

En février 2008, le Vlaams Belang s'est donné un nouveau président en la personne de Bruno Valkeniers et est depuis en difficulté face à la montée en puissance médiatique et politique de Jean-Marie Dedecker (un peu) plus fréquentable et plus neuf. Trente ans après sa naissance, le Vlaams Belang apparaît comme une formation, certes toujours imposante, mais à la recherche d'un deuxième souffle. Son incapacité à briser le cordon sanitaire lasse un certain nombre de cadres et accrédite la thèse du vote *inutile*.

Flux et reflux du Front national

Suite à sa percée du milieu des années quatre-vingt-dix, le Front national vit deux étapes électorales et politiques.

La première s'articule autour des élections régionales, fédérales et européennes de juin 1999 et du scrutin municipal d'octobre 2000. Dans cette phase, le Front national enregistre un très net reflux. Le FN perd son mandat européen, l'un de ses deux députés fédéraux et n'atteint pas un nombre de voix suffisant pour conquérir un sénateur. Aux élections communales d'octobre 2000, quand il est à même de se présenter, le FN subit des reculs sévères. Tout l'acquis de 1994 et de 1995 est perdu.

Entre 1999 et 2003, le parti frontiste disparaît virtuellement du paysage politique et médiatique.

Mais un nouveau temps commence en 2003. Le FN revient à l'avant-plan politique lors de l'élection fédérale du 18 mai 2003. En cette circonstance, il enlève un mandat de député et deux de sénateur. Ce faisant, il bénéficie pour la première fois du financement public des partis politiques. Un an plus tard, il améliore encore ses scores aux élections régionales bruxelloise et wallonne, et décroche quatre députés bruxellois et quatre députés wallons.

Evolution des résultats électoraux du Front national en Wallonie

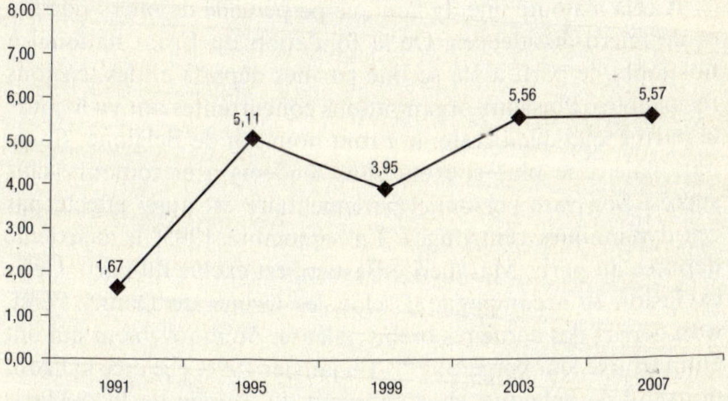

La vie politique et électorale du Front national est comparable à un soufflé. A des phases de montée rapide succèdent des retombées tout aussi nettes. Le parti ne parvient jamais à pérenniser ses acquis politiques et ses positions électorales. Ainsi, sa performance d'ensemble aux élections communales d'octobre 2006 est à nouveau très modeste et son score à l'élection fédérale du 10 juin 2007 est vécu comme une forte déception dans ses (maigres) rangs.

Trois éléments permettent sans doute d'expliquer cette incapacité du parti d'extrême droite à capitaliser ses succès .

Le Front national apparaît comme une formation politique tout à fait évanescente au plan organisationnel. Le parti est très faiblement incarné au plan national. Celui qui était son *prési-*

dent à vie, Daniel Féret, est peu connu et n'a fait que des apparitions épisodiques dans le baromètre des personnalités politiques appréciées. C'est arrivé à deux reprises, en 1995, et dans la seule Région bruxelloise. Féret se voit créditer d'un score de 9% de Bruxellois souhaitant qu'il joue un rôle à l'avenir. Au plan régional ou local, les personnalités du FN sont le plus souvent méconnues. Le nombre de militants n'a jamais dépassé, au mieux, quelques centaines de membres. Bref, le Front national bénéficie surtout d'un effet d'étiquette et d'une incarnation françaises: Jean-Marie Le Pen, qui est le vrai porte-drapeau du FN belge, même s'il y a peu de contacts entre les deux organisations, sous l'*ère Féret*.

A cela s'ajoute une dynamique perpétuelle de micro-conflits et de micro-dissidences. De la fondation du Front national à nos jours, le parti a été secoué par des départs et des tensions récurrentes. Plusieurs organisations concurrentes ont vu le jour: le parti social-démocrate, le Front nouveau de Belgique, Force nationale... le plus souvent sans lendemain et toujours sans succès. Son rare personnel parlementaire est aussi affecté par ces dynamiques centrifuges. En septembre 1995, la deuxième députée du parti, Marguerite Bastien, est exclue du parti. Cette exclusion «s'accompagne», selon les termes de Daniel Féret, «du départ des dernières brebis galeuses du mouvement qui ont enfin trouvé leur bergère»[(244)]. En janvier 1996, elle crée le Front nouveau de Belgique, en se targuant du soutien de Jean-Marie Le Pen. Quelques semaines plus tard, Jacques Hubert, député wallon du FN, quitte le parti en raison de «carences de la direction, [de] l'absence de démocratie interne et [de] pratiques comptables douteuses». Il rejoint, pour quelques mois seulement, le parti communautaire national (PCN)[(245)]. Peu après, les députés bruxellois Juan Lemmens et Roland Frippiat abandonnent aussi le FN qui aurait «confié sa direction à des malfaiteurs»[(246)]. Dans la foulée, Emile Eloy quitte à son tour le FN. Dans la période contemporaine, l'histoire se répète. En janvier 2005, le sénateur Francis Detraux et le député bruxellois Paul Arku abandonnent le Front national. Ils sont rejoints par le député wallon Charles

(244) *Le Soir*, 11 septembre 1995.
(245) *Ibid.*, 10 avril 1996.
(246) *Ibid.*, 6 juin 1996.

Pire, qui stigmatise Daniel Féret : « Il continue à vouloir tout régenter alors qu'une direction collégiale a été installée courant décembre. Il n'arrête pas de freiner l'expansion du FN en entretenant des conflits perpétuels avec des parlementaires et des militants et en s'opposant à la création de sections locales »(247). Plus récemment, Daniel Féret lui-même a été victime de cette situation. A l'issue des élections fédérales de juin 2007 et d'une condamnation en justice, Féret est exclu du parti et remplacé par le sénateur Michel Delacroix. Ce dernier n'exerce les responsabilités qu'un court laps de temps. En novembre 2008, une video dans laquelle il fait l'apologie de la Shoah est rendue publique. Il est alors remplacé par Daniel Huygens, député wallon de l'arrondissement de Charleroi.

Il faut ensuite épingler la faible présence du FN dans les institutions, qui freine un éventuel processus d'*institutionnalisation* du parti. L'observation vaut d'abord pour le personnel parlementaire. A l'exception du scrutin fédéral de 1995, le FN n'a décroché, au mieux, qu'un seul député fédéral aux élections nationales. Quant au Sénat, il a fallu attendre l'élection de 2003 pour que le parti d'extrême droite francophone soit à même d'emporter un mandat sénatorial. Le nombre de parlementaires régionaux, wallons et bruxellois, est plus élevé mais reste néanmoins limité. L'impact de la pénétration des institutions, la *loi d'airain de l'institutionnalisation* selon les termes d'Ignazi(248), sur le parti reste limité ; d'autant que lorsqu'il y a plus d'un parlementaire élu, une dissidence ne tarde pas à intervenir. Le même constat vaut au plan local.

Sans continuité dans le personnel municipal, le FN n'a ni les moyens, ni l'ambition, de se ménager des niches de compétences dans la vie publique locale. Il ne peut même pas jouer le rôle de *tribune* dans les conseils communaux. Les membres locaux du FN n'acquièrent de compétences nouvelles, ni dans la gouvernance, ni dans l'animation politique, faute de continuité dans

(247) *Ibid.*, 27 janvier 2005.

(248) Piero IGNAZI, « The iron law of Party institutionalisation », Paper presented for the 26th ECPR joint session workshop *Challenges to established party organisations? Theory and practise of Green and Alternative Left Party Organisation*, Warwick, 1998.

l'exercice de leur(s) mandat(s), soit par départ personnel, soit par absence de réélection.

Cette évanescence organisationnelle va de pair avec son évanescence doctrinale et idéologique. Dans le chef du FN, l'on retrouve bien un pan classique de la rhétorique d'extrême droite – posture sécuritaire, rejet des immigrés, dénonciation du système, … Le tract pour les élections de 1987 est explicite à cet égard: «Acceptez-vous que nos écoles, nos crèches et nos hôpitaux soient pris d'assaut par les immigrés du tiers-monde? Tolérez-vous que leur soit accordé le droit à de plantureuses allocations de toutes sortes? Vous revendiquez le droit au travail pour nos compatriotes? Vous êtes de ces honnêtes gens qui veulent simplement VIVRE ET TRAVAILLER EN SECURITE, dans le respect des libertés. Le Front national vous offre un AVENIR D'ESPOIR»(249). Mais il ne se combine pas avec un autre pan, celui de la valorisation nationaliste. Cela différencie fondamentalement le Front national du Vlaams Belang ou d'autres partis d'extrême droite. Il n'y a plus de sentiment national belge(250), et il n'existe pas de sentiment national francophone, wallon ou bruxellois. L'étroite imbrication des deux composantes est donc absente et n'autorise pas le développement d'une structure et de leaders aux profils idéologiques d'extrême droite cohérents et «performants». Cette donnée est donc cruciale car elle est sans doute le point nodal pour saisir le paradoxe et l'asymétrie de l'extrême droite en Belgique: le Vlaaams Belang est très puissant dans une société prospère mais où la question du sentiment national est saillante alors que le Front national est évanescent dans un territoire en difficulté socio-économique mais sans que se pose le rapport à la question nationale.

Dans le domaine institutionnel, qui renvoie aux dimensions du nationalisme, la posture frontiste a d'ailleurs sensiblement évolué. Jusqu'en 1995, le Front national appuie le principe d'un fédéralisme belge mais sur une base provinciale, plus conforme, à ses yeux, à la tradition. La province est l'institution de réfé-

(249) FN, *Bruxelles, ma ville… pour combien de temps encore?*, élections législatives de 1987.

(250) Jean STENGERS, Eliane GUBIN, *Histoire du sentiment national en Belgique des origines à 1918. Tome 2. Le grand siècle de la nationalité belge*, Bruxelles, Racine, 2002.

rence pour une décentralisation contenue : « Fédéralisme. Organiser la Belgique sur la base des provinces. Fédérer la Belgique sur la base des provinces conformément à notre tradition historique. Revaloriser le Conseil provincial et la députation permanente. Confier aux autorités provinciales : l'éducation, la culture, la sécurité, l'environnement, l'emploi, le développement économique local, l'emploi des langues »[(251)]. Sans que cela soit explicitement spécifié, les deux entités fédérées de Belgique, la Région et la Communauté, sont appelées à disparaître du paysage institutionnel. Le positionnement du FN s'inscrit dans une démarche et une valorisation *nationales belges*, dont les valeurs sont incarnées par la monarchie.

Un changement majeur intervient en la matière dans le programme élaboré pour le scrutin de 1999. Le parti en appelle à l'établissement d'un Sénat « géographique ». Celui-ci serait composé d'un nombre égal d'élus par Régions. Ce faisant, le Front national abandonne sa promotion du fédéralisme provincial. Le FN dit en effet vouloir accepter l'évolution intervenue dans le courant des années quatre-vingt-dix et l'accepter comme telle : « le FN n'ignore pas l'évolution institutionnelle de la Belgique et accepte de s'y plier loyalement »[(252)]. Dans le même temps, une sourdine est mise à son *belgicanisme*. Plus généralement, il dénie toute promotion ou valorisation communautaire, régionaliste ou nationale, mettant désormais sur un même pied « Flamingants », « Wallingants » et « Belgicistes », présentés comme anachroniques dans le cadre de la construction européenne. Dans son programme pour les élections fédérales de mai 2003, le FN propose même d'« inscrire le principe de préférence nationale et européenne » dans la Constitution belge[(253)]. Dans son *Manifeste* de 2008, le Front national prône désormais la suppression des provinces et la fusion de la Communauté française et de la Région wallonne. En vérité, il s'agit plus d'une suppression de l'institution communautaire dès lors que le Front national précise que « les Régions wallonne et bruxelloise

(251) « Le programme du Front national », *in Le Front national. Un parti… un président*, ND.

(252) *Le programme du Front national*, élections de juin 1999, p. 16.

(253) *Elections législatives2003, élections régionales et européennes 2004, Le programme du Front national*, 2003, p. 16.

doivent recevoir les compétences de la Communauté française sur leur territoire»[254].

Enfin, il importe d'évoquer l'action des autres acteurs politiques. Leurs rapports aux problématiques privilégiées par le Front national, en particulier celui aux questions migratoires et aux populations belges d'origine étrangère, a fort évolué. Durant les années quatre-vingt, au moment où le caractère structurel de la *crise économique* et de l'installation d'un certain nombre de migrants est intégré, plusieurs personnalités politiques et plusieurs partis se sont saisis de l'*immigration* comme d'un *problème*, le plus souvent dans une perspective xénophobe. Nous l'avons évoqué avec le cas de Roger Nols.

En 1988, la percée du FN en Région bruxelloise aux élections locales et celle du Vlaams Blok à Anvers ont conduit à une inflexion progressive dans le chef des partis. Un accord tacite s'établit pour ne plus faire de l'immigration un thème de campagne électorale dans l'optique d'une croissance des performances de l'extrême droite au Sud et au Nord du pays. Le silence prévaut même sur les politiques mises en place pour lutter contre l'exclusion et pour l'intégration des jeunes immigrés[255]. Ce faisant, il y a un effet pervers à cette stratégie. L'extrême droite est la seule force politique à traiter de cette problématique, ce qui, d'une autre manière, la légitime. La sortie du silence s'opère au fil du temps entre autres en raison d'un phénomène socio-démographique en développement : les Belges d'origine étrangère se déclinent de plus en plus comme un segment électoral avec lequel il faut compter, *a fortiori* dans un pays où le vote est obligatoire. Le fait est patent dès les élections municipales de 1994 dans certaines communes bruxelloises et apparaît encore davantage aux scrutins régionaux de 1999 et 2004, et local de 2000 et 2006. A compter de ce moment, les dérapages verbaux sont strictement prohibés dans les partis démocratiques. Toutes les formations démocratiques francophones se rallient à l'octroi du droit de vote à l'échelon local pour les ressortissants non membres de l'Union européenne et toutes veillent désormais à

[254] Front national, *Manifeste*, 2008 : http://www.fn.be/le-manifeste.html.
[255] Notamment la politique lancée par l'exécutif de la région bruxelloise sous la présidence du socialiste Charles Picqué à partir de 1989.

composer leurs listes en fonction de la réalité sociologique de la population.

Dans ce cadre, aucune tentative de composer avec le Front national n'est envisageable. Outre sa faiblesse intrinsèque, le propos aux relents xénophobes du FN ne peut que heurter l'approche (assez) nouvelle des partis démocratique et leur stratégie électorale et politique.

Le 8 mai 1993, les partis démocratiques francophones, à l'exception des verts, signent une charte pour contrer et isoler l'extrême droite. Elle est actualisée en mai 1998 et paraphée par tous les présidents de partis. Dans cette charte, les formations démocratiques promettent ne pas s'allier avec des partis « qui portent des idéologies ou des propositions susceptibles d'attenter aux principes démocratiques ». Par ailleurs, les partis s'engagent à « refuser tout mandat qui aurait été obtenu grâce au soutien ou à l'abstention de mandataires » de partis d'extrême droite[(256)].

Ces données permettent de comprendre la très faible capacité du Front national à mettre à l'agenda des problématiques politiques ou sociales relatives à ses dimensions programmatiques classiques – thématiques sécuritaires, rejet de l'immigration et de l'asile, ... – alors même qu'elles sont présentes comme préoccupation importante dans une partie de l'opinion francophone.

Cette possibilité est d'autant plus fermée au FN qu'à l'ostracisme des autres partis du système politique, s'en ajoute un autre, celui de la presse écrite et audiovisuelle. Lors des deux premières percées du Front national, plusieurs médias écrits ou audiovisuels ont hésité sur l'attitude à prendre. En certaines circonstances, la télévision publique et privée ou des chaînes de télévision régionale ont brièvement relayé le point de vue du FN, le plus souvent exprimé par Daniel Féret. Chaque fois, le président du FN a, à l'image de plusieurs déclarations de Jean-Marie Le Pen, essayé de faire dans l'outrance pour exister. Au soir des élections régionales bruxelloises de juin 1989, il apostrophe le bourgmestre libéral de Bruxelles en ces termes : « Eh bien, je dis que tout compte fait les Allemands, en 40, se sont conduits comme des cloches. Ils auraient dû arriver chez nous vêtus de haillons, des babouches aux pieds et la main tendue. Charles

(256) *Le Soir*, 9 mai 1998.

Picqué aurait trouvé un Berlin Désir, les enfants à l'école auraient porté des badges «Touche pas à mon boche!» et nous serions encore occupés aujourd'hui»[257]. En 1994, il débattra avec le président du parti social chrétien sur la chaîne privée. Mais à partir du milieu des années quatre-vingt-dix, la presse s'accorde pour ne plus octroyer la parole aux mandataires du FN. La chaîne publique, tenue en principe de respecter des temps d'antenne proportionnels aux résultats électoraux, se retranche derrière la convention européenne des droits de l'homme et ses propres statuts, qui lui interdisent de diffuser des émissions contraires à l'intérêt général[258], pour outrepasser cette règle vis-à-vis du Front national.

Les questions existentielles du CD&V

Les deux derniers mois du gouvernement Dehaene II ont été un vrai chemin de croix pour les démocrates chrétiens flamands. La crise de la dioxine s'est posée comme un vrai casse-tête pour le Premier ministre CVP. Sur le plan de la gestion d'abord. La difficulté d'obtenir une liste des entreprises fournies en aliments contaminés en révélait long sur l'économie grise dans le secteur agro-alimentaire, mais surtout rendait très difficile l'action sur le terrain et en matière de communication. Sur le plan politique ensuite. *Parti de l'Etat*, le CVP était en première ligne dans cet incroyable *dysfonctionnement*. Les choses se présentaient de façon d'autant plus complexe que le CVP était doublement en point de mire. Le ministre de l'Agriculture, Karel Pinxten, était l'un des siens. Et le Boerenbond, dont on connaît les liens de proximité avec le CVP, était aussi sévèrement mis en cause.

Certes, le CVP ne s'attendait pas à un score flamboyant lors du scrutin du 13 juin 1999. Avec les socialistes et le PSC, il avait dû mener à bien l'important assainissement financier de la législature. Il devait aussi assumer l'ébranlement de la société belge

(257) *Le Front national n° 1*, octobre 1989, p. 19.

(258) L'article 7, par. 1er stipule: «L'entreprise ne peut produire ou diffuser des émissions contraires aux lois ou à l'intérêt général, portant atteinte au respect de la dignité humaine, et notamment contenant des incitations à la discrimination, à la haine ou à la violence, en particulier pour des raisons de race, de sexe ou de nationalité ou tendant à la négation, la minimisation, la justification, l'approbation du génocide commis par le régime national-socialiste allemand pendant la seconde guerre mondiale ou toute autre forme de génocide».

dans le cadre de l'*affaire Dutroux*. Stefaan De Clerck avait même été contraint de quitter le ministère de la Justice suite à l'éphémère évasion dudit Dutroux, en avril 1998. Mais le parti était persuadé de rester le pivot incontournable de la vie politique belge et – largement – le premier parti flamand et national. Il avait d'ailleurs négocié un changement de majorité avec les libéraux flamands.

Las. Le score du 13 juin 1999 est un vrai séisme pour le CVP. Il se retrouve à 22% en Flandre ! Pis, il est devancé à la Chambre par le VLD, fait sans précédent. Le traumatisme est tel qu'aucune voix autorisée ne parvient alors à préciser la ligne du parti. Un jour, les démocrates chrétiens annoncent leur volonté d'aller dans l'opposition. Le lendemain, ils se disent ouverts à une participation gouvernementale. Même à la Région flamande, où pourtant ils devancent le VLD, le CVP passe la main dans la formation de l'exécutif. L'homme fort du CVP, l'homme fort du pays, Jean-Luc Dehaene se retire sur l'Aventin. Il annoncera plus tard son retrait de la vie politique nationale.

Les années d'opposition sont très dures pour les sociaux chrétiens flamands. Ils ne parviennent pas à être en phase avec ce statut nouveau. Passer d'une posture d'*Etat dans l'Etat* à l'opposition parlementaire est un *jeu* impossible. Aucun cadre n'a connu cette situation. Passer du soutien de l'action gouvernementale à un travail qui consiste à contrôler et à critiquer la politique décidée par d'autres n'est pas une sinécure. Faute de stratégie globale, le CVP « fait flèche de tout bois. Avec pour conséquence des situations désopilantes où des mandataires CVP se contredisent, voire se désavouent mutuellement »[(259)]. Entre l'opposition policée d'Yves Leterme, virulente de Peter De Crem et… silencieuse d'Herman Van Rompuy, le CVP ne retrouve pas les siens.

La tâche est d'autant plus complexe que le parti vit une crise de *leadership*. Stefaan De Clerck devient président du parti, le 10 octobre 1999, avec un score plébiscitaire (21 059 suffrages sur les 21 960 exprimés)[(260)]. Mais il peine à convaincre. Critiqué à

(259) Steven VAN HECKE, « Opposition, rénovation. Chronique de quelques similitudes et différences entre le PSC et le CVP », *La revue politique*, 2001-2002, 1, p. 45.

(260) *Le Soir*, 11 octobre 1999.

la droite et à la gauche du parti, il louvoie sans réussir à s'imposer, dans un contexte difficile il est vrai.

Durant la législature, De Clerck renomme le parti, tout en conservant le qualificatif «chrétien». Le 29 septembre 2001, réuni en congrès, le CVP devient Christen-Democratisch en Vlaams (CD&V). Préparées par les «*bijenkorven*», ces assises donnent à voir de nombreux traits de continuité avec le CVP. Le parti insiste ainsi sur l'importance de chaque être – «*Elk mens telt*» – et sur l'importance de la solidarité, pour rétablir le tissu social[261]. Ce qui frappe néanmoins au congrès de Courtrai, c'est l'insistance donnée au caractère *flamand* du parti qui conduit le nouveau CD&V à assumer une posture confédéraliste:

> «La réforme de l'Etat est un processus continu. Nous avons opté pour le confédéralisme. (…) Nous devons continuer le débat au sujet de l'homogénéité des compétences: les soins de santé, l'autonomie fiscale…. Mais, à côté de cela, nous voulons mettre sur la table un débat institutionnel visant à rendre les Communautés dominantes dans la construction de l'Etat. Ce sont elles qui doivent décider ce qui reste au niveau fédéral. Cette révolution est indispensable et logique»[262].

Chantre du fédéralisme dans les années soixante et soixante-dix, l'ancien Premier ministre Wilfried Martens dénonce ce qu'il considère comme une fuite en avant:

> «Le Congrès du CVP de Courtrai a fait en 2002 le choix du confédéralisme. Le parti était certes convaincu de faire un pas nouveau et décisif dans l'optique fédéraliste et pensait se montrer beaucoup plus radicalement flamand que ses prédécesseurs. Rien n'est moins vrai. L'orientation fédérale du parti a en effet été pratiquement amputée de tous ses éléments vitaux. De plus, on peut comparer le radicalisme du choix confédéral à du «Coca light». Je crains que les extrémistes flamands ne veuillent du «vrai Coca», ce qui veut dire la scission complète et la disparition de toutes les institutions belges. Voilà pourquoi, je suis aussi l'adversaire de ces réformes «tous azimuts» qui n'en finissent pas. Il faut absolument donner à notre système politique la stabilité et la continuité. Cela n'exclut pas les aménagements nécessaires (en

[261] Jaak BILLIET, «Le parti démocrate chrétien en Flandre (CVP)», *in* Pascal DELWIT (éd.), *Démocraties chrétiennes et conservatismes en Europe: une nouvelle convergence?*, Bruxelles, Editions de l'Université de Bruxelles, 2003, p. 225-258.
[262] *Le Soir*, 10 janvier 2002.

ce qui concerne notamment des paquets homogènes de compétences) mais un train permanent de réformes tous azimuts, sans aucune notion du but à atteindre, serait fatal pour notre régime fédéral»[263].

Pendant la législature 1999-2003, Stefaan De Clerck ne peut anticiper et empêcher la petite scission provoquée par l'ancien président Johan Van Hecke. Avec Réginald Moreel, Karel Pinxten et Paul Staes, Van Hecke met sur pied, fin 2001, une petite formation dénommée Nieuwe Christen Democratie (NCD). Son poids n'a jamais été important. Le parti s'arrime au VLD au scrutin de 2003 et disparaît par la suite. Mais il contribue lors de cette élection à affermir le statut de premier parti flamand pour le parti libéral flamand.

L'échec à l'élection fédérale de mai 2003 traumatise un parti convalescent. Les sociaux chrétiens flamands atteignent un nouveau score plancher et perdent un siège supplémentaire.

Evolution des résultats électoraux du CD&V en Flandre*

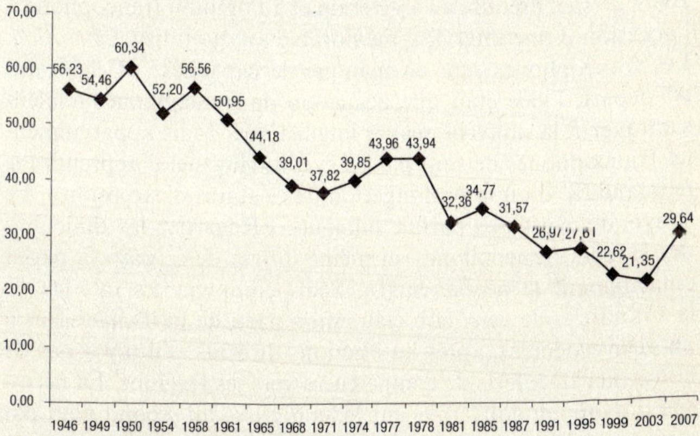

* Non compris les cantons de Hal-Vilvorde.

De Clerck doit céder le relais au chef de groupe à la Chambre, Yves Leterme. Ce dernier confirme pourtant l'approfondissement flamand et régionaliste du parti, en négociant et concré-

[263] Wilfried MARTENS, *Mémoires…*, *op. cit.*, p. 409.

tisant la formation d'un cartel électoral avec la Nieuw-Vlaamse Alliantie (N-VA), retour à une *situation d'antan* aux yeux d'Yves Leterme: «Je pense en effet que j'ai réuni ce qui était séparé à la fin des années cinquante et au début des années soixante. J'espère que cette coopération est maintenant définitive»[264]. Ce cartel suscite toutefois quelques remous internes. Pour autant dès les élections de juin 2004, il permet au CD&V de reprendre la main. Avec 26,3 % des voix, le cartel devance ses concurrents même si la performance est modeste. Yves Leterme devient ministre-président de la Région et de la communauté flamandes et se pose en rival de Verhofstadt pour le 16 rue de la Loi. Fait inédit dans la vie politique belge, nous y reviendrons, le ministre-président de la Région flamande se présente comme le principal opposant au Premier ministre et au gouvernement fédéral. C'est à ce moment que se nouent toutes les difficultés que rencontreront le CD&V et, plus spécifiquement, Yves Leterme après les élections fédérales du 10 juin 2007. Leterme confirme le cartel avec la N-VA et durcit encore sa tonalité régionaliste. Il prend le risque, à l'été 2006, de s'en prendre au souverain et à l'opinion francophone à l'occasion d'une interview mémorable au quotidien *Libération*. Les francophones sont en manque de capacités: «Cela étant, au départ, l'idée était que beaucoup de francophones allaient s'adapter à la nouvelle réalité linguistique. Mais apparemment les francophones ne sont pas en état intellectuel d'apprendre le néerlandais, d'où la prolongation de ce statut d'exception». Le souverain n'est pas parfait bilingue: «Regardez les difficultés des leaders francophones, et même du roi de ce pays, à parler couramment le néerlandais!». Seuls comptent les intérêts de la Flandre: «Je veux être clair: mon parti ne participera pas à un gouvernement, après les élections de 2007, s'il n'y a pas de nouveaux transferts de compétences vers les Régions. La nécessité d'avoir un gouvernement fédéral passe au second plan par rapport aux intérêts de la Flandre». Ces positions et ces propos, incompréhensibles pour un candidat Premier ministre, poursuivront Yves Leterme après le 10 juin 2007.

Aux élections fédérales de 2007, le cartel CD&V-N-VA emporte 30 % des voix en Flandre et est incontournable pour la confection

(264) Filip ROGIERS, *Leterme au défi*, Bruxelles, Luc Pire, 2006, p. 112.

d'une majorité fédérale. Mais le plus dur reste à faire. En moins de deux ans, le CD&V qui a fait campagne sur la bonne gouvernance (*goed bestuur*) doit mobiliser un formateur, Yves Leterme, un médiateur, Jean-Luc Dehaene, un explorateur, Herman Van Rompuy, à nouveau Yves Leterme comme formateur, pour voir sa figure emblématique accéder au poste de Premier ministre en... mars 2008, poste qu'il quitte le 30 décembre de la même année, après que son cabinet ait été mis en cause par le premier président de la Cour de cassation, Ghislain Londers, pour une intervention dans le cadre du délibéré relatif au dossier Fortis. Herman Van Rompuy lui succède après une mission d'exploration de Wilfried Martens. Entretemps, lassé par les ukases successifs de la N-VA, le CD&V sous l'impulsion de Kris Peeters, ministre-président de la Région flamande, accepte la rupture du cartel avec le parti nationaliste flamand. En quelques mois, la situation a pour le moins fluctué et pas moins de quatre présidents se sont succédé à la tête du parti : Jo Vandeurzen, Etienne Schouppe, Steven Van Hecke et Marianne Thyssen.

Les sociaux chrétiens flamands n'ont donc guère goûté aux joies du retour au pouvoir et doivent composer avec un profil à redéfinir et une situation interne dégradée. L'un et l'autre ne sont pas originaux dans l'histoire du catholicisme politique en Flandre. Mais ils se posent dans une configuration où le poids politique et électoral est bien inférieur à ce qu'il a pu être au XXe siècle.

Les impasses du PSC : l'avènement du Centre démocrate humaniste

La performance calamiteuse du parti social chrétien aux élections du 13 juin 1999 est sans aucun doute l'aboutissement d'un lustre de guerre interne impitoyable. Au soir de l'élection, cadres et militants sociaux chrétiens ne peuvent que constater le gâchis : à peine 16 % des voix à l'échelle de la Communauté française – un score plancher historique –, une situation proche de la marginalisation politique en Région bruxelloise, un envoi programmé dans l'opposition et un parti traumatisé.

Après le départ de Philippe Maystadt à la Banque européenne d'investissement, Joëlle Milquet accède *ex officio* à la présidence du parti social chrétien le 23 octobre 1999. Forte des enseignements structurels et des dégâts de la période 1995-1999, Milquet œuvre à la pacification et au changement. Politiquement et d'un point de vue identitaire, le PSC est face à un dilemme. Structurellement, sa présence et son poids ne peuvent, en principe, que s'amoindrir compte tenu des mutations sociologiques à l'œuvre dans les sociétés européennes et en Belgique particulièrement. Mais bouger, c'est «changer de base»»[(265)]. Du point de vue de la science politique, c'est opérer un «réalignement» comme l'a réalisé la famille libérale dans la première moitié des années soixante. Mais en la matière, se réaligner pose trois problèmes cruciaux au parti social chrétien.

Quel nouveau clivage de référence choisir? Quels éléments pourraient fonder la nouvelle identité du PSC? D'aucuns se réfèrent alors au clivage matérialistes-postmatérialistes. Dès janvier 2000, l'ancien ministre des Finances Jean-Jacques Viseur l'épingle: «Ma conviction, c'est qu'il y aura recomposition. Autour d'une ligne de partage entre matérialistes et postmatérialistes et entre ceux qui souhaitent ou non promouvoir les formes nouvelles d'une «régulation» de la société»[(266)]. Ce clivage, proposé à l'origine par le politologue Ronald Inglehart[(267)], est sujet à caution et à débat. Quand bien même serait-il reconnu, il reste à se demander si les sociaux chrétiens sont à même de «faire la différence» par rapport à leurs partenaires-adversaires politiques. En quoi le PSC peut-il être plus «postmatérialiste» qu'Ecolo, le PS et le MR? Et quel serait alors son adversaire sur le versant matérialiste?

Le deuxième problème réside dans le rapport au clivage socio-économique. Aucun parti politique ne peut faire l'impasse sur celui-ci. Les sociaux chrétiens se sont toujours présentés comme la force d'équilibre sur ce clivage, ce qui fondait leur dimension transversale en agrégeant une aile patronale et une

(265) Problématique que mettait aussi en exergue Paul Wynants dans un numéro spécial de *La Revue nouvelle* en octobre 2000: «En quelque sorte, le PSC est confronté à la quadrature du cercle: il ne peut se contenter du *statu quo*, mais il n'a pas non plus les coudées franches pour innover résolument». Paul WYNANTS, «Le syndrome du «dji vou, dji n'pou». Essai de pathologie du PSC», *La revue nouvelle*, octobre 2000, p. 16.

(266) *Le Matin*, 26 janvier 2000.

(267) Ronald INGLEHART, *The Silent revolution: changing values and political styles among western politics*, Princeton, Princeton University Press, 1977.

composante ouvrière. Comment les choses peuvent-elles évoluer sur cette problématique ? Cette question est à la fois ouverte et sensible tant les positions en présence sont différentes.

Le dernier problème est lié à la dimension transversale du parti social chrétien. En termes d'adhérents et d'électeurs, le parti catholique puis le parti social chrétien avaient su conjuguer ensemble des visions et des intérêts différents au nom d'une référence commune, ou supposée telle, au catholicisme. Un « changement de base » entraînerait, au mieux, un affaiblissement de cette référence commune, au pire son extinction. Bien sûr, cette référence commune s'était déjà singulièrement effritée. CVP et PSC n'étaient plus, loin s'en faut, les seules expressions politiques des catholiques. Mais il subsistait néanmoins un socle important. C'est ce socle qui était en jeu.

La marge était donc étroite. Très étroite. Comment ne pas lâcher la proie pour l'ombre ? Le parti social chrétien a pourtant été de l'avant. Le 9 juin 2001, il adopte une nouvelle plate-forme doctrinale, la *Charte de l'humanisme démocratique*, où il définit la forme et l'espace qu'il souhaite occuper :

> « Avec le manifeste intitulé « L'humanisme démocratique » dont les idées sont considérées, avec l'adoption de la charte, comme le cadre de référence de son action politique future, le PSC s'affirme comme un parti résolument moderne qui s'inscrit dans le changement. Face à la transformation de la société de piliers, il assume certaines ruptures nécessaires avec le passé en dépassant notamment le clivage confessionnel. Il porte désormais, sans renier son âme, dans un projet ouvert à tous et adapté aux nouveaux enjeux, l'imaginaire, le souffle et les valeurs de ceux qui ont construit et porté le parti avant nous tout en s'adressant désormais aux attentes des nouvelles générations, de ceux qui sont incroyants ou qui appartiennent à des religions différentes (…). Il veut parler autant de la qualité d'être que du bien-être. Il met l'accent ainsi sur la dimension non-matérialiste de la vie et défend une conception forte du pluralisme. Bref, il est le parti de l'humain et lance à tous le pari de l'humain »[(268)].

Officiellement, il s'affranchit de sa relation au pouvoir et ne se considère plus comme un « parti d'occupation des gouverne-

(268) PSC, *La Charte de l'humanisme démocratique approuvée par le congrès à Liège le 9 juin 2001*, 2001.

ments» mais comme un parti dont la mission est avant tout de porter les attentes des gens dans l'Etat et non le contraire, en travaillant constamment et étroitement avec la société civile. Face à la mondialisation, le PSC veut donner une dimension plus européenne et internationale à son action politique. Sans quitter sa vocation à occuper une position centrale sur l'échiquier politique, il sort pourtant de ce que l'on a trop souvent appelé le «centrisme mou» et se positionne en priorité sur d'autres clivages plus inédits que le seul clivage socio-économique classique. Il se définit ainsi comme le parti qui parvient à transcender le clivage «droite/gauche» pour se positionner sur les nouveaux enjeux de société liés à l'avenir de l'humain : matérialisme/humanisme, égoïsme/fraternité, indifférence/participation, individualisme/personnalisme. Il veut parler autant de la qualité d'être que du bien-être. Il met l'accent ainsi sur la dimension non matérialiste de la vie et défend une conception forte du pluralisme. Bref, il est le parti de l'humain et lance à tous le pari de l'humain»[269]. Deux idées très proches du personnalisme des Pères fondateurs sont scandées dans ce manifeste. La première, celle qui veut que «l'homme existe avant tout dans sa relation à l'autre», la deuxième, la place prépondérante à réserver à la famille (dans toute sa diversité).

En mai 2002, le parti social chrétien confirme symboliquement ce qu'il considère comme une nouvelle évolution identitaire en modifiant sa dénomination. Le PSC devient le Centre démocrate humaniste (CDH), abandonnant ainsi l'étiquette «chrétienne» et proclamant son ouverture au monde des non-croyants :

> «A l'heure où la société civile est devenue pluraliste et où les nouvelles générations ne se reconnaissent plus dans les cloisonnements d'antan, nous devions assurer la déconfessionnalisation du parti en participant activement à un vaste processus d'ouverture et en défendant un projet politique qui soit autant adapté à l'idéal des croyants qu'aux attentes de ceux qui ne le sont pas mais qui partagent une vision exigeante de l'homme»[270].

[269] *Ibid.*

[270] Joëlle MILQUET, *L'humanisme démocratique. Un projet qui parle au cœur et à l'âme des gens*, Bruxelles, Luc Pire, 2002, p. 8.

Lors du congrès de fondation, de nouveaux statuts sont adoptés[271]. En dépit du nouvel intitulé où le substantif *parti* disparaît, la référence reste partitaire dans les statuts : on dénombre pas moins de cent trente-deux renvois au mot *parti*.

La transformation du PSC en CDH lui vaut une petite opposition interne et, au final, une dissidence : les Chrétiens démocrates francophones (CDF). Cette petite formation qui se présente aux élections fédérales de mai 2003 n'obtient pas le succès qu'elle escomptait ; certains cadres rejoindront le CDH mais d'autres se rapprochent du Mouvement réformateur à l'image de l'ancien ministre bruxellois Dominique Harmel et de l'ancien député Benoît Veldekens. Pour le CDH, les élections fédérales de mai 2003 sont une désillusion. Le parti recule encore et perd deux sièges supplémentaires.

Evolution des résultats électoraux du Centre démocrate humaniste en Wallonie

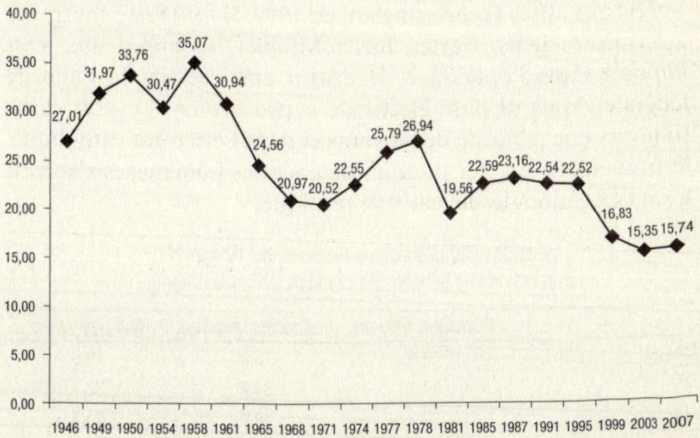

En définitive, un petit rebond n'intervient qu'aux élections régionales de juin 2004. Le CDH retrouve des couleurs électorales en Région bruxelloise et, plus modestement, en Wallonie. Ce gain électoral limité s'accompagne d'un très grand changement politique. Le CDH retourne aux affaires compte tenu du

[271] *Les statuts du Centre démocrate humaniste, adoptés à Bruxelles*, Palais des congrès, 18 mai 2002.

changement de cap du parti socialiste. En Région wallonne, en Communauté française et à Bruxelles, le Centre démocrate humaniste réendosse les habits de parti de pouvoir.

Ils ne lui ont cependant pas permis de conforter son sursaut électoral. Au contraire, les élections législatives de juin 2007 sont une grande déception pour les démocrates humanistes. Certes, le CDH récupère les deux sièges perdus en 2003 mais son score est à peine supérieur dans l'espace wallon à celui de mai 2003. Qui plus est, il est inférieur au résultat des élections régionales de juin 2004. Ce scrutin révèle aussi les limites considérables de l'élargissement de la base électorale du CDH. Plus de trois quarts de ses électeurs restent des croyants, dont de nombreux pratiquants. Et en Région bruxelloise où son score est meilleur, l'ouverture s'est faite surtout vers les musulmans pratiquants sur la base d'un discours très conservateur sur les questions de société, loin donc des rivages du post-matérialisme.

Dix ans après l'échec cinglant de 1999, le CDH reste confronté aux mêmes défis. Certes Joëlle Milquet, sa présidente, s'est imposée dans l'opinion et le CDH a aussi rejoint la majorité fédérale. Mais sa base électorale a peu évolué. Le CDH capte toujours une majorité de croyants et dans l'électorat catholique, la propension à voter pour les démocrates humanistes s'accroît avec l'élévation des niveaux de pratique.

Vote des catholiques aux élections du 10 juin 2007
en fonction des échelles de pratique (en pourcentage)[272]

	Pratiquants réguliers	*Pratiquants irréguliers*	*Non-pratiquants*
PS	18,4	16,9	19,9
MR	17,7	34,7	32,1
CDH	39,2	18,9	13,5
Ecolo	13,3	16,3	12,8
FN	0,6	2,3	4,4
Autre parti	7,6	5,0	5,1
Blanc/je ne sais pas	3,2	5,9	12,2
Total	100,0	100,0	100,0

(272) Nicolas DE DECKER, Giulia SANDRI, « Le vote des catholiques », *in* Pascal DELWIT, Emilie VAN HAUTE (éd.), *Le vote des Belges*, Bruxelles, Editions de l'Université de Bruxelles, 2008, p. 25-38.

Le réalignement ne s'est donc pas opéré. Les organisations sociales du monde catholique ont d'ailleurs trouvé une place notable et une oreille bienveillante dans les cabinets CDH.

Le **sorpasso** *structurel manqué du VLD*

Nous l'avons évoqué, pour les libéraux, le résultat du 13 juin 1999 est une *divine surprise.* Après avoir vainement tenté de détrôner le CVP aux élections européennes de 1994 et nationales de 1995, le VLD était revenu à des ambitions plus modestes : accéder à nouveau au gouvernement. En juin 1999, la petite progression libérale combinée à l'effondrement social chrétien change la donne. Non seulement le VLD revient au pouvoir auréolé du statut de premier parti mais il renvoie le CVP dans l'opposition. Soixante ans après Paul-Emile Janson, un libéral devient Premier ministre.

A partir de ce moment, la stratégie des libéraux flamands est claire : tenter de pérenniser cet acquis. Il n'a en effet échappé à personne dans les rangs libéraux que la situation au soir du 13 juin 1999 est l'aboutissement d'un concours de circonstances favorables. Il s'agit donc de s'appuyer sur ce contexte pour rendre structurelle une situation comportant plusieurs dimensions conjoncturelles. Pour réussir, le VLD jouit alors d'atouts incontestables. En dirigeant en parallèle le gouvernement fédéral, avec Guy Verhofstadt à la manœuvre, et l'exécutif communautaire-régional flamand avec successivement Patrick Dewael et Bart Somers comme ministre-présidents, les libéraux flamands occupent une position centrale et déterminante dans le processus politique décisionnel de la première moitié des années 2000.

Dans le même temps, le parti n'est pas inactif dans sa volonté de remodeler le paysage politique. A l'automne 1999, avec 68,14% des voix, Karel De Gucht, ancien parlementaire européen respecté, accède à la présidence du parti face au parlementaire Geert Versnick. De Gucht mène plusieurs opérations d'élargissement, dont certaines aboutissent. Deux d'entre elles retiennent plus particulièrement l'attention. La première concerne la relation à l'ancien président du CVP, Johan Van Hecke, et à ses amis. Karel De Gucht réussit en effet à attirer au VLD une petite frange du CVP qui ne croit plus au rebond de la démocratie chrétienne en Flandre et/ou qui s'oppose à la nouvelle ligne très communautaire du nouveau CD&V, sous la houlette de Stefaan De Clerck. A cette fin, nous l'avons mentionné, Johan Van Hecke crée au printemps 2002 une petite formation *ad hoc*, les Nieuwe Christen-Democraten, que rejoint notamment le Limbourgois Karel Pinxten, ancien ministre de l'Agriculture. La deuxième a trait à certains segments de la Volksunie éclatée. Suite à l'instabilité provoquée par Bert Anciaux dans les rangs de Spirit, le VLD parvient à convaincre plusieurs responsables de premier plan de cette formation de rejoindre ses rangs. L'ancien président de la Volksunie Patrick Vankrunkelsven, mais aussi Margriet Hermans, Vincent Van Quickenborne, Fons Borginon, Annemie Vande Caastele et Sven Gatz franchissent le pas. Pour le VLD, il s'agit d'une triple victoire. Cela *certifie* plus encore le caractère *flamand* d'un parti qui a longtemps été pestiféré dans le mouvement nationaliste flamand. Dans les années soixante et soixante-dix, les flamingants brocardaient d'ailleurs le PVV comme la *pest voor Vlaanderen*. Deuxièmement, cela lui confère aussi un statut d'honorabilité et d'ouverture progressiste sur les questions de société. Ces personnalités viennent de l'aile libertaire de la Volksunie. Certaines d'entre elles ont d'ailleurs animé le débat scientifique et politique sur le *libéralisme de gauche*. En 2001, Sven Gatz et Patrick Stouthuysen, professeur de science politique à la VUB, publient un ouvrage au titre évocateur: *Een vierde weg? Links-liberalisme als traditie en als orientatiepunt*[273]. Enfin, cela affaiblit le potentiel électoral et politique de Bert Anciaux, qui est craint dans les rangs libéraux flamands.

Le VLD est donc en ordre de bataille pour vaincre et s'imposer définitivement comme le premier parti flamand mais aussi pour capitaliser un score plus important qu'un peu plus d'un cinquième de l'électorat. Au soir du 18 mai 2003, le VLD peut triompher. Les libéraux progressent tandis que le CD&V régresse encore: 1999 n'était pas un *accident*. La Flandre semble s'émanciper de l'emprise catholique.

[273] Sven GATZ, Patrick STOUTHUYSEN (éd.), *Een vierde weg? Links-liberalisme als traditie en als orientatiepunt*, Bruxelles, VUBpress, 2001.

Evolution des résultats électoraux du VLD en Flandre*

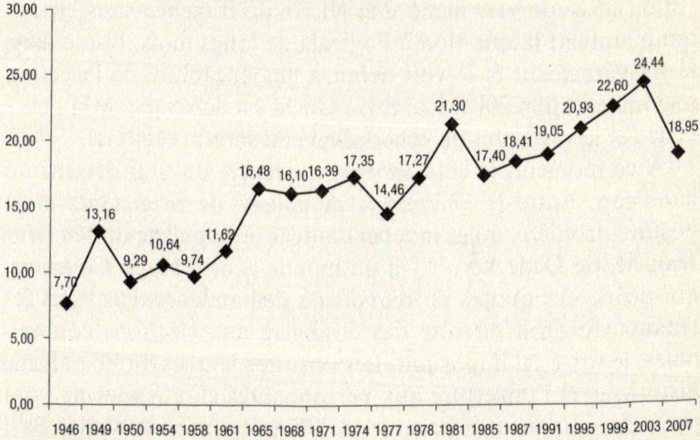

* Non compris les cantons de Hal-Vilvorde.

Mais par un retournement de l'histoire, c'est au moment précis où les libéraux croient tenir le bon bout que la dynamique se grippe. Plusieurs éléments changent la donne en un court laps de temps. Epinglons d'abord l'action des sociaux chrétiens eux-mêmes. Sous la houlette d'Yves Leterme, le CD&V parvient à former un cartel avec la N-VA alors même que les libéraux flamands avaient donné des gages aux nationalistes flamands pour éviter ce résultat. Mais surtout, contrairement à 1999, les libéraux flamands gèrent mal leur succès. Guy Verhofstadt et le VLD perçoivent mal la nouveauté du résultat de mai 2003 : le retour en force de la famille socialiste. De 1999 à 2003, les libéraux du nord et du sud du pays ont donné le « la » de l'action gouvernementale suite à une sévère défaite du PS et du SP.a. En l'espèce, la configuration est toute différente. Les libéraux ont certes un siège de plus que les socialistes mais ils ont moins de voix. Une adaptation s'impose. Le VLD n'en prend pas acte. D'où sans doute sa gestion calamiteuse du dossier relatif au droit de vote des ressortissants étrangers non membres de l'Union européenne aux élections communales. Après avoir proclamé, tonné même, que jamais ce droit ne serait octroyé, le VLD se voit contraint de respecter l'accord gouvernemental. Celui-ci prévoit un renvoi de la question au débat parlementaire où les partisans sont majoritaires. Plutôt que d'anticiper ce qui est une observation aisée, le VLD mène une guerre de tranchée sans espoir, qui maintient la question à l'agenda de longs mois, l'isole dans le gouvernement et le voit défait à une encablure de l'élection régionale de juin 2004. Karel De Gucht est débarqué de la présidence et le VLD subit un échec sévère au scrutin régional.

A ce moment, le côté *auberge espagnole* du VLD devient un handicap. Entre le *libéralisme de gauche* de Sven Gatz et la posture droitière, quasi indépendantiste et populiste du sénateur Jean-Marie Dedecker, il y a un monde. Entre Hugo Coveliers, qui prône des quotas de renvois de demandeurs d'asile, et les tenants du droit de vote des étrangers aux élections communales, le fossé est important. Les postures laïques du libéralisme historique et l'ouverture aux personnalités chrétiennes ne vont pas nécessairement à l'amble. A l'élection présidentielle, Bart Somers ne l'emporte que de justesse face à Jean-Marie Dedecker, qui devient de plus en plus ingérable pour la famille libérale. La *baraka* de Guy Verhofstadt fait place à une succession d'échecs : échec sur le dossier DHL, échec en mai 2005 sur le dossier de Bruxelles-Hal-Vilvorde, ... Après des élections communales décevantes, en octobre 2006, le VLD opère un recentrage. Certes, à Gand, où Guy Verhofstadt poussait la liste, le VLD connaît un *statu quo* et à Malines, le président Bart Somers fait un score honorable avec une liste de cartel. Néanmoins, ces satisfactions ne cachent pas l'ample mouvement de retrait du VLD à l'occasion de ce scrutin[274]. Jean-Marie Dedecker est exclu et Guy Verhofstadt lance l'opération Open-VLD, articulée autour de son nouvel ouvrage, *Plaidoyer pour une société ouverte*[275]. Il y prône alors une troisième voie entre le *statu quo francophone* et l'*aventurisme du CD&V-N-VA*. Las, au scrutin de juin 2007, les libéraux flamands limitent à peine la casse. Après huit ans au poste de Premier ministre, Guy Verhofstadt fait une sortie très digne. Elle lui permet de se refaire une image après trois années difficiles et d'envisager un retour éventuel par la grande porte sur la scène politique belge.

(274) Pascal DELWIT, Régis DANDOY, Nicolas DE DECKER, « Les élections communales du 8 octobre 2006 en Belgique », *L'année sociale 2006*, 2007, p. 13-44.

(275) Guy VERHOFSTADT, *Plaidoyer pour une société ouverte? Quatrième manifeste du citoyen*, Bruxelles, Luc Pire, 2007.

A contrario, le leadership de l'Open VLD a les plus grandes difficultés à gérer les échecs de 2004 et 2007. Patrick Dewael, compagnon politique de Verhofstadt, est en retrait et accède au perchoir de la Chambre en décembre 2008. Bart Somers ne s'impose pas. Sans boussole, le parti est la cible des critiques dures de Jean-Marie Dedecker, dont le succès en juin 2007 a surpris les libéraux flamands. En situation d'entre-deux, l'Open VLD cherche un nouveau souffle et attend la génération montante, incarnée par Jean-Jacques De Gucht et Mathias De Clercq.

Les espoirs du Mouvement réformateur

Après leur retour en grâce au scrutin de juin 1999, les libéraux francophones ont tenté de cristalliser l'union du PRL avec le FDF et le MCC. Ils le réalisent sous la direction de Daniel Ducarme, qui succède à Louis Michel. Nous l'avons pointé, les ouvertures du libéralisme belge ont d'abord concerné le Front démocratique des francophones en Région bruxelloise, en situation délicate au début des années quatre-vingt-dix. Dans un deuxième temps, le curseur s'est déplacé vers la mouvance catholique, avec, entre autres, l'arrimage du Mouvement des citoyens pour le changement. Les ouvertures au monde catholique dépassent toutefois le MCC. Emblématique de ce point de vue est la promotion de Sabine Laruelle au ministère fédéral des Classes moyennes en 2003. Ancienne chef de cabinet adjoint du ministre wallon de l'Agriculture Guy Lutgen (PSC), Sabine Laruelle était devenue directrice générale de l'Alliance agricole belge en 1999 puis directrice générale de la Fédération wallonne de l'agriculture, fusion de l'Alliance agricole belge et de la Fédération nationale des Unions professionnelles agricoles[276].

En mars 2002, la fédération PRL-FDF-MCC se mue ainsi en Mouvement réformateur (MR), petit pas supplémentaire vers une intégration plus forte des trois composantes de la fédération, auxquelles s'ajoutent formellement les libéraux de la Communauté germanophone, le *Partei für Freiheit und Fortschritt* – PFF. Ce pas est d'autant plus nécessaire que le vote relatif aux accords de la Saint-Polycarpe a généré des tensions entre responsables

(276) Paul WYNANTS, « Du PSC au CDH. I. 1981-1999 », *Courrier hebdomadaire du CRISP*, 2005, 1889, p. 47.

du PRL et du FDF. Les négociateurs libéraux l'avaient négocié et avalisé, alors que le FDF s'y est opposé pendant plusieurs mois.

Pour autant, le Mouvement réformateur ne met pas fin à l'existence et à l'expression des composantes qui le forment, mais l'organisation a pour ambition de fonctionner de manière à la fois concertée et centripète. Le Manifeste du MR, adopté le 1er septembre 2002, propose un « contrat d'adhésion citoyenne », articulé autour de sept piliers :

- l'éthique de la réconciliation,
- la dimension politique de l'être humain dans la citoyenneté,
- une puissance publique réformée qui libère la citoyenneté,
- un modèle social qui valorise la responsabilité,
- un modèle économique balisé,
- un socle commun de valeurs,
- une action politique moderne[277].

Fort de la réforme fiscale qui lui est largement attribuée, le MR enregistre une très belle progression aux élections de mai 2003. Porté par deux personnalités qui ont compté dans le premier gouvernement Verhofstadt, Louis Michel et Didier Reynders, les libéraux décrochent ce qui est alors leur meilleur score depuis l'instauration du suffrage universel.

Si le MR ne rencontre pas le même type de problème que son *alter ego* néerlandophone, le VLD, il pâtit néanmoins de l'élan différent du gouvernement Verhofstadt II. En interne, les libéraux sont traversés de (petites) tensions, qui conduisent à intervalles réguliers à des mises au point ou à des « éclaircissements » quant au propos ou aux initiatives présidentielles. D'un nouvel intitulé de parti (le parti démocrate[278]) à l'annonce de l'échec de l'intégration en Belgique, en passant par le « libéralisme public », les plus hautes sphères du parti doivent régulièrement (ré) ajuster le propos. Ducarme démissionne d'ailleurs et devient ministre-président de la Région bruxelloise et ministre de la Communauté française. Mais rattrapé par un différend fiscal,

[277] MOUVEMENT RÉFORMATEUR, *Le Manifeste des réformateurs, adopté par le congrès du Mouvement réformateur le 1er septembre 2002*, à Rochefort, http://www.mouvementreformateur.be/txt/Manifeste%20des%20R%e9formateurs.pdf.

[278] *Le Soir*, 16 mars 2000.

il abandonne ses mandats ministériels à quelques semaines des élections régionales.

Pour le nouveau Mouvement réformateur, le scrutin régional de juin 2004 est une déception. En Wallonie, le score se fixe à 24,5%, un bon score dans l'absolu mais de quatre points inférieur à celui du scrutin fédéral tenu un an plus tôt. A Bruxelles, les libéraux sont doublement affectés. Ils passent sous la barre des 30% et sont devancés par la liste socialiste. Cette performance électorale décevante mène à un important changement dans les majorités des entités fédérées. En Région wallonne, en Communauté française et à Bruxelles, les libéraux sont envoyés dans l'opposition au profit des démocrates humanistes auxquels s'ajoutent les verts à Bruxelles. Pour la première fois depuis la naissance de la Région bruxelloise, aucune composante du Mouvement réformateur ne participe à l'exécutif bruxellois.

Ce renversement mène à des changements profonds dans les rangs libéraux. Chef d'orchestre depuis dix ans, Louis Michel s'écarte (un peu) de la vie politique belge et rejoint la Commission européenne. Alors qu'une guerre des chefs s'annonce entre les Brabançons Charles Michel et Serge Kubla, Didier Reynders se porte *in fine* seul candidat à la présidence. Reynders confère une tonalité plus droitière au MR. Mais le principal changement n'est pas là. Sous le leadership de Louis Michel, le retour en grâce des libéraux s'est réalisé via une politique d'alliances préalables. Dans la perspective de Didier Reynders, s'inscrivant par là dans les pas de Jean Gol, le résultat aux élections prédomine. Cette donnée imposera (ou non) le MR dans les exécutifs. « Les libéraux n'ont jamais été au pouvoir que sur la base de leurs résultats. On n'est jamais venu les chercher pour leurs beaux yeux, leur sympathie. Nous devons donc gagner les élections »[279], souligne le leader du MR. Le coût éventuel de ce choix est le risque d'un isolement.

Electoralement, la stratégie de Didier Reynders paie de façon spectaculaire aux élections fédérales du 10 juin 2007. Pour la première fois depuis l'instauration du suffrage universel, la famille libérale franchit, nettement, le seuil des 30% dans l'espace wallon et y devance, fait inédit, le parti socialiste. Politi-

(279) *Ibid.*, 22-23 décembre 2007.

quement, le Mouvement réformateur est quasi incontournable dans la majorité fédérale tandis que l'Open-VLD a subi un cuisant revers.

Evolution des résultats électoraux du Mouvement réformateur en Wallonie

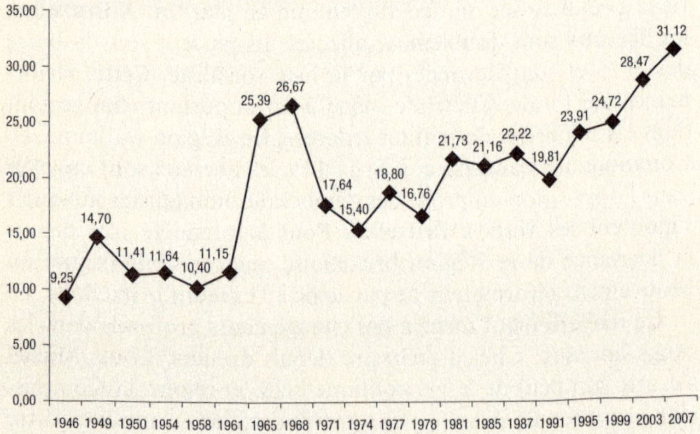

Pourtant, les libéraux francophones ne réussissent pas à transformer l'essai : conduire leur leader au poste de Premier ministre et/ou faire plus encore la démonstration du côté contournable du parti socialiste en Wallonie. Les relations très tendues entre libéraux et démocrates humanistes sont un des blocages dans les négociations sur un gouvernement libéral-social chrétien et, en décembre 2007, le MR est contraint d'accepter ce qu'il souhaitait éviter, le retour du PS aux affaires.

Pour le Mouvement réformateur, l'équation politico-électorale à résoudre est bien connue. Comment concilier des résultats électoraux importants et de bonnes performances politiques? Dans l'histoire contemporaine, la famille libérale a le plus durablement exercé le pouvoir en basse conjoncture électorale. Après 1965, son nouveau statut dans l'arène électorale l'a conduite à de longues périodes d'opposition, surtout entre 1987 et 1999. Dans une époque de transition des systèmes politiques en Belgique, elle essaie de cumuler victoires électorales et politiques. L'expérience du VLD et l'échec aux régionales de 2004 atteste de la difficulté de pérenniser les deux de concert.

Le MR est aussi confronté aux difficultés mises en exergue pour le VLD. Sa politique d'ouverture à des personnalités et des sensibilités différentes brouille le message à l'occasion. L'épisode de l'arrivée-départ de Rudy Aernoudt et de son parti Lidé pour les élections européennes et régionales de juin 2009, à la fin février 2009, en a été une illustration significative.

Le **phénomène** ***Dedecker***

« En Flandre, le Vlaams Blok a acquis une sorte de monopole de la traduction politique de la rancœur »[(280)], jugeait le sociologue Mark Elchardus en 2002. L'élection du 10 juin 2007 marque sans doute la fin de ce monopole avec la percée inattendue de la Lijst Dedecker.

Avant son entrée en politique, Jean-Marie Dedecker était déjà bien connu des Belges néerlandophones et, dans une moindre mesure, francophones. Il avait été entraîneur de l'équipe nationale de judo au temps glorieux où les judokas et judokates belges se distinguaient. Personnage *gaulois*, Jean-Marie Dedecker s'est aussi signalé à ce moment par des propos peu avenants pour la Wallonie et pour certains de ses athlètes. Christelle Deliège et Nicole Flogothier avaient d'ailleurs porté plainte devant le tribunal pour non-sélection aux jeux olympiques d'Atlanta. Les extravagances verbales de Jean-Marie Dedecker et ses nombreux passages dans les médias ont conduit un certain nombre de partis à s'intéresser à lui. Dès 1999, il figure comme candidat sur la liste sénatoriale du VLD où il est élu avec 52 492 voix de préférence. Il décide alors d'endosser le rôle de fou du roi dans le jeu politique. Un certain nombre de ses initiatives créent de vrais problèmes. En 2002, il fait notamment entrer une journaliste de VTM dans la prison de Marc Dutroux au grand dam du ministre de la Justice issu des rangs du même parti, Marc Verwilghen.

Après l'échec du VLD aux élections régionales de juin 2004, il défie Bart Somers et l'appareil du parti aux élections pour la présidence du parti. D'atout en 1999 et en 2003, Jean-Marie Dedecker devient peu à peu un handicap pour les libéraux flamands. Aussi, au lendemain des élections communales d'oc-

(280) Mark ELCHARDUS, *La démocratie mise en scène*, Bruxelles, Labor, 2002, p. 99.

tobre 2006, est-il exclu du parti après avoir durement critiqué Bart Tommelein, la tête de liste du VLD à Ostende.

Fin novembre 2006, Dedecker croit rebondir en intégrant les rangs de la N-VA avec laquelle il partage des sentiments républicains et un flamingantisme affirmé: «Créer son parti cela coûte entre 500 000 et un million d'euros et cela n'assure pas le seuil électoral. Ici, je me sens chez moi aux «Barricades», au siège d'un parti qui ne veut plus verser des subsides au PS et qui affirme que les Flamands peuvent vivre comme les Slovènes ou les Lituaniens en toute autonomie»(281). Mais sommé par le CD&V de choisir entre le cartel et Dedecker, le parti nationaliste fait marche arrière et refuse d'admettre Dedecker. Ce dernier en prend acte et, à l'image de Pim Fortuyn quelques années auparavant aux Pays-Bas, lance sa propre liste. Le 19 janvier 2007, Jean-Marie Dedecker annonce la création de la LDD (Lijst Dedecker). Celle-ci accueille des personnalités du Vlaams Belang comme le député flamand Jurgen Verstrepen, des libéraux en rupture de ban comme l'ancienne bourgmestre d'Alost Martine De Maght et certaines de ses anciennes protégées comme Ulla Werbrouck, médaillée aux jeux olympiques d'Atlanta.

Peu croient alors en sa capacité à franchir le seuil des 5% dans les circonscriptions provinciales. Pourtant, le 10 juin 2007, la Lijst Dedecker crée la surprise. Sous le slogan du *Gezond Verstand* (le bon sens), elle réussit son parti. Ayant attiré à elle un segment de l'électorat d'extrême droite, du VLD et du SP.a, la Lijst Dedecker emporte des députés dans toutes les provinces sauf dans le Limbourg.

Son programme se résume à peu de choses. Il s'agit d'exprimer les «désirs profonds» des Flamands mais aussi leur liberté absolue. Un libéralisme à tout crin sur les questions économiques côtoie un horizon tout à fait libéral sur les questions de société. Dans la déclaration de principe de décembre 2008, la LDD annonce ainsi «vouloir laisser chacun complètement libre sur les questions éthiques»(282) et exige une séparation radicale entre l'Eglise et l'Etat. Sur les questions linguistiques, la position de la LDD confine à l'indépendantisme: «la LDD prône une Flandre autonome avec la Belgique si c'est possible, sans

(281) *Le Soir*, 1er décembre 2006.
(282) *Beginselverklaring Lijst Dedecker*, 17 décembre 2008.

elle s'il le faut». Sur les questions économiques, la LDD demande d'intégrer dans la Constitution un plafonnement des prélèvements à 40 % du PIB.

Depuis cette percée et dans un contexte de blocage politique et de polarisation linguistique, la Lijst Dedecker a grimpé dans les intentions de vote et son leader est devenu l'un des hommes politiques les plus appréciés. Dans un système politique complexe et peu lisible pour les citoyens, une espèce de « bon sens » fait mouche même s'il s'appuie sur presque rien. Capteur d'opinion et orateur indéniable, Jean-Marie Dedecker ne fait sans doute pas rêver les Flamands mais les fait rire. Sera-ce suffisant pour pérenniser voire accroître ses premiers acquis ?

Evolution de la cote de popularité de Jean-Marie Dedecker en Flandre

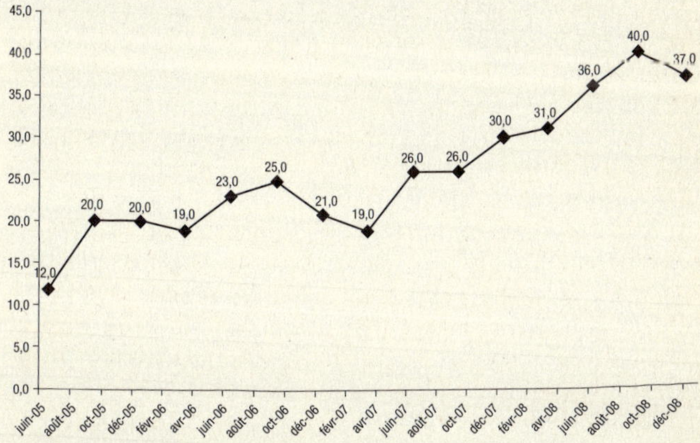

CHAPITRE VI

Les mutations contemporaines du système politique

Nous l'avons mis en évidence, sous l'effet de pressions externes et des choix des acteurs politiques, le paysage politique belge a beaucoup évolué depuis la proclamation de l'indépendance. Le système politique belge a connu quatre grandes configurations: le bipartisme entre 1830 et 1893, l'avènement d'un multipartisme limité entre 1894 et 1945, l'établissement d'un bref bipartisme imparfait entre 1945 et 1965 et l'entrée de plain-pied dans un multipartisme extrême depuis 1965.

Le passage par ces quatre phases illustre les cristallisations politiques autour des trois clivages qui ont structuré la vie politique belge depuis 1830. Le premier est la ligne de fracture philosophique. Catholiques et laïcs s'opposent sur le rapport de la religion catholique à l'Etat. Ce clivage s'est exprimé sur des questions emblématiques comme le conflit scolaire. Plus largement, la division philosophique est une réalité tangible dans la configuration des organisations sociales et culturelles, et de plusieurs secteurs à bien des points de vue, hospitalier et éducatif en particulier. Le deuxième est le clivage possédants-travailleurs, en d'autres termes, le conflit gauche-droite sur les plans économique et social. Le troisième est la traduction belge du clivage centre-périphérie, autrement dit la *querelle linguistique*.

Suivant les moments de polarisation sur ces lignes de fracture, la Belgique a évolué et le paysage politique s'est transformé. Depuis vingt ans, l'émergence et l'implantation de partis verts et d'extrême droite modifient la donne. La relation aux clivages classiques des partis verts et d'extrême droite s'impose avec moins d'évidence que pour les formations socialiste, libérale, démocrate chrétienne et régionale. Certains raccrochent leur apparition et leur développement à l'établissement d'un clivage matérialistes *versus* post-matérialistes, dans le cadre de la révolution silencieuse chère à Ronald Ingelhart(1). D'autres évoquent une opposition entre gagnants et perdants de la modernisation, expression de la contre-révolution silencieuse(2). Les interprétations sont ouvertes et débattues. En tout état de cause, *quelque chose se passe* et la perspective d'un gel des clivages que suggèrent Rokkan et Lipset dans leur contribution semble aujourd'hui dépassée.

Le paysage politique s'est aussi transformé en raison de changements institutionnels, de traductions et d'anticipations de certains mouvements sociaux. L'octroi du suffrage universel masculin (1893-1919), le passage d'un mode de scrutin majoritaire à un système électoral proportionnel (1899), l'avènement du suffrage universel pur et simple (1948) et, bien sûr, le passage à l'Etat fédéral (1970, 1980, 1988, 1993 et 2001) ont été des transformations saillantes. Au demeurant, en matière de réforme de l'Etat, tout laisse supposer qu'on n'en restera pas là.

Au-delà de ces réformes cruciales, une véritable frénésie réformiste affecte tous les exécutifs belges depuis plusieurs années. Le champ constitutionnel est certes touché mais ce n'est que la face visible de l'iceberg. Aussi la caractérisation première du paysage et du cheminement politico-institutionnel belge à l'époque contemporaine est sans aucun doute l'instabilité et la quête perpétuelle d'un nouvel équilibre. Loin d'avoir fixé un socle de sécurité institutionnelle, l'établissement formel d'un Etat fédéral en 1993 semble avoir au contraire accéléré un processus de mise en question permanente. Il en est résulté un fédéralisme belge de *confrontation*(3). La chose est entendue et vécue au quotidien par nombre d'acteurs à l'œuvre dans la société. En la matière, le deuxième semestre de l'année 2007 fut paroxystique.

(1) Ronald INGELHART, *The Silent Revolution...*, *op. cit.*

(2) Pieri IGNAZI, «The silent counter-revolution. Hypotheses on the emergence of extreme right-wing parties in Europe», *European Journal for Political Research*, 1992, 22/1, p. 3-34.

(3) Francis DELPÉRÉE, «Le fédéralisme de confrontation», *in* Pascal DELWIT, Jean-Michel DE WAELE, Paul MAGNETTE (éd.), *Gouverner la Belgique. Clivages et compromis dans une société complexe*, Paris, Presses universitaires de France, 1999.

Enfin, l'ensemble des modifications a aussi été examiné à la lumière du jeu d'acteurs dans le système politique: les partis politiques et les électeurs. Dans une perspective de court terme ou dans un horizon plus large, les partis ont subi des changements profonds sur les plans identitaire, programmatique ou organisationnel pour s'imposer, survivre ou donner une nouvelle configuration au système politique. En 1958, le choix de signer un pacte scolaire marque la fin de toute *velléité majoritaire*. Par nécessité, dès lors qu'il y a entrecroisement de clivages dans la société belge, les partis travailleront dans une dynamique proportionnelle et de consensus. Il en résulte une *désidéologisation* et des pertes de lisibilité pour l'électeur. Celui-ci s'est adapté et est devenu plus conditionnel dans son vote. Les partis dominants ont vu leurs positions s'éroder et la compétition électorale s'est ouverte.

Après avoir analysé les évolutions dans le temps long des partis politiques, concluons cet ouvrage par l'examen de quelques mutations contemporaines significatives de la vie et du système politiques de la Belgique.

La fragmentation du (des) système(s) politique(s) en Belgique

Dans la longue durée, l'accroissement de la fragmentation politique est l'un des traits les plus marquants. On pourra objecter que dès les élections de 1919 et 1921, les premières au suffrage universel masculin, on dénombre des parlementaires de huit formations ou listes différentes à la Chambre des représentants. Mais en 1919, cinq listes ne rassemblent que douze des 186 sièges à pourvoir et en 1921, ce total ne s'élève toujours qu'à quinze sièges. Par la suite, le paysage politique s'ouvre, notamment au scrutin de 1936 avec les percées combinées du VNV, de Rex et du parti communiste. Cette s'ouverture s'estompe à la libération et la compétition électorale se resserre à nouveau autour de trois formations surtout, le PSC-CVP, le PSB-BSP et le PL-LP. Nous l'avons observé, ce *temps* se clôture avec l'*élection de rupture* de 1965. A partir de moment, la fragmentation s'accroît de manière spectaculaire sous trois effets conjugués: la scission des partis nationaux, l'érosion des partis dominants et l'arrivée de nouveaux venus dans l'arène politique.

Aux élections de 1981, treize formations décrochent des sièges : le CVP, le PSC, le PRL, le PVV, le PS, le SP, le FDF, la Volksunie, Ecolo, Agalev, le PCB-KPB, l'UDRT et le Vlaams Blok. Ce nombre est exceptionnel mais il faut noter que le FDF, le parti communiste, l'UDRT-RAD, Ecolo, Agalev et le Vlaams Blok n'ont alors qu'une représentation parlementaire limitée. Ensemble, ils ne totalisent que dix-huit sièges sur 212 (8,5 %), soit autant que le plus petit des six *grands*, le PSC. Depuis, c'est surtout l'essence de la fragmentation qui s'est transformée. A l'exception du Front national (FN), toutes les formations sont désormais d'importance *moyenne*. Le paysage politique à l'échelle belge et dans les communautés linguistiques se compose de partis dont l'écart entre eux n'est plus substantiel.

Ces transformations peuvent être évaluées à l'aide de deux indicateurs, l'indice de fragmentation et le nombre effectif de partis. Le premier dévoile le système politique à l'aune de la distribution en suffrages alors que le second le révèle à la lumière de la distribution en sièges.

L'indice de fragmentation a été mis au point par le politologue Douglas Rae. Pour le calculer, on additionne la proportion de votes mise au carré de chaque parti. L'indice est égal à 1 moins cette proportion. Plus le nombre est proche de 1, plus le système est fragmenté. A l'inverse, plus il avoisine 0,5, moins il est fragmenté. Dans l'hypothèse où une seule formation politique se présente, l'indice est égal à zéro(4). Son évolution depuis 1919 illustre les phases du système politique que nous avons isolées. Elle met en évidence des élections clés comme celles de 1936, 1965 et 1981, par exemple. Elle corrobore l'extrême fragmentation contemporaine du paysage politique en Belgique, à tout le moins à l'aune des suffrages distribués. L'indice atteint 0,9 pour les dernières élections.

(4) Douglas RAE, « A note on the fractionalization of some European Party Systems », *Comparative Political Studies*, 1968, 3, p. 413-418.

Evolution de l'indice de fragmentation depuis 1919

1919	0,709	1968	0,812
1921	0,728	1971	0,844
1925	0,681	1974	0,837
1929	0,713	1977	0,823
1932	0,691	1978	0,866
1936	0,783	1981	0,889
1939	0,780	1985	0,877
1946	0,695	1987	0,877
1949	0,692	1991	0,898
1950	0,638	1995	0,893
1954	0,674	1999	0,903
1958	0,642	2003	0,887
1961	0,675	2007	0,889
1965	0,748		

Cette observation est-elle confirmée à l'examen de la traduction parlementaire? Pour y répondre, examinons l'évolution du nombre effectif de partis. Cet indice a été élaboré par deux politologues, Markku Laakso et Rein Taagepera(5). Pour calculer le nombre effectif de partis, on additionne le nombre de sièges de chaque parti rapporté au nombre total et mis au carré. L'indice est égal à 1 divisé par ce total. Plus le chiffre est élevé, plus le paysage politique est fragmenté.

Avec 9,05 comme nombre effectif de partis, les élections de 1999 ont atteint un summum dans la fragmentation du paysage politique belge, examiné sous l'angle de la distribution parlementaire. L'observation de la courbe montre, de la même façon, l'importance des scrutins de 1936, 1965 et 1981. Les trois dernières phases proposées du système politique sont bien isolées. L'ouverture du système avant la deuxième guerre mondiale, la concentration des sièges sur les parti social chrétien et socialiste belge entre 1946 et 1965 puis l'entrée dans une fragmentation de plus en plus difficile à gérer.

En effet, la formation de gouvernements bénéficiant d'une majorité parlementaire est plus complexe qu'auparavant. Non

(5) Markku Laakso, Rein Taagepera, «Effective number of Parties: A Measure with Application to West Europe», *Comparative Political Studies*, 1979, 12, p. 3-27.

Evolution du nombre effectif de partis depuis 1919

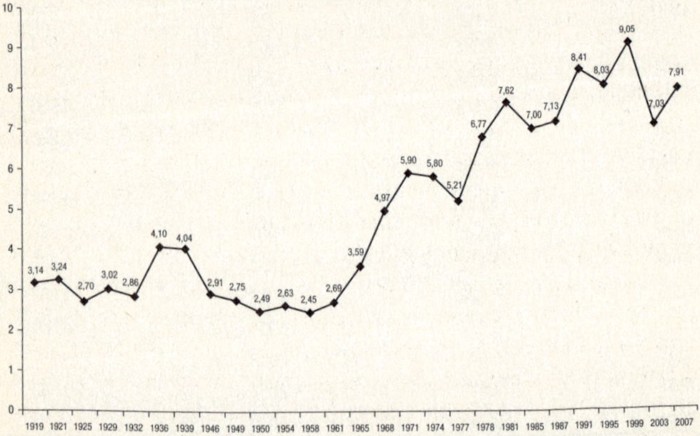

seulement, les familles politiques se sont scindées mais leur poids a diminué. A l'échelle fédérale et des entités fédérées, il faut désormais en général associer cinq à six partis pour asseoir une majorité parlementaire. Le problème est plus complexe encore si le législateur souhaite adopter des modifications constitutionnelles ou voter des lois spéciales. La réforme constitutionnelle et la loi spéciale nécessitent, entre autres, une majorité des deux tiers dans les chambres. Dans un système politique et électoral fragmenté, rassembler une telle majorité tient de la gageure et a souvent nécessité l'appui de partis de l'opposition. Ce fut le cas dès la réforme constitutionnelle de 1970, adoptée avec le soutien de parlementaires libéraux. Dans la législature 1991-1995, Ecolo et Agalev ont accepté de voter la réforme transformant l'Etat national en Etat fédéral avec les partis de la majorité (à l'époque, le PS, le SP, le PSC, le CVP et la Volksunie). Plus récemment, le PSC a aussi concouru à l'adoption des lois spéciales résultant des accords de la Saint-Polycarpe et du Lombard.

La présence de nombreux partis dans la majorité parlementaire ou en appui de la majorité suppose des arbitrages plus complexes dans les politiques publiques menées. Certes, la tradition consociationnelle de la Belgique après les tentations majoritaires des années cinquante s'inscrit dans cette dynamique de proportionnalité dans les politiques publiques. Mais ce modèle est désormais confronté à quatre défis. Le premier est l'augmentation du nombre d'acteurs parties prenantes au bénéfice des politiques publiques. Le deuxième est le déclin de la sphère publique, qui rend aujourd'hui des secteurs moins touchés ou soumis à cette philosophie de fonctionnement. Le troisième est le coût du système. La proportionnalité dans les politiques publiques est un des facteurs à l'origine de l'accroissement de la dette publique dans les années soixante et soixante-dix. Dès années quatre-vingt à nos jours, il a fallu revoir cette dynamique et entamer l'assainissement nécessaire, notamment en prévision du choc démographique proche. Enfin, la fédéralisation de l'Etat belge a disséminé les compétences entre le pouvoir fédéral, les Régions et les Communautés, conduisant à une reconfiguration de la consociativité belge dans une logique multi-niveaux plus complexe dès lors que les acteurs ne sont pas nécessairement les mêmes à tous les échelons.

Le comportement électoral

Nous avons analysé l'évolution des partis politiques et le jeu de leurs relations. Mais les changements du comportement d'un autre acteur, l'électorat, sont aussi fondamentaux. Nous l'avons épinglé, en Belgique, les mutations du système politique se sont opérées surtout en fonction des polarisations à l'œuvre par rapport aux grands clivages qui structurent la vie politique. Dans l'histoire politique belge, lorsqu'un clivage a nettement dominé les autres en termes d'exacerbation et de polarisation politico-sociales, les citoyens répercut(ai)ent de manière spectaculaire cette donnée dans leur vote. Au XIXe siècle, dans le cadre d'un suffrage censitaire, les élites votaient pour l'essentiel par rapport au clivage philosophique.

L'avènement de la question sociale et l'élargissement du suffrage changent la donne. Pendant longtemps, une très grande partie des citoyens vote alors surtout par rapport aux clivages socio-économique et philosophique. D'où l'émergence de deux partis puis familles politiques dominantes : les sociaux chrétiens et les socialistes, les premiers au nord du pays, les seconds au sud. Au fil du temps, la ligne de fracture communautaire a été intégrée par les électeurs. Dès l'entre-deux-guerres, elle s'impose dans le débat politique entre partis et en leur sein. A partir des années soixante, elle refait surface de manière saillante.

Que retenir du comportement électoral dans la période contemporaine ? Dès lors que nous avons assisté à une décrispation sur les questions socio-économiques et d'ordre philosophique, les électeurs ont eu moins tendance à calquer leur comportement électoral sur ces thématiques. Nous l'avons observé, il en a résulté un déclin crucial des partis dominants et un soutien accru pour de nouvelles familles politiques, les partis verts en particulier, d'extrême droite et populiste. Il en résulte un approfondissement de la fragmentation politique. Celle-ci est donc d'abord l'effet de ces phénomènes structurels : l'affadissement des lignes de fractures sociétales historiques et de leur traduction politique. A l'aune des partis, nous avons assisté à un *recentrage*, en particulier sur les questions socio-économiques, opéré dans le chef des formations politiques les plus éloignées : les socialistes et les libéraux. Certes, leurs points de vue sont toujours les plus éloignés sur les questions économiques. Mais ils le sont moins qu'à la fin des années soixante-dix lorsque le PS faisait campagne sur le corpus doctrinal de 1974 et le PVV, sur celui de la vague néo-libérale en plein déploiement. La Belgique n'est pas le seul Etat de recentrage socio-économique. Et pour nombre d'auteurs, l'abstention électorale qui s'est développée ces trente dernières années dans les pays où le vote n'est pas obligatoire[6] est un reflet d'une dépassionnalisation et d'un recentrage du débat politique.

Conjoncturellement, il y a toujours des élections polarisées ou des scrutins qui cristallisent des changements à l'œuvre depuis plusieurs années. Ces élections traduisent alors, dans la sphère électorale et politique, un état de fait au plan social.

Si les clivages socio-économique et philosophique sont moins prégnants, d'autres thématiques ont gagné en importance dans les champs social et politique. Elles émargent le plus souvent aux questions de société et aux thématiques qualifiées de *Law*

[6] Pascal DELWIT, « Participation électorale et scrutin européen : une légitimité minimale », *in* Gérard GRUNBERG, Pascal PÉRRINEAU, Colette YSMAL, *Le vote des quinze. Les élections européennes du 13 juin 1999*, Paris, Presses de Sciences Po, 2000, p. 295-315.

and order dans la littérature anglo-saxonne. On songe en particulier à la place et au statut de la femme, à la notion de *famille*, à l'ensemble des questions relatives à l'environnement, au positionnement par rapport à l'école et l'éducation, à l'endroit des immigrés, des demandeurs d'asile, des Belges d'origine étrangère, de la confession musulmane et aux thématiques sécuritaires. Sur ces problématiques s'opposent les libéraux culturels aux conservateurs ou les libertaires aux autoritaires. Ces nouveaux axes, désormais intégrés dans les grilles d'analyse des comportements politiques et électoraux(7), ont élargi le spectre de la compétition électorale. D'autant que dans le même temps, des mutations sociologiques importantes se sont produites dans l'électorat lui-même. Pour ne citer que celles-là, songeons à la forte progression du capital scolaire en Belgique, à la désindustrialisation tendancielle de la main-d'œuvre, à l'avènement d'un nouvel électorat d'origine étrangère, ...

Au-delà des transformations socio-démographiques majeures, il importe aussi d'examiner l'évolution de la *contrainte institutionnelle*. En effet, la *règle* peut influer sur le jeu des acteurs du paysage politique : les partis et les électeurs. En la matière, la Belgique a connu des débats et évolutions récentes.

Les contraintes institutionnelles

Les modifications institutionnelles entourant le processus électoral n'ont pas été nombreuses, notamment dans la période postérieure à la deuxième guerre mondiale(8). Historiquement, deux évolutions notables ont fixé le canevas politico-juridique dédié aux élections. La première est l'élargissement massif du droit de suffrage en 1893 accompagné du vote obligatoire, prélude au suffrage universel masculin en 1919 et au suffrage universel pur et simple en 1948. La deuxième est le changement du système électoral. En 1899, le législateur adopte la représentation proportionnelle au détriment du mode de scrutin majoritaire plurinominal.

(7) Pascal Delwit, Emilie van Haute (éd.), *Le vote des Belges (Wallonie-Bruxelles, juin 2007)*, Bruxelles, Editions de l'Université de Bruxelles, 2008.
(8) Voir Jean-Benoit Pilet, *Changer pour gagner…, op. cit.*

Hors ces deux mutations cruciales, le législateur n'a procédé que par «touches» pour modifier le droit entourant l'élection. On relève entre autres l'introduction du mécanisme d'apparentement aux élections législatives en 1921, le rééquilibrage décennal de la distribution des sièges dans chacune des circonscriptions en fonction de l'évolution démographique ou encore l'abaissement progressif de l'âge pour prendre part à l'acte électoral. Depuis 1981, il est fixé à dix-huit ans.

Pour autant, par à-coups, depuis vingt-cinq ans, les débats sur ces problématiques se sont approfondis et plusieurs mesures ont été adoptées par le législateur, qui ont ou peuvent avoir un impact sur la vie politique et électorale belge.

La loi de financement public des partis politiques

Une transformation substantielle est intervenue à la fin des années quatre-vingt. Face aux dérives observées dans les campagnes électorales de la fin des années soixante-dix et des années quatre-vingt, un accord s'est dessiné pour modifier les règles du jeu.

En 1989, le législateur belge adopte une loi de financement public des partis. Ce nouveau cadre législatif contribue fortement à assainir la situation chaotique relative à l'argent des partis. La loi concerne deux facettes: le financement des partis à proprement parler; la limitation et le contrôle des dépenses électorales.

En matière de dépenses électorales, l'affichage commercial à des fins politiques est désormais interdit en période électorale tout comme la publicité politique audiovisuelle. Au surplus, les dépenses des partis et des candidats sont plafonnées pendant les campagnes: les partis ne peuvent dépenser plus d'un million d'euros et les candidats doivent rester en-deça d'un montant déterminé par leur statut d'*éligible* ou non et par la taille de la circonscription.

Pour le financement, le législateur décide, à l'image de ce qui se produit dans d'autres Etats européens, de prévoir un financement public des partis et de prohiber les financements des entreprises. Si les formations politiques remplissent les conditions pour en bénéficier, le financement s'établit sur une base annuelle fixe et variable en fonction du nombre de suffrages emportés par le parti considéré. Le montant forfaitaire s'élève à 125 000 euros par an. La part variable se monte à 1,25 euro par voix obtenue à la Chambre et au Sénat. Cette somme est indexée chaque année sur la base de l'indice des prix à la consommation[9].

Pour bénéficier de la dotation publique, les partis doivent remplir deux conditions. La première, introduite en 1994 dans la loi, est longtemps apparue comme purement formelle : les partis politiques doivent intégrer dans leurs statuts l'adhésion aux principes énoncés par la convention européenne des droits de l'homme. La deuxième est bien plus importante. La loi prévoit en effet que les formations politiques doivent décrocher au moins un siège de député *et* un siège de sénateur. Pour un nouveau venu politique et/ou pour un *petit* du système de partis, la chose n'est guère aisée. Elle suppose d'abord que l'acteur soit à même de présenter des listes tout à fois à la Chambre et au Sénat. Outre les candidats à trouver et à convaincre, il faut collecter un nombre suffisant de signatures d'électeurs parrainant le dépôt de la liste. Mais, à l'évidence, le plus dur est de conquérir lesdits mandats. Or, accéder aux mandats parlementaires est devenu plus difficile dans le temps compte tenu de l'introduction de seuils électoraux et de la diminution du nombre de députés fédéraux et de sénateurs (voir *supra*). En 2003, pour être sûr d'enlever un siège de sénateur, un parti flamand devait recueillir au moins 5 % des suffrages dans le collège linguistique néerlandophone et un parti francophone, 6,66 % dans le collège francophone. Bref, l'obstacle était difficile à franchir. A telle enseigne qu'entre 1989 et 2003, aucun parti qui ne remplissait pas les conditions en 1987, n'était parvenu à pouvoir bénéficier du financement public des partis. Le parti qui s'en était le plus rapproché était le Front national (FN). Lors du scrutin fédéral de mai 1995, l'extrême droite francophone avait conquis deux sièges de députés. En revanche, sa liste avait été invalidée au Sénat. En 1999, le Front national décrochait un mandat de député mais son score au Sénat était trop faible pour accéder au premier siège. Dans cette configuration, la loi bénéficiait d'abord et avant tout aux partis *installés*.

[9] « Loi relative à la limitation et au contrôle des dépenses électorales ainsi qu'au financement et à la comptabilité ouverte des partis politiques », *Le Moniteur belge*, 20 juillet 1989, p. 12721.

Cette observation corrobore d'ailleurs la thèse du *Cartel Party* énoncée par les politologues Richard Katz et Peter Mair: les partis «du système» peuvent tenter de former un cartel, pour reprendre la métaphore économique, afin d'éviter la pénétration dans le jeu de nouveaux venus[10]. Certains partis ont pris acte de cette loi et se sont adaptés. C'est un des éléments qui a présidé à la mise en place de regroupements politiques ou de cartels électoraux.

Une des origines de l'établissement de la fédération PRL-FDF en 1993 tient aux interrogations qui circulaient dans l'appareil dirigeant du FDF sur la capacité d'obtenir, seul, un mandat sénatorial. De même, en mai 2003, plusieurs *petits* partis se sont adossés à une formation plus importante pour accéder au financement public des partis, mais aussi pour décrocher plus facilement des mandats de députés dans la mesure où le législateur belge avait introduit un seuil de 5% dans les arrondissements électoraux. Il en a ainsi été de la Nieuwe Christen Democratie (NCD), aujourd'hui disparue, avec les libéraux flamands ou de Spirit avec les socialistes flamands. En revanche, la N-VA avait décidé de se présenter seule. Si elle a pu décrocher un siège de député, elle a échoué au Sénat. Cet échec l'a conduite à entamer des négociations avec le VLD et le CD&V pour former un cartel électoral. Entretemps, le parlement a voté une réforme de la loi de financement public des partis dans le sens d'une ouverture plus aisée aux nouveaux venus. Désormais, il faut conquérir un député *ou* un sénateur. Lancée par le VLD, cette réforme visait à empêcher l'accord entre la N-VA et le CD&V. On le sait, les libéraux échouèrent dans cette tentative. La N-VA s'est présentée en cartel avec le CD&V aux élections régionales de juin 2004 et fédérales de juin 2007. La rupture du cartel en septembre 2008 laisse planer un doute sur la capacité de la formation nationaliste flamande à bénéficier du financement public des partis dans la prochaine législature. L'interrogation est encore plus forte pour le Sociaal-Liberale Partij (ex-Spirit) qui a annoncé sa rupture avec le SP.a, tout en perdant sa personnalité la plus connue, Bert Anciaux.

[10] Richard S. KATZ and Peter MAIR, «Changing models of Party Organization and Party Democracy», *Party Politics*, 1992, 1/1, p. 5-28.

Les mues répétées du droit électoral

Entre 1999 et 2003, le gouvernement Verhofstadt I a beaucoup légiféré dans le domaine du droit électoral. Au surplus, en régionalisant la loi communale et provinciale, il a octroyé la possibilité aux Régions de modifier le mode de scrutin à l'œuvre aux élections communales, ce qu'elles ont plus ou moins utilisé pour changer la donne dans l'organisation de l'élection communale et de l'installation des conseils et collèges[11].

Il est vrai que le désir de modifier le droit électoral n'était pas neuf. Il en avait beaucoup été question dans les années quatre-vingt-dix. Deux problématiques ont été à l'avant-plan des discussions : la suppression de l'effet dévolutif de la case de tête et l'établissement d'un mode de scrutin de type majoritaire. De plus, certains responsables politiques avaient évoqué la suppression de l'obligation de vote.

La suppression ou la pondération de l'effet dévolutif de la case de tête

Dans le scrutin de liste belge, les électeurs ont deux grandes possibilités de voter valablement. Ils peuvent opter pour la case de tête, en d'autres termes voter pour un parti en acceptant la liste dans l'ordre de présentation. Ou ils ont l'opportunité de voter pour une ou des personnalités d'une liste : ils émettent de la sorte un *vote de préférence*. Pour répartir les sièges au sein de la liste, on procède par ordre chronologique de présentation des candidats en examinant ses voix de préférence, complétées le cas échéant par des voix « cases de tête » pour atteindre le coefficient électoral. C'est la dimension *dévolutive* des votes « case de tête ». L'ordre de la liste est plus ou moins fondamental en fonction des modalités de calcul du coefficient électoral et de la magnitude de la circonscription, à savoir le nombre de sièges à pourvoir.

Dans les années quatre-vingt-dix, le principe même de l'effet dévolutif de la case de tête a été mis en cause par les libéraux du nord et du sud du pays. Ces derniers estimaient trop important

(11) Jean-Benoit PILET, Carl DEVOS, Herwig REYNAERT, Krystof STEYVERS, « Sur la voie d'une réforme de modes de désignation des bourgmestres », *Courrier hebdomdaire du CRISP*, 2003, 1816-1817.

le poids des partis politiques dans la composition des assemblées, dès lors qu'ils gèrent la confection des listes électorales. Socialistes et verts étaient plus circonspects sur cette thématique, craignant une individualisation des campagnes et une *starisation* de la vie politique si les campagnes étaient uniquement menées autour des voix de préférence à décrocher.

Durant la législature 1995-1999, plusieurs propositions de loi réformant la dévolution des sièges ont été déposées entre 1995 et 1999. Elles ont eu un prolongement, dans la négociation de juin-juillet 1999, pour la confection de l'exécutif fédéral. Au bout du compte, le compromis qui s'est noué diminue de moitié l'effet dévolutif de la case de tête. En d'autres termes, dans la répartition des sièges à l'intérieur d'une liste, le pot commun des voix case de tête est diminué de moitié, ce qui renforce donc l'importance de la voix de préférence. Dans ces conditions, la place sur la liste, en particulier quand il y a beaucoup de sièges à distribuer, est moins déterminante qu'auparavant. Ce principe de pondération a été adopté pour les scrutins fédéral et régionaux. Au plan local, la Flandre a décidé d'immuniser le vote case de tête tandis que la Wallonie le pondérait de moitié pour les candidats effectifs et l'immunisait pour les suppléants. Pour les communes bruxelloises, c'est aussi la pondération de moitié qui a été décidée.

Cette évolution concourt à une recomposition politique dans la mesure où les modalités de sélection du personnel parlementaire et politique changent. Le poids des sortants et des personnalités plus âgées sera surdéterminé car ces derniers sont pourvus d'un capital social et d'un réseau plus étendu que ne l'ont le plus souvent les prétendants. Le « risque » est aussi d'entretenir l'appel à des candidatures très médiatisées. N'a-t-on pas vu les présentatrices vedettes des journaux télévisés de la RTBF et de RTL-TVi, Anne Delvaux et Florence Reuter, se porter candidates aux élections fédérales du 10 juin 2007 ?

Un nouveau système électoral?

L'idée de modifier le système électoral n'est pas neuve mais elle est mise en avant dans les années quatre-vingt-dix. Dès 1994, Jean Gol, alors président du parti réformateur libéral, relançait les réflexions et le débat en introduisant une demande de révision de l'article 62 de la Constitution[12] dans le but d'instaurer, à l'image du mode de scrutin prévalant aux élections nationales en France, un scrutin majoritaire uninominal à deux tours pour les élections législatives[13]. A partir de ce moment, la volonté des libéraux de démembrer la proportionnelle ne s'est pas démentie jusqu'à leur retour aux affaires en 1999. En 1996, Louis Michel et Herman De Croo, respectivement présidents des libéraux francophones et flamands, signent de concert une contribution dans laquelle ils spécifient:

> «Autre réforme fondamentale, celle du système électoral proportionnel dans lequel le gouvernement est toujours composé d'une coalition de partis avec les transactions, concessions et amalgames que cela sous-tend. Le système majoritaire dans lequel le parti ayant mérité la confiance de l'électeur gère le pays, permet au contraire de mener une politique décidée, volontariste dont le succès ou l'échec sera sanctionné, en pleine connaissance de cause, par l'électeur»[14].

Outre les dimensions propres aux opportunités politiques du moment, l'objectif principal est d'amorcer une recomposition du paysage politique fondée surtout sur une dualité gauche-droite dans le domaine socio-économique. Les libéraux espèrent voir imploser les sociaux chrétiens, tenaillés entre ailes gauche et droite sur ces thématiques. Dans son programme pour les élections législatives du 13 juin 1999, la fédération PRL-FDF-MCC se prononce en faveur d'un scrutin mixte alliant une part, non déterminée, de sièges dévolus à la proportionnelle et une part de

[12] L'article 62 stipule: «La constitution des collèges électoraux est réglée par la loi. Les élections se font par le système de représentation proportionnelle que la loi détermine. Le vote est obligatoire et secret. Il a lieu à la commune, sauf les exceptions à déterminer par la loi».

[13] *Le Soir*, 5-6 novembre 1994.

[14] Herman DE CROO, Louis MICHEL, «L'Etat et la liberté: introduction à l'histoire du libéralisme en Belgique», *in Les libéraux de 1846 à 1996*, Bruxelles, Centre Paul Hymans, 1996, p. 14.

sièges distribués au scrutin uninominal à deux tours[15]. Et Louis Michel est on ne peut plus clair dans sa *Lettre aux citoyens de mon pays*:

> «Notre système électoral aboutit actuellement à la coalition de différents partis au sein d'un gouvernement composite. Qui dit coalitions, dit concessions, reculades et amalgames. Les partis perdent leur identité. Dans le système majoritaire uninominal à deux tours que je souhaite, le citoyen pourrait juger en pleine connaissance de cause les résultats de la politique menée et soit l'approuver, soit la désapprouver. Il n'y aurait plus de possibilité de faux-fuyants»[16].

Cette idée d'une recomposition autour d'une bipolarisation est aussi prônée par le président des libéraux flamands, Guy Verhofstadt. Pour le futur Premier ministre, comme l'illustrerait le cas français, seul un mode de scrutin majoritaire est à même de départager les deux options principales, la gauche de la droite:

> «En France, la logique du scrutin uninominal à deux tours est identique (à celle de la Grande-Bretagne, PD). Lors de l'élection législative du printemps 1997, l'alternative était somme toute relativement simple: était-on pour ou contre Alain Juppé, pour ou contre Lionel Jospin? L'électorat a tranché et le gouvernement de centre-droite s'est éclipsé au profit d'un exécutif de la gauche plurielle»[17].

Hors les deux formations libérales, aucune formation politique n'a repris à son compte cet appel à l'avènement d'un mode de scrutin majoritaire. On notera toutefois que dans les rangs du parti socialiste, certains songent aussi à une modification du mode de scrutin. Alors président du parti, Philippe Busquin se dévoile même sur la question:

> «Je suis d'accord avec beaucoup de ce que dit à ce sujet Louis Michel. En Belgique, la proportionnelle a de grands inconvénients. Mais avant de changer, il faut bien mesurer les effets

(15) *Unir pour réussir. Le changement* PRL-FDF-MCC. *Le programme de la fédération* PRL-FDF-MCC, 1999, p. 125.

(16) Louis MICHEL, *Lettre aux citoyens de mon pays*, Bruxelles, 1999, p. 10.

(17) Guy VERHOFSTADT, *in* Pascal DELWIT, Jean-Michel DE WAELE (éd.), *Les présidents de parti répondent... Vers une recomposition du paysage politique en Belgique*, Bruxelles, Labor, 1998, p. 69.

pervers possibles du nouveau système. Cela n'a pas été fait mais on peut en discuter»[18].

A l'échelon régional wallon, Robert Collignon, alors ministre-président de la Région, va plus loin en prônant l'adoption du scrutin uninominal en Wallonie:

> «Je suis partisan de redéfinir 75 circonscriptions, une par député et de passer à un système majoritaire. Le problème, c'est que ça nous pouvons le faire entre Wallons, mais nous ne pouvons pas changer la loi électorale, qui prévoit un seul tour. Et le système majoritaire à un tour est excessif. Il faudrait deux tours à la française»[19].

Cela dit, aucun document du PS ne fait référence à cette hypothèse.

Ces propositions favorables à un mode de scrutin majoritaire ou mixte-majoritaire ont été oubliées depuis 1999. Entre 1999 et 2003, les six formations du gouvernement arc-en-ciel ont légiféré dans une autre optique. La dimension *proportionnelle* du mode de scrutin n'a pas été mise en cause. Mais le gouvernement a modifié la règle électorale sous trois angles: la *provincialisation* des circonscriptions, l'introduction d'un seuil de 5% à l'échelle desdites circonscriptions et la place des femmes sur les listes.

La provincialisation des circonscriptions

Jusqu'en 2002, aux élections fédérales les circonscriptions étaient des arrondissements dans le cadre provincial ou, exceptionnellement, des circonscriptions provinciales (Limbourg, Luxembourg et Namur). En 2002, le législateur a pris le parti de *provincialiser* l'ensemble des circonscriptions, hors le territoire de l'ancienne province du Brabant. Dans cet espace, après que la Cour d'arbitrage ait suspendu et annulé les nouvelles dispositions du législateur, trois circonscriptions sont maintenues: Leuven, Nivelles et la circonscription de Bruxelles-Hal-Vilvorde.

Si l'on excepte la situation de l'ancien Brabant, les choses se déclinent désormais de manière simple: les circonscriptions équivalent aux provinces. Cette réforme a une influence. Pour

(18) *Le Soir*, 17 janvier 1997.
(19) *Le Matin*, 27 mars 1999.

une part, elle clarifie les choses. En particulier, elle met fin aux incertitudes, quant aux candidats et candidates élus, liées à l'apparentement provincial. En élargissant les circonscriptions, on facilite l'entrée de minorités en politique – les jeunes, les femmes, et des Belges d'origine étrangère. *A contrario*, le risque est d'avoir des disparités entre candidats des villes et des campagnes. Théoriquement, le potentiel de voix de préférences est supérieur pour les candidats urbains par rapport aux candidats ruraux. Compte tenu de la réforme évoquée *supra* sur la pondération de moitié de l'effet dévolutif de la case de tête et de la provincialisation des circonscriptions, les craintes sont grandes dans les espaces ruraux de voir les candidats de ces territoires passer à la trappe. En 2003 et en 2007, cela a d'ailleurs conduit les partis à édifier leurs listes de manière différente, en particulier pour les suppléances.

La provincialisation des circonscriptions a été voulue par le VLD et le SP.a. Libéraux et socialistes flamands entretenaient l'espoir de *casser* la forte implantation du CD&V dans les communes. Pour le SP.a et le VLD, le poids des bourgmestres sociaux chrétiens serait dilué dans les circonscriptions provinciales. D'autant plus qu'à la tête des listes provinciales se trouveraient des *locomotives* électorales. Cette réforme a d'ailleurs été négociée par et pour des poids lourds de la vie politique, dont chaque parti attend et espère un *plus* politique. Avec des personnalités comme Johan Vande Lanotte, Patrick Janssen, Steve Stevaert, Frank Vandenbroucke ou Freya Van den Bossche pour le SP.a et Guy Verhofstadt, Rik Daems, Patrick Dewael et Marc Verwilghen pour le VLD les deux formations espéraient mettre fin « définitivement » à l'hégémonie de la démocratie chrétienne en Flandre. Avec le soutien du Vlaams Blok, SP.a et VLD ont d'ailleurs dupliqué la mesure pour les élections régionales flamandes, ce que, pour leur part, n'ont pas fait les partis francophones dans l'espace wallon. Le résultat des élections fédérales du 18 mai 2003 a semblé confirmer ce point de vue. Mais dès les élections régionales de juin 2004 et plus encore au scrutin fédéral du 10 juin 2007, les acteurs ont dû prendre acte des limites de ce raisonnement.

Pour autant, la philosophie du mode de scrutin n'a pas varié. Le système électoral est toujours proportionnel. Eu égard à la grande fragmentation du système et des sous-systèmes politiques en Belgique, il n'est pas exclu que le débat refasse surface. C'est d'ailleurs pour combattre cette fragmentation que le législateur a fixé en 2002 un seuil à 5% dans les circonscriptions.

L'établissement d'un seuil

Depuis l'adoption de cette mesure, pour pouvoir accéder à la distribution des sièges dans la circonscription, les partis doivent nécessairement décrocher au minimum 5% des voix. Dans la foulée, le seuil a aussi été mis en place dans les Régions. Dans la Région de Bruxelles-capitale, le seuil est établi sur la base du résultat des listes dans leur rôle linguistique. Au scrutin du 18 mai 2003, cette mesure a eu un impact majeur. Elle a privé Agalev de ses deux sièges au parlement. Elle a aussi privé la N-VA d'un mandat. Pour contourner l'obstacle, nous l'avons observé, certains partis ont opté pour des cartels électoraux ou l'intégration sur des listes susceptibles d'atteindre aisément le seuil. Il en a été ainsi de Spirit et de la NCD, de même qu'à partir des élections régionales de 2004 de Vivant et de la N-VA.

L'élection fédérale de juin 2007 a toutefois établi que le seuil n'était pas, en soi, une contrainte rédhibitoire pour les nouveaux partis. La Lijst Dedecker, constituée en quelques semaines, a ainsi réussi à le franchir dans toutes les circonscriptions à la Chambre (à l'exception du Limbourg) de même qu'au Sénat.

Il n'en reste pas moins que, dans le temps, plusieurs partis risquent de ne pas atteindre la barre des 5% lors de scrutins régionaux et/ou fédéral: Groen!, la N-VA, la Lijst Dedecker ou, dans le spectre francophone, le Front national.

La suppression du vote obligatoire

De son adoption aux années soixante-dix, le principe du vote obligatoire a été largement accepté. Depuis, ce consensus s'est érodé et un débat a été lancé sur son opportunité. Deux raisons sont à l'origine de ces réflexions nouvelles. D'une part, les Pays-Bas l'ont aboli en 1970. Or, les évolutions institutionnelles néerlandaises sont fort suivies en Belgique, en particulier en Flandre. Ce changement a donc généré des réflexions nouvelles en

Belgique. D'abord, dans le chef de certains partis régionalistes et des partis verts puis, surtout, chez les libéraux flamands. Nous l'avons observé, au début des années quatre-vingt-dix le passage de la démocratie représentative à la *Burgerdemocratie* est un axe central du programme du VLD. La suppression du vote obligatoire est un des éléments du processus. A l'exception du Vlaams Blok[20], aucune formation n'a, en tant que telle, embrayé sur la question. Mais les verts flamands se sont inscrits dans cette interrogation: «L'abolition de l'obligation de vote pourrait-elle avoir un impact positif pour favoriser l'émergence de cette nouvelle culture politique dont la Belgique semble avide? Je suis portée à la croire», énonce Christel Verhaas, au cœur du débat sur la question. Tout est question de «votes conscients, délibérés, volontaires, responsables»[21]. Là aussi avec le changement de gouvernement en 1999, le débat s'est estompé et la mesure n'a jamais fait l'objet d'un vrai débat dans la majorité parlementaire, même si certaines personnalités soulèvent ce lièvre à intervalles réguliers, à l'instar de Marc Van Peel, ancien président du CVP: «Le meilleur moyen de lutter contre l'extrême droite est de supprimer le vote obligatoire. Je soutiens cela mais les avis au sein du CVP sont partagés»[22].

La voie vers la parité

La place des femmes dans la vie politique et parlementaire belge a longtemps été réduite à la portion congrue. Pour sortir, d'une situation indéfendable au plan social, plusieurs propositions de lois ont été déposées visant à instaurant des quotas ou places réservées sur les listes électorales. Il faut toutefois attendre le 31 mars 1994, pour que la proposition de loi introduite par Miet Smet (CVP) et Louis Tobback (SP) soit enfin votée. Cet aboutissement n'a eu néanmoins qu'un impact minimal. La politique de quota conduit dans les faits à reléguer les candidates aux places les moins visibles des listes. Le nombre de femmes parlementaires et ministres demeure très limité. En 1999, une évolution symbolique majeure intervient, l'accroissement de

(20) Document parlementaire 48K1332, Chambre des représentants, 28 février 1994 (signataire: Dewinter, Filip – Vlaams Blok).

(21) Christel VERHAS, *Politique*, avril-mai 2000, 16.

(22) *Le Matin*, 10 février 2000.

la visibilité de femmes en politique. Avec la désignation d'Isabelle Durant, de Laurette Onkelinx et, dans les faits, de Magda Aelvoet, au rang de Vice-première ministre, l'ouverture égale du monde politique professionnel aux deux genres connaît une avancée spectaculaire. Par la suite, celle-ci s'appuie sur une nouvelle législation. Premièrement, les titulaires des deux premières places sur les listes ne peuvent être du même genre. Si la tête de liste est un homme, le deuxième candidat doit être une femme, et vice versa. La même mesure vaut pour les suppléants. Deuxièmement, le législateur opte pour le principe de la quasi-parité sur les listes électorales: « Sur chacune des listes, ni l'écart entre le nombre de candidats titulaires de chaque sexe, ni celui entre le nombre de candidats suppléants de chaque sexe ne peuvent être supérieur à un »[23]. Cette évolution, dans les esprits et dans le droit, se traduit aussi aux plans communautaire, régional, communal et même provincial. Désormais, les deux genres doivent être présents dans les exécutifs de ces différents niveaux, ce qui s'est parfois décliné comme une petite révolution, notamment dans les anciennes députations permanentes.

Au final, les évolutions contemporaines de la contrainte institutionnelle n'ont pas créé de bouleversement, encore moins de révolution copernicienne. Elles apparaissent plutôt comme des adaptations du droit électoral ou de l'état de la société. Aussi, est-il peu vraisemblable qu'elles influent de façon substantielle sur les contours du paysage politique belge dans les prochaines années. Pour autant, elles produisent des effets sur le système politique. On songe en particulier à une certaine *fermeture* du système politique aux nouveaux venus eu égard à la loi de financement public et à l'établissement d'un seuil. L'accession à l'enceinte parlementaire a été rendue plus difficile et, donc, l'accès au bénéfice des subventions publiques même si le législateur a amendé la loi de 1989. On songe aussi à l'« assainissement » dans l'organisation et le financement des campagnes électorales et la comptabilité des partis. La nouvelle loi de financement public a stoppé une fuite en avant dans les dépenses électorales et la collecte de fonds. Les campagnes ont été recadrées et si certains

[23] Chambre des représentants, Projet de loi portant diverses modifications en matière de législation électorale. Texte adopté en séance plénière et transmis au Sénat, doc 50 1806/018, 2002, p. 7.

excès existent encore, ils sont sans commune mesure avec la situation qui prévalait dans les années quatre-vingt.

Les effets tiennent aussi aux compositions des assemblées et des exécutifs. La pondération de moitié de l'effet dévolutif de la case de tête, la *provincialisation* des circonscriptions électorales ou la loi sur la quasi-parité modifient la sociologie du personnel politique, le processus de sélection interne aux partis et par là-même la vie politique elle-même.

L'Etat fédéral, les mutations de la représentation parlementaire et son impact sur les partis

La réforme de l'Etat adoptée en 1993 a eu des conséquences importantes sur le paysage institutionnel et sur le rapport de forces entre pouvoir fédéral et entités fédérées. Elle a eu aussi des effets sur la vie politique fédérale et sur l'organisation interne des partis.

Rappelons d'abord les transformations substantielles du bicaméralisme. De l'indépendance à 1993, Chambre et Sénat ont des prérogatives similaires dans le processus législatif et de contrôle de l'exécutif. Depuis l'avènement de l'Etat fédéral, la Chambre des représentants est devenue prééminente. Le Sénat est appelé à devenir une chambre du dialogue intercommunautaire et/ou une assemblée de réflexion. Il ne peut plus interpeller les ministres, ni même voter des motions de confiance ou de défiance(24). Pour autant, le Sénat n'est devenu ni l'une ni l'autre, en raison surtout de sa composition qui ne le conduit de manière dominante dans aucune de ces deux directions. Le Sénat est composé de 71 sénateurs, répartis en 40 élus directs (25 dans un collège néerlandophone et 15 dans un collège francophone), 10 sénateurs cooptés (6 néerlandophones et 4 francophones) et 21 sénateurs de Communautés (10 francophones, 10 néerlandophones et 1 germanophone). Sans identité marquante, le Sénat apparaît comme le volet raté de la réforme de 1993 et plusieurs velléités de réforme ont été annoncées. Le Premier ministre Guy Verhofstadt appela même à sa suppression en octobre 2001.

(24) Paul MAGNETTE, « Le parlementarisme dans une démocratie de compromis. Réflexions sur le cas belge », *in* Olivier COSTA, Eric KERROUCHE, Paul MAGNETTE (éd.), *Vers un renouveau du parlementarisme en Europe?*, Bruxelles, Editions de l'Université de Bruxelles, 2004, p. 99.

Au-delà de cette observation, quatre modifications déterminantes dans la réforme de 1993 sont à relever : la réduction du nombre de parlementaires à l'échelle fédérale, la suppression du double mandat, le principe de l'élection directe des députés régionaux et le découplage des élections fédérale et régionales.

La réforme de 1993 a ramené le nombre de députés fédéraux de 212 à 150 et le total des parlementaires directement élus de 106 à 40 au Sénat. Dans le même temps, le double mandat était supprimé. Le côté indirect de l'assemblée régionale est supprimé au bénéfice d'une élection directe, principe déjà acquis pour le parlement bruxellois en 1989. Il y a aujourd'hui 72 parlementaires bruxellois francophones, 17 parlementaires bruxellois néerlandophones, 75 députés wallons, 118 députés flamands, auxquels s'ajoutent 6 parlementaires communautaires bruxellois néerlandophones et 25 députés communautaires germanophones. Autrement dit, pour 190 parlementaires fédéraux directement élus, on dénombre 313 parlementaires issus des entités fédérées. Ce rapport de forces symboliquement déséquilibré a un impact profond sur l'organisation interne des partis. Dans les instances dirigeantes et les congrès des partis, le poids du personnel politique professionnel centré en priorité sur la vie politique et publique des entités fédérées est prépondérant. Certes, l'intérêt pour les enjeux de la vie politique régionale et communautaire n'est pas exclusif de celui qui peut être porté aux défis de l'Etat fédéral. Au surplus, nombre de parlementaires des entités fédérées sont d'abord et avant tout concernés par le niveau communal. Il n'en demeure pas moins qu'il s'agit là d'une transformation majeure que personne ne peut ignorer.

Une des mesures marquantes prises pour illustrer l'avènement de l'Etat fédéral fut le découplage des élections fédérales et régionales. La volonté était de faire naître des vies politiques, publiques et médiatiques parallèles avec une faible dépendance entre elles. A l'échelle fédérale, la législature est de quatre ans et les chambres peuvent être dissoutes. Au plan régional, la législature s'étale sur cinq ans et l'assemblée ne peut être dissoute anticipativement.

L'objectif initial n'a pas été atteint. Les vies politiques et électorales fédérales et régionales sont dans une large mesure étroitement imbriquées. La perspective d'élections législatives affecte les majorités et la conduite des affaires dans les Régions et les Communautés. L'horizon du scrutin régional occupe au plus haut point la majorité et le gouvernement au niveau fédéral. Dans les campagnes elles-mêmes, les partis évoquent et traitent des compétences fédérales, régionales et communautaires à chacun des scrutins quel qu'il soit. Au surplus, l'idée d'un personnel politique spécifique ne s'est jamais traduite dans les faits. Nombre de responsables politiques sont candidats aux différents niveaux. Des ministres régionaux sont parlementaires fédéraux et des membres des exécutifs régionaux, députés fédéraux. Des ministres sont, en peu de temps, passés d'un niveau à l'autre: Patrick Dewael, Frank Vandenbroucke, Yves Leterme, Inge Vervotte, Jef Tavernier, Rudy Demotte, Marie Arena, Laurette Onkelinx, Paul Magnette, Charles Michel, Jacques Simonet, … Bref, le découplage des deux niveaux des points de vue politique, électoral, parlementaire ou médiatique est resté un vœu pieux. A telle enseigne que nombre de responsables politiques appellent depuis plusieurs années à un recouplage des élections en raison de l'échec des ambitions initiales mais aussi de la récurrence des scrutins. Entre 1999 et 2009, les Belges ont été appelés sept fois aux urnes: 1999 (fédérales, régionales et européennes), 2003 (fédérales), 2004 (régionales et européennes), 2006 (communales et provinciales), 2007 (fédérales) et 2009 (régionales et européennes). Les commentaires s'appuient sur cette double observation.

> «Le législateur a voulu que les élections régionales et fédérale ne se passent pas en même temps, je crois que c'est une erreur mais, bon, la situation est celle-là» (Louis Michel, MR, 2002)[25].
>
> «Le scrutin du 13 juin prochain pèsera inévitablement sur le climat politique. C'est une des raisons pour lesquelles je plaide depuis deux ans en faveur du regroupement de ces élections. Mais cela n'empêche pas le gouvernement de fonctionner» (Patrick Dewael, VLD, 2003)[26].
>
> «Quel fouillis. Il faut recoupler les élections» (Melchior Wathelet, CDH, 2004)[27].
>
> «C'est une demande d'Ecolo pour une plus grande clarté. Ce n'est pas lisible pour l'électeur d'avoir des législatures régio-

(25) *Le Soir*, 26 août 2002.
(26) *Ibid.*, 17 octobre 2003.
(27) *Ibid.*, 7 janvier 2004.

nales de 5 ans et fédérales de 4 ans» (Jean-Michel Javaux, Ecolo, 2007)[28].

«Et si on mène une politique dans laquelle on croit, on peut gagner les élections. L'autre problème majeur, c'est la succession des élections: c'est fou! Il faut recoupler les scrutins» (Herman Van Rompuy, CD&V, 2008)[29].

Tous ne partagent pas ce point de vue mais le débat est à l'agenda politique dix ans à peine après la mise en place dudit système.

Le découplage des scrutins a un impact substantiel sur la vie politique belge et celle des partis. L'asymétrie est devenue une réalité. Deux configurations asymétriques peuvent se donner à voir. La première est plutôt rare. Elle a trait à l'asymétrie dans la majorité au plan fédéral: les deux partis d'une même famille participent-ils de concert ou non à la majorité ou à l'opposition. Avant l'établissement du court gouvernement Verhofstadt III, le fait était exceptionnel. Fin 2003, Ecolo avait quitté le gouvernement alors qu'Agalev y était resté. Depuis fin 2007, la majorité parlementaire est asymétrique en partie dès lors que le parti socialiste y figure alors que le SP.a siège sur les bancs de l'opposition. En revanche, la seconde se décline comme une grande nouveauté. Elle recouvre l'asymétrie entre les majorités en place au niveau fédéral et à l'échelle des Régions et Communautés. En vérité, elle est apparue dès l'établissement du principe de l'élection directe des députés régionaux. Dans le premier exécutif bruxellois, le FDF fait partie de la majorité alors qu'il est dans l'opposition au plan national. Cette configuration s'est perpétuée dans la deuxième équipe avec la présence de la fédération PRL-FDF, absente de la majorité fédérale. En 1999, en revanche, Ecolo en est absent alors qu'il siège dans tous les autres exécutifs. *A contrario*, il entre dans la majorité en 2004, en étant partout ailleurs dans l'opposition. Cette asymétrie entre majorités nationale/fédérale et bruxelloise a été très tôt intégrée et analysée à l'aune de la spécificité de la Région bruxelloise et de son spectre politique. A partir de 2003 et surtout de 2004, l'asymétrie s'étend aux régions wallonne et flamande. En Wallonie, le MR est évincé de la majorité alors qu'il est aux affaires au fédéral. Pour

(28) *La Libre Belgique*, 8 janvier 2007.
(29) *Le Soir*, 5-6 janvier 2008.

sa part, le CDH entre dans les gouvernements régional wallon et de la Communauté française mais reste dans l'opposition à l'échelle fédérale. Plus spectaculaire encore est la situation en Flandre. Dès 2003, Agalev annonce son maintien dans la majorité régionale. A l'issue des élections régionales de juin 2004, le principal parti de l'opposition à l'échelle fédérale est en charge de l'établissement du gouvernement régional flamand. Pendant trois années, le ministre-président de la Région appartient de la sorte au principal parti de l'opposition au plan fédéral. Plus symboliquement encore, la campagne des fédérales de juin 2007 voit s'opposer le Premier ministre sortant, Guy Verhofstadt, au ministre-président de la Région flamande, Yves Leterme.

Cette transformation, normale au demeurant dans un Etat fédéral, modifie la donne de la vie politique belge. L'effet le plus spectaculaire est sans aucun doute la plus grande difficulté d'arriver à des accords sur un certain nombre de politiques publiques. De plus en plus de dossiers requièrent la présence et l'accord de l'Etat fédéral et des entités fédérées. Cette complexité institutionnelle jointe à l'avènement de cette asymétrie a empêché de sceller un accord entre toutes les parties autour de la table. Certes, le processus décisionnel belge n'a jamais été limpide. Ancré depuis plusieurs décennies dans une logique consociative, il vise à satisfaire de manière relativement proportionnelle les différents mondes sociologico-politiques de la société belge[30]. Aujourd'hui, l'entrecroisement de deux clivages saillants – gauche/droite sur les questions économiques et linguistiques – conduit à des négociations de plus en plus complexes car elles doivent rencontrer une multiplicité d'intérêts contradictoires. La longueur des discussions et leurs difficultés ne sont pas à proprement parler un phénomène neuf. Mais l'avènement du fédéralisme et l'approfondissement de la régionalisation-communautarisation en Belgique exacerbe ces traits. En 2001, la dernière réforme de l'Etat en date – sans modification constitutionnelle – en a constitué un témoignage éloquent[31].

[30] Jean MEYNAUD, Jean LADRIÈRE, François PERIN (éd.), *La décision en Belgique…*, *op. cit.*

[31] Pascal DELWIT, Benoit HELLINGS, «La nouvelle réforme de l'Etat: processus, contenu, méthode», *Administration publique. Revue du droit public et des sciences administratives*, 2002, 2-3-4, p. 99-106.

Pour aboutir à un accord global, il a fallu réunir un nombre de conditions très élevé. En simplifiant à outrance : un accord associant les entités fédérale et fédérées (accords du Lambermont), un accord entre Bruxellois francophones et flamands sous l'œil très attentif d'autres acteurs (accords du Lombard), un accord entre les partis francophones de la majorité – parti socialiste, PRL-FDF-MCC et Ecolo – et le principal parti francophone de l'opposition – parti social chrétien, devenu par la suite Centre démocrate humaniste (accord de la Saint-Boniface) et un accord entre le gouvernement fédéral et le CDH pour la signature de la convention-cadre du Conseil de l'Europe relative à la protection des minorités. Ajoutons que cet aboutissement n'a été obtenu, pour reprendre les mots de Daniel Ducarme à l'époque, que par *expérimentation* juridique :

> « Il y a une interpellation que je souhaite faire à tous ceux que cela peut concerner. Elle prend la forme d'une question : voulez-vous le maintien d'une Belgique pacifiée ? Il y a, pour cela, quatre conditions à remplir. Premièrement, il faut veiller au respect des garanties accordées aux minorités. Deuxièmement, il faut continuer à combattre l'extrême droite par tous les moyens. Troisièmement, il faut une Belgique équilibrée entre ses Communautés et ses Régions, avec le maintien de Bruxelles comme Région à part entière. Quatrièmement, et je sais que cela peut choquer un certain nombre de juristes, il faut admettre que l'on doit légiférer par expérimentation. C'est quelque chose que l'on fait d'ailleurs en Belgique depuis de nombreuses années. Celui qui sort de ce cadre se poserait en Ponce Pilate politique »[32].

Cela dit, l'expérimentation fut tellement *expérimentale* que la Cour d'arbitrage annula une disposition importante des accords

[32] *La Libre Belgique*, 9 août 2001

du Lombard: l'adjonction de cinq parlementaires régionaux flamands à la Vlaamse Gemeenschap Commissie[33].

Aussi, au-delà du contenu des différents accords évoqués, il importe de mettre en évidence les multiples éléments d'incertitude qui ont jalonné ce processus: capacité à atteindre un compromis au niveau fédéral et avec les entités fédérées, puis en Région bruxelloise, puis entre partenaires francophones, ...; aptitude à décrocher une majorité parlementaire des deux tiers à la Chambre des représentants et au Sénat avec une majorité dans chaque groupe linguistique; acceptation de l'échafaudage présenté en amont sous la forme d'avis par le Conseil d'Etat et en aval sous la forme de décisions par la Cour d'arbitrage. Tout cela avant même d'éprouver la faisabilité et la validité des choix opérés.

Les dossiers relatifs à l'implantation de la firme DHL à l'aéroport de Bruxelles-national ou aux vols de nuit ont constitué, une forme d'impasse en la matière. Le *compromis à la belge* se grippe et affecte les acteurs classiques de la négociation. Or, ce fameux «compromis» fait partie intégrante de la gouvernance. «La Belgique est par excellence le pays du compromis. Celui qui dans ce pays rejette le compromis, rejette au fond la démocratie. Ce qui importe, c'est que chacun puisse trouver un peu du sien dans le compromis, que personne ne se sente humilié. Je préfère encore toujours notre technologie institutionnelle de pointe aux cratères de bombe de Yougoslavie, aux attentats d'Irlande ou d'Espagne, aux guerres civiles des anciennes républiques soviétiques. ce n'est pas un mince mérite de la classe politique que d'avoir pu résoudre les tensions et les différends dans des

[33] «L'attribution de sièges supplémentaires sur la base des chiffres électoraux obtenus pour l'élection du Conseil flamand vise à «assurer le bon fonctionnement des composantes communautaires des institutions bruxelloises et (à) éviter le blocage de celles-ci» (Doc. Parl., Sénat, 2000-2001, 2 709/1, p. 17).

Ces objectifs ne sont pas suffisants pour justifier le mode de désignation de cinq membres supplémentaires, prévus par l'article 38, qui ne présente aucun lien avec la volonté exprimée par les électeurs bruxellois. Cette dérogation revient à soumettre ceux-ci à un traitement différent qui, faute de justification admissible, viole les articles 10 et 11 de la Constitution. L'article 38 de la loi spéciale du 13 juillet 2001 portant transfert de diverses compétences aux régions et communautés doit être annulé». Cour d'arbitrage, *Arrêt n° 35/2003 du 25 mars 2003*, p. 77-78.

commissions et des conclaves et de n'avoir jamais fait usage de la violence»[34], dit Jean-Luc Dehaene.

En la matière, un autre phénomène doit être relevé. Le rôle des présidents de partis dans les grands choix évolue. Jusqu'il y a peu, les présidents de partis étaient les décideurs ultimes des grands arbitrages dans les principales politiques publiques. Ils étaient, dans une large mesure, les seuls à avoir une vue d'ensemble des choix à opérer aux différents niveaux et étaient à même d'opérer des compromis multi-niveaux. Cette approche est désormais battue en brèche compte tenu de la présence de plus en plus institutionnalisée des entités fédérées dans les grandes décisions et eu égard aux phénomènes d'asymétrie. Désormais, les accommodements s'opèrent niveau par niveau sans perspective d'ensemble, ce qui réduit fortement la marge de manœuvre des acteurs autour de la table, en particulier des présidents. Dans les années qui viennent, il faudra examiner les mécanismes d'adaptation partisane à ce cheminement.

Des partis d'un type nouveau. Les transformations organisationnelles du monde partisan

Nous l'avons observé, au lendemain de la deuxième guerre mondiale, les formations socialistes et sociales chrétienne ont opté pour le principe de l'adhésion directe. Ce choix politico-organisationnel n'a pas entaché leur caractère de partis d'intégration sociale[35]. En l'espace de quelques années, le nombre d'adhérents aux partis politiques en Belgique a grimpé pour atteindre plus de 400 000. Et après un affaissement dû à la désaffiliation dans les rangs sociaux chrétiens consécutive aux modalités de règlement de la question royale, les effectifs partisans remontent. Fin des années soixante, plus d'un demi-million de Belges sont membres d'une formation politique et un sommet est atteint au début de la décennie quatre-vingt, avec près de 650 000 adhérents de parti.

(34) Hugo De Ridder, *Le cas Dehaene*, Bruxelles, Racine, 1996, p. 215.

(35) Sigmund Neumann, «Toward a Comparative Study of Political Parties», *in* Id. (éd.), *Modern Political Parties*, Chicago, The University of Chicago, 1956, p. 404.

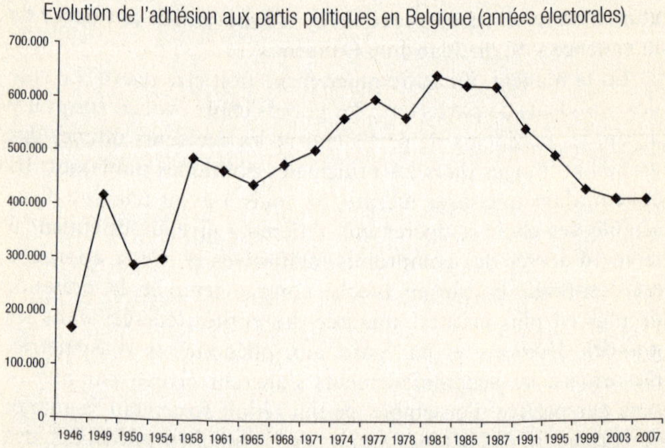

Depuis ce pic, la courbe s'est inversée. A l'image du processus à l'œuvre dans de nombreuses démocraties[36], les effectifs partisans s'érodent. Socialistes et sociaux chrétiens sont les premiers touchés. Le PS et le SP totalisaient 284000 adhérents en 1981 et 144000, fin 2007. Alors que les deux formations sociales chrétiennes ont compté jusqu'à 187000 membres en 1978, les effectifs du CD&V et du CDH sont tombés à 115000 au terme de l'année 2007.

Ces pertes importantes n'ont été que très partiellement compensées par une meilleure tenue des libéraux et l'arrivée de nouveaux venus dans le système politique. A titre d'illustration, on relèvera que le total cumulé des adhérents d'Ecolo, de Groen!, du Front national et du Vlaams Belang ne s'élève qu'à 36000.

Le système politique belge est donc confronté à des partis qui changent d'essence et d'ossature organisationnelle. Le fait est plus remarquable encore si on ramène l'observation à la base de recrutement. Depuis 1945, le nombre de citoyens susceptibles de rejoindre un parti s'est considérablement accru. Si l'on compare le nombre d'adhérents au nombre d'électeurs inscrits, on note un affaissement notable de l'adhésion dans les années quatre-vingt-dix et deux-mille. Fin des années soixante-dix, près d'un

(36) Peter MAIR, Ingrid VAN BIEZEN, «Party Membership in Twenty European Democracies. 1980-2000», *Party Politics*, 2001, 7/1, p. 5-21.

citoyen belge sur dix était encarté politiquement. Actuellement, un peu plus de 5% des Belges sont membre d'un parti.

Evolution du taux d'adhésion en Belgique*

1949	7,39	1978	8,87
1950	5,10	1981	9,38
1954	5,08	1985	8,93
1958	8,20	1987	8,85
1961	7,70	1991	7,62
1965	7,22	1995	6,85
1968	7,80	1999	5,85
1971	8,03	2003	5,63
1974	8,93	2007	5,33
1977	9,48		

* Rapport du nombre d'adhérents au total des électeurs inscrits.

Une autre transformation organisationelle doit être épinglée. Elle concerne la sélection des présidents. Pendant très longtemps, le choix du leader était une question d'appareil et d'élites intermédiaires. Le président était souvent choisi lors d'un congrès. Dans ce processus, le poids des fédérations était essentiel et la légitimitée présidentielle, fondée sur des capacités internes au parti. Depuis un quart de siècle, les formations politiques belges sont peu à peu passées au principe de l'élection directe du président par les membres du parti. Cette donne modifie parfois les capacités requises pour devenir ministre et les jeux internes au parti. Ainsi les éléments de légitimité externe – la popularité auprès des électeurs, la dimension charismatique, la prestance médiatique, ... – comptent tout autant sinon plus que l'expertise interne. Elio Di Rupo qui a fait sa carrière contre l'appareil politique de la fédération boraine du PS, a ainsi pu être élu président du parti. Jean-Marie Dedecker a pu faire trembler Bart Somers au VLD, alors que ce dernier était soutenu par toutes les élites du parti. Bien sûr, le principe de l'élection directe par les membres n'entraîne pas la disparition des jeux internes et n'implique pas *ipso facto* une compétition véritable. A l'exception du choix de Jo Vandeurzen qui était confronté à Peter De Crem, les présidents des sociaux chrétiens flamands ont tous été élus alors qu'ils étaient seuls candidats. Il en a été de même pour Louis Michel, Daniel Ducarme et Didier Reynders au Mouvement réformateur ou à la fédération PRL-FDF-MCC. Il n'empêche, le changement est notable et parfois dupliqué à l'échelle des fédérations voire des sections locales.

Mais le poids des adhérents a crû et a parfois renversé le choix des élites du parti. En 1996, Joëlle Milquet en a fait la dure expérience. Soutenue par l'appareil, elle avait été battue de quelques voix par Charles-Ferdinand Nothomb pour la présidence du parti social chrétien. De même en 1999 à Ecolo, le trio Daniel Burnotte, Marie-Thérèse Coenen et Philippe Henry qui avait le soutien de tous les ministres est-il battu par l'équipe composée de Jacques Bauduin, Brigitte Ernst et Philippe De Feyt.

Nous avons donc affaire à des partis et des présidents en redéfinition organisationnelle et politique dans un contexte mouvant du monde partisan à l'échelle européenne et du cavenas institutionnel et politique belge. A l'instar des autres mutations dans la vie politique belge, il s'agira d'observer les points d'aboutissement de cette mue partisane.

Orientation bibliographique

BEERTEN Wilfried, *Le rêve travailliste en Belgique. Histoire de l'Union démocrate belge*, Bruxelles, Vie ouvrière, 1990.

BITSCH Marie-Thérèse, *Histoire de la Belgique. De l'antiquité à nos jours*, Bruxelles, Labor, 2004.

COENEN Marie-Thérèse, GOVAERT Serge (éd.), *L'Etat de la Belgique. 1989-2004. Quinze années à la charnière du siècle*, Bruxelles, De Boeck, 2004.

DELSINNE Léon, *Le parti ouvrier belge. Des origines à 1894*, Bruxelles, La renaissance du livre, 1955.

DELWIT Pascal (éd.), *Le parti social chrétien. Mutations et perspectives*, Bruxelles, Editions de l'Université de Bruxelles, 2002.

— (éd.), *Libéralismes et partis libéraux en Europe*, Bruxelles, Editions de l'Université de Bruxelles, 2002.

—, VAN HAUTE Emilie (éd.), *Le vote des Belges (Bruxelles-Wallonie, 10 juin 2007)*, Bruxelles, Editions de l'Université de Bruxelles, 2008.

—, DE WAELE Jean-Michel, MAGNETTE Paul (éd.), *Gouverner la Belgique. Clivages et compromis dans une société complexe*, Paris, Presses universitaires de France, 1999.

—, — (éd.), *Les présidents de parti répondent... Vers une recomposition du paysage politique en Belgique?*, Bruxelles, Editions Labor, 1998.

—, —, REA Andrea (éd.), *L'extrême droite en France et en Belgique*, Bruxelles, Complexe, 1998.

—, —, (éd.), *Les partis politiques en Belgique*, Bruxelles, Editions de l'Université de Bruxelles, 1997 (2e éd.).

DE SCHAEPDRIJVER Sophie, *La Belgique et la première guerre mondiale*, Bruxelles, Berne, Berlin, Peter Lang, 2004.

DESCHOUWER Kris, LUTHER Kurt Richard (éd.), *Party elites in divided societies: political parties in consociational democracy*, Londres, Routledge, 1999.

—, *Organiseren of bewegen?: de organisatiestructuren van de Belgische partijen na 1960*, Bruxelles, VUBPress, 1995.

DUJARDIN Vincent, DUMOULIN Michel, *L'union fait-elle toujours la force?*, Bruxelles, Le Cri, 2008.

GAUS, Helmut, *Politieke en sociale evolutie van België*, Louvain, Garant, 2001, 5e éd.

GILISSEN John, *Le régime représentatif de Belgique depuis 1790*, Bruxelles, La renaissance du livre, 1958.

GOTOVITCH José, *Du rouge au tricolore. Les communistes belges de 1939 à 1944. Un aspect de la résistance en Belgique*, Bruxelles, Labor, 1992.

GOVAERT Serge, *Bruxelles en capitale. 1958-2000. De l'expo à l'Euro*, Bruxelles, De Boeck Université, 2000.

GUBIN Eliane, VAN MOLLE Leen (éd.), *Femmes et politique*, Bruxelles, Racine, 1998.

—, NANDRIN Jean-Pierre, GERARD Emmanuel, WITTE Els (éd.), *Histoire de la Chambre des représentants de Belgique, 1830-2002*, Bruxelles, Chambre des représentants, 2003.

—, —, *La Belgique libérale et bourgeoisie 1846-1878*, Bruxlles, Complexe, 2005.

HASQUIN Hervé (éd.), *Les libéraux belges*, Bruxelles, Labor, 2006.

—, VERHULST Adriaan (éd.), *Le libéralisme en Belgique. Deux cents ans d'histoire*, Bruxelles, Centre Paul Hymans, 1989.

HUYSE Luc, *Passiviteit, pacificatie en verzuiling in de Belgische politiek: een sociologische studie*, Anvers, Standaard, 1970.

JAUMAIN Serge, *Industrialisation et sociétés (1830-1970), La Belgique*, Paris, Ellipses, 1998.

—, *Les petits commerçants belges belges face à la modernité*, Bruxelles, Editions de l'Université de Bruxelles, 1995.

JOYE Pierre, LEWIN Rosine, *L'Eglise et le mouvement ouvrier*, Bruxelles, Fondation Joseph Jacquemotte, 1967.

KESTELOOT Chantal, *Au nom de la Wallonie et de Bruxelles. Les origines du FDF*, Bruxelles, Complexe, 2004.

KURGAN-VAN HENTENRYK Ginette, *Gouverner la Générale de Belgique. Essai de biographie collective*, Bruxelles, De Boeck, 1996.

LUYCKX, Theo, PLATEL Marc, *Politieke geschiedenis van België*, Anvers, Kluwer, 1985 (5e éd.).

MABILLE Xavier, *Histoire politique de la Belgique: facteurs et acteurs de changement*, Bruxelles, CRISP, 2001.

MANHÈS Yves, *Histoire des Belges et de la Belgique*, Paris, Vuibert, 2006.

MARTENS Wilfried, *Mémoires pour mon pays*, Bruxelles, Racine, 2006.

MEYNAUD Jean, LADRIÈRE Jean, PERIN François (éd.), *La décision en Belgique. Le pouvoir et les groupes*, Cahiers de la fondation nationale des sciences politiques n° 138, Paris, Armand Colin, 1965.

NOTHOMB, Charles-Ferdinand, SWAELEN Frank (éd.), *Un parti dans l'histoire (1945-1995). 50 ans d'action du parti social chrétien*, Louvain-la-Neuve, Duculot, 1996.

PILET Jean-Benoit, *Changer pour gagner. La réforme des lois électorales en Belgique*, Bruxelles, Editions de l'Université de Bruxelles, 2007.

LIPSET Seymour-Martin, ROKKAN Stein, *Structures de clivages, systèmes de partis et alignement des électeurs: une introduction*, Bruxelles, Editions de l'Université de Bruxelles, 2008.

STENGERS Jean, *L'action du roi en Belgique. Pouvoir et influence*, Bruxelles, Racine, 1996 (2e éd.).

—, GUBIN Eliane, *Histoire du sentiment national en Belgique des origines à 1918. Tome 2. Le grand siècle de la nationalité belge*, Bruxelles, Racine, 2002.

VAN DEN WIJNGAERT Mark, BEULLENS Lieve, BRANTS Dana, *Pouvoir et monarchie. La Belgique et ses rois*, Bruxelles, Luc Pire, 2002.

VANDERMOTTEN Christian, *Territorialités et politique*, Bruxelles, Editions de l'Université de Bruxelles, 2005.

—, MARISSAL Pierre, MEDINA-LOKHART Pablo, VAN HAMME Gilles, *Atlas de la Belgique. 1. Géographie politique*, Gand, Academia Press, 2007.

VANDERPELEN-DIAGRE Cécile, *Ecrire en Belgique sous le regard de Dieu*, Bruxelles, Complexe, 2004.

VANTHEMSCHE Guy, *La sécurité sociale: les origines du système belge: le présent face à son passé*, Bruxelles, De Boeck, 1994.

—, *Le chômage en Belgique. Son histoire, son actualité de 1929 à 1940*, Bruxelles, Labor, 1989.

WITTE Els, MEYNEN Alain (éd.), *De geschiedenis van België na 1945*, Anvers, Standaard Uitgeverij, 2006.

—, *La construction de la Belgique. 1828-1947*, Bruxelles, Complexe, 2005.

—, CRAEYBECKX Jan, CASAERT Raf, *Political History of Belgium from 1830 onwards*, Bruxelles, VUBPress, 2001.

Table des matières

EDITIONS DE L'UNIVERSITE DE BRUXELLES

Fondées en 1972, les Editions de l'Université de Bruxelles sont un département de l'Université libre de Bruxelles (Belgique). Elles publient des ouvrages de recherche et des manuels universitaires d'auteurs issus de l'Union européenne.

Principales collections et directeurs de collection

- Commentaire J. Mégret (fondé par Jacques Mégret et dirigé jusqu'en 2005, par Michel Waelbroeck, Jean-Victor Louis, Daniel Vignes, Jean-Louis Dewost, Georges Vandersanden ; à partir de 2006, Comité de rédaction : Marianne Dony (directeur), Emmanuelle Bribosia (secrétaire de rédaction), Claude Blumann, Jacques Bourgeois, Laurence Idot, Jean-Paul Jacqué, Henry Labayle, Fabrice Picod)
- Aménagement du territoire et environnement (Christian Vandermotten)
- Economie (Henri Capron)
- Education (Françoise Thys-Clément)
- Etudes européennes (Marianne Dony)
- Histoire (Eliane Gubin)
- Philosophie et lettres (Manuel Couvreur)
- Philosophie et société (Jean-Marc Ferry et Nathalie Zaccaï-Reyners)
- Science politique (Jean-Michel De Waele)
- Sociologie (Mateo Alaluf et Pierre Desmarez)
- Spiritualités et pensées libres (Hervé Hasquin)
- Statistique et mathématiques appliquées (Jean-Jacques Droesbeke)
- UBlire (collection de poche)

Elles éditent trois séries thématiques, les *Problèmes d'histoire des religions* (direction : Alain Dierkens), les *Etudes sur le XVIIIe siècle* (direction : Bruno Bernard et Manuel Couvreur) et *Sextant* (direction : Eliane Gubin et Valérie Piette).

Des ouvrages des Editions de l'Université de Bruxelles figurent sur le site de la Digithèque de l'ULB. Ils sont aussi accessibles via le site des Editions.

Founded in 1972, Editions de l'Université de Bruxelles is a department of the Université libre de Bruxelles (Belgium). It publishes textbooks, university level and research oriented books in law, political science, economics, sociology, history, philosophy, …

Editions de l'Université de Bruxelles, avenue Paul Héger 26 - CPI 163, 1000 Bruxelles, Belgique
EDITIONS@admin.ulb.ac.be
http://www.editions-universite-bruxelles.be
Fax +32 (0) 2 650 37 94
Direction, droits étrangers : Michèle Mat.
Diffusion/distribution : Interforum Benelux (Belgique, Pays-Bas et grand-duché de Luxembourg) ; SODIS/ToThèmes (France) ; Servidis (Suisse) ; Somabec (Canada) ; Centre d'exportation du livre français (CELF) (autres pays).